项目决策分析与评价

XIANGMU JUECE FENXI YU PINGJIA

全国咨询工程师（投资）职业资格考试参考教材编写委员会　编著

（2019年版）

中国统计出版社
China Statistics Press

图书在版编目（CIP）数据

项目决策分析与评价 / 全国咨询工程师（投资）职业资格考试参考教材编写委员会编著. —— 北京：中国统计出版社，2018.12（2020.4重印）

2019年版咨询工程师（投资）职业资格考试参考教材

ISBN 978-7-5037-8754-6

Ⅰ.①项… Ⅱ.①全… Ⅲ.①基本建设项目－项目决策－资格考试－自学参考资料②基本建设项目－项目评价－资格考试－自学参考资料 Ⅳ.①F282

中国版本图书馆 CIP 数据核字（2018）第 264478 号

项目决策分析与评价

作　　者/全国咨询工程师（投资）职业资格考试参考教材编写委员会
责任编辑/佘竞雄　钟　钰　李　冲
封面设计/黄　晨
出版发行/中国统计出版社
通信地址/北京市丰台区西三环南路甲 6 号　邮政编码/100073
电　　话/邮购（010）63376909　书店（010）68783171
网　　址/http：//www.zgtjcbs.com/
印　　刷/北京联兴盛业印刷有限公司
开　　本/787mm×1092mm　1/16
字　　数/657 千字
印　　张/27.5
印　　数/1—50000 册
版　　别/2018 年 12 月第 1 版
版　　次/2020 年 4 月第 2 次印刷
定　　价/95.00 元

全国咨询工程师（投资）职业资格考试
参考教材编写委员会

全国咨询工程师（投资）职业资格考试

《项目决策分析与评价》编写组

组　长：牛新祥

副组长：孟俊娜

成　员：（以姓氏笔画为序）

丁　进　尤伯军　曲凤臣　邬　可　刘　咏

刘　菁　李　晨　李开孟　肖　艳　汪　洋

陆君明　陈庆俊　岳文静　贾　森　郭　琛

郭建斌　韩红梅　辜小安　曾建伟

前　言

　　自 2001 年我国设立咨询工程师（投资）执业资格制度以来，咨询工程师（投资）资格经历了从准入类到水平评价类的转变，但是咨询工程师（投资）作为工程咨询行业骨干核心力量的地位没有变。2004 年，我国开始组织第一次咨询工程师（投资）资格考试，参加咨询工程师（投资）资格考试自此成为取得咨询工程师（投资）资格证书的唯一途径。十几年中，全国共有 759960 人报名考试，457690 人参加考试，93766 人取得咨询工程师（投资）资格证书，一支以咨询工程师（投资）为核心的高素质工程咨询专业技术人才队伍已经形成，在为政府、社会和企业提供咨询服务的过程中，展现出了良好的职业素养和较高的业务水平，为我国经济社会发展做出了重要贡献。

　　根据考试工作需要，中国工程咨询协会组织成立的考试参考教材编写委员会，依据不同时期的考试大纲，适应不断变化的新形势和新要求，先后组织编写了 2003 年版、2008 年版、2012 年版和 2017 年版咨询工程师（投资）职业资格考试参考教材，为帮助考生备考和专家命题发挥了积极的作用。

　　在习近平新时代中国特色社会主义思想指导下，近年来，我国各领域"放管服"改革进一步深化，使得工程咨询业所处的政策、法律以及经济社会环境发生了重大变化，工程咨询业管理体制以及与之相适应的咨询工程师（投资）管理制度发生了重大变革，工程咨询服务的范围、内容、方式、技术方法和要求等也有了新的发展。

　　为满足新时期咨询工程师（投资）考试工作的需要，在人力资源社会保障部、国家发展和改革委员会的指导下，全国咨询工程师（投资）职业资格考试专家委员会组织编制了 2019 年版《咨询工程师（投资）职业资格考试大纲》。依据新的考试大纲，教材编写委员会组织业内专家和学者在 2017 年版参考教材的基础上，修订出版了 2019 年版《咨询工程师（投资）职业资格考试参考教材》。

　　新版《咨询工程师（投资）职业资格考试参考教材》在沿用 2017 年版考试参考教材体系并继承历年版考试参考教材内容精华的基础上，以习近平新时代中国特色社会主义思想为指导，按照新时期工程咨询管理体制和咨询工程师管理制度的新特点和新要求，充分反映了工程咨询服务内容、服务方式和技术方法的新变化。

一、在政策依据上，突出与时俱进。根据党的十八大尤其是党的十九大以来国家各领域改革的最新发展以及与工程咨询行业相关的各类法律法规、标准规范和政策文件的最新要求，对工程咨询行业如何按照习近平新时代中国特色社会主义思想贯彻新发展理念，做了最新阐述。

二、在内容编排上，理论与实践并重。对有关科目存在的内容交叉重复的部分，进行了调整；对涉及到的方法体系，按照全过程工程咨询服务的理念重新进行了梳理；广泛吸收国内外有关工程咨询的最新理论成果和最佳实践经验，对相关案例进行了调整，使之更加贴近实际工作需要。

三、在篇幅结构上，适当进行压缩。对内容相近的部分进行了合并，对已经完成的各类规划、已废止执行的各项政策规定以及陈旧过时的内容进行了删除，对部分过于专业和复杂、考试中很难涉及的内容也进行了压减。

这次修订出版的《咨询工程师（投资）职业资格考试参考教材》，可作为2019年及其以后年份咨询工程师（投资）考试命题、考前辅导和考生复习备考的参考用书，也可供投资建设领域相关业务主管部门的人员以及工程咨询从业人员在工作中选择性使用，还可作为有关高等院校、科研机构的专业教学和研究用书。

2019年版《咨询工程师（投资）职业资格考试参考教材》，全套共4册，与考试科目一一对应，分别由各科目编写组撰写、修改，最后由教材编写委员会组织终审、定稿。在修订过程中，吴萨、孙彦明、马念君、汪文祥、何晓光、杨晓春、石国虎、王艳华、杨克磊、陶黎敏等同志，或参与了提纲讨论，或提出了修改意见，或给予了其他帮助；不少作者编写的相关著作、论文和工作成果，也提供了有价值的观点和资料，在此一并表示衷心感谢。

我们正处在深化改革的时代，与工程咨询相关的新政策不断出台，加上本次修订工作量大、时间紧，新版考试参考教材难免有不尽人意之处，欢迎广大读者予以指正。

全国咨询工程师（投资）职业资格考试

参考教材编写委员会

二〇一八年十二月

目　录

第一章 绪 论

项目决策分析与评价是投资项目科学决策的重要工作，是项目前期工作的核心，关系到投资项目建设的成败。在项目决策过程中，必须坚持以人民为中心、科学发展、和谐共创美好生活的理念，尽管不同的决策者可能面对不同的决策目标、不同的决策及其审批（核准、备案）程序，但都必须认真做好项目前期工作，才能提高决策的正确性，避免失误、造成损失。本章主要介绍项目目标与项目决策，项目决策分析与评价的任务、基本要求、工作程序、主要内容以及咨询成果间的相互关系。

第一节 项目目标与项目决策

一、项目的含义和目标

项目一词，目前已经广泛应用于社会经济各个领域。本书所称的项目，是指投资于工程建设的项目，也称投资项目或工程项目。

项目目标一般有两个层次，即项目的宏观目标和具体目标。

（一）项目的宏观目标

项目的宏观目标是指项目建设对国家、地区、部门或行业要达到的整体发展目标所产生的积极影响和作用。

不同性质项目的宏观目标是有区别的。如工业项目的宏观目标主要是满足国民经济发展对项目产品的需要，推动相关产业的发展，促进产业结构的调整；交通运输等基础设施项目的宏观目标主要是改善交通运输条件，便利人民的生活，促进沿线经济社会或区域经济、社会的发展和资源开发；文化、教育、卫生等社会公益性项目的宏观目标主要是改善人民的工作、活动空间和环境，提高生活质量，满足人民不断增长的物质、文化生活需要。

（二）项目的具体目标

项目的具体目标是指项目建设要达到的直接效果。不同性质项目的具体目标也是不同的。具体目标主要有：

1. 效益目标

效益目标指项目要实现的经济效益、社会效益、环境效益、生态效益的目标值。对于经营性项目，其效益目标主要是对投资收益的具体目标值。如某工业项目确定其效益目标值为：项目投资所得税后财务内部收益率达到10%，项目资本金财务内部收益率达到12%；对于公共基础设施项目，其效益目标主要是指满足客观需要的程度或提供服务的范围。如某城市水厂的效益目标主要是满足城东区所有单位及 30 万居民的供水需求；对于环境治理项目，其效益目标主要是指环境治理的效果。如某城市水环境综合治理工程的效益目标主要是使城市污水处理率从 36％提高到 70％，并使河道水体达到符合旅游景观水质标准。

2. 规模目标

规模目标指对项目建设规模确定的目标值。如某城市轨道交通 1 号线项目确定其建设规模为全长 18.7 公里（其中高架线 10.8 公里，地下线 7.9 公里），设车站 17 座（其中高架车站 9 座，地下车站 8 座）和一个车辆基地等。

3. 功能目标

功能目标指对项目功能的定位。企业投资项目可供选择的功能目标主要有：

（1）扩大生产规模，降低单位产品成本。

（2）向前延伸，生产所需原材料，降低产品成本和经营风险。

（3）向后延伸，延长产品生产链，提高产品附加值。

（4）利用先进技术设备，提高产品的技术含量和质量。

（5）进行技术改造，调整产品结构，开发适销对路产品。

（6）利用专利技术，开发高新技术产品。

（7）拓宽投资领域，分散经营风险等。

企业必须根据本企业的总体发展战略与规划、主要经营方向以及国家经济社会发展规划、产业政策和技术政策、资源政策和环境政策的要求，研究确定建设项目的功能目标。

4. 市场目标

市场目标指对项目产品（或服务）目标市场及市场占有份额的确定。

【例 1—1】 某光缆生产企业扩建光纤拉丝生产线项目，其宏观目标是推动我国光纤网络建设，促进我国信息产业发展，加速实现光纤的国产化，减少国家外汇支出；其具体目标：效益目标是项目投资所得税后财务内部收益率达到 15％，6 年回收全部投资；规模目标是年产单模光纤 120 万芯公里；功能目标是降低生产成本和提高竞争力，提高企业的财务效益，减少企业的经营风险；市场目标是 95％以上的产品留作企业自用。

（三）项目目标与宏观规划发展目标的一致性

项目目标要与国家、地区、部门或行业的宏观规划发展目标相一致，要符合国家产业政策和技术政策的要求，符合区域发展规划、行业发展规划、城市规划的要求，符合高质量发展的要求，符合合理配置、有效利用资源的要求，符合环境友好、安全生产、可持续发展、建设和谐美丽社会和改善民生的要求。

对于不同行业的项目，需要结合行业的特点分析论证项目目标与宏观规划发展目标的一致性：

（1）交通运输项目应从综合运输发展规划、区域交通发展与当地经济社会发展的协调关系，不同运输方式之间的优化配置等角度，来分析论证项目目标与宏观规划发展目标的一致性。

（2）水利设施项目应从流域开发总体规划，防洪、农业、发电、生态环境等不同领域的发展规划角度，分析论证项目目标与宏观规划发展目标的一致性。

（3）能源项目应从能源结构调整、区域能源开发规划、能源供给和需求结构等角度，分析论证项目目标与宏观规划发展目标的一致性。

（4）社会事业项目应从当地社会发展、城市化进程等角度，分析当地对拟建项目的社会需求，分析论证项目目标与宏观规划发展目标的一致性。

（5）农业开发项目应从解决农业、农村和农民问题，促进农村地区的社会经济发展，推动现代农业和农村城镇化进程等角度，分析论证项目目标与宏观规划发展目标的一致性。

二、项目决策的含义和原则

（一）决策的含义

按照现代决策理论，决策是为达到某一目标，对两个或多个备选方案进行分析、比较，从中选择一个较优方案的过程。具体地说，决策是指人们为了实现特定的目标，在掌握大量有关信息的基础上，运用科学的理论和方法，系统地分析主客观条件，提出若干备选方案，分析各种方案的优缺点，并从中选出较优方案的过程。决策过程可以分为信息收集、方案构造设计、方案评价、方案抉择四个相互联系的阶段。这四个阶段相互交织、循环往复，贯穿于整个决策过程。

决策有诸多分类方法。根据决策对象的不同，可分为投资决策、融资决策、营销决策等；根据决策目标的数量，可分为单目标决策和多目标决策；根据决策问题面临条件的不同，可分为确定型决策、风险型决策和不确定型决策。本书主要是针对投资项目决策，其决策主要涉及风险型决策，投资项目决策大多属于多目标决策。

（二）投资项目决策的含义和类别

投资项目决策是指最终做出是否投资建设某个项目的决定。项目目标的确定，项目建设规模和产品（服务）方案的确定，场（厂）址的确定，技术方案、设备方案、工程方案的确定，环境保护方案、建设期、融资方案的确定以及项目效益目标的确定等都属于投资项目决策的范畴。

随着国家投资体制改革的不断深化，结合近期国家一系列的改革精神，从不同决策者的角度，投资项目决策可分为三类：

1. 企业投资项目决策

企业（包括国有企业、民营企业或混合所有制企业以及外商投资企业）投资项目决策，是指企业根据自身总体发展战略和规划，自身资源条件、在市场竞争中的地位以及项目产品所处生命周期中的阶段等因素，以获得经济效益、社会效益和提升持续发展能力为目标，做出是否投资建设项目的决定。企业投资项目原则上应由企业依法依规自主决策投资，同时按照有关规定满足备案或政府核准要求。

2. 政府投资项目决策

政府投资项目决策，是指政府有关投资管理部门根据经济社会发展的需要，以实现经济调节、满足国家经济安全和社会公共需求、促进经济社会可持续发展，按照政府投资的范围和政府投资的目标，做出是否投资建设项目的决定。

3. 金融机构贷款决策

金融机构贷款决策，是指银行等金融机构遵循"独立审贷、自主决策、自担风险"的原则，依据申请贷款的项目法人单位信用水平、经营管理能力和还贷能力以及项目盈利能力，作出是否贷款的决定。

（三）政府投资项目与企业投资项目决策的区别

根据《国务院关于投资体制改革的决定》和《中共中央、国务院关于深化投融资体制改革的意见》，政府投资项目与企业投资项目决策的区别，主要体现在以下四个方面：

1. 投资主体和资金来源不同

政府投资项目的投资主体是政府有关投资管理部门，资金来源是政府性资金，投资方式一般是政府直接投资、注入资本金、投资补助、转贷和贷款贴息等。以资本金注入方式投入的，要确定出资人代表。

企业投资项目的投资主体是企业（包括国有企业、民营企业或混合所有制企业以及外商投资企业），采用的投资方式一般是直接投资、合作投资等方式。

2. 决策过程不同

政府投资项目要求编制的项目建议书（或初步可行性研究报告）和项目可行性研究报告，分别是政府投资主管部门立项和决策的依据，以项目建议书（或初步可行性研究报告）及可行性研究报告的批复为标志。前者一般称立项。项目立项后，可纳入政府投资年度计划，作为编制可行性研究报告的依据，政府投资主管部门依据可行性研究报告的结论作为投资决策的依据。项目决策后，转入实施准备阶段。

企业投资项目的决策依据是项目可行性研究报告，必要时可以按照政府投资项目程序，编制初步可行性研究报告，通常企业投资项目用企业的产业发展规划代替初步可行性研究或投资机会研究。企业编制的项目申请报告，是政府投资主管部门办理核准或备案行政许可的依据。项目核准或备案后，转入实施阶段。

3. 投资范围和内容不同

政府投资资金只投向市场不能有效配置资源的社会公益服务、公共基础设施、农业农村、生态环境保护和修复、重大科技进步、社会管理、国家安全等公共领域的项目，以非经营性项目为主，原则上不直接投资于经营性项目。

企业投资项目主要是以经营性项目为主，凡法律法规未禁入的领域均可以投资，部分非经营性项目或公益项目政府可以采取 PPP（政府和社会资本合作模式）等特许经营方式吸收企业投资。企业投资项目，应符合维护国家经济安全、合理开发利用资源、保护生态和环境、优化重大布局、保障公共利益、防止出现垄断等方面的要求。需要政府核准的项目应包括行业发展规划、产业政策和行业准入分析，重点对资源开发及综合利用、节能方案、建设用地、征地拆迁及移民安置、环境和生态影响、经济社会影响等外部性条件进行分析论证。

4. 决策和管理模式不同

政府投资项目实行项目审批制。采用直接投资和资本金注入方式的项目，对经济社会发展、社会公众利益有重大影响或者投资规模较大的项目，要在咨询机构评估、专家论证、公众参与、风险评估等科学论证基础上，严格审批项目建议书、可行性研究报告、初步设计，并加强政府投资事中事后监管。政府投资项目实行代理建设、项目审计监督、重大项目稽查、竣工验收和政府投资责任追究等制度，建立后评价制度。

企业投资项目由企业自行决策，政府备案，政府仅对极少数关系国家安全和生态安全、涉及全国重大生产力布局、战略性资源开发和重大公共利益等项目进行核准。实行备案制的投资项目，不再设置任何前置条件，备案机关通过投资项目在线审批监管平台或政务服务大厅提供备案服务。外商投资项目实行负面清单制度。

(四) 项目决策应遵循的原则

1. 科学决策原则

(1) 方法科学。投资项目决策要以科学的精神，采用经验判断、数学分析和试验等方法，运用先进的技术经济手段和多种专业知识，通过定性分析与定量分析相结合，实事求是地研究客观情况，采用多种可验证的方法得出结论。

(2) 依据充分。投资项目决策必须全面准确地掌握有关资料信息，符合国家和项目所在地的经济和社会发展规划以及产业政策、土地利用、环境保护、资源利用、能源节约、税收、投资等政策，符合有关技术、经济、工程方面的规范、标准、定额等要求。

(3) 数据可靠。投资项目决策要坚持实事求是，一切从实际出发，尊重事实，在调查研究的基础上，甄别数据合理性，保证数据来源可靠、计算口径一致和评价指标可比，保证分析结论的真实可靠。

2. 民主决策原则

(1) 专家论证。为了提高决策的水平和质量，无论是企业投资项目还是政府投资项目，在决策过程中根据需要可聘请项目相关领域的专家进行分析论证，以优化和完善建设方案。

(2) 独立咨询。决策者在决策过程中，通常可委托有信誉、有能力的咨询机构对投资项目进行独立的调查、分析、研究和评价，提出咨询意见和建议，以帮助决策者正确决策。

(3) 公众参与。对于政府投资项目和企业投资的重大项目，特别是关系社会公共利益的建设项目，在项目决策过程中采取多种公众参与形式，广泛征求各个方面的意见和建议，以使决策符合社会公众的利益诉求。

3. 效益 (效果) 最大化原则

对于企业投资项目必须遵循市场经济规律，从提高企业市场竞争能力，实现经济效益、环境效益和社会效益三者统一的社会责任目标出发，进行项目决策；对于政府投资的非经营性项目，社会效益和生态环境效益应为决策优先考虑的目标，主要满足社会需求和社会公共利益。

4. 风险责任原则

按照"谁投资、谁决策、谁受益、谁承担风险"的要求，完善投资项目决策的责任制度，健全政府投资责任追究制度。对于采用直接投资和资本金注入等方式的政府投资项目，政府要审批项目建议书和可行性研究报告，政府可委托相应咨询机构或组织专家提供决策咨询，据此进行投资决策，并承担决策责任；企业投资项目企业可由企业自主决策。对极少数关系国家安全和生态安全、涉及全国重大生产力布局、战略性资源开发和重大公共利益等项目，政府应从维护社会公共利益角度进行核准。

5. 可持续发展原则

为确保投资项目建设和经营的持续增长发展，必须牢固树立以人为本、创新、协调、绿色、开放、共享的发展理念，贯彻落实节约资源和保护环境的基本国策，像对待生命一样对待生态环境，要求项目建设不能超越当地或区域范围内的资源和环境的承载力。在企业投资项目核准和政府投资项目审批中，可持续发展原则已成为投资主管部门项目审批、核准和备案的重要条件，遵循行业准入制度要求，按照负面清单，严守生态红线，严格把控备案、核准、审批项目的合规性。

三、投资项目决策程序

（一）我国投资项目决策程序发展历程

2004 年国务院颁发《关于投资体制改革的决定》（国发〔2004〕20 号），对不同投资主体、不同资金来源的建设项目实行分类管理。凡使用政府资金的项目一律实行审批管理；对于不使用政府资金由企业投资建设的项目，一律不再实行审批管理，依据国务院颁发的《政府核准的投资项目目录》，区别不同投资项目的资金使用性质、类别、事权等情况分别实施核准制或备案制等相应的项目策划与决策程序，从而打破了传统计划经济下高度集中的投资管理模式，开始形成投资主体多元化、资金来源多渠道、投资方式多样化、项目建设市场化的新格局；为进一步确立企业投资主体地位，发挥好政府投资的引导和带动作用，2016 年 7 月《中共中央、国务院关于深化投融资体制改革的意见》（中发〔2016〕18 号）的发布，标志着我国投融资体制迎来了新的重大改革。《意见》是我国投资体制领域、改革历史上第一次以党中央、国务院名义印发的文件，是当前和今后一个时期深化投融资体制改革综合性、指导性、纲领性文件，创造性的推出"投资核准范围最小化""推行投资项目审批首问责任制""多评合一、统一评审""编制三年滚动政府投资计划""试点金融机构依法持有企业股权""建设投资项目在线审批监管平台"等新模式、新举措，对于充分激发各方面扩大合理有效投资的活力与动力，发挥好投资对稳增长、调结构、惠民生的关键作用，意义重大、影响深远。党的十九大提出，要继续深化投资体制改革，全国人大第十三次会议的政府工作报告，将投资体制深化改革列入日程，近期国务院常以及国家有关部门，不断出台继续简化审批程序，放宽对外商投资的限制等一系列政策法规。种种改革措施表明，今后我国的投资决策将更加注重科学化、民主化和法制化。

（二）审批制项目决策程序

本节所称的审批制项目决策程序，主要是指采取直接投资和资本金注入的政府投资项目。其他使用政府资金的投资项目，除按照相关规定履行项目决策程序外，还应按照国家相关规定编制项目资金申请报告，执行相关审批程序。政府投资项目决策的程序如图1-1：

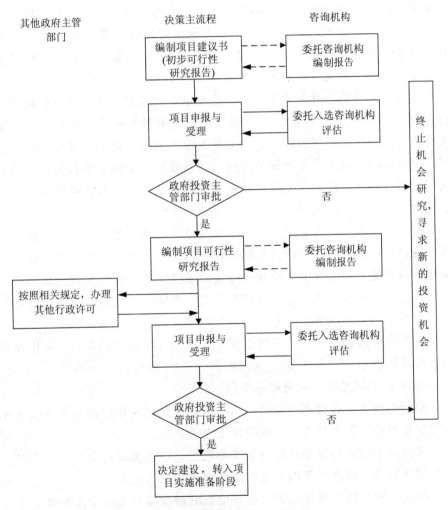

图1-1 政府投资项目决策程序

政府投资项目实行审批制，包括审批项目建议书、项目可行性研究报告、初步设计。除特殊情况影响重大的项目需要审批开工报告外，一般不再审批开工报告，同时应严格政府投资项目的初步设计、概算审批工作。

1. 编制项目建议书（初步可行性研究报告）

实行审批制的项目，应是明确列入政府投资计划内的重大项目，并与中期财政规划相衔接。该类项目必须依据国民经济和社会发展规划及国家宏观调控总体要求，编制三年滚动政府投资计划；建立覆盖各地区、各部门的政府投资项目库，未入库项目原则上不予安排政府投资。项目单位根据规划要求报送项目建议书（初步可行性研究报告），对项目建设的必要性、功能定位和主要建设内容、拟建地点、拟建规模、投资估算、资金筹措、社会效益和经济效益等进行初步分析。

2. 项目建议书的受理与审批

项目建议书编制完成后，按照规定的程序和事权，报送项目审批部门审批。申请安排中央预算内投资 3000 万元及以上项目，以及需要跨地区、跨部门、跨领域统筹的项目，由国家发展改革委审批或者由国家发展改革委委托中央有关部门审批，其中特别重大项目由国家发展改革委核报国务院批准；其余项目按照隶属关系，由中央有关部门审批后抄送国家发展改革委。

项目审批部门对符合有关规定、确有必要建设的项目，批复项目建议书（一般称项目立项），并将批复文件抄送城乡规划、国土资源、环境保护等部门。如有必要，项目审批部门在受理项目建议书后委托入选的工程咨询机构进行评估。

项目审批部门在批准项目建议书之后，应当按照有关规定进行公示。公示期间征集到的主要意见和建议，作为编制和审批项目可行性研究报告的重要参考。

3. 编制项目可行性研究报告

项目建议书批准后，项目单位应当编制可行性研究报告，对项目在技术和经济上的可行性以及社会效益、节能、资源综合利用、生态环境影响、社会稳定风险等进行全面分析论证，落实各项建设和运行保障条件，并按照有关规定取得相关行政许可或审查意见。可行性研究报告的编制格式、内容和深度应当达到规定要求。

经国务院及有关部门批准的专项规划、区域规划中已经明确的项目，部分改扩建项目，以及建设内容单一、投资规模较小、技术方案简单的项目，可以简化相关文件内容和审批程序。

4. 项目可行性研究报告的受理与审批

项目可行性研究报告编制完成后，由项目单位按照原申报程序和事权向原项目审批部门申报可行性研究报告，并应附以下文件：

（1）城乡规划行政主管部门出具的选址意见书（需要时）；

（2）国土资源行政主管部门出具的用地预审意见（需要时）；

（3）环境保护行政主管部门出具的环境影响评价审批文件（需要时）；

（4）项目的节能评估报告书、节能评估报告表或者节能登记表（需要时）；

（5）社会稳定性风险评价（需要时）；

（6）根据有关规定应当提交的其他文件。

在项目审批部门受理项目可行性研究报告后，一般按规定时限委托相应入选工程咨询机构进行项目评估。承担咨询评估任务的工程咨询机构不得承担同一项目建议书和可行性研究报告的编制工作。特别重大的项目还应实行专家评议制度。

项目审批部门对符合有关规定、具备建设条件的项目，批准项目可行性研究报告，并将批复文件抄送城乡规划、国土资源、环境保护等部门。

对于项目单位缺乏相关专业技术人员和建设管理经验的直接投资项目，项目审批部门在批复可行性研究报告时要求执行代理建设制度（简称"代建制"），通过招标方式选择具备工程管理经验和能力的机构，作为项目管理单位负责组织项目的建设实施。

5. 转入项目实施准备阶段，组织初步设计

经批准的项目可行性研究报告是确定项目建设的依据。项目单位可依据批复文件，按照规定要求向城乡规划、国土资源等部门申请办理规划许可、正式用地手续等，并委托具有相应资质的设计单位组织初步（基础）设计。

对于政府以资本金注入方式投入的，要确定出资人代表。

（三）核准制项目的核准程序

实行核准制的投资项目范围和权限，由国务院颁布的《政府核准的投资项目目录》（简称《核准目录》）确定。

实行核准制的项目，是指企业投资列入国务院颁发《核准目录》内的项目。为确立企业投资主体地位，坚持企业投资核准范围最小化，原则上由企业依法依规自主决策投资行为。对极少数关系国家安全和生态安全、涉及全国重大生产力布局、战略性资源开发和重大公共利益等项目，政府从维护社会公共利益角度确需依法进行审查把关的，应将相关事项以清单方式列明，最大限度缩减核准事项。实行企业投资项目"三个清单"管理制度，包括企业投资项目管理负面清单制度，除目录范围内的项目外，一律实行备案制，由企业按照有关规定向备案机关备案；企业投资项目管理权力清单制度，将各级政府部门行使的企业投资项目管理职权以清单形式明确下来，严格遵循职权法定原则，规范职权行使，优化管理流程；企业投资项目管理责任清单制度，厘清各级政府部门企业投资项目管理职权所对应的责任事项，明确责任主体，健全问责机制。"三个清单"实行动态管理机制，根据情况变化适时调整；做到依法、公开、透明。

实行核准制的企业投资项目，仅需向政府提交项目申请报告（书），不再经过批准项目建议书、可行性研究报告和开工报告程序。政府对企业提交的项目申请报告，主要从维护经济安全、合理开发利用资源、保护生态环境、优化重大布局、保障公共利益、防止出现垄断等方面进行核准。

需核准的企业投资项目决策程序如图1—2。

实行企业投资核准制项目的核准程序一般为：

1. 编制项目申请报告（书）

属于《政府核准的投资项目目录》内的企业投资项目，在完成企业内部决策之后，应当由项目申请单位自主编制或选择具备相应资信或能力的工程咨询机构编制项目申请报告。

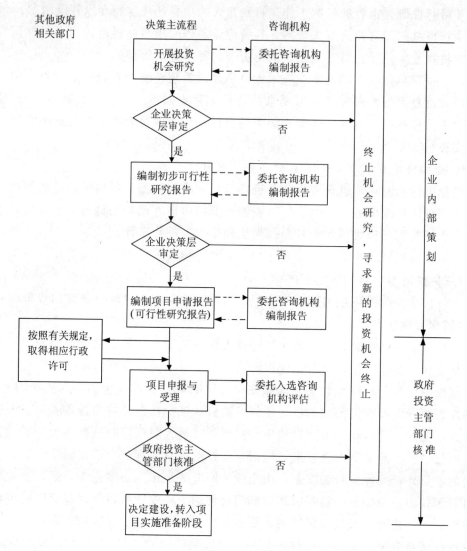

图1-2 企业投资项目核准与决策程序

2. 报送项目申请报告

由地方政府核准的企业投资项目，应按照地方政府的有关规定，向相应的项目核准机关报送项目申请报告。

由国家发展和改革委员会、国务院行业管理部门核准的地方企业投资项目，应由项目所在地省级政府发展改革部门、行业管理部门提出初审意见后，分别向国家发展和改革委员会、国务院行业管理部门报送项目申请报告。属于国家发展和改革委员会核准权限的项目，项目所在地省级政府规定由省级政府行业管理部门初审的，应当由省级政府发展改革部门与其联合报送。

国务院有关部门所属单位、计划单列企业集团、中央管理企业投资建设应当分别由国家发展和改革委员会、国务院行业管理部门核准的项目，直接由国务院有关部门、计划单列企业集团、中央管理企业分别向国家发展和改革委员会、国务院行业管理部门报送项目申请报告，并分别附项目所在地省级政府发展改革部门、行业管理部门的意见。

应当由国务院核准的企业投资项目，由国家发展和改革委审核后报国务院核准。

3. 项目受理与项目核准

核准机关在受理项目申请书后，应从下列几个方面对项目进行审查：

(1) 是否危害经济安全、社会安全、生态安全等国家安全；

(2) 是否符合相关发展建设规划、技术标准和产业政策；

(3) 是否合理开发并有效利用资源；

(4) 是否对重大公共利益产生不利影响。

项目涉及有关部门或者项目所在地地方人民政府职责的，核准机关应当书面征求其意见，被征求单位应当及时书面回复。

实行核准制的投资项目，政府部门要依托投资项目在线审批监管平台或政务服务大厅实行并联核准。精简投资项目准入阶段的相关手续，只保留选址意见、用地（用海）预审以及重特大项目的环评审批作为前置条件；按照并联办理、联合评审的要求，相关部门要协同下放审批权限，探索建立多评合一、统一评审的新模式。

在一定领域、区域内先行试点企业投资项目承诺制，探索创新以政策性条件引导、企业信用承诺、监管有效约束为核心的管理模式。

项目核准机关应当遵循便民、高效原则，制定并公开《服务指南》，列明项目核准的申报材料和所需附件、受理方式、审查条件、办理流程、办理时限等内容，提高工作透明度，为项目单位提供指导和服务。

对专业性强以及其他需要委托在咨询机构评估的核准项目，由核准机关按照有关规定和相应程序委托相应咨询机构评估，据此出具核准意见。

核准机关对项目予以核准的，应当向企业出具核准文件；不予核准的，应当书面通知企业并说明理由。由国务院核准的项目，由国务院投资主管部门根据国务院的决定向企业出具核准文件或不予核准的书面通知。

（四）备案制项目的决策程序

对企业投资项目实行备案制，是投资体制改革精简审批、简政放权的重要内容，是改善企业投资管理，充分激发社会投资动力和活力，确立企业投资主体地位、落实企业投资决策自主权的关键措施。根据《中共中央、国务院关于深化投融资体制改革的意见》，除《核准目录》范围以外的企业投资项目，一律实行备案制。

实行备案制的企业投资项目，由企业自主决策，按照属地原则，企业应当在开工建设前通过在线平台将下列信息告知备案机关：

(1) 企业基本情况；

(2) 项目名称、建设地点、建设规模、建设内容；

(3) 项目总投资额；

(4) 项目符合产业政策的声明。

企业应对备案项目信息的真实性负责。

备案机关收到规定的全部信息即为备案；企业告知的信息不全的，备案机关应当指导企业补正。企业需要备案证明的，可以要求备案机关出具或者通过在线平台自行打印。已备案信息发生较大变更的，企业应当及时告知备案机关。

备案机关发现已备案项目属于产业政策禁止投资建设或者实行核准管理的，应当及时告知企业予以纠正或者依法办理核准手续，并通知有关部门。

企业投资项目的备案制，既不同于传统的审批制，也不同于投资体制改革决定中所规定的核准制。备案制的决策程序更加简便，内容也更简略。备案机关不得对备案项目设置任何前置条件。

项目备案申请单位依据《项目备案通知书》和项目备案代码，办理规划、土地、施工、环保、消防、市政、质量技术监督、设备进口和减免税确认等后续手续。

为进一步简化、整合投资项目报建手续，取消投资项目报建阶段技术审查类的相关审批手续，探索实行先建后验的管理模式。

企业投资备案项目决策程序如图1—3。

（五）政府和社会资本合作（PPP）项目决策程序

实施政府和社会资本合作（PPP）项目决策程序的项目，是指政府为增强公共产品和服务供给能力、提高供给效率，与社会资本建立的利益共享、风险分担及长期合作关系的建设和运营模式的项目。《中共中央、国务院关于深化投融资体制改革的意见》（中发［2016］18号）在完善政府投资体制中明确提出鼓励政府和社会资本合作，各地区各部门可以根据需要和财力状况，通过特许经营、政府购买服务等方式，在交通、环保、医疗、养老等领域采取单个项目、组合项目、连片开发等多种形式，扩大公共产品和服务供给。

这类项目的决策，一般仍应纳入正常的基本建设程序，按照审批制项目决策程序要求，编制项目建议书、项目可行性研究报告和相应的立项、决策审批。在此基础上，按照PPP模式的内涵、功能作用、适用范围和管理程序等规定，完善决策程序。

1. 识别、筛选适用PPP模式备选项目，列入项目年度和中期开发计划

根据经济社会发展规划，从准备建设的公共服务、基础设施项目库中适于采用筛选PPP模式的适用项目，进行培育开发。投资主管部门、财政部门会同行业主管部门，经过对潜在PPP项目进行评估筛选，确定备选项目。根据筛选结果制定项目年度和中期开发计划。

2. 项目准备，组织编制实施方案，交联审机构审查

县级（含）以上地方人民政府可建立专门协调机制，指定项目实施机构负责项目准备、采购、监管和移交等工作，会同行业管理部门建立联审机制，及时从项目储备库或社会资本提出申请的潜在项目中筛选条件成熟的建设项目，组织编制实施方案报告，并提交联审机构审查。

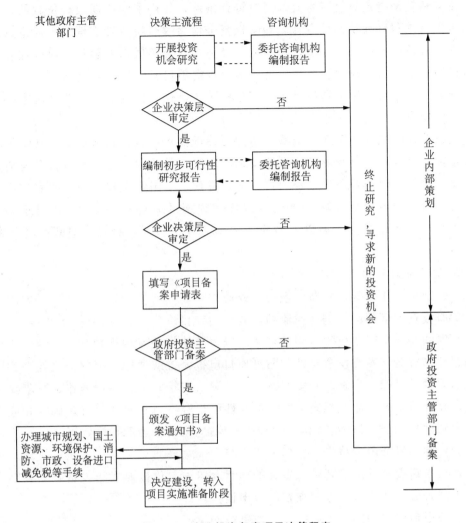

图1-3 企业投资备案项目决策程序

实施方案的内容主要包括项目概况、风险分配基本框架、项目运作方式、交易结构、合同体系、监管架构、采购方式等方面，应重点明确项目经济技术指标、经营服务标准、投资概算构成、投资回报方式、价格确定及调价方式、财政补贴及财政承诺等核心事项。

项目实施机构应对公共服务类项目实施方案进行物有所值和财政承受能力验证。通过验证的，由项目实施机构报政府审核；未通过验证的，可在实施方案调整后重新验证。经重新验证仍不能通过的，不再采用政府和社会资本合作模式。

（六）资金申请报告的申报与审批

根据《中央预算内投资补助和贴息项目管理办法》《国家高技术产业发展项目管理暂行办法》《国际金融组织和外国政府贷款投资项目管理暂行办法》的有关规定，对适用上述规定范围内的企业投资项目，需要报送资金申请报告，单独审批。

投资补助是指政府投资主管部门对符合条件的企业投资项目给予的投资资金补

助；投资贴息是指政府投资主管部门对符合条件，使用了中长期银行贷款的投资项目给予的贷款利息补贴。投资补助和贴息资金均为政府投资性无偿投入，重点用于市场不能有效配置资源、需要政府支持的经济和社会领域，主要包括公益性和公共基础设施投资项目、保护和改善生态环境的投资项目、促进欠发达地区的经济和社会发展的投资项目、推进科技进步和高新技术产业化的投资项目和符合国家有关规定的其他项目。

国际金融组织和外国政府贷款（简称国外贷款）项目，是指借用世界银行、亚洲开发银行、国际农业发展基金会等国际金融组织贷款和外国政府贷款及与贷款混合使用的赠款、联合融资等投资项目。国外贷款属于国家主权外债，按照政府投资资金进行管理。主要用于公益性和公共基础设施建设，保护和改善生态环境，促进欠发达地区经济和社会发展以及适应当前引进先进技术、设备和管理理念的新需求等。

1. 投资补助和贴息项目

（1）制定工作方案，发布申报公告或通知

政府投资主管部门根据《产业结构调整指导目录》《国家产业技术政策》《当前优先发展的高技术产业化重点领域指南》以及其他相关专项规划和产业政策等，首先制定工作方案，发布投资补助和贴息项目申报公告或通知，明确投资补助和贴息的目的、预定目标、实施时间、支持范围、资金安排方式、工作程序、时限要求等内容，并针对不同行业、不同地区、不同性质投资项目的具体情况，确定相应的投资补助和贴息标准，作为各专项投资补助和贴息项目管理的具体依据。

（2）编制资金申请报告

需要申请投资补助或者贴息资金的项目，申请单位按照发布投资补助和贴息项目申报公告或通知要求，编制项目资金申请报告。

资金申请报告的内容和要求，见本书第四章。

（3）资金申请报告的初审和申报

通常资金申请报告按照项目性质和归口分类管理要求，对企业申报项目汇总，项目汇总申报单位按照工作方案要求，对资金申请报告进行初审，将符合条件的项目报送相应审批机关，并对审核结果和申报材料的真实性、合规性负责。

对于按照应当报国务院或者国家发展改革委审批、核准的项目，可以在报送可行性研究报告或者项目申请报告时一并提出资金申请，不再单独报送资金申请报告。也可在项目经审批或者核准后，单独报送资金申请报告；按照规定应当由地方政府审批的政府投资项目，应在可行性研究报告或者初步设计批准后提出资金申请报告；按照规定，应当由地方政府核准或者备案的企业投资项目，应在核准或者备案后提出资金申请报告。

（4）资金申请报告的受理、批复和下达

对于使用中央政府资金的项目，国家发展改革委或相应部门按规定要求受理资金申请报告及相应的附件。

国家发展改革委受理资金申请报告后，视具体情况对相关事项进行审查，确有必要时可以委托相关咨询机构进行评审。项目单位被列入联合惩戒合作备忘录黑名单的，国家发展改革委不予受理其资金申请报告。对同意安排投资补助或贴息资金的项目，国家发展改革委应当批复其资金申请报告。资金申请报告可以单独批复，或者在下达年度投资计划时合并批复。批复资金申请报告应当确定给予项目的投资补助或贴息金额，并根据项目实施和资金安排情况，一次或分次下达投资计划。

采用贴息方式的，贴息资金总额根据项目符合贴息条件的贷款总额，按当地贴息率和贴息年限计算确定。贴息率应当不高于当期银行中长期贷款利率的上限。

对于补助地方的数量多、范围广、单项资金少的和下达年度投资规模计划时无法明确到具体项目的，国家发展改革委可以打捆或切块下达年度投资计划。

对于使用地方政府财政资金的，应按照地方政府有关具体规定执行。

2. 国外贷款项目

（1）编制国外贷款备选项目规划

国外贷款备选项目规划是项目对外开展工作的依据。借用国外贷款的项目必须纳入国外贷款备选项目规划。国家发展改革委按照国民经济和社会发展规划、产业政策、外债管理及国外贷款使用原则和要求，编制国外贷款备选项目规划，并据此制定、下达年度项目签约计划。

世界银行、亚洲开发银行贷款、亚投行以及国际金融组织和外国政府贷款等备选项目规划由国家发展改革委提出，商财政部后报国务院批准。

（2）申报纳入国外贷款备选项目

国务院行业主管部门、省级发展改革部门、计划单列企业集团和中央管理企业向国家发展改革委申报纳入国外贷款规划的备选项目。

国务院行业主管部门申报的项目，由地方政府安排配套资金、承担贷款偿还责任或提供贷款担保的，应当同时出具省级发展改革部门及有关部门意见。

申报纳入国外贷款规划的备选项目材料应包括以下内容：①项目简要情况；②项目建设必要性；③拟申请借用国外贷款的类别或国别；④贷款金额及用途；⑤贷款偿还责任。纳入国外贷款备选项目规划的项目，应当区别不同情况履行相应审批、核准或备案手续：

1）由中央统借统还的项目，按照中央政府直接投资项目进行管理，其项目建议书、可行性研究报告由国家发展改革委审批或审核后报国务院审批。

2）由省级政府负责偿还或提供还款担保的项目，按照省级政府直接投资项目进行管理，其项目审批权限，按国务院及国家发展改革委的有关规定执行。除应当报国务院及国家发展改革委审批的项目外，其他项目的可行性研究报告均由省级发展改革部门审批，审批权限不得下放。

3）由项目用款单位自行偿还且不需政府担保的项目，参照《政府核准的投资项目目录》规定办理。凡《政府核准的投资项目目录》所列的项目，其项目申请报告分别由省级发展改革部门、国家发展改革委核准或由国家发展改革委审核后报国务院核准；《政府核准的投资项目目录》之外的项目，报项目所在地省级发展改革部门备案。

（3）编制、提交项目资金申请报告

项目纳入国外贷款备选项目规划并完成审批、核准或备案手续后，项目用款单位应按国家规定要求编制项目资金申请报告并须向所在地省级发展改革部门提出项目资金申请报告。项目资金申请报告由省级发展改革部门初审后，报国务院发展改革部门审批；国务院行业主管部门、计划单列企业集团和中央管理企业的项目资金申请报告，直接报国家发展改革委审批。

由国务院及国家发展改革委审批的项目可行性研究报告，可行性研究报告中应当包括项目资金申请报告内容，不再单独审批项目资金申请报告。

项目资金申请报告应当附相应符文，具体见本书第四章。

（4）项目资金申请报告的审批

国家发展改革委按规定条件受理项目资金申请报告，其审批的条件是：

1）符合国家利用国外贷款的政策及使用规定；

2）符合国外贷款备选项目规划；

3）项目已按规定履行审批、核准或备案手续；

4）国外贷款偿还和担保责任明确，还款资金来源及还款计划落实；

5）国外贷款机构对项目贷款已初步承诺。

国务院及国家发展改革委对项目可行性研究报告或资金申请报告的批准文件，是对外谈判、签约和对内办理转贷生效、外债登记、招标采购和免税手续的依据。

未经国务院及国家发展改革委审批可行性研究报告或资金申请报告的项目，有关部门和单位不得对外签署贷款协定、协议或合同，外汇管理、税务、海关等部门及银行不予办理相关手续。

为适应新形势下利用国外贷款的新要求，国家发展改革委、财政部《关于国际金融组织和外国政府贷款管理改革有关问题的通知》（发改外资〔2015〕440号），要求依据"顶层设计、简政放权、公开透明"的原则，进一步研究优化整合国外贷款管理程序，以充分利用国外优惠贷款资源支持国家重点领域改革。

（七）企业自主决策的投资项目

按照公司法人治理结构的权责划分，企业投资项目一般由企业的战略投资部门研究提出，经经理层讨论后，报决策层审定，特别重大的投资决策还要报股东大会讨论通过。有的企业投资项目，是由项目发起人及其他投资人出资，组建具有独立法人资格的项目公司，出资人或其授权机构对工程项目进行投资决策。

企业投资项目根据决策要求不同可以分为国内企业境内投资项目、国内企业境外投资项目和外商投资项目，外商投资项目可以分为中外合资、合作项目和外商独资项目。

1. 国内企业境内投资项目

国内企业境内投资项目除核准目录规定的核准类项目外，一律实行备案制，其项目投资决策完全由企业自己做主。该类项目的决策程序由企业或投资者自主决定和规范。本书构架的项目咨询、决策内容和程序，可以供投资者参考。

2. **外商投资项目**

对于外商投资项目，政府对企业提交的项目申请报告或备案申请，除从维护经济安全、合理开发利用资源、保护生态环境、优化产业布局、保障公共利益、防止出现垄断等方面进行审核外，还要从市场准入、资本项目管理等方面进行审核。

外商投资项目决策应根据国家发展改革委、商务部令（2018 年）第 18 号《外商投资项目准入特别管理措施（负面清单）（2018 年版）》（以下简称《外商投资准入负面清单》）和发展改革委、商务部令（2018 年）第 19 号《自由贸易试验区外商投资准入特别管理措施（负面清单）（2018 年版）》要求执行。

境外投资者不得投资《外商投资准入负面清单》中禁止外商投资的领域；投资《外商投资准入负面清单》之内的非禁止投资领域，须进行外资准入许可；投资有股权要求的领域，不得设立外商投资合伙企业。

境内公司、企业或自然人以其在境外合法设立或控制的公司并购与其有关联关系的境内公司，涉及外商投资项目和企业设立及变更事项的，按照现行规定办理。

《外商投资准入负面清单》中未列出的文化、金融等领域与行政审批、资质条件、国家安全等相关措施，按照现行规定执行。

《内地与香港关于建立更紧密经贸关系的安排》及其后续协议、《内地与澳门关于建立更紧密经贸关系的安排》及其后续协议、《海峡两岸经济合作框架协议》及其后续协议、我国与有关国家签订的自由贸易区协议和投资协定、我国参加的国际条约对符合条件的投资者有更优惠开放措施的，按照相关协议或协定的规定执行。在自由贸易试验区等特殊经济区域对符合条件的投资者实施更优惠开放措施的，按照相关规定执行。

根据《外商投资项目核准和备案管理办法》，对中外合资、中外合作、外商独资、外商投资合伙、外商并购境内企业、外商投资企业增资及再投资项目等各类外商投资项目管理，实行核准和备案两种方式分类管理，分别为：

（1）外商投资项目核准决策程序

对于《外商投资准入负面清单》中有中方控股（含相对控股）要求的总投资（含增资）限额及以上的鼓励类项目，总投资（含增资）限额及以上的限制类（不含房地产）项目，由国家发展改革委核准；对于《外商投资准入负面清单》限制类的房地产项目和总投资（含增资）限额以下的其他限制类项目，由省级政府核准。《外商投资准入负面清单》中有中方控股（含相对控股）要求的总投资（含增资）限额以下鼓励类项目，由地方政府核准。以上总投资限额应及时关注国家有关政策调整。

由地方政府核准的项目，省级政府可以根据本地实际情况具体划分地方各级政府的核准权限。

按核准权限属于国家发展改革委核准的项目，其决策程序为：

1）编制项目申请报告（书）

项目申请单位按国家有关要求和内容编制项目申请报告，并向项目所在地省级发展改革部门报送项目申请报告。项目申请报告具体内容见本书第四章。

2）项目申请报告初审

对需要国家发展改革委或国务院核准的项目，项目所在地省级发展改革部门对项目申请报告提出初审意见后，向国家发展改革委报送项目申请报告。计划单列企业集团和中央管理企业可直接向国家发展改革委报送项目申请报告，并附项目所在省级发展改革部门的意见。

3）受理项目申请报告

项目核准机关在受理项目申请报告后对需要进行评估论证的重点问题可委托入选的咨询机构进行评估论证，接受委托的咨询机构应在规定的时间内提出评估报告。

对于可能会对公共利益造成重大影响的项目，项目核准机关在进行核准时应采取适当方式征求公众意见。对于特别重大的项目，可以实行专家评议制度。

4）项目申请报告核准审批

对予以核准的项目，项目核准机关应向项目申请单位出具书面核准文件，并抄送同级行业管理、城乡规划、国土资源、环境保护、节能审查等相关部门；对不予核准的项目，应以书面决定通知项目申请人，说明理由，并告知项目申请人享有依法申请行政复议或者提起行政诉讼的权利。

对项目评估和核准的具体要求和条件见本书第四章和第六章。

（2）外商投资项目备案程序

对于不在《核准目录》和《外商投资准入负面清单》规定核准范围以外的外商投资项目，由地方政府投资主管部门备案。外商投资项目备案，需符合国家有关法律法规、发展规划、产业政策及准入标准，符合《外商投资产业指导目录》鼓励类、《外商投资准入负面清单》《中西部地区外商投资优势产业目录》。

拟申请备案的外商投资项目，需由项目申请单位向地方投资主管部门提交项目和投资方基本情况等信息，并附中外投资各方的企业注册证明材料、投资意向书及增资、并购项目的公司董事会决议等其他相关资料。

3. 境外投资项目

根据 2017 年 12 月 26 日，国家发展改革委发布的《企业境外投资管理办法》（国家发展改革委令第 11 号）（"11 号令"）（于 2018 年 3 月 1 日起正式实施）和 2017 年 8 月 4 日，国家发展改革委、商务部、人民银行、外交部联合发文《关于进一步引导和规范境外投资方向指导意见》（国办发（2017）74 号），将境外投资分为鼓励、限制和禁止类，实施分类管理。境外投资项目是国内各类法人（简称投资主体）以新建、购并、参股、增资和注资等方式进行的境外投资项目，以及投资主体以提供融资或担保等方式通过其境外企业或机构实施的境外投资项目。所称的境外投资项目，是指投资主体通过投入货币、有价证券、实物、知识产权或技术、股权、债权等资产和权益或提供担保，获得境外所有权、经营管理权及其他相关权益的项目。

国家根据不同情况对境外投资项目分别实行核准和备案管理。其核准或备案的主流程与外商投资项目策划与决策程序相近，但由于境外投资项目涉及国内不同的行业主管部门，受我国法律允许境外投资领域限制和满足策划与决策的法规、文化、环境条件和信息依据情况复杂，根据我国投资体制改革的有关法规，仍需从维护国家经济安全、符合产业政策、保障公共利益、资本项目管理等公共管理角度进行项目核准或备案管理。国家发展改革委会同有关部门加强对企业境外投资的宏观指导、投向引导和综合服务，并通过多双边投资合作和对话机制，为投资主体实施境外投资项目积极创造有利的外部环境。

境外投资项目项目申请报告的编制内容与要求见本书第四章。

（1）境外投资项目核准程序

实行核准管理的范围是投资主体直接或通过其控制的境外企业开展的敏感类项目。核准机关是国家发展改革委。敏感类项目包括：

1）涉及敏感国家和地区的项目；

2）涉及敏感行业的项目。

该办法所称敏感国家和地区包括：

1）与我国未建交的国家和地区；

2）发生战争、内乱的国家和地区；

3）根据我国缔结或参加的国际条约、协定等，需要限制企业对其投资的国家和地区；

4）其他敏感国家和地区。

该办法所称敏感行业包括：

1）武器装备的研制生产维修；

2）跨境水资源开发利用；

3）新闻传媒；

4）根据我国法律法规和有关调控政策，需要限制企业境外投资的行业。

由国家发展改革委核准或由国家发展改革委审核意见报国务院核准的境外投资项目，地方企业直接向所在地的省级政府发展改革部门提交项目申请报告，由省级政府发展改革部门提出审核意见后报国家发展改革委；中央管理企业由集团公司或总公司直接向国家发展改革委报送项目申请报告。项目申请报告的主要内容及要求见本书第四章。

国家发展改革委核准境外投资项目的条件见本书第四章和第六章。

中方投资额3亿美元及以上的境外收购或竞标项目，投资主体在对外开展实质性工作之前，应向国家发展改革委报送项目信息报告。国家发展改革委收到项目信息报告后，对符合国家境外投资政策的项目出具确认函。所称境外收购项目，是指投资主体以协议、要约等方式收购境外企业全部或部分股权、资产或其他权益的项目；所称境外竞标项目，是指投资主体参与境外公开或不公开竞争性投标等方式获得境外企业全部或者部分股权、资产或其他权益的项目。所称对外开展实质性工作，境外收购项目指的是对外签署约束性协议、提出约束性报价及向对方国家或地区政府审查部门提出申请。境外竞标项目指的是对外正式投标。

(2) 境外投资项目备案程序

根据《企业境外投资管理办法》，除境外投资实施项目核准制以外的企业境外投资实行备案管理。实行备案管理的项目中，投资主体是中央管理企业（含中央管理金融企业、国务院或国务院所属机构直接管理的企业，下同）的，备案机关是国家发展改革委；投资主体是地方企业，且中方投资额3亿美元及以上的，备案机关是国家发展改革委；投资主体是地方企业，且中方投资额3亿美元以下的，备案机关是投资主体注册地的省级政府发展改革部门。

属于国家发展改革委备案的项目，地方企业应填报境外投资项目备案申请表并附有关附件，直接提交所在地的省级政府改革部门，由省级政府发展改革部门报送国家发展改革委；中央管理企业由集团公司或总公司向国家发展改革委报送备案申请表及有关附件。

国家发展改革委对申请备案的境外投资项目，主要从是否属于备案管理范围，是否符合相关法律法规、产业政策和境外投资政策，是否符合国家资本项目管理相关规定，是否危害国家主权、安全、公共利益，以及投资主体是否具备相应投资实力等进行审核。并按规定时限对符合备案条件的境外投资项目出具备案通知书；对不予备案的境外投资项目，以书面决定方式通知申报单位并说明理由，投资主体享有依法申请行政复议或者提起行政诉讼的权利。

四、项目决策责任

项目投资决策涉及政府投资主管部门、项目（法人）单位、咨询机构和相关政府职能部门、金融机构等单位。根据投资体制改革和现代企业制度的要求，要建立投资决策责任追究制度，明确项目投资决策相关单位的职责和责任。

（一）政府投资主管部门

在项目决策过程中，政府投资主管部门对项目的审批（核准）以及向国务院提出审批（核准）的审查意见承担责任，着重审查项目是否符合国家宏观调控政策、发展建设规划和产业政策，是否维护了经济安全和公众利益，资源开发利用和重大布局是否合理，能耗指标是否先进，节能措施是否合理，是否有效防止出现垄断，是否有利于防范和化解社会稳定风险等。同时要求国家和地方建立项目在线监管平台，加强事中、事后监管，严格责任追究。

投资主管部门和有关部门违法进行项目审批或企业核准、备案的，责令限期改正，对玩忽职守、滥用职权、徇私舞弊的，对负有责任的领导人员和直接责任人员依法给予处分；构成犯罪的，依法追究刑事责任。

（二）项目（法人）单位

项目（法人）单位对项目的申报程序是否符合有关规定、申报材料是否真实、是否按照经审批或核准的建设内容进行建设负责，并承担投资项目的市场前景、技术方案、资金来源、经济效益等方面的风险。

对于政府投资项目，在投资决策时，项目（法人）单位有下列行为之一的，投资主管部门和有关部门责令限期整改、暂停项目或者暂停资金拨付；对直接负责的主管人员和其他直接责任人员，三年内禁止其负责使用政府投资资金项目的管理工作，并视情节轻重依法追究其行政或法律责任；构成犯罪的，依法追究刑事责任，主要包括：

（1）提供虚假情况骗取政府投资资金的；

（2）未按规定履行有关程序擅自开工的；

（3）未经批准擅自提高或者降低建设标准，改变建设内容，扩大或者缩小投资规模的；

（4）转移、侵占或者挪用建设资金的；

（5）未及时办理竣工验收手续，或者未经竣工验收或者验收不合格即交付使用的；

（6）已经批准的项目，无正当理由未及时实施或者完成的；

（7）其他严重违反本条例规定的行为。

对于以不正当手段取得核准或备案手续以及未按照核准内容进行建设的企业投资项目，核准、备案机关应当根据情节轻重依法给予警告、责令停止建设、责令停产等处罚；对于未依法办理其他相关手续擅自开工建设，以及建设过程中违反城乡规划、土地管理、环境保护、安全生产等方面的法律法规的项目，相关部门应依法予以处罚。相关责任人员涉嫌犯罪的，依法移送司法机关处理。

企业法人或投资者依照"谁投资、谁决策、谁受益、谁承担风险"的原则，依法依规自主决策投资项目。目前一些企业集团，纷纷制定企业投资项目管理规范，行业主管部门或行业协会也根据行业特点颁布行业指导性文件，规范行业投资行为，指导行业投资项目依法依规行使权利，服务于广大项目（法人）单位或投资者。

（三）咨询机构

工程咨询是遵循独立、公正、科学的原则，综合运用多学科知识、工程实践经验、现代科学和管理方法，在经济社会发展、境内外投资建设项目决策与实施活动中，为投资者和政府部门提供阶段性或全过程咨询和管理的智力服务。工程咨询单位及其从业人员应当遵守国家法律法规和政策要求，恪守行业规范和职业道德，积极参与和接受行业自律管理。工程咨询单位对咨询质量负总责。主持该咨询业务的人员对咨询成果文件质量负主要直接责任，参与人员对其编写的篇章内容负责。实行咨询成果质量终身负责制，形成工程咨询成果质量追溯机制。各类投资中介服务咨询机构要坚持诚信原则，加强自我约束，增强服务意识和社会责任意识，塑造诚信高效、社会信赖的行业形象。

咨询机构对工程项目策划的每个质量控制点（前期准备、现场调研、撰写报告等）严格把关，细致研究项目相关材料，认真撰写论证报告，确保论证报告格式规范、内容完整、引用数据和参数可靠、所采用方法科学、测算结果准确，文字表述精炼，咨询评价结论应明确。

根据中华人民共和国国家发展和改革委员会令（第 9 号）关于《工程咨询行业管理办法》的有关规定，承担编制任务的工程咨询单位，不得承担同一事项的评估咨询任务。承担评估咨询任务的工程咨询单位，与同一事项的编制单位、项目业主单位之间不得存在控股、管理关系或者负责人为同一人的重大关联关系。

工程咨询单位有下列行为之一的，由发展改革部门责令改正；情节严重的，给予警告处罚并从备案名录中移除；已获得资信评价等级的，由开展资信评价的组织取消其评价等级。触犯法律的，依法追究法律责任。

（1）备案信息存在弄虚作假或与实际情况不符的；

（2）违背独立公正原则，帮助委托单位骗取批准文件和国家资金的；

（3）弄虚作假、泄露委托方的商业秘密以及采取不正当竞争手段损害其他工程咨询单位利益的；

（4）咨询成果存在严重质量问题的；

（5）未建立咨询成果文件完整档案的；

（6）伪造、涂改、出租、出借、转让资信评价等级证书的；

（7）弄虚作假、提供虚假材料申请资信评价的；

（8）弄虚作假、帮助他人申请咨询工程师（投资）登记的；

（9）其他违反法律法规的行为。

对直接责任人员，由发展改革部门责令改正，或给予警告处罚。

咨询工程师（投资）有下列行为之一的，由中国工程咨询协会视情节轻重给予警告、通报批评、注销登记证书并收回执业专用章。犯法律的，依法追究法律责任。

（1）在执业登记中弄虚作假的；

（2）准许他人以本人名义执业的；

（3）涂改或转让登记证书和执业专用章的；

（4）接受任何影响公正执业的酬劳的。

根据《国家发展改革委委托投资咨询评估管理办法》的规定，咨询评估机构有下列情形之一，包括：

（1）咨询评估报告有重大失误或质量低劣；

（2）咨询评估过程中有违反本办法规定的行为；

（3）累计两次拒绝接受委托任务；

（4）累计两次未在规定时限或者经批准的延期时限内完成评估任务；

（5）其他违反国家法律法规规定的行为。

国家发展改革委可以依据情节轻重对其提出警告、从承担国家发展改革委委托咨询评估任务的评估机构中删除，并依据工程咨询单位资格管理的有关规定做出相应处罚，并对违法违规行为建立信用记录，纳入国家统一的信用信息共享交换平台。情节严重的按有关规定向社会公开。

对承担地方政府委托咨询评估的从其所在地方政府有关规定。

（四）其他政府相关职能部门

1. 环境保护主管部门

环境保护主管部门对项目是否符合环境影响评价的法律法规要求，是否符合环境功能区划，拟采取的环保措施能否有效治理环境污染和防止生态破坏等负责。

根据投资体制改革精神，环境影响评价除部分特殊项目外不再作为项目审批和核准前置条件，但从项目决策内容和要求来看，环境影响评价的结论，将影响项目决策的依据文件和结果，因此，在项目可行性研究阶段，应着力做好技术方案和环保篇章，避免与环境影响评价产生过大偏差。

2. 国土资源主管部门

国土资源主管部门对项目是否符合土地利用总体规划和国家供地政策，项目拟用地规模是否符合有关规定和控制要求，补充耕地方案是否可行等责任，对土地、矿产资源开发利用是否合理负责。

3. 城市规划主管部门

城市规划主管部门对项目是否符合城市规划要求、选址是否合理等负责。

4. 相关行业主管部门

相关行业主管部门对项目是否符合国家法律法规、行业发展规划以及行业管理的有关规定负责。

5. 其他有关主管部门

制定相关行业标准和规范的相关部门对标准、规范负责。

（五）金融机构

金融机构按照国家有关规定对申请贷款的项目独立审贷，对贷款风险负责。

第二节 项目决策分析与评价的任务和基本要求

项目决策分析与评价是项目决策、建设的关键。尽管对企业投资和政府投资建设项目规定了不同的审批、核准、备案程序、审批文件和要求、事权责任，但作为一个工程项目投资前期的过程以及决策所依据的内容基本相同。

项目决策分析与评价在建设项目不同研究阶段，构造各种不同的方案，并对其进行全过程分析评价，为项目决策提供科学可靠的依据。

一、项目决策分析与评价的任务

项目决策与分析，贯穿于项目从规划研究到可行性研究的全过程，在过程中的不同研究阶段，研究的重点、解决的问题有所不同，研究过程从浅入深、从粗到细，逐步达到满足决策要求，在项目决策分析与评价过程中，应完成以下主要任务：

（1）分析项目建设的可能性、与产业政策的符合性、与地区发展规划的符合性以及城乡规划等相应政策的符合性，与公司发展战略的符合性，研究项目运营发展所必需的条件。

（2）分析项目建设的必要性，推荐符合市场需求的产品（服务）方案和建设规模。

（3）比较并推荐先进、可靠、适用的项目建设方案。

（4）估算项目建设与运营所需的投资和费用，计算分析项目的盈利能力、偿债能力与财务生存能力。

（5）从经济、社会、资源及环境影响的角度，分析评价项目建设与运营所产生的外部影响，分析评价项目的经济合理性、与所处的社会环境是否和谐以及资源节约和综合利用效果。

（6）分析项目存在的风险，并提出防范和降低风险的措施。

（7）在上述分析评价归纳总结的基础上，分析项目目标的可能实现程度，判别项目建设的必要性和技术经济的可行性，提出研究结论。

（8）对项目建设与运营的有关问题及应采取的措施提出必要的建议。

在实际工作中，政府投资项目和企业投资项目决策分析与评价的任务有所区别，应根据具体项目情况，有侧重的完成相应任务。

二、项目决策分析与评价的基本要求

1. 贯彻以人为本、和谐发展的理念

把党的十九大提出的全面建设小康社会和实现民族复兴的中国梦贯彻落实到项目决策分析与评价的全过程。

要求项目决策分析与评价必须坚持以人为本，促进经济社会和人的全面发展，统筹人与自然的和谐发展，实现永续的可持续发展；必须体现经济增长方式的更快转变，抓好节能、节水、节材、节地、资源综合利用和发展循环经济等重要环节，推进资源节约型、环境友好型社会建设；必须体现自主创新能力的显著提高，优化产品、产业结构，增强核心竞争力，促进创新体系建设；必须体现城乡区域的协调发展，落实区域经济发展布局与规划，促进城乡良性互动、东中西优势互补，推进和谐社会建设。

2. 资料数据准确可靠

信息是项目决策分析与评价的基础和必要条件，全面、准确地了解和掌握有关项目决策分析与评价的资料数据是决策分析与评价的最基本要求。主要资料数据有：

（1）国家和地方的经济和社会发展规划、行业部门的发展规划，如江河流域开发治理规划、铁路公路的路网规划、电力电网规划、森林开发规划，以及企业发展战略规划等；

（2）国家颁布的产业政策、土地政策、环境保护政策、资源利用政策、税收政策、金融政策等；

（3）国家颁布的有关技术、经济、工程方面的规范、标准、定额等；

（4）国家或行业颁布的有关项目评价的基本参数和指标；

（5）拟建项目场（厂）址的自然、地理、气象、水文、地质、社会、经济等基础数据资料，交通运输和环境保护资料；

（6）合资、合作项目各方签订的协议书或意向书；

（7）对外投资项目，项目所在国家或地区的相关法律、法规和基础资料等；

（8）改、扩建和技术改造项目以及并购项目应全面了解既有企业、现有项目以及目标企业的基本情况，并购企业应根据具体情况出具目标企业资产评估、法律尽职调查、财务审计等相应报告和审批文件等；

（9）与拟建项目有关的各种市场信息资料或社会公众要求等。

由于项目决策分析与评价是个动态过程，在实施中要注意新情况的出现，要及时、全面、准确地获取新的信息，必要时做出追踪决策分析。

3. 方法科学

项目决策分析与评价要注意方法的科学性，根据不同情况选择不同的方法，并通过多种方法进行验证，以保证分析与评价的准确性。项目决策分析与评价的方法很多，可归纳为三大类：

（1）经验判断法。即依靠咨询工程师的经验进行综合判断。这是一种常用的方法，尤其是对有较多难以定量化的抽象因素（如社会因素、心理因素、道德因素等）进行分析时，经验判断更是不可缺少。经验之所以可作为决策分析与评价的依据，在于历史发展存在规律性和继承性。但经验不能作为百分之百的依据，对于决策分析与评价中遇到的新情况、新问题，必须认真分析，不能机械地套用经验去做简单判断。经验判断法的最大缺点是容易受个人主观认识的限制。因此，在应用经验判断法时，应结合其他方法互相补充、验证。

（2）数学分析法。指系统分析、线性分析、统筹方法等建立在数学手段基础上的定量分析方法。采用这些定量分析方法，可以使评价结论更加严密与准确。

（3）试验法。经多轮试验及检验，从中选择典型可用的方法。由于在决策分析中不可能创造出像实验室那样人为的典型可控条件，所以试验法也不像在科学技术研究中那样作为一种基本方法。但对于一些经不起失误的重大决策问题，尤其是对于缺乏经验的新问题，先选少数典型单位或部分环节做试点，然后总结经验作为最后评价的依据，仍不失为一种可行的方法。

以上三种方法各有所长，应当根据决策分析与评价的内容特点、研究的深度要求选用。

4. 定量分析与定性分析相结合，以定量分析为主

随着应用数学和计算机的发展，经济决策更多地依赖于定量分析的结果。投资项目决策分析与评价的本质是对项目建设和运营过程中各种经济因素给出明确的数

量概念，通过费用和效益的计算、比选取舍。但是一个复杂的项目，总会有一些因素不能量化，不能直接进行定量分析，只能通过文字描述、对比，进行定性分析。定性分析，是一种在占有一定资料的基础上，根据咨询工程师的经验、学识和逻辑推理能力进行的决策分析。在项目决策分析与评价时，应遵循定量分析与定性分析相结合，以定量分析为主的原则，对不能直接进行数量分析比较的，则应实事求是地进行定性分析。由于项目的不确定性、不可预见性等因素，有时候定性分析反而很重要。

5. 动态分析与静态分析相结合，以动态分析为主

动态分析是指在项目决策分析与评价时要考虑资金的时间价值，对项目在整个计算期内费用与效益进行折（贴）现现金流量分析。动态分析方法将不同时点的现金流入和流出换算成同一时点的价值，为不同项目、不同方案的比较提供可比的基础。动态分析指标主要有内部收益率、净现值、净年值等指标。

静态分析是指在项目决策分析与评价时不考虑资金的时间价值，把不同时点的现金流入和流出看成是等值的分析方法。静态分析方法不能准确反映项目费用与效益的价值量，但指标计算简便、易于理解。静态分析指标主要有项目静态投资回收期、总投资收益率等指标。在项目决策分析与评价中应遵循动态分析与静态分析相结合、以动态分析为主的原则，根据工作阶段和深度要求的不同，选择采用动态分析指标与静态分析指标。

6. 多方案比选与优化

项目决策分析与评价是在对建设规模与产品方案、工艺技术方案、工程方案、场（厂）址选择方案、环境保护治理方案、资源利用方案、融资方案等各方案选择比较的基础上，再从技术和经济相结合的角度进行多方案综合分析论证，比选优化。多方案比选，也可以采用专家评分法、目标排序法等方法进行综合评价优化选择。方案经济比选的具体方法参见本书第七章。

第三节　项目前期咨询成果

一、项目前期主要咨询成果的类型

项目决策分析与评价是一个由粗到细、由浅到深的递进过程。在这个过程中，主要包括项目规划、项目投资机会研究、项目初步可行性研究（项目建议书）、项目可行性研究、项目评估、项目后评价等内容。必要时需要辅助一些专题研究、研究方法等。这些研究成果可以由投资者自行完成，也可以聘请专家，还可以委托工程咨询机构完成，所形成的报告构成了前期的主要咨询成果。

（一）规划研究报告

本书所指的规划属于发展规划中的专项规划，主要是指产业发展规划、企业发展规划和园区发展规划，其规划内容紧紧围绕着项目或项目群，从项目角度，研究产业、企业或园区发展所需要的条件，研究产业发展、企业和园区项目建设与国家

产业政策、区域规划、经济社会配套、资源支撑生态环境容量等方面的符合性。

1. 产业发展规划

通常产业发展规划是根据产业的发展定位、产业体系、产业结构、产业链条、空间布局、经济社会环境影响等方面，为国家、行业、地区或区域、园区、企业（集团）科学制定一定周期内的产业发展目标和实施方案。产业发展规划研究的成果是产业发展规划报告。详见本书第二章。

2. 企业发展规划

企业发展规划根据所拥有的资源和所处的外部环境，按照企业发展战略，在产业规划等上位规划范围内，谋划企业在某个时期内的发展方向和具体目标，制定实现目标的具体实施方案。企业发展规划研究的成果是企业发展规划报告。详见本书第二章。

3. 园区发展规划

园区发展规划是依据国家、地方有关政策，充分考虑内外部发展环境，从当地实际状况出发，合理确定园区的发展定位，对园区产业结构、空间布局、土地利用、基础设施、环境保护、安全防灾、园区管理等进行的总体安排。本书所指的园区发展规划，主要针对工业园区。园区发展规划研究的成果是园区发展规划报告。详见本书第二章。

（二）投资机会研究报告

1. 投资机会研究的目的

投资机会研究，也称投资机会鉴别，是指为寻找有价值的投资机会而进行的准备性调查研究。其目的是发现有价值的投资机会。

2. 投资机会研究的内容和研究重点

投资机会研究的内容，包括市场调查、消费分析、投资政策、税收政策研究等，其研究重点是分析投资环境，如在某一地区或某一产业部门，对某类项目的背景、市场需求、资源条件、发展趋势以及需要的投入和可能的产出等方面进行准备性的调查、研究和分析，从而发现有价值的投资机会。投资机会研究的成果是机会研究报告。

需要指出的是，在实际操作中，机会研究逐步被企业发展规划或产业发展规划所替代，无论是区域、行业或者是企业，随着规划的重要性及其内容的不断加深，企业发展规划和产业发展规划逐步担当了机会研究甚至项目建议书的角色，因此本书对机会研究不做详细介绍。

（三）初步可行性研究报告

1. 初步可行性研究的目的

初步可行性研究，也称预可行性研究，是在投资机会研究的基础上，对项目方案进行初步的技术、经济分析和社会、环境评价，对项目是否可行做出初步判断。初步可行性研究的主要目的是判断项目是否有必要性，是否值得投入更多的人力和资金进行可行性研究。

2. 初步可行性研究的内容、 重点和深度要求

初步可行性研究的内容与可行性研究基本一致（参见第三章可行性研究），只是深度有所不同。重点是根据国民经济和社会发展长期规划、行业规划和地区规划以及国家产业政策，经过调查研究、市场预测，从宏观上分析论证项目建设的必要性和可能性。

初步可行性研究的深度介于投资机会研究和可行性研究之间。

初步可行性研究的成果是初步可行性研究报告或者项目建议书。

需要指出的是，不是所有项目都必须进行初步可行性研究，小型项目或者简单的技术改造项目，在选定投资机会后，可以直接进行可行性研究。

（四）项目建议书

对于政府投资项目项目建议书是立项的必要程序，应按照程序和要求编制和报批项目建议书。对于企业投资项目，企业自主决策过程中，企业根据自身需要也会自主选择前期不同阶段的研究成果作为立项的依据。

政府投资项目，初步可行性研究报告可以代替项目建议书，企业投资项目也可参照执行。实际工作中，企业投资项目往往省略了机会研究和项目建议书的决策程序，许多投资者往往依据企业发展规划，直接进入项目可行性研究阶段，用企业发展规划代替了机会研究和初步可行性研究，具体操作中，投资者可根据所处行业和市场形势结合项目特点，自主选择操作程序。

项目建议书，对于政府投资项目是决策程序上的要求，同时对于投资者，也是通过初步的研究，判断项目是否有生命力，是否值得投入更多的人力和资金进行可行性研究，避免造成不必要的浪费。

（五）可行性研究报告

可行性研究是建设项目决策分析与评价阶段最重要的工作。可行性研究是通过对拟建项目的建设方案和建设条件的分析、比较、论证，从而得出该项目是否值得投资、建设方案是否合理、可行的研究结论，为项目的决策提供依据。

可行性研究的成果是可行性研究报告。详见本书第三章。

（六）项目申请报告

根据我国现行投资管理规定，对关系国家安全、涉及全国重大生产力布局、战略性资源开发和重大公共利益的企业投资想项目，实行核准管理。企业为获得项目核准机关对拟建项目的行政许可，按核准要求报送项目申请报告（即项目申请书）。

项目申请书按照申报企业性质分为企业投资（国内企业境内投资）项目申请书、外商投资项目申请书、境外投资项目申请书。详见本书第四章。

（七）资金申请报告

资金申请报告是企业为获得政府补贴性质资金（财政专项资金和财政贴息等）支持、国际金融组织或者外国政府贷款（简称国际金融组织贷款），按照政府相关要求而编制的报告。

本书介绍的是国家级资金支持项目的管理以及对资金申请报告内容和深度的有

关规定和要求，地方财政资金支持项目的管理应按照地方有关规定执行，详见本书第四章。

（八）项目评估报告

项目评估是投资项目前期和项目投资决策过程中的一项重要工作。不同的委托主体，不同阶段的项目前期咨询成果，对评估的内容及侧重点的要求会有所不同。项目评估的咨询成果是咨询评估报告。详见本书第六章。

（九）社会评价报告

社会评价是对建设项目中的社会因素、社会事项及其产生的影响进行评价的一种方法。要求应用社会学、人类学、项目评估学的理论和方法，通过系统地调查、收集与项目相关的社会资料和数据，识别项目实施过程中的各种社会因素、利益相关者和可能出现的各种社会事项，分析项目可能产生的社会影响、社会问题和社会风险，提出尽可能扩大正面社会效果和减少或避免项目负面社会影响的措施和具体方案，编制社会管理措施方案，并在项目实施过程中通过监测和评估项目社会效果的实现程度，保证项目顺利实施并使项目效果持续发挥。我国建立的社会稳定风险分析（评估）的制度，作为社会评价的一个组成部分，侧重分析项目的负面社会影响可能产生的风险及其防范、化解措施。

社会评价和社会稳定风险分析的咨询成果是社会评价报告和社会稳定风险分析报告。详见本书第九章。

（十）后评价报告

项目后评价是项目管理的一项重要内容，也是出资人对投资活动进行监管的重要手段。通过项目后评价反馈的信息，可以发现项目决策与实施过程中的问题与不足，吸取经验教训，提高项目决策与建设管理水平。项目后评价作为投资项目管理周期的最后一环，与项目周期的各个阶段都有密不可分的关系。根据中共中央、国务院发布《关于深化投融资体制改革的意见》要求，政府投资项目要建立后评价制度。

项目后评价的咨询成果是项目后评价报告。详见本书第十一章。

（十一）专题报告及支撑文件

1. 专题研究报告

在项目决策过程中，对一些影响项目决策的重大或重要事项，根据其复杂程度，单纯依靠可行性研究报告不能满足决策需要，可以开展专题研究，为决策提供补充材料，这些资料或专题报告构成了咨询成果的一部分。包括：市场研究报告、竞争力分析报告、场（厂）址选择报告、技术方案比选报告、融资方案研究报告、风险分析报告等。

2. 支撑性文件

项目可行性研究报告，伴随着一些支撑性文件，组成项目决策依据，如：城乡规划行政主管部门出具的选址意见书（仅指以划拨方式提供国有土地使用权的项目）；国土资源行政主管部门出具的用地预审意见（不涉及新增用地，在已批准的建设用地范围内进行改扩建的项目，可以不进行用地预审）；环境保护行政主管部门出具的环境影响评价审批文件（按照规定需要的项目）；节能审查机关出具的节能审查意见；投标、并购或合资合作项目，应提交中外方签署的意向书或框架协议等文件；以有价证券、实物、知识产权或技术、股权、债权等资产权益出资的，按资产权益的评估价值或公允价值核定出资额，并应提交具备相应资质的会计师事务所、资产评估机构等中介机构出具的审计报告、资产评估报告及有权机构的确认函，或其他可证明有关资产权益价值的第三方文件；其他相应的资源供应、能源提供、市场接受、贷款承诺意向性文件等。

二、项目前期咨询成果的相互关系

建设项目的前期工作，是对拟建设项目研究由浅入深、工作质量和要求逐步提高、建设方案不断优化的过程。

项目前期咨询成果间的关系，有前后顺序由浅入深的关系，如：初步可行性研究与可行性研究之间的关系；有条件关系和支撑关系，如：市场预测、场（厂）址选择、风险分析等专题研究与可行性研究报告相互形成条件关系，并成为可行性研究报告的支撑条件；有验证与被验证的关系，如：项目规划、可行性研究报告与咨询评估报告的关系；有从表面上看没有关系，但实际工作中，却是关系密切的包容和扩展关系，如：可行性研究报告与项目申请报告，等。梳理项目前期咨询成果间的关联关系，有利于把握各阶段的内容深度和工作要点，更好地开展前期工作。

（一）项目规划与机会研究和项目建议书的关系

随着项目规划内容的不断加深，项目规划中包含规划项目说明书，对规划内的项目或产业链进行机会研究和必要性分析，据此，许多企业及其集团、地方政府、园区都将项目规划用于代替机会研究和商业计划书，作为招商引资的宣传资料，企业投资项目还可以当做项目建议书用。

（二）项目规划与项目建议书（初步可行性研究）和可行性研究的关系

政府投资项目，严格按照审批流程，审批项目建议书（初步可行性研究），在项目建议书（初步可行性研究）批复后开展可行性研究工作，并对完成的可行性研究报告进行评审，据此做出项目投资决策。同时，对于申报项目提出符合产业规划、区域规划的要求，对未进行规划的区域，原则上不安排新建项目，对未纳入行业、地区规划的项目，原则上不予受理。与项目决策直接相关的土地、环评等，也都对项目规划提出相应要求，环境影响评价部门，对于园区发展规划专门要进行园区环评，园区环评未通过或不在园区发展规划内的项目，原则上环境保护部门不单独受理项目环境影响评价。

企业投资项目，企业在完成项目规划后，往往对项目规划中的投资项目，一旦认为有必要则直接转入项目可行性研究阶段。

（三）项目建议书（初步可行性研究）与可行性研究的关系

政府投资项目按照程序和要求编制和报批项目建议书，企业投资项目可根据需要，自行决定是否需要编制项目建议书（初步可行性研究报告）。政府投资项目，初步可行性研究报告可以代替项目建议书。项目建议书与初步可行性研究报告之间的差别，主要是对研究成果具体阐述的详略。初步可行性研究报告详尽一些，项目建议书简略一些，可根据投资主体以及审批机构的要求确定。初步可行性研究包含了更多的研究过程内容，项目建议书单独报批时，则重点是初步可行性研究的结论。

可行性研究与初步可行性研究相比，在构成与内容上大体相似，是初步可行性研究的延伸和深化，但这两个阶段的目的与作用、研究论证重点以及研究方法和深度要求有明显的区别。主要为：

1. 目的与作用的不同

初步可行性研究是政府投资项目立项和企业内部初步决定投资建设意向的重要依据。可行性研究报告是项目决策的依据。项目可行性研究批准后，即为决策，可组织下一步初步设计等后续工作。

实际工作中，企业投资项目在完成可行性研究报告后，按照核准要求，补充相应内容，可以作为核准文件报送政府部门核准。

2. 研究论证的重点不同

初步可行性研究主要从宏观角度分析研究项目的必要性，初步论证项目建设是否符合国家长远规划、地区和行业发展规划、产业政策和生产力布局，进行初步的市场调查和主要产品的市场需求分析，结合建设地点和项目特点初步分析项目建设条件（工程地质、工艺技术、资源供应、外部运输、环境治理等）的满足程度，主要采用粗略的估算指标法初步估算项目建设投资和资金筹措的设想方案，对项目的经济效益和社会效益进行初步分析。

可行性研究是从宏观到微观进行全面的技术经济分析，论证项目建设的可行性，重点论证项目建设是否符合国家长远规划、地区和行业发展规划、产业政策和生产力布局，经过技术经济比较、择优确定建设方案，进行全面的市场调查和竞争能力分析、合理确定产品方案，通过必要的勘察调查和技术经济比较、择优确定项目场（厂）址和工艺技术方案，根据建设方案和国家法规政策、标准和定额计算项目工程量，通过分类估算确定项目总投资、资金来源和筹措方案，对项目的经济效益和社会效益进行较系统的评价和测算。并得出项目是否可行的结论。

3. 研究方法和深度要求的不同

初步可行性研究主要是采用近年同行业类似项目及其生产水平的类比方法，估算项目总投资（允许误差 20% 左右），经济效益评价可以静态为主，或与动态分析相结合。

可行性研究报告应按照项目建设方案确定的工程量测算项目总投资，投资估算误差不应大于 10%，资金筹措应有具体方案，项目效益测算以动态分析为主等。

（四）项目申请报告与可行性研究报告的关系

项目申请报告与可行性研究报告有着密切的关系。对于企业投资需要由政府核准的项目，一般是在企业内完成项目可行性研究报告，由企业内部自主决策后，根据可行性研究的基本意见和结论，按照政府核准要求编制项目申请报告。因此，编制项目申请报告的基础可以是可行性研究报告。

可行性研究报告与项目申请报告也有着明显的区别，主要有以下三个方面：

1. 适用范围和作用的不同

项目申请报告是政府行政许可的要求，它仅仅适用于企业投资建设实行政府核准制的项目，即列入"核准目录"的企业投资建设项目。其作用是根据政府关注的公共管理要求，主要从维护经济安全，合理开发利用资源、保护生态环境、优化重大布局、保障公众利益、防止出现垄断等方面进行核准。政府投资项目和实行备案制的企业投资项目，均不需要编制项目申请报告。

2. 目的不同

对于企业投资项目而言，可行性研究报告的目的是论证项目的可行性，提交企业内部决策机构（如企业董事会）审查批准；以及提交贷款方（包括内、外资银行以及国际金融组织和外国政府）评估，以便其做出贷款决定。

项目申请报告是对政府关注的项目外部影响，涉及公共利益的有关问题进行论证说明，以获得政府投资主管部门的核准（行政许可）。在政府投资主管部门核准之前，根据有关规定，企业需要获得规划、自然资源等主管部门的许可。

3. 内容不同

可行性研究报告不仅要对市场前景、技术方案、设备选型、项目选址、投资估算、融资方案、财务效益、投资风险等方面进行分析与研究；而且，要对政府关注的涉及公共利益的有关问题进行论证。

项目申请报告主要是从规划布局、资源利用、征地移民、生态环境、经济和社会影响等方面对拟建项目进行论证，对市场、技术、资金来源、财务效益等不涉及政府公权力等"纯内部"问题，不作为主要内容，但需要对项目有关问题加以简要说明，作为对项目核准提供项目背景、外部影响评估的基础材料。如：为了便于政府对发展规划、产业政策及行业准入等内容进行审查，需要对采用工艺技术方案的先进性、创新性作简要说明等。

（五）PPP实施方案与可行性研究报告的关系

政府和社会资本合作（PPP）投资项目，是特许经营类项目的一种，主要适用于政府负有提供责任又适宜市场化运作的基础设施和公共服务类项目。对于确定采用政府和社会资本合作（PPP）模式实施的项目，按照相关要求，在组织实施前应由项目实施机构组织编制政府和社会资本合作（PPP）项目实施方案。

实施方案在基本建设程序中，与该项目前期立项、决策、核准的项目建议书、可行性研究或项目申请报告等文件，既紧密联系又相互独立。

实施方案的编制，必须以该项目的前期工作成果为基础，工程范围、建设方案、产品或服务方案、技术方案、投资估算、财务效益测算等基础资料，主要来源于该项目前期工作的相关成果，包括项目前期立项、决策、核准的项目建议书、可行性研究或项目申请报告等。实施方案中确定的股权结构、双方责权利划分、融资方案等主要以该项目前期工作成果中的总体建设方案、项目资本金比例安排、财务效益分析等的进一步落实和细化。

三、项目前期咨询成果的质量保证

确保项目前期咨询成果的质量，是整个项目成败的关键因素之一。在项目前期各阶段的工作中，不宜盲目追求进度和节约费用，而应重在质量管理，为投资项目前期各阶段工作及其决策的科学性、可靠性提供依据。为此，在项目前期以及决策过程中应实行严格的质量管理责任制，特别是在咨询机构，应建立完善的项目经理责任制和成果质量评审制，使项目策划的各个参与者、各个环节的工作处于有序和受控状态，以确保前期咨询成果的质量。

（一）项目经理责任制

项目经理责任制是保证项目前期咨询成果质量的基础。首先，项目经理须从思想上充分认识到项目前期咨询成果的重要性，提高前期咨询成果质量的责任感和使命感；其次，要主动加强对法律法规、宏观政策、新技术、新知识的学习，按照科学发展观及委托方的要求提出解决问题的有效措施；第三，要认真分析项目特点，研究项目相关材料，深入现场调研，并针对每个质量控制点（前期准备、现场调研、撰写报告等）及时与有关部门和业内专家进行沟通，做到分析方法科学，引用数据可靠，测算结果准确，报告内容完整，文字表述精炼，结论明了清晰。

（二）成果质量评审制

加强项目前期各中间环节成果的评审是确保最终成果质量的重要手段。项目前期咨询成果是一种无形产品，通过评审，可以吸取更多专业人员和专家的知识和智慧，及时发现问题，补充、优化咨询成果，有利于提高咨询成果的质量。

对承担工程项目前期工作的咨询机构，应要求通过 ISO9001－2000 质量管理体系的认证，建立起一套严谨、科学的工作质量保证体系，从作业标准、作业程序、作业方法到策划成果的质量评审与考核形成一整套完整的制度规范，从而确保为业主提供高质量的咨询成果。质量评审包括内部评审和外部评审。

1. 内部评审

内部评审包括：①项目团队组织的内部评审。项目经理是项目质量管理的基层负责人，项目前期工作完成以后，项目经理要组织本项目的参加人员对项目咨询成果进行自我评审。依据项目质量要求，逐项自我检查，并进行必要的修正；②咨询机构组织的内部评审，由咨询企业行政、技术、业务主管领导参加，项目经理汇报。

2. 外部评审

外部评审包括：①项目业主组织的评审。项目业主邀请社会上的专家、学者、行政领导，对咨询机构提供的咨询成果进行评审。特殊情况下，还可以邀请国外专家参加评审。评审的主要内容是根据合同文件要求和国家一系列规定，审查咨询成果是否满足国家和投资业主的要求；②委托外审。委托一家咨询机构进行评审，对咨询报告进行优化。必要时，还可以再次委托另外一家咨询机构进行再评估。

（三）成果质量评价标准

由于建设项目前期咨询成果很难用定量标准来衡量和评价，一般应考虑下列基本方面：

1. 项目前期咨询成果与国家有关法律法规政策的符合性

项目前期咨询成果首先要符合国家的宏观经济政策、产业发展政策、可持续发展政策等要求，符合国家、地区及有关部门制定发布的法律、法规、规范、标准等要求。

2. 项目前期咨询成果与国民经济经济和社会事业发展目标的一致性

项目前期咨询成果质量，将影响项目建成后的作用和社会经济效果的发挥。许多建设项目关系到国民经济、社会事业发展和人民群众的根本利益。从履行社会责任，促进和谐、共享发展的角度看，项目前期咨询成果应有利于社会公共利益，不得损害人民群众的切身利益。

3. 委托者对项目前期咨询成果的满意度

让委托者满意，是检验咨询成果质量优劣的重要标志。委托者的要求应符合有关法律法规规定，不得损害社会公共利益。当委托第三方咨询时，委托者对前期咨询成果的要求以合同条款等方式进行约定，咨询单位必须认真予以执行，按双方约定办事，提高咨询服务的履约能力。

4. 项目前期咨询成果与各方利益权衡的协调性

拟建投资项目往往存在多个参与方，影响多个利益相关者，项目前期咨询成果必须有可操作性，并且通过咨询成果的实施，使各参与方都能获得利益，充分发挥和调动各参与方的积极性和创造性，这样才能保证项目前期咨询成果的顺利实现。

（四）咨询机构的选择

根据《国务院关于投资体制改革的决定》《中共中央、国务院关于深化投融资体制改革的意见》《工程咨询行业管理办法》和《工程咨询单位资信评价标准》的有关精神，结合政府投资项目特点和一般市场行为，通常在开展项目前期咨询选择中介服务机构时，一般应重点考虑以下三个基本条件：

1. 从实力方面

工程咨询应遵循独立、公正、科学的原则，其实力主要从专家层次、组织管理能力和装备水平进行考察。工程咨询单位应具有规范化、制度化和现代化的管理和装备，并有组织高层次评估专家组的能力。工程咨询单位，应有自己的专家队伍，有一批能胜任编制和评估项目前期咨询成果任务的项目经理，善于综合优化多种咨询方案和意见，做出正确的判断和结论。工程咨询单位应在其执业范围内承担任务，并有良好的业绩。通过咨询工程师（投资）职业资格考试并取得职业资格证书的人员，表明其已具备从事工程咨询（投资）专业技术岗位工作的职业能力和水平，工程咨询单位咨询工程师（投资）人员的数量，也是体现其实力的一种标志。

2. 从信誉方面

工程咨询单位应具备良好信誉和相应能力。国家将工程咨询单位资信评价等级以一定时期内的合同业绩、守法信用记录和专业技术力量为主要指标，分为甲级和乙级两个级别。工程咨询单位，应能遵循"公正、科学、可靠"的宗旨和"敢言、多谋、善断"的行为准则。实事求是，一切从实际情况出发，说实话、办实事。应能做到严谨廉洁、优质高效，既对国家负责，又对投资者负责。工程咨询单位应在公检法系统和市场具有良好纪录。

3. 从资格方面

对于政府投资项目和企业核准项目以及资金申请报告评估时，承担评估的工程咨询单位，必须依法取得政府有关部门及其授权机构认定的工程咨询单位资格。有条件的地区或企业集团，也可以根据自身的具体情况，选择有信誉、有实力、信得过的工程咨询单位入围，形成短名单。

选择咨询机构的方式可根据咨询服务的特点，结合有关国际惯例和国内法规，可采取公开招标、邀请招标、征求建议书、竞争性谈判，也可以采用聘用专家等方式进行。

第二章　项目规划报告的编制

规划是对未来的预测、愿景和安排。本章所介绍的产业发展规划、企业发展规划和园区发展规划主要从投资建设的角度，根据宏观规划、政策要求和现实条件，对产业、企业、园区的发展机会进行系统研究，对投资方向进行战略性判断和指导，对投资项目的外部条件和配套设施进行总体设计的规划，可以理解为整体的项目群（或项目组合）规划。本章主要介绍这类规划的含义、任务、作用、特点，以及规划报告的编制原则、编制要求、重点内容和常用的理论方法和编制大纲。

第一节　概　述

一、规划分类

根据社会发展的要求，有不同层次和不同功能的规划。我国的规划由发展规划、城乡规划、土地利用规划等不同的规划体系构成。发展规划体系详见教材第一册。在实际工作中，经常围绕企业发展、行业发展以及园区发展等，需要编制产业发展规划、企业发展规划、园区发展规划等，本章将这些规划统一纳入项目规划范畴。

二、项目规划的含义

（一）产业发展规划的含义

产业发展规划是综合运用各种理论分析工具，充分结合当地实际状况，深入研判国内外相关产业发展情况及区域经济发展态势，系统分析当地产业发展中存在的问题、产业体系、产业结构、产业链条、经济社会环境影响等内容，科学制定一定周期内的产业发展定位、目标、空间布局和实施方案的规划。

（二）企业发展规划的含义

企业发展规划是落实企业发展战略，根据所拥有的资源和所处的外部环境，谋划企业在某个时期内的发展方向和具体目标，制定为实现目标而实施的行动方案。企业发展规划是企业经营发展和项目决策的重要依据。企业发展规划对企业的经营状况和发展前途具有直接影响。

企业发展规划不同于企业战略规划（实际工作中通常也将企业发展规划等同于企业战略规划），也不同于企业计划，而是介于二者之间的中间环节。企业战略规划是经过系统研究和分析后，得出企业长远的、总体的、宏观的方向，包括企业的发展愿景、精神、使命、战略目标、核心业务定位等，是企业发展的灵魂和纲领。企业发展规划是经过系统研究和分析后，得出企业为落实企业战略、在某一时期内的方向、目标和实施方案。企业计划是企业在经营层面根据需要制定的日常经营计划，属于企业的具体事务性工作。企业战略规划与企业发展规划的研究过程相似，但企业战略规划的任务是定愿景、长远方向和长远目标，企业发展规划的任务是明确最近一个时期的具体方向、具体目标和实施方案，而企业计划是定更加细节性的实施步骤。比如企业战略规划是发展成为中国太阳能光伏产业前十强企业，企业发展规划是5年内建成10家标准工厂、标准工厂的规模和生产技术统一达到某先进指标，企业计划是按年度建设标准工厂等。

（三）园区发展规划的含义

园区是指由政府或企业为实现产业发展目标而创立的特殊区位环境，是区域经济发展、执行区域产业职能的重要空间形态，园区在改善区域投资环境、引进外资、促进产业结构调整和发展经济等方面发挥积极的辐射、示范和带动作用。园区的类型很多，常见的有工业园区、农业园区、科技园区、物流园区、文化创意产业园区等。本节内容主要针对工业园区，其他类型园区发展规划应参照有关规范执行。园区发展规划是未来一个时期指导园区健康发展的行动纲领，规划决定园区建设规模、方向和定位，园区在建设过程中应始终坚持"规划先行"的指导原则。

三、项目规划的任务

（一）产业发展规划的任务

产业发展规划的任务是引导、培育和发展符合区域资源特点和优势条件的产业体系，推动形成产业内生动力、产业创新机制和产生再造能力，促进产业结构优化和产业技术升级，打造具有竞争优势的产业集群。

（二）企业发展规划的任务

企业发展规划的任务是落实企业战略目标，深入研究企业内部条件和外部环境，提出企业发展路径，确定企业业务结构和规模，确定规划期内的最佳业务组合、投资方向和重点投资项目，合理配置企业内外部资源，制订实施方案、实施标准和保障措施。

企业发展规划可以帮助企业选择投资项目。有时企业发展规划可以替代项目建议书或预可行性研究，在近期规划项目中选择重点项目开展可行性研究工作，直接进入决策程序。

（三）园区发展规划的任务

园区发展规划的任务是依据国家、地方有关政策，充分考虑内外部发展环境，从当地实际状况出发，合理确定园区的发展定位，对园区产业结构、空间布局、土地利用、基础设施、环境保护、安全防灾、园区管理等进行总体安排，以指导园区建设和园区产业健康、快速发展。

四、项目规划的特点

(一) 产业发展规划的特点

1. 导向性

产业发展规划具有导向作用。产业发展规划对产业发展方向、产业布局、产业结构调整进行整体布置和规划。可为各级政府推动城市发展和建设、园区建设、招商引资、引导行业发展等发挥重要作用。对企业选择投资机会具有重要意义。

2. 相关性

产业发展规划与地方资源和经济活动具有相关性。产业发展规划要立足于当地资源基础条件，并与当地的相关产业、经济发展水平等紧密结合，要符合当地资源支撑力要求。例如，煤化工产业发展规划，要从当地煤炭资源基础出发，结合当地土地、运输、环境等考察项目建设条件，分析当地的自然环境承载力。

产业发展规划与城市规划等上位规划和相关规划存在相关性。例如，产业发展规划侧重从产业链或产业网发展角度考虑产业纵深关系，城市规划则更多地从城市空间布局和公共设施方面研究产业横向协调关系。产业发展规划侧重于产业内部的有机结合，而城市规划侧重于产业外部的空间集聚。产业发展规划和城市规划在产业集聚方面存在着互动关系和互促作用。

3. 约束性

产业发展规划是政府履行经济调节、市场监管、社会管理和公共服务职责的重要依据，也对市场微观主体行为、工程项目投资进行约束。符合产业发展规划是项目决策分析的基础和前提。近年政府在编制产业发展规划时，也希望明确列出准入条件或负面清单。

4. 时效性

产业发展规划是针对一定时期内的经济情况、发展环境和形势所得到的研究成果，环境和形势会随时间推进而不断变化，产业发展规划也需要根据环境和形势变化进行滚动调整或修编。

(二) 企业发展规划的特点

1. 前瞻性

做好企业发展规划的前提是正确判断环境和形势变化，准确把握产品市场走势，敏锐查觉企业经营业务影响因素的变化。既要以战略眼光审视企业未来，又在宏观背景下思考企业策略，将企业引导和约束在可持续发展的正确道路上。编制企业发展规划的高度和视野是影响企业落实战略方向的大事，对企业发展至关重要。

2. 针对性

要切实针对企业自身特点和发展阶段，客观分析企业现状，发现企业优势，剖析存在问题，挖掘企业核心竞争力。核心竞争力是决定企业成功的关键因素，能为企业带来显著收益，是特定企业的独特能力而不容易复制。企业发展规划的最大忌讳是千篇一律、千企一面。

3. 认同性

企业发展规划应真正得到企业上下一致的认同。企业发展规划的编制过程是自内而外、自外而内、自上而下、自下而上的沟通过程，是企业各层面统一认识的过程。要经过充分的讨论，使目标、任务、措施得到上传下达。

4. 时效性

在需求变化迅速、竞争博弈复杂的现代市场环境下，企业发展规划应及时进行动态修正和调整，不断更新，创造新的竞争优势和核心能力。

5. 可操作性

企业发展规划对企业的投资行为、经营方式、管理方法都具有一定的约束性，必须是可执行的。特别是企业资源配置，要严格依据企业发展规划的要求执行。

(三) 园区发展规划的特点

通常园区具有政府和企业双重属性。园区内包含企业及其产业，其特点包含企业规划和产业规划的特点。在此不再赘述。

五、项目规划的作用

(一) 产业发展规划的作用

1. 指导产业合理有序发展

产业发展规划提出产业定位、发展目标、产业功能，明确投资方向，提出配套条件和环保安全要求等，是政府管理部门实施产业建设和进行产业投资管理的政策性和指导性文件。

2. 推动区域产业优势组合

产业发展规划是强化统筹协调、推进区域经济一体化、提升区域产业整体竞争力的重要举措，引导产业布局转移和优化。

3. 引导和约束投资方向

产业发展规划根据市场和竞争力关系确定产业发展方向和产业项目要求，引导正确的招商方向和投资方向，指导和约束投资主体开展产业项目建设行为。

4. 促进资源合理配置

产业发展规划按照供需平衡、结构优化、集约高效的原则进行产业设计，能够促进区域矿产资源、土地资源、水资源等各种资源的合理利用和优化配置，促进资源优势转化为经济优势，最大程度地提高资源综合利用效率。

5. 优化完善产业结构

产业发展规划能够明确主导产业和深加工产业链，从价值创造角度重塑产业链，增强创新力和竞争力，提升可持续发展能力。

6. 为专项规划提供基础和依据

产业发展规划提出的产业规模、产业项目、资源使用量、交通运输量、"三废"排放量等是园区发展规划、物流规划、环境保护规划、安全规划等专项规划的基础数据。产业发展规划也是水资源论证、园区规划环评等工作的重要基础和依据。

（二）企业发展规划的作用

企业发展规划是企业可持续发展过程中、在一定时期内的纲领性文件，是企业经营和未来投资的指导性文件。企业发展规划对于制定企业各项具体目标具有重要的指导作用，对企业选择投资方向、企业战略制定、企业资源优化配置、企业组织架构设计等都具有引导和约束作用。

（三）园区发展规划的作用

1. 服务招商引资

园区发展规划提出的产业发展方向、目标和规划项目，可以指导园区招商引资，选择投资项目和投资者。

2. 落实资源条件

园区发展规划提出的资源条件，是园区发展的约束条件，也是园区对可提供的资源基础，包括土地资源、交通资源、政策资源、能源资源、环境资源、基础设施等。一方面，根据规划需求，园区将需要的各项资源一次规划落实，并向投资者提供服务，优越的资源条件，能够对投资者具有更大的吸引力。

3. 促进园区建设

园区发展规划为园区控制性详规提供编制条件，促进园区供电、供水、供热、供气、"三废"处理、道路、绿化、管廊等公共设施的建设。

六、项目规划报告的编制原则

（一）产业发展规划报告的编制原则

根据产业发展规划工作的任务和特点，产业发展规划报告编制需遵循以下原则：

1. 前瞻性原则

产业发展规划的前提是正确判断环境和形势，准确把握经济和市场走势，敏锐警觉影响产业发展的关键要素。产业发展规划要以战略眼光审视行业未来，要在大格局、大背景下思考产业发展，正确预判未来产业发展趋势，从而提出产业未来发展的方向性建议。

2. 合规性原则

产业规划涉及的有关方面都要符合相关的法律法规和政策，要符合国家的产业政策和行业政策，要符合上位规划。

3. 产业关联原则

产业发展规划要关注相关产业的交互作用，关注产业链构成和用户群培育，关注产业连续性和可拓展性，兼顾近期利益和长远利益关系，以保证产业健康可持续发展。产业发展规划要合理协调项目门类，合理安排项目时序，促进形成合理的产业结构和产业配置。产业发展要突破企业和单一产业边界，着眼于特定区域和相关领域中具有竞争或合作关系的企业、机构、政府、民间组织等的互动。

4. 可操作性原则

产业发展规划要充分考虑产业发展条件和投资意向，通过有效措施将规划内容转化为切实可行的实施方案，避免规划脱离实际或出现较大漏洞，最大程度地降低实施过程中可能发生的不良后果或影响。

5. 持续性原则

产业发展规划要充分考虑当地资源环境支撑条件，合理配置生产力要素，要在环境、生态、土地利用、交通运输、人力资源等自然、社会和经济方面做到可持续发展。不同区域的资源条件各不相同，不同行业的资源消耗差异很大，要从规划实施对资源和环境整体影响角度，对区域经济、社会发展和环境效益贡献角度，当前利益与长远利益关系协调角度，总体考虑规划方案的合理性。

(二) 企业发展规划报告的编制原则

根据企业发展规划工作的任务和特点，企业发展规划报告编制需遵循以下原则：

1. 合规性原则

企业发展离不开社会发展和政策支持，企业经营更要履行社会责任。企业发展规划报告编制要充分研究国家和行业有关政策，使企业发展和项目投资符合国家政策导向和规范要求，并争取得到各级政府的政策性支持。

2. 差异化原则

企业的能力在于拥有与竞争对手不同的特长，努力创造特色产品、特色服务和特色文化，是企业发展规划的最大追求。差异化原则要贯穿企业发展规划工作全过程，要充分挖掘企业的独特之处，使之具有竞争对手难以模仿的核心能力。企业发展规划不能盲目模仿成功公司的方法和策略，忽略环境和资源的差异，否则将导致规划失败。

3. 价值递增原则

企业是效益主体，一切业务选择都要以盈利为最终目的，一切经营活动都是在提高产品和服务的价值，最终实现资产保值增值。企业发展规划要着力整合价值链，使资源和资金得到充分利用，使投入和产出处于优化状态，从而获得价值和增值最大化，不断壮大企业实力。

4. 取舍原则

企业发展规划要坚持有取有舍。企业的资源、能力、时间都是有限的，根据自身特点做合理选择，有所为有所不为，才能够使资源得到最合理的配置和利用，才能参与到市场的合理分工，找到自身位置，做到适者生存。企业发展规划要在"可做、想做、敢做、该做、能做"的业务中做出选择，要对业务方向和发展定位进行明确界定。在投资项目选择上，企业发展规划要权衡利弊得失，既敢于淘汰落后产能、退出弱势领域，又不盲目追求不相关或不切实际的热点，减少投资失误。

5. 创新原则

企业发展规划要充分体现创新性。在"大众创业、万众创新"引领下，面对日益剧烈的市场竞争环境，企业必须创新才能永续发展，才能立于不败之地。要遵循"人无我有、人有我强、人强我新"原则，在充分分析企业自身特点基础上，提出技术创新、管理创新、经营创新和机制创新的新理念、新思路、新方法，引领企业走特色道路。

6. 可持续原则

企业发展规划要立足于企业长远发展，努力创造百年优秀企业。注重可持续发展是企业发展规划的重中之重。要权衡当前利益和长远利益的关系，化解矛盾，勇于割舍，以持续稳定发展为重。企业发展规划要对近中远期进行全面部署，以近中期为主，兼顾长远发展，为可持续发展奠定基础。

（三）园区发展规划编制的原则

为了能够制定出前瞻性、科学性、可行性的园区发展规划，使其具有合理、有效、可操作性，应遵守以下原则：

1. 绿色发展原则

规划应树立底线思维，严守资源消耗上限、环境质量底线、生态保护红线，将各类开发活动限制在资源环境承载能力之内的要求，注重区域生态环境的保护，优化空间布局、调整产业结构、控制发展规模、保障生态功能，贯彻落实推动绿色发展的要求。

2. 集约发展原则

规划应强化节约集约用地，严格执行工业项目建设用地控制指标，包括投资强度、容积率、建筑系数、行政办公及生活服务设施用地所占比重、绿地率等土地利用控制性指标要求，对不符合要求的项目，用地面积予以核减，提高园区土地综合利用效率。规划应坚持统一规划供水、供电、物流运输、供热、工业气体、污水处理、环境保护、安全应急等设施，实现公用工程及基础设施一体化，提高资源利用效率。

3. 循环发展原则

规划应坚持系统化、一体化发展理念，实现资源、能源的循环利用，最大程度的提高资源、能源的利用效率。循环发展的核心是要培育完善优势产业链，构建深化产业链整合发展的机制，推进企业、项目之间在产业链延伸方向上建立相互配套、分工协作、产业共生关系，形成相互关联、相互支撑、相互促进的发展格局。

4. 弹性发展原则

规划应坚持高起点整体规划、分步实施、重点开发的原则；立足于规划实施的可行性和预见性，协调好近期建设与远景规划的关系，适应产业发展的不确定性，规划方案保持一定的灵活性。

5. 针对性原则

规划应立足园区发展现状基础，基于区域社会、经济、资源、生态环境以及自然条件等特点，因地制宜，有针对性的提出园区的特色定位及实施措施，突出区域发展优势。

第二节　产业发展规划报告的编制

一、产业发展规划报告的重点内容

根据产业发展规划的任务和特点，产业发展规划报告编制要完成三个方面工作：一是进行产业现状分析，二是明确产业发展定位和目标，三是提出规划实施方案。产业发展规划报告文本可根据规划主体要求和咨询方经验而设置不同的章节，但以上三方面应保证内容完整，并达到相关深度要求。

（一）产业现状分析

产业现状分析是产业发展规划的基础。围绕宏观环境和行业趋势，客观评价产业自身发展基础和发展条件，找准起点，为进一步规划打下坚实基础。因此，产业现状分析的重点是对外部环境、产业基础、产业政策、自身优劣势等内容进行系统研究和科学判断。

1. 外部环境分析

产业发展规划所关注的外部环境分析主要包括宏观环境分析、行业环境分析和竞争环境分析三个方面。宏观环境分析重点关注政治环境、法律环境、经济环境、社会环境和自然环境。行业环境分析包括产业环境、市场环境和技术环境分析，是外部环境分析的最重要内容，与规划实施方案关系最密切。竞争环境分析主要从区域经济发展差异化角度，寻求产业发展的比较优势。

宏观环境分析。政治环境和法律环境是指制约和影响行业发展的政治要素和法律要素及其运行状态。政治环境包括国家的政治制度、权力机构、方针政策、政治团体和政治形势等，法律环境包括国家制定的法律、法规、法令以及国家执法机构等，二者是保障行业发展的基本要素。经济环境是指社会经济状况和国家经济政策，对行业发展的影响更加直接和具体，全球或区域产业梯度转移和产业结构调整方向要特别关注。衡量经济环境的指标通常有国内生产总值、就业水平、物价水平、消费支出分配规模、国际收支状况，以及利率、通货供应量、政府支出、汇率等国家货币和财政政策等。社会文化环境是指产业所处的社会结构、社会风俗习惯、社会信仰和价值观念、社会行为规范、生活方式、文化传统、人口规模和地理分布等因素的形成和变化。自然环境是指产业所处的自然资源与生态环境，包括土地、森林、河流、海洋、生物、矿产、能源、水源、生态、环境等方面的发展变化和要求。应该注意，宏观环境分析要重点研究对行业发展有重大影响的政策，归纳总结影响因素，站在国家利益和行业发展高度找准行业发展关键点，不能流于形式。

行业环境分析。行业环境是指行业现状、行业发展直接动态和产业链相关动态、行业存在问题、行业发展趋势等。市场环境是指产品的市场供需总量、供给结构、消费结构、进出口、市场竞争关系等现状和趋势。技术环境包括直接相关和间接相关两个层次，直接相关技术环境包括产品的技术路线、技术种类、技术专利和可得性、技术竞争结构等现状水平和发展趋势，间接相关技术环境指产业发展科技要素及相关的社会现象集合，包括国家科技体制、科技政策、科技水平和科技发展趋势等，对产业发展战略决策和竞争优势具有重要影响。产业发展规划要综合产业环境、市场环境和技术环境分析，得出对行业发展环境的总体判断及对行业规划的影响。例如编制石化产业发展规划，首先要明确石化行业发展现状水平，然后预测主要石化产品的市场前景，分析石化技术发展对行业竞争力的影响，分析上游能源生产和消费对石化行业的影响，分析原料结构和变化趋势等，通过行业分析，寻找石化产业升级和产业结构调整方向。我国地域广阔，资源分布不均，各地区资源基础、经济水平、产业结构差异大，产业环境和产业竞争相对关系也必然存在差异。要通过案例客观地分析自身的行业地位和比较优势，以落实产业规划发展重点。

2. 内部资源分析

内部资源分析是对规划主体自身基础条件进行的系统研究。内部资源包括规划主体的产业现状、规划依托的生产力要素条件以及支撑产业发展的资源条件等。规划工作中要认真进行现场调研、资料梳理和系统分析，为下一步制定规划方案打好基础。

首先，要对规划主体的产业现状进行充分调研和深刻理解。要研究当地产业的历史沿革和变迁过程、当地经济发展状况和产业结构、当地相关产业基础、城市能力、当地主要产品的生产能力和产量、当地主要生产企业和在建项目情况、当地相关各级规划的目标和要求等。充分调查和了解现状可以使产业发展规划基础更扎实。调研过程中还应充分听取各部门意见和企业想法，使规划更有针对性。

其次，要对规划依托的生产力要素条件进行逐项分析。主要生产力要素包括区位、自然气候、土地、交通运输、能源结构、水资源、公共基础设施、科技、人才等。要在逐项调查和分析的基础上进行适当评价。

再次，资源型产业要进行资源条件分析，包括当地及周边地区的一次能源的资源储量、开采能力、资源品种、资源利用规划等。对于高耗水产业和水资源缺乏地区，要分析水资源情况，包括水资源总量、可利用量、水资源平衡、水利设施、未来用水预测以及水资源解决方案，包括水权置换、远距离调水方案的可行性等。

然后，要对当地的环境、生态、能源等情况进行调查和分析，取得环境质量和容量、能源供应和消耗等现状指标和未来总量要求，使规划满足环保、生态和能源利用要求。

3. 产业政策分析

对于影响国计民生的重要产业，编制产业发展规划时要进行产业政策分析。为切实落实科学发展观，实现经济又好又快发展，规范指导国民经济健康发展，我国政府主管部门相继出台了一系列法规和产业发展政策，包括国家宏观政策、行业发展政策、行业准入条件、行业标准和规范等。

（1）国家宏观政策

国家宏观政策主要指国家经济发展大政方针，针对总体战略、发展目标、鼓励和限制方向、产业布局等的相关要求，是指导行业发展的纲领性文件。国家宏观政策由国务院或行业主管部门下发，既有国家战略和规划，也有针对行业问题发布的政策文件。例如《产业结构调整指导目录》《"十二五"国家战略性新兴产业发展规划》《能源发展战略行动计划（2014—2020 年）》《大气污染防治行动计划》等。

（2）行业发展政策

除宏观政策文件涉及内容外，各级行业主管部门还针对不同行业特点制定更具体的行业发展政策，细化政策要求。例如汽车行业、炼油行业、煤化工行业等在市场准入、市场管理等方面的政策管理较多。

（3）行业准入（规范）条件

行业准入条件由国家有关部门发布，如工业行业准入条件最初由国家发展改革委发布，后来调整为由工业和信息化部发布和管理，部分行业准入条件修订时改为行业规范条件。行业准入（规范）条件是针对重点行业项目建设提出的规范性要求，目的是规范行业发展、促进产业升级等。行业准入（规范）条件针对所涉及的行业提出生产企业布局要求、准入和淘汰的生产规模与技术装备、节能降耗指标、环境保护要求、产品质量要求、监督与管理要求等内容。目前，我国主要针对钢铁、建材、化工、纺织、交通等行业的重点领域发布了行业准入（规范）条件。

（4）标准和规范

产业发展规划阶段应关注与产业发展和产业管理相关的标准和技术规范。例如工业和信息化部、国家标准化委员会等发布的产品能源消耗限额，国家环保部门发布的大气、水、固体等污染物或废弃物排放标准等。

4. SWOT 分析

在完成内外部环境分析的基础上，产业发展规划要进行 SWOT 分析，归纳和提升内外部环境分析结果，说明推动产业发展的优势和机会，指出影响产业发展的劣势和挑战，在下一步制定规划方案时做到扬长避短、特色化发展。

（二）产业发展定位

产业发展定位是规划核心和纲领性内容。产业发展定位应立足于内外部环境分析结果，确定适合的主导产业方向，明确产业规模，构造产业体系，理清产业发展次序和空间布局，打造强有力的产业集群，使产业具有可持续健康发展能力。产业发展定位要凝练成产业发展规划的指导思想、规划原则和规划目标。

规划指导思想是规划理念和核心思想的高度概括和集中表达，要立足大格局，从宏观、战略和总括角度描述规划对象的未来。规划指导思想是对产业方向、发展思路、产业要点和着力点的纲领性概括，对规划内容起着引领和引导作用。

规划原则是承接规划指导思想，对规划内容提出的更加具体和细化的要求，例如市场导向原则、创新引领原则、循环经济原则、绿色发展原则等。规划原则在选择规划内容时必须严格遵循。

规划目标是规划成果的高度概括和呈现，既要有形象目标，也要有规划期内的量化目标，一般分为总体目标和具体目标。规划目标的时间节点一般分为近期、中期、远期，应分别提出各期目标值。产业发展规划总体目标一般包括产业规模、主要产品生产能力、工业产值、工业增加值、投资等指标，具体指标一般包括分类产业的能力、产量等指标，也包括资源能源使用、环境保护、科技创新等指标。规划目标体系因行业和规划类型的不同而不同。规划编制中要设计符合实际的指标体系，包括定性目标、定量目标、约束性指标、预期性指标等。

（三）规划实施方案

规划实施方案是根据产业定位要求，详细展开和论述产业框架结构、产业发展思路、产业布局、规划备选项目、外部条件需求、建设时序等内容，并进行规划效果分析。规划实施方案是产业发展规划的重点内容。

产业框架结构是通过分析论述产业方向，筛选主导产业，确定产业发展模式和产业功能定位。要合理构建产业链条，明确关键节点的纵深关系，促进产业结构调整和优化升级。合理的产业结构是产业健康发展的前提，有利于充分发挥区域资源优势，提升产业效益，增强经济实力。反之，产业结构不合理会导致资源配置不当，供求失衡，削弱地区经济竞争力。

产业发展思路是梳理产业路径和实现方法，明确提出规划重点任务。重点任务应符合产业政策导向要求，更应充分结合产业技术水平和规划主体的实施能力。例如针对战略性新兴产业，要提出产业化技术要求和实施路径；对于产能过剩的产业，要提出准入门槛和负面清单。

产业布局是合理安排产业空间结构关系，体现区域间的产业分工与协作。产业布局的原则是区域统筹协调、功能互补互助、分工合理有序，充分体现整体效益和可持续发展，促进产业梯度转移和布局优化。产业布局应避免各区域间因产业结构混乱、服务功能雷同而出现恶性竞争。产业布局应明确支柱企业的区位选择。

产业发展规划要提出规划备选项目，以真正落实规划理念和规划定位。规划备选项目要与规划内容紧密相关；符合国家、行业和地方有关政策要求，优先选择产业指导目录中的鼓励类，慎重选择限制类，严禁选择禁止类和淘汰类；满足技术先进、适用、具有可得性以及技术贸易合理性的要求；满足资源节约要求；满足环境友好和可持续发展要求；满足风险规避及工程可靠性要求；满足节约投资、成本控制和盈利性要求等。产业发展规划备选项目可以有适当的开放性。

产业发展规划要对重点投资项目的条件和推荐理由进行初步论证。论证内容主要包括项目建设必要性、产品市场发展趋势、项目建设条件、资源支撑条件、技术选择和来源、公用工程要求、环境和生态影响、项目投入产出等。要明确不同规划期的重点项目。近期实施项目更要提出充分的规划理由，要精确把握市场，避免造成规划误导。

产业发展规划要提出产业实施的外部条件需求。在对重点投资项目汇总的基础上，要提出资源、燃料、水、电、蒸汽、土地、运输、能耗、环境容量、人工等总用量或总需求量，以使规划主体把握总体情况，统筹落实各项支撑要素。

产业发展规划要提出建设时序安排。要结合市场需求、技术水平、支撑条件等多项因素，合理安排各规划期的重点项目。

产业发展规划要对规划效果进行分析，以更好地落实和检查规划内容。在量化规划任务的基础上，预估规划完成后可达到的各项指标。指标主要包括各规划期末的经济指标、资源利用指标、环保安全指标、创新发展指标、社会效益指标等，既有预期性指标，也有约束性指标。经济指标，例如固定资产投资、销售收入、工业增加值、利税总额、利润率等；资源利用指标，例如单位销售收入综合能耗、单位销售收入水耗、单位工业增加值综合能耗、单位工业增加值水耗等；环保安全指标，例如万元工业增加值的污染物排放强度、工业废水排放达标率、工业废气处理达标率、危险废物安全处置率、企业安全生产条件合格率等；创新发展指标，例如研发投入占销售收入比、高新技术产值占比；社会效益指标，例如社会就业率等。

产业发展规划要提出规划实施保障措施，以提高规划的可操作性。保障措施包括加大政策支持、加强政府指导、组建领导机构、细化财税政策、加大科技投入、吸引专业人才、加强产业管理等。要分析规划实施风险和约束条件，提出风险规避和应对措施。

二、产业发展规划的理论和方法

产业发展规划工作中还可以采用多种理论进行指导。主要有：区域合作理论、城市定位理论、区域定位理论、产业集群理论、产业布局理论、产业发展周期理论、产业政策理论、营销理论等。

产业发展规划工作阶段一般有：调查研究现状、对比分析对手、预测市场趋势、确定自身地位、树立发展目标、选择发展方向、明确重点任务、选择重点项目、落实支撑条件、评价投入产出、预测社会影响等。在不同的工作阶段，可以采用不同的分析方法和工具。产业发展规划常用分析方法见表2-1。有关方法的定义和使用条件在前序教材中已经讲述，这里不再重复。

表2-1 产业发展规划常用分析方法

工作阶段	主要方法
调研阶段	文献收集法、现场调研法、会议座谈法、案例调查法、抽样调查法
分析阶段	定性分析：SWOT分析、宏观环境分析（PEST分析）、环境性质识别、差异化战略、产业生命周期、行业结构分析（波特五力模型）、市场结构分析、价值链分析、区域竞争优势分析－钻石模型、波士顿模型、竞争能力组合评估 定量分析：趋势预测法、相关分析法、层次分析法、非参数统计分析法、需求弹性分析、成本分析
策划阶段	头脑风暴、专家咨询、创新策划、标杆分析、趋势预测

产业规划中经常采用一些分析方法作为研究工具，从经济学角度深化对市场环境或行业竞争等微观环境的认识和理解。以下举例介绍产业生命周期、行业结构分析（波特五力模型）、市场结构分析、需求弹性法在产业规划中的应用。

（一）产业生命周期

产业生命周期分为开发期、成长期、成熟期和衰退期四个阶段。产业生命周期分析经常用于产业规划的外部环境分析，通过全面分析产业发展状况，准确判断产业所处的生命周期阶段，及时做出进入、维持、扩张或退出的决定；或通过正确的投资决策，合理组合企业多个产业领域的业务结构，从而提高整体盈利水平。

（二）行业结构分析（波特五力模型）

波特五力模型方法经常用于产业规划的产业结构分析，从而判断产业发展程度和影响因素。波特五力模型从潜在的进入者、替代品、购买者、供应者和现有竞争者之间的抗衡来分析产业结构基本框架、产业竞争强度或产业利润率。潜在进入者的进入威胁在于争抢原有市场份额或新增市场份额，降低了市场集中度，激发了现有企业间的竞争。替代品的替代威胁在于替代品作为新技术或新需求的产物，对现有产业生存和发展产生重要影响；但几种替代品长期共存的情况也很常见，替代品间的竞争规律是高价值产品获得竞争优势。购买者、供应者讨价还价的能力取决于各自实力，比如买（卖）方集中程度、产品差异化程度、资产专用性程度、纵向一体化程度及信息掌握程度等。产业内现有企业的竞争，即产业内企业为市场占有率而进行的竞争，通常表现为价格竞争、广告战、新产品引进以及提高消费者服务等方式。

（三）市场结构分析

产业规划根据需要进行市场结构分析，从而判断市场发展程度和影响因素。西方经济学将市场结构分为完全竞争、垄断竞争、寡头垄断和完全垄断四种分类，竞争程度依次递减。市场结构的分类标准或依据主要是（1）生产商数量的多少；（2）生产商的产品特征；（3）生产商进出市场的难易程度；（4）生产商对价格的控制程度。严格意义上的完全竞争市场在现实中并不存在，但激烈的价格竞争使产品价格趋于边际成本却屡见不鲜。垄断竞争市场中，产品的差异性为企业建立了固定客户群，允许企业对固定客户群享有价格超过边际成本的市场权力。寡头垄断市场中，寡头企业的决策要考虑其他寡头企业的选择，决策主体间存在相互影响，其决策均衡问题日益受到重视。完全垄断市场中，垄断企业控制操纵产品产量和价格，其行为因损害消费者利益而受到反垄断政策制约，但同时垄断企业通过创新获得垄断力量和实现高额利润也存在一定合理性；从长期看，由于垄断限制了竞争，对消费者不利，完全垄断市场是受到限制的。市场结构分析经常采用需求曲线、供给曲线、短期均衡、长期均衡等方法，通过盈亏平衡、边际收益、边际成本等指标来衡量。

（四）需求弹性法

需求弹性法经常用于产业规划的市场需求分析，从而判断市场成长性和影响因素。市场需求分析可以从市场需求决定因素和需求价格弹性两个方面入手。人口数量、购买力和购买欲望决定着市场需求规模，其中消费者购买欲望可以受生产企业引导，而产品价格、差异化程度、促销手段、消费者偏好等对购买欲望产生影响。产品需求价格弹性的主要影响因素是产品的可替代程度、产品对消费者的重要程度、购买者购买该产品的支出占总支出的比重、购买者转换到替代品的转换成本、购买者的产品认知程度及互补品的使用状况等。

三、产业发展规划的编制大纲

1　总论

1.1　规划背景及意义

1.2　规划范围及时限

1.3　规划依据

1.4　主要结论

2　产业发展基础

2.1　产业现状

2.2　存在问题

2.3　支撑条件

3　产业发展环境

3.1　宏观环境

3.2　行业发展形势

3.3　行业发展政策

3.4　产业竞争力分析

3.5　产业发展战略

4　指导思想、规划原则和发展目标

4.1　指导思想

4.2　规划原则

4.3　发展目标

5　产业发展规划方案

5.1　产业发展思路（产业结构设计）

5.2　产业规模的确定（产业总规模、重点规划节点的规模要求）

5.3　产业技术路线的选择（技术准入门槛、负面清单等）

5.4　XX 子行业发展规划

5.5　XX 子行业发展规划

5.6　产业布局

5.7　产业实施计划

6　重点规划项目

6.1　XX 项目

6.2　XX 项目

7　支撑体系要求

7.1　资源配置要求

7.2　公用工程配置要求

第三节 企业发展规划报告的编制

一、企业发展规划报告的重点内容

企业发展规划报告编制重点是做好规划分析、规划定位、规划实施方案三个方面工作。规划分析是基础，规划定位是核心，规划实施方案是重点。企业发展规划报告文本可根据规划主体要求和咨询方经验而设置不同的章节，但以上三个方面应保证内容完整，并达到相关深度要求。

（一）规划分析

规划分析是深入研究企业内外部环境，分析企业当前地位、环境未来发展趋势和对企业的影响。通过规划分析，形成对企业资源和企业能力的客观认识和综合评价，对企业发展环境形成准确预判。规划分析工作阶段可根据需要做相关专题研究，以形成深入、系统的工作基础。

1. 企业现状调查与分析

企业现状调查是收集企业现状信息，分析企业存在问题、优势与不足，为制定企业发展规划提供基础和依据。

企业现状调查重点是了解企业的发展过程、业务结构、经营状况、财务状况、资源占有等情况。业务结构包括主营业务和其它业务的分类及占比，主要产品的生产能力、产量、品种、牌号、生产工艺及技术水平、生产过程消耗水平等；经营状况包括主要产品的出厂价格、销售情况、生产成本等，其中销售情况包括销售方式、销售渠道、销售成本和市场占有率等，生产成本包括主要原材料成本、燃料及动力成本、人工成本、折旧、摊销、制造费用、财务费用、销售费用等；财务状况包括企业的资产、负债、销售收入、利润、税收、现金流等各项财务指标、财务结构、历年变化和原因等；企业拥有资源情况包括自然资源如矿产资源、水资源、土地、交通等，也包括软资源如政府关系、上下游产业关系、企业人力资源等。

企业现状调查的内容与细节因企业所处行业不同而不同。在开展调查工作时，首先要设计完整、详细的企业调查问卷或表单，利于反馈。调查过程中要深入基层进行现场访问，特别要对企业重点部门进行适当访谈，以核对数据和了解问题。企业现状调查经过自下而上的过程，会使所获信息更加生动，对企业的认识更加深入。

企业现状分析的重点是分析企业经营结构、存在问题及面临挑战。通过对各种数据进行深入、系统、定性、定量的比较和分析，明确当前企业的主营业务、利润点、薄弱环节、主要问题，找到解决问题的突破口。

企业现状分析过程中，咨询方要与管理层进行充分沟通，管理层的认识更加重要。双方应对企业业务结构和存在问题达成共识，以对企业现状水平有更准确的把握。

2. 企业发展环境分析

企业是市场的一份子，每时每刻都受到环境的影响和冲击。外部环境是企业生存和发展的土壤，为企业生产经营提供条件和制约，环境变化也为企业不断提供机会和产生威胁。企业生存和发展需要主动适应环境，要基于自身所处的特定环境，选择符合自身利益的发展方向。企业发展规划阶段需要深入系统地研究企业外部环境，准确把握市场动态和需求变化，以便为企业确定投资方向、投资规模、营销策略提供依据，利于改善政府关系、公共关系等。

与产业发展规划的外部环境分析相比，企业发展规划的外部环境分析要更有针对性地研究对特定企业具有重要影响的外部环境因素。外部环境分析可分成宏观、中观、微观三个层面。宏观层面重点进行 PEST 分析，研判社会经济宏观大势，确定经济发展趋势和影响。中观层面重点进行行业和市场分析，针对企业所在行业及未来可能进入的行业，分析行业特点、产品生命周期、行业主要驱动力和增长因素，预测行业供需结构变化，精准判断行业走势和把握市场趋势。微观层面重点针对企业经营环境，判断行业竞争激烈程度，分析各种市场参与者的竞争与合作关系、终端顾客行为和需求、企业在目标市场的生存能力等。

市场分析和预测是外部环境分析的最重要内容。市场研究的方法在其它章节中已详细展开，在企业发展规划报告中可以作为独立专题或独立章节。对市场的准确判断和对市场趋势的前瞻性预测是企业发展规划成功的根本。

（二）规划定位

企业规划定位是在规划分析基础上，明确在企业总体战略指导下的具体产业定位、产业规模、产业体系、产业层次、空间布局等方针和思路，凝练成企业发展规划的指导思想、规划原则和发展目标。规划定位是企业发展规划的核心和纲领性内容，是体现规划高度和可操作性的最重要环节，要力求准确表达，言简意赅。

规划指导思想要从宏观和总体方面高度概括企业的发展方向、发展思路、发展模式、市场地位、产业要点、总体任务、资源配置要求、目标效果等内容，对规划内容起到引领和引导作用。规划指导思想要呼应企业战略，落实企业愿景，由此构成企业未来一定时期的发展方向，并从总体上决定着企业的资源分配和经营理念，要做到战略上有格局，战术上有布局。

规划原则是承接规划指导思想，对规划内容提出的更加具体和细化的要求，例如市场导向原则、产业延伸原则、创新引领原则、循环经济原则、绿色低碳原则、智能融合原则等。制定规划方案时必须遵循规划原则的要求。规划原则可以引导企业将有限的企业资源聚焦于最大化实现企业定位和经营效益，对分配企业的资金、自然资源、科技创新、人力资源、公共关系等具有约束作用。

发展目标是反映企业在规划期内对企业战略的落实愿望，量化规划期内的企业发展水平。发展目标一般分为总体目标和分解目标。总体目标主要包括企业规模、业务总量、目标市场份额、技术水平、人力资源、环保治理目标、财务目标等。分解目标是企业业务单元和管理部门层级的子目标。不同企业根据业务类型和行业特点，企业发展目标体系会有所不同。制定目标体系还要注意与企业以往绩效考核体系匹配，使企业内部的活动、部门和个人都能清楚地理解和执行。

设定企业发展目标值需要经过多方位评估测算。企业发展规划要提出切实可行的目标，而不是难以实现的目标；目标要有高度，需要努力才能实现，以拉动企业成长。设定企业发展目标要考虑以下因素：一是企业总量增速要与自身能力相适应，企业总量增速关系到企业总营业收入增长，与企业产品规模直接相关，决定企业的市场影响力、控制力和营运能力，要根据企业所在的行业情况和企业的行业地位进行选择；二是利润指标要客观实际，利润指标与营业收入不一定正相关，企业更加追求通过产品结构调整而使利润增速高于营业收入增速，要客观实际地判断企业利润增长点，最大限度地避免信息不对称而误导企业；三是目标结构要合理，总目标和分解目标应保持一致，分解目标相互协调，现状与目标的差距合理，指标计算方法边界清晰等，例如增长率目标的基准年和基准值的选取都会对目标值有影响；四是增量估算要相对准确，包括新增投资、新增销售收入、新增利润等；五是要考虑存量变化，例如存量的增值或退出。

（三）规划实施方案

规划实施方案要在技术层面上提出合理的技术途径，明确规划期内的业务结构、重点任务、重点产品或产业链方案、重点投资项目、产业布局、资源需求和配置方案、保障措施等，以增强企业发展能力。规划实施方案要完成以下五项重点工作。

1. 明确业务结构

业务结构是企业发展规划的骨架和脉络，清晰的业务结构可以帮助企业找到发展抓手。根据规划分析结果，明确具有盈利能力和竞争优势的业务单元，具有发展潜力的业务单元，合理规划企业业务结构，依此确定企业未来进入业务和退出业务，重新划分企业未来业务结构。

企业发展规划要明确企业核心业务，以便将企业有限的资源集中于持续巩固核心业务，实现产业升级。同时要确定其它业务单元的地位、作用、规模、发展模式、竞争途径和资源分配等。成功企业要保持持续增长能力，必须不断升级核心业务。

企业发展规划也可以根据麦肯锡公司业务三层面理论确认业务结构，包括基础业务、战略业务和新兴业务。基础业务是企业目前规模和利润构成主体，具有相对优势的市场地位，是企业支柱产业。企业需要适当的资源投入，保持其充足的造血功能，维持其对企业发展的资金支持。战略业务是企业目前重点发展业务，成长性高、发展前景好，未来可成为企业新的支柱产业，并在市场中确立优势地位。企业需要在不断总结探索的基础上，加大资金投入，促进其快速有序发展并成长为新业务。新兴业务是企业正在发掘的业务领域，企业可以从中寻找新的战略业务，培育新的产业，开创未来新机会。

根据企业结构、业务现状和所处行业不同，企业业务结构设计有多种思路，例如集中核心业务发展、纵向（横向）一体化扩张、多元化发展等。

集中核心业务发展是通过剥离非主营业务，使业务主线更清晰，将出售非核心业务单元的收入用于发展核心业务，以巩固核心业务的市场竞争地位。例如近年BP等大型跨国石油石化公司纷纷进行业务结构调整，不断向核心业务集中。

纵向（横向）一体化扩张是指企业充分利用自有产品、技术、市场优势，依据企业控制程度和物资流动方向，使企业不断地向深度或广度发展的途径，是相关多元化发展模式。纵向一体化就是企业沿某种产品或服务的价值链前方或后方延伸扩展。企业从事价值链的阶段数越多，纵向一体化程度越高。前向一体化是企业增加价值链阶段数、且更加靠近产品或服务的最终用户，是企业将业务向消费端扩展，包括产品深加工、资源综合利用、建立自有销售渠道等。后向一体化是企业增加价值链阶段数、且更加远离产品或服务的最终用户，一般是企业整合资源，包括企业自有生产原材料、形成自有配套体系等，实质是提高资源掌控能力。横向一体化是企业把生产营销链上同一个阶段、具有不同资源优势的企业单位联合起来形成一个经济体，实现途径包括收购、兼并、重组、基于契约关系的分包经营和许可证及特许权经营、基于产权关系的合资经营等。

咨询机构要认真评估企业未来发展的核心业务，选定核心业务要有前瞻性。对于多元化扩张情景，要认真评价企业能力，避免引导企业大规模借贷进入认为有发展潜力的行业或业务领域、忽视企业缺乏相应的知识经验或能力，影响现有业务产品和服务水平。企业业务扩张一般以相关多元化为主，只有确认重大新机会来临才可以考虑不相关多元化发展，要避免多元化带来组织结构复杂和管理成本提高，避免分散资金而影响现有业务的长远发展。

2. 明确重点任务

明确重点任务是企业发展规划的细化工作，要解决企业发展"如何做"问题。重点任务内容既包括重点方向的任务，也包括产业布局、重点投资项目研究、资源配置方案、业务单元或业务部门重点工作等。

重点方向的任务，例如产业技术升级、营销体系完善、资源优化配置、节能环保安全水平提高、科技创新能力提升等。要帮助企业从千头万绪中梳理工作重点，明确企业在规划期内要完成的重大任务。重点方向的任务要说明任务来源、任务内容、具体措施、预期效果等，还要区分任务主次和优先级，立足于解决大事而不拘于琐事。

产业布局要解决企业的地域和空间安排，主要针对全国性企业或跨国公司等大型综合性企业。对于大型综合性企业要确定产业布局区域和产业基地设想，明确各产业基地的分工、特点、产业规模和重点项目等。

重点投资项目要根据对市场、技术、投入产出、竞争力等关键内容的研究结果，推荐适合企业投资的项目。重点投资项目既可能是扩大优势产品市场份额和地位的扩产类项目，也可能是提高技术水平或提高产品质量的升级类项目、发展新产品进入新领域的纵向一体化延伸产业链类项目、满足其它安全环保要求的改造类项目、或者全新领域的拓展类项目。规划中需要说明推荐项目投资的理由，包括项目建设必要性、产业政策、产品市场、生产规模和产品方案、原材料供应方案、技术来源及消耗、公用工程配套、"三废"排放与环保措施、投入产出等情况。当然最终项目决策要依据项目可行性研究，但规划阶段要把握好成功性较大的投资方向，避免企业做下一步无效工作。

资源配置方案要根据业务结构和重点投资项目的要求，明确主要原材料、燃料及动力、资金、人力、销售服务、环境指标等资源需求量，结合企业现状业务需求，重新分配资源。企业的资源是有限的，要保证企业资源最大限度地用到产业价值最高、需求最迫切的业务领域，集中力量办大事。

业务单元或业务部门重点工作，也即企业管理与支撑体系工作，要根据规划目标和规划任务要求而落实，为规划实施提供保障和支撑。业务单元或业务部门包括采购管理、科技创新、信息管理系统，人力资源管理、财务、计划和企业基础设施建设等。这些部门与企业生产经营活动和产业增值不直接相关，但能够起到重要的支撑作用。要使生产运行管理、人力资源管理、信息技术开发等一系列管理活动围绕规划内容开展，推动整个企业向规划目标迈进。

3. 制定规划实施计划

企业发展规划要依据规划目标和任务，确定规划期和各期内的实施计划，必要时应落实实施年度计划或滚动计划，明确开展企业发展规划的中期评估（可有 1 次以上）或总结评估，根据实施情况，与时俱进，适时调整规划目标和任务。

4. 提出保障和支撑体系建设

企业的保障和支撑体系要适应企业发展要求，逐步建设现代化企业制度和管理体系。要根据企业定位决定实现企业差异化服务和提高生产率的方法，通过优化管理保障规划目标实现，通过加强供应链管理来改善内部流程成本、产品质量、运作周期、资产利用率和资产管理水平，通过加深现有客户关系来增加客户价值，通过创新产品和服务、挖掘新市场和新消费群体来建立分销网络和实现产品领先，通过与外部利益相关者建立有效关系而优化人力资本、信息资本和组织结构，实现管理升级等。这部分内容应根据企业管理的要求，在企业发展规划中有针对性的深入研究。

5. 预测规划效果

企业发展规划中要进行规划期内的规划效果分析预测。规划效果指标与规划目标相呼应，重点关注投入产出情况和对企业各项经营指标的影响。

二、企业发展规划的分析方法

企业发展规划可采用的分析方法较多。其中，行业环境分析方法与产业发展规划的行业分析方法相同，例如 PEST 模型、波特五力模型、行业态势矩阵、产品竞争力模型（GE 矩阵）、企业竞争力评价指标体系、项目竞争力综合评价指标体系等。企业发展规划更加关注企业竞争力和盈利能力，企业对标分析、企业竞争力分析、企业价值链分析和企业 SWOT 分析是重要工具。

（一）企业对标分析

对标分析是将本企业各环节经营状况与竞争对手或行业内外一流企业进行对照分析，研究本企业水平及存在差距的过程。对标分析强调以卓越企业作为学习和追赶对象，通过持续改善各项指标，强化企业竞争能力。对标分析是一种评价自身企业和研究其他企业的手段，可以将外部企业业绩作为自身企业发展目标，也是学习全球最佳实践的过程。对标分析主要步骤有：

1. 确定对标内容

对标分析首先要确定对比领域和剖析内容。要从企业自身情况出发设定对标内容，包括公司业务结构、产品质量、生产技术水平、服务质量、经营指标、企业财务数据等。要选择对企业经营和盈利至关重要的环节，要有明确的指标定义和合理的对标指标体系，要有统一的量化方法，不必面面俱到。

2. 选择对标企业

选择合适的对标企业有助于自身企业成长。要针对企业自身的经营业务、企业规模、业务流程特点等因素，选择合适的对标企业。对标企业选择方式一般有以下四种类型：一是以竞争对手为标杆，比较竞争对手经营战略的组成要素；二是以行业领先企业为标杆，改进企业内部经营，建立赶超目标；三是建立跨行业的技术标杆，有助于技术和工艺跨行业渗透；四是以客户需求为标杆，结合市场、竞争力和目标设定，发现企业不足。竞争对手和行业领先企业通常是首选的标杆对象。

3. 收集对标数据

收集数据是对标分析的重要环节，需要花费大量的时间和人力。要通过各种渠道收集对标企业的相关数据，数据来源通常是上市公司报表、咨询机构数据库、行业统计报表、与对标企业进行单客户交流时交换或共享的数据。收集数据时要注意数据的边界、范围、定义、以及来源合法性，企业自身数据要与对标企业数据具有范围一致性和可比性。

4. 分析对标结果

得到一系列企业情况和数据后，要进行数据分类整理和对标分析。通过与对标企业的比较，正确评估企业的关键性差距，提出改进程度和提升空间，对制定企业未来规划目标提供有价值的依据。

（二）企业竞争力分析

企业竞争力分析是企业自我认识和评价、研究确定企业竞争地位和竞争战略的过程。市场追随者和市场领导者的竞争战略是完全不同的，企业在不同发展阶段的竞争战略也是不同的。只有认清了自己的竞争地位，才能制定出有效的竞争战略。

企业竞争力分析要准确界定竞争对手、合理确定对标体系。要剖析企业价值的关键环节，与竞争对手进行详细对比分析。对比分析的目的不是模仿市场领先者或竞争对手，而是准确定位，建立自己的竞争优势。企业竞争力分析还要针对企业现有不同业务类型进行分类研究，区别不同业务类型对企业盈利的贡献和潜在成长性。

企业竞争力是指企业竞争性市场中能够比其他企业更加持续有效地向市场提供产品或服务并获得盈利和自身发展的综合素质。

企业竞争力有多种评价工具，其中九力模型综合评价效果较好。九力模型综合评价将企业能力按外部属性竞争力和内部属性竞争力分成九种能力，分别进行加权评价，以表示企业的综合竞争力。模型指标含义见表2-2：

表 2-2　企业竞争力九力模型指标

属性指标	分指标	指标描述
外部属性竞争力	品牌能力	企业产品品牌的市场稳定性、行业地位、支持度、受保护程度及发展趋势的综合评价
	研发能力	企业研发新产品的时间、资金、技术、人员等方面相对优势
	营销能力	企业营销的体系、范围、人员、潜力等综合实力
	制造能力	企业制造产品的技术、设备、厂房、人员等整体力量
	产品能力	企业产品的质量、外观、价格等方面的消费者赞誉程度
内部属性竞争力	资源能力	企业所拥有的自然资源、资金资源、政府资源、人力资源的数量和程度
	决策能力	企业管理者作出重大决策的速度和效率
	执行能力	企业管理机构传达信息的通畅程度和执行决策的有效程度
	整合能力	企业建立整体形象、整合各种资源的能力

评价方法可以采用专家评分法。为保证评价结果的客观性，一般邀请熟悉企业的约10名专家进行评价打分。打分标准借鉴利克特5级量表，分为有利和不利两类。以研发能力为例，分为相当强（行业领先，5分）、中上水平（4分）、中等水平（3分）、中下水平（2分）、没有研发能力（1分）。对专家评分结果进行分类加

权平均，得出某项得分，或者请专家对九力权重进行评分，再加权平均得出各项权重。将各项得分与权重相乘，得到企业综合竞争力数据。如果专家同时对多个企业评价打分，则可得到各企业的综合竞争力评价。为了更直观表达清楚，可将有关数据转化为雷达图。

指标体系设计一般包括资源掌控能力、产业结构水平、财务资本运营能力、市场营销能力、管理体制、创新能力、人力资源、政策与公共关系等主项。每个主项指标还可分成若干二级或三级细项指标，比如运营能力主项下的二级指标可以包括原材料周转率、存货周转率、应收账款周转率、流动资产周转率、总资产周转率、销售利润率、总资产报酬率、净资产收益率、销售现金比率、资产负债率、流动比率、速动比率等经营指标。咨询方可以根据企业的特点设计更有针对性的指标体系，以便得出更有针对性的评价。指标选取要注意选择相对客观的指标，使对比口径相同；指标不宜过多，避免因数据复杂而难下结论；指标权重设定要尽量减少主观性，使评价结果更加客观。

企业竞争力分析也会涉及产品竞争力，特别是在业务结构选择时，需比较现有产品和未来规划产品的竞争力。衡量产品竞争力主要体现在两个方面：一是市场地位，二是销售情况。产品市场地位是与市场上同类产品比较，相同产品在相同市场的占有率越高，竞争力越强。产品销售情况是与本企业其他产品比较，销量大、利润多的产品的竞争力更强。产品市场地位影响因素主要是竞争对手水平和行业状况，竞争对手的营销方法、企业规模、经济实力等直接关系产品的市场占有率，全行业的竞争者数量、竞争程度也有重要影响。销售情况影响因素主要有产品的生命周期、技术因素、产品价格和质量等。

企业多种产品的比较可以采用波士顿矩阵和 GE 模型，以决定企业的产品策略是加大投入、还是逐步退出。波士顿矩阵和 GE 模型在教材第四册《现代咨询方法与实务》中已经讲述，这里不再重复。

（三）企业价值链分析

价值链是哈佛大学商学院教授迈克尔·波特于 1985 年提出的概念，波特认为，"每一个企业都是在设计、生产、销售、发送和辅助其产品的过程中进行种种活动的集合体，所有这些活动可以用一个价值链来表明"。企业的价值创造是通过一系列活动构成的，这些活动可分为基本活动和辅助活动两类，基本活动包括内部后勤、生产作业、外部后勤、市场和销售、服务等；而辅助活动则包括采购、技术开发、人力资源管理和企业基础设施等。这些互不相同但又相互关联的生产经营活动，构成了一个创造价值的动态过程，即价值链。

进行企业价值链分析，首先要梳理企业内部业务架构和产品类型的业务价值关系。其次是对每个子业务进行成本分析和竞争差异化分析，比较产品从原料采购、加工生产、成品包装、成品运输、销售等每个环节的增加值，进而清晰识别每个环节的赢利能力，决定是否进行产业链整合或开拓。企业价值链分析可采用定性方法和定量方法。定量分析要实测各业务流程的成本费用、销售价值和利润，进行业务排序，既要关注业务利润率，也要关注业务总价值量。

通过企业价值链分析，可以将企业现有业务进行分类，明确基础业务、关键业务、优势业务、潜力业务、老化业务，发现业务组织的问题和症结，提出改进或改革、进入或退出措施。

企业价值链分析在企业发展规划中用于现有产品分类和未来发展选择。客观评价价值链各环节的增值水平对于管理和发展都十分重要。

价值链分析的完整步骤如下：

（1）把整个价值链分解为不同的创造价值的作业单元，将成本、收入和资产分配到"有价值的作业"中；各个作业单元的成本核算一般根据自身原辅材料消耗、公用工程消耗、固定资产价值等，计算各单元的生产成本和效益。

（2）确定引起价值变动的各项作业，分析形成作业成本及差异的原因。

（3）分析整个价值链中各节点单元之间的关系，确定企业内部核心单元的相关性，确定企业边界与顾客和供应商之间作业的相关性。

（4）根据分析结果，重新组合或改进价值链，更好地控制成本动因，优化价值结构，使价值链的节点单元获得可持续的竞争优势。

需要注意的是，企业价值链分析要以事实为基础，以假设为导向，反复评估修正，以期得到客观评价结论。企业价值链分析的关键是将成本和利益在各经营环节中公平分配。基于价值链分析成果，企业可以调整和改进公司供应链。当企业实现了成本控制、业绩提升、盈利增加以后，企业可根据所发生的成本和投资等，对增加的盈利在价值链上进行公平分配。

大型综合性企业的价值链延伸会有多个企业参与，要注意合理判定企业间的价值关系。要尽可能准确获取节点企业信息，客观判断节点企业盈利能力。如果核心企业在投资项目时需要其他节点企业同时增加投资而保证供应链整体业绩，其他节点企业必须在参与项目前对该投资项目进行评价，通过作业成本模型协商成本、利益和投资共享问题。例如核心企业可以采用与供应商谈判、上调供应商产品价格的方式分担供应商投资，实现利益公平分配。

（四）企业 SWOT 分析

企业 SWOT 分析也是用于企业发展规划的常用方法。通过企业 SWOT 分析可以将企业密切相关的内部优势和劣势、外部机会和威胁等因素关联匹配，从而得出一系列判断，供最终决策所用。企业 SWOT 分析是连接企业发展规划内外部环境的桥梁，使企业的内部能力和外部环境相适应，企业与环境相互依存。

企业优劣势分析是企业 SWOT 分析的基础，是对企业现状调查的归纳、总结和提升。企业优劣势分析既要密切结合行业特点，不能千篇一律；又要针对企业成功的必要和关键因素，不必面面俱到。企业优劣势分析要站在企业角度评价企业的市场表现和盈利能力，注意分析优势的可持续性和成功的关键因素，还要注意分析劣势的转化方法。

企业发展机遇与威胁识别是在环境分析基础上，将企业自身优劣势与环境相匹配，识别环境趋势中有利企业发展的机遇和不利企业发展的威胁。即使在相同的大环境中，企业个体由于社会地位不同、行业不同，面临的机遇和挑战也不相同。比如国家关停落后产能政策对大型企业是机遇，而对小型企业则是威胁。

三、企业发展规划报告编制大纲

1　总论

1.1　企业基本情况

1.1.1　企业概况

1.1.2　组织结构

1.1.3　法人治理结构

1.1.4　主要经济指标

1.1.5　主业构成及发展回顾

1.1.6　重点下属企业概况

1.2　规划编制背景

1.3　规划范围及时限

1.3.1　规划范围

1.3.2　规划时限

1.4　规划依据

1.5　规划方法

1.6　规划主要结论

1.6.1　产业规模及结构

1.6.2　资源消耗或占用

1.6.3　投资规模及经济效益

1.6.4　节能减排指标

2　企业发展环境分析

2.1　宏观环境

2.2　行业发展形势

2.3　竞争力分析

2.3.1　企业发展竞争力分析

2.3.2　主要产品竞争力和可持续发展能力分析

3　指导思想、规划原则和发展目标

3.1　指导思想

3.2　规划原则

3.3　发展目标

3.3.1　总体目标

3.3.2　产业结构（调整）目标

3.3.3　主要经济指标

8.2 主要危害因素分析

8.3 安全生产规划

8.3.1 安全管理体系建设

8.3.2 安全布局

8.3.3 安全防控设施

8.3.4 应急设施

8.3.5 安全教育培训

9 规划效果分析

9.1 产业规模及结构分析

9.1.1 产业规模

9.1.2 产业结构调整

9.2 资源消耗或占用

9.3 投资规模及效益

9.3.1 投资规模及经济效益分析

9.3.2 社会效益分析

9.4 节能减排分析

10 规划实施建议

10.1 战略规划管理建议

10.2 管理体制创新建议

10.3 资本运营建议

10.4 科技创新建议

10.5 项目建设建议

10.6 安全生产建议

10.7 节能和环保建议

10.8 企业的社会责任建议

第四节 园区发展规划报告的编制

一、园区发展规划报告编制的重点和内容

(一)园区发展规划报告的重点

园区发展规划报告的重点包括下列内容:

(1)分析园区所在地区的基本情况,综合评价园区的发展条件;

(2)确定园区性质和发展目标,确定园区产业发展方向以及结构,划定园区范围;

(3)提出规划期内园区用地发展规模,确定园区建设和发展用地的空间布局和功能分区;

(4)确定园区对外交通系统的布局,确定园区主、次干道系统的走向、断面、

主要交叉口形式，确定主要广场、停车场的位置和规模；

（5）综合协调并确定园区供水、排水、防洪、供电、通讯、燃气、供热、消防、环卫等设施的发展目标和总体布局；

（6）确定园区绿地系统的发展目标和总体布局；

（7）确定园区环境保护目标，提出防治污染措施；

（8）确定综合防灾规划的目标和总体布局；

（9）估算园区基础设施投资及技术经济指标，提出规划实施步骤、措施和方法的建议。

（二）园区发展规划报告的内容

园区发展规划的成果一般包括文本、说明书、图纸等，主要包括以下内容：

1. 总则

包括规划背景及意义、规划依据、规划原则、规划范围、规划期限、强制性内容说明等。

（1）规划范围

明确园区发展规划的边界范围，并根据园区与外界的物质流、能量流等方面的交换关系以及环境影响范围，提出规划的控制区范围。规划范围的土地利用性质应与上位规划相一致。

（2）规划期限

明确园区发展规划的数据基准年，提出规划近期目标和中远期目标的具体年限，通常近期年限为 5 年，中远期年限为 10 年。

（3）规划编制依据

对园区发展规划和建设具有指导和支撑作用的各项政策、标准和规划逐一进行描述。主要的规划依据包括：

1）国家和地方的相关产业政策规划；

2）国家和地方的环境保护、清洁生产和循环经济方面的相关法律法规；

3）园区所在区域的国民经济和社会发展规划、相关产业发展规划；

4）园区所在地区的城市总体、环境保护、土地利用等规划；

5）园区所在区域的交通、电力、供水、污水处理、消防等基础设施规划；

6）其他相关法律法规、标准规范等。

2. 规划统筹协调

园区发展规划要服从上位规划，并与同级规划相协调，协调的重点包括：功能定位、土地利用、产业空间布局、生态环境保护等。

简述上位规划在功能定位、土地利用、产业布局、生态环境等方面的主要内容与要求以及控制性指标，说明园区发展规划与上位规划的关系。

3. 发展定位、目标与规模

根据园区资源环境特点以及产业发展环境，分析确定园区主导产业类型，明确产业发展定位。

根据园区发展现状和未来发展趋势，提出园区建设近期和中远期的目标和具体指标。指标应根据自身特点制定，应体现园区的产业结构、经济指标、环境质量、重点污染物排放、人文特色等内容。

发展规模主要包括园区的产业规模、用地规模和人口规模等。

4. 产业发展规划

简述产业的发展战略、发展方向、产业链、发展布局等。

5. 空间组织和用地规划

从用地结构、交通架构、景观、生态建设与环境保护等角度研究确定园区的空间结构，然后确定功能分区和用地布局，根据《城市用地分类与规划建设用地标准》（GB50137－2011），阐述园区各类用地的规划布局情况。

（1）规划布局准则

规划布局应按照《城市用地分类与规划建设用地标准》（GB50137－2011），结合新的发展形势，三类工业用地和高新技术园区的用地布局应符合相应准则：

1）一类工业用地布局准则

此类工业基本上不会造成环境污染，可设置在城市住宅区的相邻地段，其用地和住宅区之间一般不需设置防护绿带；

此类工业可集中设置组成工业区，亦可与居住用地混合布置，但应规划成组团设置相对独立；

工业区最好与住宅区之间有商业或工业办公建筑作为缓冲区。

2）二类工业用地布局准则

此类工业对环境有一定污染，布局要求相应提高，用地应单独设置，不得与居住用地混杂；

此类工业宜位于污染物扩散条件好，以及环境容量大的地区，与居住区的绿化防护带必须根据其污染程度而定，应符合防护距离的有关标准；

有污染物排放的企业，应达到国家相关标准后才可对外排放，不得在城市水源地上游地区布置有水污染物排放的企业，不得在城市上风向布置有气体污染物排放的企业，需要较为完善的道路系统，应布置在交通运输好集散方便的地方；应配备有足够空间设置废污处理设施；

有大量重型车辆运输和较多露天作业的工业用地，宜在其周边界面设置较大范围的绿化隔离带区，可隔开凌乱的作业和重型车辆所造成的繁忙交通，从而减少对环境造成不良影响。

3）三类工业用地布局准则

此类工业对环境有较大污染，一般应布置在远郊工业区或卫星城镇，老城区和城市近郊原则上不安排；

选址应避免对居住区及其他敏感土地用途造成不良的环境影响。严禁设置在水源保护地和历史文化保护区、自然保护区、风景名胜区的保护范围和其它需要特别保护的区域；

园区发展规划布局应符合主导风向及环保的要求，选址一般应在城市全年主导风向下风向；

园区与周围居住区、生活服务区必须设置足够的绿化隔离带，保持必要的安全卫生距离，并符合相应标准；

与城市交通性主干道或跨境公路、铁路、港口等交通设施有方便的交通联系；

有足够的供水、供电、供气、污水处理、通信等公用工程设施以及存放与处理废物的环保设施。

4）高新技术园区用地布局准则

高新技术园区的产业具有资金、技术密集、高增值等特征，其融合了高科技工业及其有关研究及发展，主要包括高新产品试验及分析、电脑软硬件开发、生物科学产品、高端电子通讯器材、光学与电子光学产品、新材料产品等。

这类土地用途类别的首要重点是科学研究、新科技及新产品的开发，选址应处于良好的生态环境或景色优美的环境之中；

连接城市主要道路，交通便利，有便利的交通连接机场、车站，方便经常到访的商务人员；

以邻近高等教育院校或研究发展机构为宜，以增强与业界之间的合作；

亦可设置在居住区邻近，作为一般工业和居住区之间的"过渡地区"；

设有先进的电讯基础设施，配备完善的辅助及配套设施，包括住宅、配套商业及休息娱乐设施。

（2）功能分区规划

根据园区产业发展规划及开发时序，综合规划区地理位置、自然条件、环境保护、安全卫生及生产运营对周边生态环境的影响程度，对园区进行功能分区规划。

（3）土地利用规划

根据《城市用地分类与规划建设用地标准》（GB50137－2011），阐述园区各类用地的规划布局情况。

6. 交通系统规划

（1）根据预测的对外运输量，合理组织对外货运交通；根据预测的通勤交通量，规划客运交通，包括公交客运站、公交网络、公交车型、公交首末站等。

（2）根据对外交通衔接、用地规模、用地周边环境条件等合理确定园区内路网格局、道路等级、道路红线、道路断面形式等。

（3）根据货物的包装形式、运输形态等合理组织区内运输，包括公路、铁路、管道、皮带等。

（4）规划设置园区静态交通设施，包括公共客运停车场、公共货运停车场、加油加气站等，对于化工园区，还要规划危险化学品专用停车场。

7. 绿地和景观系统规划

结合园区周边自然环境，同时考虑园区卫生安全防护要求，规划构建园区绿地和景观系统。

园区绿地系统一般包括园区公共绿地、单位附属绿地、防护绿地等；宜设置集中与分散相结合的绿地系统。

严格保护规划确定的公共绿地、滨河绿地、防护绿地等绿地，除园林建筑、绿化生产管理的少量建筑物、构筑物及必要的配套设施外，严禁建设其它性质的建筑，任何单位严禁以任何理由改变用地性质。有污染和安全风险的园区周边应设置相应的防护绿地。

8. 市政基础设施规划与园区的生活服务配套设施

市政基础设施包括给水、排水、供电、供热、电信、工业气体及工业管廊、环境卫生、管线综合等，其采用标准、负荷预测、占地等应考虑产业类别和工艺上的要求结合城市情况综合加以确定。

根据园区及配套项目的不同性质合理确定独立用地和附设在其它建筑内的生活服务配套设施。生活服务配套设施一般包括居住及为其服务的商业、配套生活服务设施；

根据园区的位置、主要产业类别、工作人口的结构、商务访客的性质和环境素质，合理确定生活服务配套设施的用地布局及规模；

园区宜尽量利用周边地段的公共服务设施；位置偏远的大型园区最好能够自行配套多样化的公共服务设施，如游憩、文化娱乐、商业服务等。

应积极引导园区统一集中设置和统一管理员工宿舍。

9. 综合防灾规划

规划要求建立完善的综合防灾减灾体系，提高规划区公共安全水平、减轻灾害损失。综合防灾减灾体系包括消防规划、防震减灾规划、防洪规划、人防规划、公共安全规划等，涉及危险化学品的还需危险化学品安全规划。

10. 环境保护规划

确定园区的环境保护目标及采取的环境保护措施，规划园区的环境应急体系，对园区环境管理及监测提出要求。

环境保护应包括下列内容：

（1）确定环境保护规划目标及执行环境标准

描述园区及周边主要环境保护目标，园区的环境功能区划，确定园区执行的环境标准。

（2）水污染控制规划

预测园区废水及主要水污染物排放量。

制定园区水污染物控制目标和指标，主要包括：单位工业增加值废水排放量；单位工业增加值 COD、氨氮及主要特征污染物排放量；园区污水集中处理率；工业废水稳定达标排放率；中水回用率等。

提出将排放的废水进行处理后用于某些水单元或将废水直接用于某些水单元的废水循环利用方案。

针对水污染排放重点源，通过清洁生产审核，提高过程控制和末端治理技术水平，提出重点污染源水污染控制方案。

（3）大气污染控制规划

预测园区废气及主要大气污染物排放量。

制定园区大气污染物控制目标和指标，主要包括：单位工业增加值废气排放量；单位工业增加值 SO_2、NOx 及主要特征污染物排放量；大气治理设施的有效运行率；主要大气污染物排放达标率等。

提出相应的大气污染控制措施，包括工程措施、技术措施、管理措施和政策措施等。针对本地区大气特征污染物，提出相应解决方案。针对废气排放重点源，提出工业废气污染控制和循环利用方案。

（4）固体废物污染控制规划

预测园区固体废物排放量，包括危险废物、一般工业固体废物和生活垃圾。

制定园区固体废物减量化、资源化和无害化目标和指标，主要包括：单位工业增加值工业固体废物排放量；工业固体废物综合利用率；危险废物安全处置率等。

提出工业固体废物和生活垃圾等实现减量化、资源化和无害化的措施。

（5）环境监测和环境管理

制定环境监测方案；制定环境管理体系。

11. 重点支撑项目及其投资与效益分析

（1）重点支撑项目

综合考虑园区产业结构特点和园区建设的需求，确定入园项目应满足的条件。

入园项目选择的总体原则是符合国家和园区自身的产业政策和环保政策，同时符合构建产业循环体系、资源循环利用体系、污染控制体系和保障体系的基本要求，针对园区的产业结构和经济发展现状与未来的发展趋势，引进具有支撑功能的项目。

（2）投资与效益分析

重点对园区发展的综合效益进行分析评价，对园区建设的各项成本及收益进行初步的全面系统地核算，评估园区建设的成效，包括经济效益分析、环境效益分析和社会效益分析。

12. 规划保障措施

提出保障规划实施相关措施，包括政策保障措施、组织机构建设、技术保障体系、环境管理工具、公众参与、宣传教育与交流以及保障园区建设顺利开展的其他措施。

13. 规划主要图纸

规划图纸种类较多，主要图纸有以下十类：

（1）位置及周边关系示意图

标明园区范围及与相邻地区间的关系。比例尺根据面积大小确定。

（2）土地利用现状图

（3）用地评价图

图纸应标明以下内容：

1）不同工程地质条件和地面坡度的范围、界线、参数；

2）潜在地质灾害（滑坡、崩塌、溶洞、泥石流、地下采空、地面沉降及各种不良性特殊地基土等）空间分布、强度划分；

3）活动性地下断裂带位置，地震烈度及灾害异常区；

4）按防洪标准频率绘制的洪水淹没线；

5）地下矿藏、地下文物埋藏范围；

6）规划区土地质量的综合评价，确定适宜性区划，提出土地的工程控制要求。

（4）土地利用规划图

图纸应标明以下内容：

1）规划的各类用地界线；

2）绿地、河湖水面、高压走廊的用地界线和保护范围；

3）规划道路红线；

4）规划用地一览表及产业用地一览表。

（5）绿地系统规划图

图纸应标明公共绿地、防护绿地等各类绿地的界线。

（6）道路系统规划图

图纸应标明以下内容：

1）规划主、次干道和支路的走向、红线、断面，主要控制点坐标、标高；

2）主要道路交叉口形式和用地范围；

3）主要广场、停车场位置和用地范围。

（7）给水排水工程规划图

图纸应标明以下内容：

1）水源及水源井、泵房、水厂、贮水池位置，供水能力；

2）输配水干管走向、管径，主要加压站、高位水池规模及位置；

3）排水管渠干线位置、走向、管径和出口位置；

4）排水泵站和其它排水构筑物规模、位置；

5）污水处理厂位置、用地范围。

（8）电力电信工程规划图

图纸应标明以下内容：

1）供电电源；

2）变、配电设施位置、名称、容量、电压等级；

3）供电线路走向、电压等级、敷设方式；

4）高压走廊用地范围、电压等级；

5）各种通讯设施布局，通讯线路走向和敷设方式；

6）收发讯区、微波通道等保护范围。

（9）燃气规划图

图纸应标明以下内容：

1）气源位置、供气能力、储气设备容量；

2）输配干管走向、压力、管径；

3）调压站、贮存站位置和容量。

（10）其它规划图

根据规划产业需要确定必要的其他图纸，例如：工业管廊规划图、供热规划图、工业气体规划图等。

二、工业园区发展规划报告编制大纲

1　总论

1.1　规划背景

1.2　规划意义

1.3　规划范围

1.4　规划期限

1.5　编制依据

1.6　规划主要结论

2　规划分析

2.1　规划基础

2.1.1　区位

2.1.2　交通运输

2.1.3　气象条件

2.1.4　地形地貌

2.1.5　工程地质及水文地质

2.1.6　产业基础

2.1.7　园区边界

2.1.8　公用工程和基础设施现状

2.2　资源环境承载力

2.2.1　土地资源承载

2.2.2　水资源承载

2.2.3　环境承载

2.3　上位规划符合性分析

3　发展形势

3.1　行业发展形势

3.2　主要产品市场分析

3.3　产业政策形势

4　规划指导思想、规划原则和发展目标

4.1　指导思想

第三章 项目可行性研究报告

可行性研究是建设项目前期工作的重要内容，是建设项目投资决策的重要依据。政府投资项目必须进行可行性研究，按照程序要求编制和报批可行性研究报告，其内容和深度参照国家发展改革委《投资项目可行性研究指南》（2002 年）及其相关规定。其他投资项目应参照行业、地区、国家或国际组织有关规定或规范，根据项目性质及建设地点等具体情况编制。可行性研究的成果是可行性研究报告。本章介绍可行性研究的作用、重点内容和深度要求、一般建设项目可行性研究报告编制内容与要求、以及部分行业可行性研究报告的特点。

第一节 概 述

一、可行性研究的作用

1. 投资决策的依据

可行性研究对项目产品的市场需求、市场竞争力、建设方案、项目需要投入的资金、可能获得的效益以及项目可能面临的风险等都要做出结论。对企业投资项目，可行性研究的结论既是企业内部投资决策的依据，同时，对属于《核准目录》内、须经政府投资主管部门核准的投资项目，可行性研究又可以作为编制申请报告的依据。政府投资的项目，可行性研究的结论是政府投资主管部门审批决策的依据。

2. 筹措资金和申请贷款的依据

银行等金融机构一般都要求项目业主提交可行性研究报告，通过对可行性研究报告的评估，分析项目产品的市场竞争力、采用技术的可靠性、项目的财务效益和还款能力、项目的风险，然后作为对项目提供贷款的参考。

3. 编制初步设计文件的依据

按照项目建设程序，一般只有在可行性研究报告完成后，才能进行初步设计（或基础设计）。初步设计文件（或基础设计）应在可行性研究的基础上，根据审定的可行性研究报告进行编制。

二、可行性研究的依据和要求

1. 可行性研究的依据

可行性研究的依据主要有：

（1）项目建议书（初步可行性研究报告），对于政府投资项目还需要项目建议书的批复文件。

（2）国家和地方的经济和社会发展规划、行业部门的发展规划，如江河流域开发治理规划、铁路公路路网规划、电力电网规划、森林开发规划，以及企业发展战略规划等。

（3）有关法律、法规和政策。

（4）有关机构发布的工程建设方面的标准、规范、定额。

（5）拟建场（厂）址的自然、经济、社会概况等基础资料。

（6）合资、合作项目各方签订的协议书或意向书。

（7）与拟建项目有关的各种市场信息资料或社会公众要求等。

（8）有关专题研究报告，如：市场研究、竞争力分析、场（厂）址比选、风险分析等。

2. 可行性研究的基本要求

（1）预见性。可行性研究不仅应对历史、现状资料进行研究和分析，更重要的是应对未来的市场需求、投资效益或效果进行预测和估算。

（2）客观公正性。可行性研究必须坚持实事求是，在调查研究的基础上，按照客观情况进行论证和评价。

（3）可靠性。可行性研究应认真研究确定项目的技术经济措施，以保证项目的可靠性，同时也应否定不可行的项目或方案，以避免投资损失。

（4）科学性。可行性研究必须应用现代科学技术手段进行市场预测、方案比选与优化等，运用科学的评价指标体系和方法来分析评价项目的财务效益、经济效益和社会影响等，为项目决策提供科学依据。

（5）合规性。可行性研究必须符合相关法律、法规和政策。必须重视生态文明、环境保护和安全生产。充分考虑与建设和谐社会和美丽生活相适应。

三、可行性研究的重点内容

项目可行性研究的内容，因项目的性质不同、行业特点而异。可行性研究的重点是研究论证项目建设的可行性，必要时还需进一步论证项目建设的必要性。

项目的可行性研究，其内容主要包括：

（1）项目建设的必要性。要从两个层次进行分析，一是结合项目功能定位，分析拟建项目对实现企业自身发展，满足社会需求，促进国家、地区经济和社会发展等方面的必要性；二是从国民经济和社会发展角度，分析拟建项目是否符合合理配置和有效利用资源的要求，是否符合区域规划、行业发展规划、城市规划的要求，是否符合国家产业政策和技术政策的要求，是否符合保护环境、安全生产、可持续发展、社会稳定的要求等。

（2）市场与竞争力分析。调查、分析和预测拟建项目产品（或服务）和主要投入品的国际、国内市场的供需状况和销售价格；研究确定产品的目标市场；在竞争力分析的基础上，预测可能占有的市场份额；研究产品的营销策略，提出市场风险。市场预测与竞争力分析的具体内容与要求见教材第四册《现代咨询方法与实务》。

（3）建设方案。主要包括产品方案与建设规模，工艺技术和主要设备方案，场（厂）址，主要原材料、辅助材料、燃料供应，总图运输和土建方案，公用工程，节能、节水措施、环境保护治理措施方案，安全、职业卫生措施和消防设施方案，项目的组织机构与人力资源配置等，对政府投资项目还应包括招标方案和代建制方案等。提出技术、装备、环境、安全等相关风险。建设方案比选的具体内容与要求见教材第七章"建设方案研究与比选"。

（4）投资估算与融资方案。在确定项目建设方案工程量的基础上估算项目的建设投资，分别估算建筑工程费、设备购置费、安装工程费、工程建设其他费用、基本预备费、涨价预备费，还要估算建设期利息和流动资金。在投资估算确定融资额的基础上，研究分析项目的融资主体，资金来源的渠道和方式，资金结构及融资成本、融资风险等。结合融资方案的财务分析，比较、选择和确定融资方案。投资估算与资金筹措的具体内容与要求以及投资估算的方法见教材第四册《现代咨询方法与实务》。

（5）财务分析（也称财务评价）与经济分析（也称国民经济评价）。按规定科目详细估算营业收入和成本费用，预测现金流量；编制现金流量表等财务报表，计算相关指标；进行财务盈利能力、偿债能力分析以及财务生存能力分析，评价项目的财务可行性。对于财务现金流量不能全面、真实地反映其经济价值的项目，应进行经济分析。从社会经济资源有效配置的角度，识别与估算项目产生的直接和间接的经济费用与效益，编制经济费用效益流量表，计算有关评价指标，分析项目建设对社会经济所做出的贡献以及项目所耗费的社会资源，评价项目的经济合理性。对于非营利性项目以及基础设施、服务性工程等，主要分析投资效果以及财务可持续性分析，提出项目持续运行的条件。财务与经济分析的具体内容与要求以及方法见教材第四册《现代咨询方法与实务》。

（6）经济影响分析。对于行业、区域经济及宏观经济影响较大的项目，还应从行业影响、区域经济发展、产业布局及结构调整、区域财政收支、收入分配以及是否可能导致垄断等角度进行分析。对于涉及国家经济安全的项目，还应从产业技术安全、资源供应安全、资本控制安全、产业成长安全、市场环境安全等角度进行分析。经济影响分析的具体内容与要求见教材第四册《现代咨询方法与实务》。

（7）资源利用分析。对于高耗能、耗水、大量消耗自然资源的项目，如石油天然气开采、石油加工、发电等项目，应分析能源、水资源和自然资源利用效率；一般项目也应进行节能、节水、节地、节材分析；所有项目都要提出降低资源消耗的措施。资源利用分析的具体内容与要求见教材第四册《现代咨询方法与实务》。

（8）土地利用及移民搬迁安置方案分析。对于新增建设用地的项目，应分析项目用地情况，提出节约用地措施。涉及搬迁和移民的项目，还应分析搬迁方案和移民安置方案的合理性。该部分内容还涉及到社会稳定风险分析与评估。社会稳定风险分析预评估的具体内容与要求见教材第四册《现代咨询方法与实务》。

（9）社会评价或社会影响分析。对于涉及社会公共利益的项目，如农村扶贫项目，要在社会调查的基础上，分析拟建项目的社会影响，分析主要利益相关者的需求，对项目的支持和接受程度，分析项目的社会风险，提出需要防范和解决社会问题的方案。该部分具体内容见教材第九章"社会评价"。

（10）风险分析。对项目主要风险因素进行识别，采用定性和定量分析方法估计风险程度，研究提出防范和降低风险的对策措施。风险分析的具体内容与要求见教材第十章"不确定性分析与风险分析"。

建设项目环境影响评价、安全预评价和节能评估，是由环境影响评价机构、安全预评价、节能评估机构具体执行的，是与项目可行性研究工作并行的重要工作。可行性研究报告项目建设方案中提出的环境保护治理和保障建设和运行安全以及节能的措施与方案应充分体现环评、安评和能评的具体要求。

通常情况下可行性研究报告是项目申请报告编制的基础，为方便列入核准目录的企业投资项目的申请报告编制，上述内容是针对列入核准目录的企业投资项目的可行性研究报告设置的。对于备案的企业投资项目，其可行性研究报告内容可以适当简化或调整。

四、可行性研究及其报告的深度要求

可行性研究的成果是可行性研究报告。可行性研究报告内容和深度可根据项目性质结合国家、行业、地区或公司规范参照执行，并依据项目具体情况对内容和深度适当增加或简化。通常为满足项目决策要求，可行性研究及其报告应达到以下深度要求：

（1）可行性研究报告应达到内容齐全、数据准确、论据充分、结论明确的要求，以满足决策者定方案、定项目的需要。

（2）可行性研究要以市场为导向，围绕增强核心竞争力做工作，以经济效益或投资效果为中心，最大限度地优化方案，提高投资效益或效果。对项目可能的风险作出必要的提示。

（3）可行性研究中选用的主要设备的规格、参数应能满足预订货的要求。引进技术设备的资料应能满足合同谈判的要求。

（4）可行性研究中的重大技术、财务方案，应有两个以上方案的比选。

（5）可行性研究中确定的主要工程技术数据，应能满足项目初步设计的要求。

（6）可行性研究阶段对投资和成本费用的估算应采用分项详细估算法。投资估算的准确度应能满足决策者的要求。

（7）可行性研究确定的融资方案，应能满足项目资金筹措及使用计划对投资数额、时间和币种的要求，并能满足银行等金融机构信贷决策的需要。

（8）可行性研究报告应反映可行性研究过程中出现的某些方案的重大分歧及未被采纳的理由，以供决策者权衡利弊进行决策。

（9）可行性研究报告应符合国家、行业、地方或公司有关法律、法规和政策，符合投资方或出资人有关规定和要求。应附有供评估、决策审批所必需的合同、协议和相应行政许可文件。报告中采用的法规文件应是最新的和有效的。

第二节　可行性研究报告的编制内容

一、总论

（一）概述

（1）项目名称；承办单位名称、性质及责任人；投资项目性质及类型；经营机制及管理体制。

中外合资、合作项目，应注明投资各方单位全称、注册国家（地区）、法定地址、法人代表及国籍等。

境外投资项目，应注明投资地区或国家，说明项目的性质及合作方等。

（2）主办单位基本情况，改建、扩建和技术改造项目要说明现有企业概况，包括企业各生产装置、生产能力、原料供应、产品销售、员工状况、资本结构、财务状况以及企业目前存在的主要经营发展问题等。

中外合资、合作项目，应简要列出初步协议要点，包括出资方式、出资比例、合资合作年限、经营管理机制、利益分配等。

（3）项目提出的背景，投资的目的、意义和必要性。

简述项目提出的背景，提出投资的目的，说明投资项目建设的意义。

投资项目的必要性和理由，从市场、战略、经济利益、社会贡献等多方面分析。根据必要性和理由，提出投资项目的目标，包括建设内容与规模、技术水平、产品性能与档次、竞争力水平、经济和社会效益、战略目标等。

（4）可行性研究报告编制的依据、指导思想和原则。

（5）研究范围，指研究对象、工程项目的范围，列出整个项目的工程主项，当有多家单位共同编制时，要说明各单位分工情况。

（二）研究结论

（1）研究的简要综合结论，从项目建设的必要性、装置规模、产品（服务）方案、市场、原料、工艺技术、场（厂）址选择、公用工程、辅助设施、协作配套、节能节水、环境保护、投资及经济评价等方面给出简要明确的结论性意见。简要说明投资项目是否符合国家产业政策要求，是否符合行业准入条件，是否与所在地的发展规划或城镇规划等相适应。境外投资项目还要提出项目遇到的特殊情况及处理措施等。提出可行性研究报告推荐方案的主要理由。列出项目的主要技术经济指标，见表3-1。对于服务类项目或无直接经济效益的项目以及特殊行业项目，应根据具体情况增减或调整表中项目和指标。

（2）存在的主要问题和建议。提出投资项目在工程、技术及经济等方面存在的主要问题和主要风险，提出解决主要问题和规避风险的建议。

表 3—1　主要技术经济指标

序号	项目名称	单位	指标*	备注
一	生产规模	10^4 t/a		
二	产品方案	10^4 t/a		
1	产品			
(1)	×××	10^4 t/a		
(2)	×××	10^4 t/a		
2	副产品			
(1)	×××	10^4 t/a		
(2)	×××	10^4 t/a		
三	年操作日	天		或操作小时
四	主要原辅材料、燃料用量			
1	×××	实物量/a		
2	×××	实物量/a		
五	动力消耗量			
1	供水（新鲜水）	t/h		
	最大用水量	t/h		
	平均用水量	t/h		
2	供电			
	装机容量	10^4 kW		
	年耗电量	10^4 kWh		
3	供汽（分等级）			
	最大用汽量	t/h		
	平均用汽量	t/h		
4	冷冻			
	最大用冷负荷	MJ/h		
	平均用冷负荷	MJ/h		
六	三废排放			
1	废水	t/h		
	其中：生产废水	t/h		
2	废气	Nm^3/h		
3	固体废物（废液）	t/h		
	其中：废液	t/h		
七	运输量			
1	运入量	10^4 t/a		
2	运出量	10^4 t/a		

续表1

序号	项目名称	单位	指标*	备注
八	定员	人		
1	生产工人	人		
2	技术及管理人员	人		
3	研发人员	人		
九	总占地面积	$10^4\,m^2$		
1	厂区占地面积	$10^4\,m^2$		
2	其他占地面积	$10^4\,m^2$		
3	投资强度	万元/公顷		
4	绿化率			
十	总建筑面积	$10^4\,m^2$		
1	生产用建筑面积	$10^4\,m^2$		
2	非生产用建筑面积	$10^4\,m^2$		
3	行政办公及生活服务设施用地面积所占比重	%		
4	容积率			
5	建筑系数			
十一	综合能耗总量 （包括二次能源）	t标煤/a		或 t 标油
十二	主要单位产品综合能耗	MJ/单位产品		
十三	工程项目总投资（评价用）	万元		
	其中：外汇	万美元		
1	建设投资	万元		
	其中：外汇	万美元		
2	建设期利息	万元		
	其中：外汇	万美元		
3	流动资金	万元		
	其中：外汇	万美元		
4	可抵扣的固定资产增值税	万元		
十四**	报批项目总投资（控制投资规模用）	万元		
	其中：外汇	万美元		
	其中：铺底流动资金	万元		
十五	年均销售收入	万元		
	其中：外汇	万美元		
十六	成本和费用	万元		
1	年均总成本费用	万元		

续表 2

序号	项目名称	单位	指标*	备注
2	年均经营成本	万元		
3	主要产品单位生产成本	元/t		
十七	年均利润总额	万元		
十八	息税前利润（EBIT）	万元		
十九	息税折旧摊销前利润（EBITDA）	万元		
二十	年均销售税金及附加	万元		
二十一	年均增值税	万元		
二十二	工业增加值（必要时）	万元		
二十三	财务分析盈利能力指标			
1	总投资收益率	％		
2	资本净净利润率	％		
3	投资回收期	年		
4	全员劳动生产率	万元/人		
5	项目财务内部收益率	％		
	所得税前	％		
	所得税后	％		
6	项目财务净现值（Ic＝％）	万元		
	所得税前	万元		
	所得税后	万元		
7	权益投资财务内部收益率	％		
8***	投资各方财务内部收益率（必要时）	％		
二十四	清偿能力指标	年		
1	利息备付率	％		
2	偿债备付率	％		
3	人民币借款偿还期（含建设期）	年		
4	外汇借款偿还期（含建设期）	年		
二十五	经济增加值（EVA）	万元		年平均数
二十六	经济分析指标（必要时）			
1	经济内部收益率	％		
2	经济净现值（需注明 i_s 值）	万元		

* 对于严格按照"有、无对比"方法进行评价的项目，该项应按"有项目""无项目"及增量分列填写。盈利能力分析一般只列出增量指标，必要时列出"有项目"指标，清偿能力分析指标可以根据具体情况分别列出项目指标和企业指标。对于投入物和产出物数据必须分三列填写。

** 中外合资项目和境外投资项目不列此项，项目总投资不分评价用和控制投资规模用。

*** 中外合资项目需要计算中外双方收益率指标。

二、市场预测分析

市场预测分析是项目可行性研究报告的重点内容，尤其是产品竞争力分析是可行性研究的核心内容之一。在市场竞争激烈的领域，产品竞争力分析更凸显其重要性。

市场预测分析与竞争力分析，根据产品性质、经济社会状况等，有着不同的分析方法和技巧，应根据具体情况选择使用。具体预测与分析方法见教材第四册《现代咨询方法与实务》。

（一）市场预测分析的目的与要求

1. 市场预测分析的目的

通过对项目的产出品、投入品或服务的市场容量、供需、价格、竞争格局等进行的调查、分析、预测，为确定项目的目标市场、建设规模和产品方案提供依据。

通过市场预测分析，对项目原材料、技术和装备选择等提出要求。

根据市场预测与分析确定的目标市场，为项目财务分析和经济分析确定产品（服务）价格和运输费用提供参考。

2. 市场预测与分析的编制要求

市场预测分析应包括国外市场、国内市场、区域市场和目标市场等多个层次。对于规模较小，且市场较为确定的项目，其重点是分析区域市场或目标市场。

可行性研究报告应对主要产品的市场供需状况、价格走势以及竞争力进行预测分析。

对于技术改造和改扩建项目等项目产品增量不大，对原有市场影响较小的，预测分析内容可以适当简化。

对于项目规模较大，市场竞争激烈的产品、新兴产品及市场具有不确定性的产品，其市场预测分析，应当进行专题研究，在做可行性研究报告之前，先完成市场专题报告。

对项目影响较大的原材料、燃料、动力，必要时应编制市场预测专题报告。

市场预测分析应提出项目产品或服务面临的风险，对一些特定市场或特定产品应进行营销策略分析。

（二）市场预测分析的编制内容

1. 产品（服务）市场分析

（1）产品用途

根据项目设定的主要产品或服务（以下统称产品），分品种、牌号及类别叙述其应用领域和用途。分析应用领域和用途变化的原因及发展趋势。

当产品品种较多时，产品用途或服务可列表表示。

（2）国外市场预测分析

1）市场供应现状及预测

说明项目设定的主要产品近5年世界以及主要生产国或地区的生产能力、产量，主要生产企业的原料路线、技术水平和装置规模情况。可列表。

分析相同或可替代品目前已有的和在建的生产能力、产量情况，预测未来的发展和变化趋势。以项目的计算期为期限，预测设定产品的生产能力、产量并列表，预测可能建设的新增能力、投产时间和开工率。

说明产品国际市场主要供应方式以及供应商情况，国际贸易量及预测。

2）市场需求现状及预测

说明世界以及主要生产国或地区的消费量及消费结构情况并列表。

3）市场供需平衡分析

根据市场供应、需求现状分析和预测，得出国外产品市场的供需平衡状况，分析产品发展空间以及地区间的供需差距及贸易流向。预测今后的供需变化趋势及发展前景，预测年份为项目计算期内。

（3）国内市场预测分析

1）市场供应现状及预测

简述设定产品在我国的供应和生产发展历程，分地区生产情况，产品国内市场主要供应方式以及供应商情况。分析国内生产能力、产量，主要生产企业的原料路线、技术水平和装置规模情况。可列表。

分析相同或可替代品目前已有的和在建的生产能力、产量情况，预测未来的发展和变化趋势。以项目的计算期为期限，预测设定产品的生产能力、产量并列表，预测可能建设的新增能力、投产时间和开工率。

2）市场需求现状及预测

统计项目设定产品近 10 年国内实际消费量、消费区域分布以及消费结构情况并列表。

近 10 年产品进出口基本情况（包括进口的贸易方式等）。

根据对设定产品国内区域消费分布、消费结构以及该产品今后发展趋势等诸多因素的分析，以项目的计算期为期限，预测设定产品国内需求总量、消费区域分布以及消费结构变化趋势。

3）市场供需平衡分析

根据市场供应、需求现状分析和预测，结合进出口情况，包括进口品种和来源，出口品种和目的地的统计，得出国内产品市场的供需平衡状况，分析产品发展空间以及地区间的供需差距及贸易流向。预测今后的供需变化趋势及发展前景。预测年份为项目计算期内。

当产品品种多时，可列表表示各产品市场容量。

4）产品需求周期性分析

对于市场波动较大，需求有明显周期性变化的产品进行周期性分析。根据调查历史数据（需要两个以上周期数据），绘制周期性变化图，分析造成供需波动的原因，预测今后的供需变化趋势及发展前景。预测年份为项目计算期内。

2. 主要投入物市场预测

对于重要的、影响较大的、供应有缺口或处于垄断的原材料、燃料、动力等主要投入物包括服务应进行供应分析，做供需平衡预测。在我国，水资源短缺，在一些缺水地区，针对大量用水项目，还需要做水平衡分析。

(1) 主要投入物供应现状

简述设定投入物在我国的供应状况，国内外市场主要供应方式、供应量以及供应商情况。

分析设定投入物的进出口情况。分析主要需求方及潜在需求方对市场供应的影响。以项目的计算期为期限，预测设定投入物国内需求总量、消费区域分布以及消费结构变化趋势。

(2) 主要投入物供需平衡预测

根据市场供应、需求现状分析和预测，结合进出口情况，包括进口品种和来源，得出国内投入物市场的供需平衡状况，分析投入物供应能力以及地区间的供需差距及贸易流向。预测今后的供需变化趋势及发展前景。预测年份为项目计算期内。

3. 市场竞争力分析

(1) 目标市场分析

1) 目标市场选择与结构分析

根据产品市场分析及预测，选定目标市场。

分析目标市场的供应商数量及规模。

2) 主要用户分析（该部分内容可根据具体项目类型选做）

对目标市场中的顾客、代销商、现有的竞争者和将会出现的竞争者等各重要因素之间的关系进行描述和分析。

对顾客的需求及消费行为特征进行分析，确定产品主要用户。根据对目标市场当前实际销售量的分析，估算市场的潜力，包括市场饱和程度、增长率、需求的稳定性等，并预测将来需求结构的变化情况、需求量的发展以及进入国际市场的可能性等。

对产品出口量大或受国际市场波动影响较大的产品，要分析产品在主要国家或地区的供需平衡关系，分析可能的贸易流向，预测对所选择的目标市场的影响。

(2) 产品竞争力优劣势分析

项目产品竞争力分析一般按照下列顺序进行分析：能够进行产品成本对标分析的，至少有两个国内和国外竞争对手资料；当没有合适竞争对手时，应按照进口产品到岸价与项目产品出厂价考虑目标市场运输费用进行对比；当产品没有进口或数量较少不能说明问题时，可以按照该产品市场预测价格与该产品成本数据，进行盈利空间分析。有些投资项目，产品竞争力分析可以简化，对于确实需要进行产品竞争力分析的，应按照资料掌握程度和项目具体情况选择合适的方法。

需要进行竞争力优劣势分析时，应按照下列内容进行分析。

简述企业或投资者竞争力，包括企业所处的外部环境因素分析，企业内部技术、管理、财务、营销等因素分析。

主要从目标产品的生产成本、质量、运输费用和营销手段等方面与主要竞争对手进行对比确定产品的竞争优势和劣势，估计可能的市场份额。

分析可替代产品和潜在的替代产品的竞争力，预测其发展趋势和对目标产品的影响。

1）主要竞争者分析

分析竞争者的现状，包括规模、产品品种和质量、技术水平、管理水平、生产经验、顾客关系、专营权、销售区域、竞争地位、销售额、市场份额、成本费用等。

分析竞争者的营销手段，包括价格、折扣、支付条件、广告、分销网、商标政策、企业商誉、品牌战略、公共关系、售后服务等。

分析竞争者的影响范围，概括分析其优势、劣势，预测对新进入者所作出的反应和可能采取的措施等。

分析与竞争者的区位优势，尤其是产品储运费用。

分析潜在的竞争者，预测其对目标市场的影响。

2）产品质量与结构分析

结合产品市场需求分析，从产品结构和质量上与竞争对手对比并分析优劣势。

3）产品成本和盈利空间分析

根据产品销售价格的确定，对比历史价格、进口价格，分析国际市场价格和预测未来市场价格走势，计算分析项目产品的盈利空间。

结合项目的原料路线、来源与价格、动力供应与价格、生产规模、生产技术装备、主要消耗水平、劳资水平和经营管理等方面分析目标产品生产成本并与竞争对手对比。若难以寻找竞争对手时，可以定性分析或只进行盈利空间分析。

4）企业在组织管理和营销等方面的优劣势分析

分析企业在营销组织、管理水平、财务管理、资本运作、商标、商誉、品牌、区位、人力资源、社会经济环境等方面的优劣势并与竞争对手对比。

5）产品竞争力综合分析

根据分析，对主要产品在目标市场上与主要竞争对手的竞争力进一步作综合分析并列表。见表3—2。

4. 营销策略

对规模较大、市场竞争比较激烈的项目产品，必要时应进行营销策略研究，主要研究目标产品进入市场和扩大销售份额在营销方面应采取的策略。一般投资项目可以不进行营销策略分析。

对实施营销方案必需的设施和费用，应计入投资估算中。

表 3-2 竞争力分析综合对比

序号	比较内容	本项目优势、劣势	竞争对手优势、劣势				本项目与竞争对手对比后的优势、劣势排序
			国内竞争对手		国际竞争对手		
			对手1	对手2	对手1	对手2	
1	自然资源占有						
2	工艺技术装备						
3	规模效益						
4	新产品开发能力						
5	产品质量性能						
6	价格						
7	商标、商誉、品牌						
8	区位						
9	人力资源						

注：表中所列 9 个方面的比较内容可以根据项目具体情况适当增减。可定性或定量分析。

5. 主要投入物与产出物价格预测

（1）产品价格现状及预测

分析产品在国际市场上价格历史演变过程和变化规律，预测在项目计算期内产品价格的变化趋势。

分析产品在国内市场上价格历史演变过程和变化规律。分析与国际市场价格的联动性。分析与主要原材料价格走势的关联性。预测在项目计算期内产品价格的变化趋势。

结合产品市场调查与分析，给出可行性研究报告中产品的销售价格范围。其产出物价格按出厂价格确定。

（2）主要原辅材料、燃料、动力价格现状及预测

如果项目所需原辅材料、燃料、动力从市场采购，则按如下内容进行分析，若完全由企业自供，则可以略去本分析内容。

分析主要原辅材料、燃料在国际市场上价格历史演变过程和变化规律，预测在项目计算期内国际市场价格的变化趋势。

分析主要原辅材料、燃料、动力在国内市场或地区市场上价格历史演变过程和变化规律。分析与国际市场价格的联动性。分析与主要下游产品价格走势的关联性。预测在项目计算期内国内价格或地区价格的变化趋势。

结合主要原辅材料、燃料、动力的市场供需平衡分析，给出可行性研究报告中原辅材料、燃料、动力的采购价格范围。

可行性研究报告中采用到厂入库价格，说明主要原辅材料、燃料价格构成及供应方式，包括出厂价、运杂费、贸易费用等。进口原辅材料和燃料，要说明 FOB 价格、CIF 价格构成、贸易从属费用、国内运杂费用等。

6. 市场风险分析

市场风险分析包括识别风险因素、估计风险程度、提出风险对策。

（1）风险因素的识别

分析技术进步和新技术进展，预测新产品和新替代品投放市场后，对市场产生的影响。

分析各种新竞争对手的加入对市场的影响。

分析市场竞争的程度，市场出现恶性竞争或出现垄断竞争对市场的影响。

分析项目所在国政治经济以及政策条件的稳定性。

（2）风险程度估计

估计各风险因素对项目的影响程度，判定风险等级，确定项目的主要风险因素。风险程度估计可以定性描述，也可以定量计算，要结合项目具体情况确定。

（3）风险对策与反馈

研究风险对策，提出针对性的风险规避对策，避免市场风险的发生或将风险损失降低到最小程度。

研究风险对策，将信息反馈到有关专业人员或投资者，指导改进项目方案、完善营销策略。

三、建设方案研究与比选

建设方案研究与比选是项目决策分析与评价的核心内容之一，是在市场分析的基础上，通过多方案比选，构造和优化项目建设方案，进行估算项目投资，选择融资方案，进行项目经济、环境、安全和社会评价等，进而判别项目的可行性和合理性的基础。

在进行各种建设方案比选时，建设方案研究将与投资估算及项目财务、经济和社会评价发生有机联系，在不断地再完善过程中，比选产生优化的建设方案。项目建设方案研究的内容、要求、作用和方法等具体见本书第七章。

（一）建设规模与产品方案

1. 产品方案与产品组合

产品方案（也称产品大纲）即拟建项目的主导产品、辅助产品或副产品及其生产能力的组合方案，包括产品品种、产量、规格、质量标准、工艺技术、材质、性能、用途、价格、内外销比例等。

产品方案需要在产品组合研究的基础上形成。有的项目只有一种产品。有的项目生产多种产品，其中一种或几种产品为主导产品。首先需要确定项目的主要产品、辅助产品、副产品的种类及其生产能力的合理组合，使它与技术、设备、原材料及燃料供应等方案协调一致。

在这里产品是个广义概念，各种行业具有不同的称谓，具体名称应参照行业习惯。

影响产品方案的因素、产品方案的比选方法见本书第七章。

2. 建设规模

建设规模也称生产规模，是指所设定的正常运营年份项目可能达到的生产或者服务能力。根据市场调查和预测，营销策略以及产品方案的初步研究成果，结合技术、原材料和能源供应，协作配套和项目投融资条件，以及规模经济性等因素，提出两个以上可供选择的建设规模，经技术经济比较，推荐合理的建设规模。

建设规模研究应考虑的影响因素和内容、建设规模的合理性分析和确定、建设规模研究的主要方法见本书第七章。

3. 建设规模和产品方案的编制内容

(1) 建设规模和产品方案

根据市场预测与产品竞争力、资源配置与保证程度、建设条件与运输条件、技术设备满足程度与水平、筹资能力、环境保护以及产业政策等确定生产规模和产品方案。列出多方案建设规模和产品方案进行比选。生产规模和各装置的能力以小时（或日）和年计。服务能力按具体情况确定其表述。必要时列表表示。

(2) 技术改造项目特点

改、扩建和技术改造项目要描述企业目前规模和各装置生产能力以及配套条件，结合企业现状确定合理改造规模并对产品方案和生产规模作说明和方案比较，进行优选。对改造前后的生产规模和产品方案应列表对比。

（二）生产工艺技术与装备方案研究

生产工艺技术方案和设备方案的选择是工程和配套方案确定的基础，与项目的建设规模和产品方案选择形成互为条件，也是投资估算和经济分析的重要基础，是影响项目环境、安全等以及经济合理性的重要因素。

对于特殊项目应根据需要单独编制技术装备比选专题报告。

生产工艺技术方案和设备方案选择应考虑的因素和原则见本书第七章。

1. 技术方案研究的内容

技术方案研究就是通过调查研究、专家论证、方案比较、初步技术交流和询价，确定拟建项目的生产技术、工艺流程、生产配方及生产方法、生产过程控制、操作规程及程序数据等，以确保生产过程安全、环保、节能、合理、通畅、有序。技术方案比选的主要内容和方法见本书第七章。

2. 技术设备来源方案研究

技术设备来源方案包括技术来源方案和设备来源方案。其具体的研究内容、分类和比选方法等见本书第七章。

3. 生产工艺技术与装备方案编写内容与要求

对于由多套工艺装置组成的大型联合装置，应单独编制工艺装置分册对工艺技术进行详细叙述。

对于改、扩建和技术改造项目，要叙述原有工艺技术状况，说明项目建设与原有装置的关系，结合改造具体情况编制相关内容。若有设备利旧问题，应列明利用原有设备清单，说明使用年限，表明设备原值和净值，并提出由于利旧节省的投资额度。

(1) 工艺技术方案的选择

简述国内外不同工艺的原料路线，包括现状、特点、发展变化趋势及前景等。经综合比选，提出推荐的原料路线。

介绍国外技术现状、特点和主要技术经济指标、商业化业绩或所建装置数量、技术覆盖率、发展变化趋势及前景等。国际先进技术特点介绍。技术引进的可能性和条件介绍。

介绍国内技术现状、特点和主要技术经济指标、商业化业绩或所建装置数量、技术覆盖率、发展变化趋势及前景等。

对国内外不同工艺技术从来源、产品质量、主要技术参数、原料路线合理性、消耗、投资及成本等方面进行对比，评价其技术的先进性、可靠性、适用性、安全性、商业化程度及经济合理性并列表。

在综合比选的基础上提出推荐技术路线，简述推荐的理由。

简述推荐技术的工艺流程及特点，分析存在的问题，提出解决问题的建议。

若引进国外技术和进口设备，则需要在分析国内技术的前提下，进行技术经济分析比较，提出引进方式、引进和进口的范围、内容及理由。提出对可能引进技术的初步意见和建议。

(2) 工艺流程和消耗定额

确定装置规模和年操作时数（或日操作时数），当生产不同规格产品对装置生产规模有影响时，应按产品规格分别列出并给出最可能的产品方案下的装置规模和对应的年操作时数（或日操作时数），或者按照行业习惯，给出代表性的产品或折算成某一产品的规模。

提出装置的组成及名称，装置组成包括生产单元（或工序）和为生产装置直接服务的辅助生产单元、生活设施等。大型联合装置按照不同产品列出生产装置，根据工艺特点，按照工序列出每套装置组成。独立单元生产装置，根据工艺特点，按照工序列出装置组成。

列出项目所需的主要原料、辅助材料、燃料和动力的数量以及规格（性质）。

说明产品、副产品及主要的中间产品执行的质量标准。列出项目产品、副产品的数量和规格。对重要的中间产品，列出其数量和规格。

简述主要工艺过程、操作参数和关键的控制方案。分装置画出工艺流程图。详细计算全厂各装置主要物料平衡燃料平衡和必要的热平衡，尤其对大型联合装置要说明各装置间的物料互供关系，要以总工艺物料平衡表或方块物料平衡图表示。物料平衡图要显示出原料进量、装置组成和产品、副产品量。

改、扩建和技术改造项目，要分别列出改造前后物料平衡情况，并根据改造方案，叙述改造后（有项目）、无项目和增量的物料情况。

简述各装置工艺消耗定额以及同类工艺国内外消耗定额水平，并与国内外先进水平比较，对主要产品列表表示其消耗定额。

（3）主要设备选择

简述设备概况，列出主要工艺设备，对主要设备分类汇总。必要时给出主要设备分类汇总表。

对于进口设备，应详细阐述引进的理由、范围、方式和参考的价格。引进要符合国家有关规定要求。引进设备必须考虑适量的备品备件。

研究提出本项目主要装备国内制造供货的原则和方案、范围和风险因素等。

列出设备选择采用的标准规范。

简述关键设备选择的依据，结合工艺技术方案进行关键设备方案比选，考察成熟可靠性、安全实用性、投资造价、运行周期和费用等因素，确定关键设备选型。

简述大型超限设备概况、超限内容、解决方法并列表。

对改、扩建和技术改造项目，要简述原有设备状况，论述项目可依托的设备状况，对主要的依托设备要进行方案比选。提出依托设备的资产原值和净值以及可以节约的投资数额。

（4）自动控制

工艺生产过程对自动化的要求，确定拟建项目的自动化水平。

改、扩建和技术改造项目，说明企业原有自动化的水平和状况，结合新建装置，统一考虑。重点说明新老控制系统结合与提升情况。

简述控制系统的选择原则。说明控制系统的系统构成，基本配置，功能要求和技术性能。控制系统应包括安全仪表系统（报警联锁和紧急停车系统）以及生产管理系统等，分别加以说明。

对于大型联合装置，要说明全厂的网络结构，要分装置说明控制系统的设置。对于公用工程，辅助生产设施，储运和消防的控制系统也应分别叙述。

需要引进的控制系统，应说明引进的理由及引进的范围。

说明仪表选型的原则。说明对仪表的通用要求，如信号制式、测量单位、精度等级、防护等级、防腐、防爆、防雷等要求等。按流量、液位、压力、温度、分析、阀门等列出选用仪表的种类，指出适用场合和介质。

根据项目的大小，生产装置和公用工程，辅助生产设施的配置情况，说明控制室的设置。控制室分为中央控制室和就地控制室。分别给出控制室的大约位置、面积和尺寸。

说明仪表的供电方式和供气方式，电源和气源的规格，初步估算的用电量和用气量。

说明控制系统的安全保障措施，对于有特别要求的装置，应专门论述安全保障技术措施。

列出设计中采用的国内外主要标准、规范。给出名称和标准号。

（5）装置界区内公用工程设施

根据工艺装置特点和工艺技术要求，当界区内需要单独配置公用工程或辅助设施时，应予以描述，说明其设置的必要性，并向相关专业提供条件。

（6）工艺装置"三废"排放与预处理

对于多套工艺装置组成的大型联合装置，在工艺装置分册的编制中需完成以下内容。对单装置项目，"三废"排放情况在13节环境保护中统一叙述。

1）废水

简述废水排放情况，如排放点、排放量、组分等并列表。见表3-3：

表3-3　废水排放表

序号	排放水名称	有害物		排放量（m³/h）	排放点	排放方式	排放去向	备注
		名称	含量%					
1								
2								
3								
	合计							

2）废气

简述废气排放情况，如排放点、排放量、组分等并列表。见表3-4：

表3-4　废气排放表

序号	排放气名称	有害物		排放量（m³/h）	排放点	排放方式	排放去向	备注
		名称	含量%					
1								
2								
3								
	合计							

3）固体废物（废液）

简述固体废物（废液）排放情况，如排放点、排放量、组分等并列表。见表3-5：

表3-5　废固（液）排放表

序号	排放物名称	有害物		排放量（m³/h）	排放点	排放方式	排放去向	备注
		名称	含量%					
1								
2								
3								
	合计							

4）"三废"预处理

根据"三废"成分和浓度等特性，要求进行预处理的，应说明预处理方案，给出预处理后的数量和浓度以及组分构成。

对于存在其他污染的投资项目如电磁污染、噪声污染、放射性污染等，应根据污染排放情况，提出解决方案和防范措施。

（7）装置占地与建、构筑物面积及定员

简述工艺装置占地、建构筑物面积、层数、层高及结构形式并列表。给出装置定员和岗位定员。

（8）工艺技术及设备风险分析

工艺技术风险及设备风险是投资项目所存在的风险之一，应根据项目的具体情况从下面几个方面做尽可能的分析。

1）风险因素识别及风险程度分析

产品及其规模受其产业政策、发展趋势的风险资源依存度风险、技术路线、装备技术发展的风险，国家对安全环保节能等方面的法规进一步要求风险等识别，同时要定性或定量预测各种风险因素的风险程度。

2）风险防范与反馈

根据风险程度，预测对项目的影响，确定是否进行风险对策研究。

研究风险对策，提出针对性的风险规避对策，避免风险的发生或将风险损失降低到最小程度。

研究风险对策，将信息反馈到有关专业人员或投资者，指导改进设计方案、落实有关对策，为投资者能够得到最大的经济利益提出建设性和可实施性的建议。

（三）建设条件与场（厂）址选择

建设条件与场（厂）址选择是项目可行性研究报告的重要内容之一，在项目决策与分析中有着重要作用。

场（厂）址选择是一项政策性、科学性强，涉及面广的综合性的技术经济工作。场（厂）址选择应进行多方案比较，要依据地区规划与产业布局，结合建设项目近期目标和长远利益综合分析，从中选择符合国家政策，投资省、建设快、运营费低，经济效益和环境效益好的场（厂）址。不同行业项目场址选择需要研究的具体内容、方法和遵循的规程规范不同，其称谓也不同。例如，工业项目称场（厂）址选择，水利水电项目称场址选择，铁路、公路、城市轨道交通项目称线路选择，输油气管道、输电和通信线路项目称路径选择等。

对于改、扩建和技术改造项目，说明企业所处的场（厂）址条件，对在原场（厂）址进行改、扩建进行论述，分析优、缺点，根据方案比较结果确定改造方案。

在开发区或工业园区建设，同样需要按照场（厂）址选择的原则和内容要求进行方案比选，但根据开发区或工业园区具体的条件情况，部分内容可以适当简化。

场（厂）址对于不同性质的项目有着不同称谓并有着不同的选择要求和原则，如：长输管线的路由选择、机场的选址、铁路、道路、大型水利枢纽（水库）等选址，应遵守行业规范和要求。

对于特殊项目应根据需要单独编制选址专题报告。

影响项目选址的主要区域因素、选址的基本原则和要求、选址的注意事项、场（厂）址比选的内容以及场（厂）址比选方法见本书第七章。

1. 地质灾害危险性评估

根据《地质灾害防治管理办法》和《地质灾害防治条例》要求，有可能导致地质灾害（主要包括崩塌、滑坡、泥石流、地面塌陷、地裂缝、地面沉降等）发生的工程项目建设和在地质灾害易发区内进行工程建设，在申请建设用地之前必须进行地质灾害危险性评估。编制和实施水利、铁路、交通、能源等重大建设工程项目时，应当充分考虑地质灾害防治要求，避免和减轻地质灾害造成的损失。在地质灾害易发区内进行工程建设，应当在项目决策分析与评价阶段进行地质灾害危险性评估，并将评估结果作为可行性研究报告的组成部分。

对经评估认为可能引发地质灾害或者可能遭受地质灾害危害的建设工程，报告编制和评估单位有责任提出应当配套建设地质灾害治理工程。地质灾害治理工程的设计、施工和验收应当与主体工程的设计、施工、验收同时进行。地质灾害危险性评估包括下列内容：工程建设可能诱发、加剧地质灾害的可能性；工程建设本身可能遭受地质灾害危害的危险性；拟采取的防治措施等。

2. 建设条件与场（厂）址选择的编制内容

（1）建设条件

建设条件包括建设地点的自然条件、社会经济条件、外部交通条件、公用工程配套条件、用地条件、生态与环境条件等。

1）建设地点的自然条件

地理条件，包括场（厂）址地理位置、区域位置、距城镇距离、四邻关系等。介绍区域道路交通情况。附场（厂）址地理位置图和场（厂）址方案区域位置图（包括原料进厂（场）管线、水源地、进厂给水管线、热力管线、发电厂或变电所、电源进线、储灰渣场、废水接纳水体、铁路专用线、港口码头、生活区等规划位置）。

地形、地貌条件。

工程地质、水文地质条件，地震烈度、设防等级，区域地质构造情况等。

自然、气象条件，包括气温、相对湿度、降雨量、雷电日、蒸发量、大气压力、风力与风向等。气象条件要给出历史极端值，月平均值，年平均值，分析极端值出现的概率。附风玫瑰图。

洪涝水位，建厂地域的洪水位（50年、100年一遇），防涝水位及泥石流情况。

当地自然、气象条件。

2）建设地点的社会经济条件

调查建设地区社会人文经济条件及发展规划，研究其对投资项目产生的影响，提出存在的问题和建议采取的办法。存在风险因素的，要进行风险分析。

结合项目的要求，调查地区或城市社会、经济等状况，说明建设地点是否符合当地规划部门的要求，建厂地区的协作配合条件及生活福利条件。

区域设备制造能力与水平，机、电、仪等维修水平与能力情况。

区域建筑施工队伍情况与水平，建筑、设备材料制造水平与能力，市场配套状况等。

在少数民族地区或具有特殊风俗文化的地区建设，要说明当地的风土民情和文化，避免与其冲突。

属于经济特区、经济技术开发区、工业园区等区域或属于三资企业、国际组织、政府贷款或投资的项目，应结合项目具体情况说明可享受的有关优惠政策。

3）外部交通运输状况

调查建设地区交通运输条件及发展规划，说明港口、码头、车站管道等能力和吞吐量，目前运量平衡现状，潜在的能力。研究其对投资项目的影响。

4）公用工程条件

调查建设地区公用工程动力供应和资源条件，说明各种资源的供需平衡现状和潜在能力以及发展规划，研究对投资项目的影响。

说明本工程水源可选方案，对于重大水源方案应进行方案比选。本工程最大用水量，拟选水源的供水能力，可供本工程使用的水量，可否满足本工程需要，并说明水源的水质情况以及水源地距场（厂）址距离等。

说明本工程的最大排水量，接纳水体的情况，包括水体的流量、接收标准、距场（厂）址的距离等。

电源与供电情况，说明地区电网、发电厂、区域变电所等区域位置，实际容量、规划容量、可为本项目提供容量，距项目的距离。

电信情况，市话网现状，地区电话局、长途局至厂的距离，采用交换机程式及对用户线路电阻限制值等系统通信对本工程的要求。无线通信信号情况，网络建设情况等现代通信设施基础情况。

供热工程情况，供热现状及发展规划，现有管网情况，热源距离本工程的距离，可供本工程的热负荷及参数及价格情况。

各种气源，区域空分装置配套情况，气价情况及供应稳定性。

消防设施情况，最近的消防队配备情况、规模以及到厂的距离和时间。

其他公用工程条件调查与叙述。

5）用地条件

调查区域土地使用现状，说明占用土地的性质，是否属于经过土地资源部门批准的规划用地。说明获得土地使用权或征用土地的各种费用、补偿方式、税金，需要动迁的要说明搬迁的人口数量和补偿情况。

需要动迁和拆迁补偿的，需要说明动迁人的态度，维护公众利益。

6）生态、环境条件

调查区域生态现状、环境现状，环境容量状况以及环保法规情况，区域环境保护设施，接纳本项目的能力等。研究生态、环境状况对投资项目的影响。

（2）场（厂）址选择

场（厂）址选择包括渣场（填埋场）或排污场（塘）地的选择。

根据场（厂）址比选的内容、要求和方法对拟选场（厂）址进行比选（具体见本书第七章），提出场（厂）址推荐方案意见，说明推荐理由，论述推荐方案的主要特点、存在的问题及对存在问题的处理意见或建议。

附场（厂）址区域位置图和推荐场（厂）址方案示意图，附所在区域的土地利用规划情况和土地主管部门的意见。

（四）原材料与燃料及动力供应

在研究确定建设规模、产品方案、工艺技术方案的同时，要明确项目所需主要原材料和燃料的品种、数量、规格、质量的要求，对价格进行分析研究，并结合场（厂）址方案的比选确定其供应方案。

1. 原材料、燃料和动力供应分析

原材料、燃料与动力的供应方案选择应考虑的主要因素以及比选内容等见本书第七章。

2. 原材料、燃料和动力供应的编制内容

（1）主要原材料、辅助材料、燃料的种类、规格、年需用量

根据工艺技术和工程方案的优化，确定主要原材料、辅助材料、燃料的种类、规格、年需用量，说明其来源以及运输方式。

（2）矿产资源的品位、成分、储量等初步情况

项目直接采用矿产资源的，应说明矿产资源的品位、成分、储量、开采规模等初步情况，说明供应的方式。

（3）水、电、汽和其他动力供应

说明水、电、汽和其他动力小时用量及年需用量，说明供应方式和供应条件。外供需要有供应协议和方案，自供的需要说明供应方案。

改、扩建和技术改造项目，要提供原有企业和改造后动力供需平衡图（表）。说明原有装置的负荷和运行情况。

（4）供应方案选择

对于主要原材料、燃料和动力供应要列出方案比选的过程和选择的理由。

（五）总图运输

总图运输是可行性研究报告的一项重要内容。总图运输方案研究包括总平面布置、竖向布置、厂（场）内运输、厂（场）外运输和绿化等。

根据总图布置方案，确定项目用地，合理的总图布局，有利于节约用地。

总图布局的合理性与规范性对安全生产、职业卫生和消防至关重要。同时对项目的投资和运行成本产生一定影响。

改、扩建和技术改造项目，要结合原有企业总图、运输等情况，统筹考虑，合理布局。

总图运输方案的比选方法和技术经济指标见本书第七章。

1. 总体布置与总平面布置的编制内容与要求

（1）总体布置的编制内容与要求

对大型联合项目应进行总体布置研究。总体布置应符合城镇总体规划、工业园区布局规划。分期建设时，要正确处理近期和远期的关系。近期集中布置，远期预留发展，分期征地，严禁先征待用。

可行性研究报告应说明总体布置的原则，提出不同的布置方案，简述各方案的优劣，说明推荐方案的理由。

附总体布置方案图。

（2）总平面布置编制的内容

说明厂区规划、总用地面积以及各装置、设施占地并列表。简述总平面布置的原则。提出不同的总图布置方案，简述各方案的优、缺点。附各方案总平面布置图。

在进行分析比较的基础上提出推荐方案。介绍推荐方案的特点。列出推荐方案总图的主要参数指标，包括土地利用技术经济指标。

因地制宜，提出工厂绿化方案及绿化面积。

提出拆迁工程量，需要还建或补偿的，根据相关政策或投资方与当地政府协商的政策，对还建方案和补偿方式进行说明。拆迁工程量可列表表示。

2. 竖向布置编制内容

当新建厂区占地面积较大，或自然地形坡度较大，或施工、生产、运输等方面有特殊要求时，应做竖向方案比较。提出推荐的竖向布置方案及设防说明。提出工厂防洪标准及措施场、地排水方式、土石方工程量等。

3. 总图主要工程量

简述主要工程量包括用地面积、道路长度、土石方量等，并将主要工程量列表表示。

4. 全厂运输的编制内容

说明总的货物吞吐量，论述选择运输方式的原则，根据全厂运输量和各种物料的属性、形态和物理性质等确定运输方案，对主要物料运输方案进行比较，列出采用不同运输方式的运输量。

根据当前市场情况，结合建厂所在地区特点，尽可能依托社会运输力量。对于建设规模较大，或建厂地区的协作条件较差的地区，应对自建和依托社会作技术经济比较。

说明运输方案基本情况。厂内道路及车辆选择，厂内道路应做到人流、货流分道行驶。公路运输，公路等级及长度，季节性原因对通行的影响，以地图表示的公路网。

简述公路运量、运输装卸设施、计量和管理体制等。

铁路运输，说明区域运输能力，编组站接纳能力，季节性原因对交通的限制，货物仓储能力，自备车辆选择和数量，机车库位置，运价执行的标准与运价表，以地图表示的铁路网，有关运输协议情况。简述铁路专用线、交接方式、工业站等情况，说明铁路运量、二次倒运装卸设施、计量和管理体制等。

水路运输，说明水运航道和河流宽度及深度，通航能力，季节性原因对航道的影响，船舶包括自备船舶的选择，港口、码头位置、形式布置、吨位、吞吐能力及装卸设施，仓库和货栈及面积，执行运价标准和运输价格，以地图表示的航道网、河流、海洋和港口。有关运输协议情况。简述运输量、二次倒运装卸设施、计量和管理体制等。

航空运输，说明机场规模和能力，运输状况，通航的地区和国家等。以地图表示的航道网。简述运输量、二次倒运装卸设施、计量和管理体制等。

特殊化学品运输方案，对于易燃、易爆、剧毒等特殊化学品运输，应根据有关规定制定特别运输方案。

大件运输方案，应委托专业公司，做道路调查专题报告，并说明大件运输方案、方式和采取的措施。

运输主要工程量，说明各种运输设施和运输车辆的确定与数量，附主要工程量表。

5. 储运的编制内容

大型石油化工项目、炼油项目、煤炭及其他矿产开采、交通枢纽或储存量较大的项目，储运作为一项重要内容，要专门研究论述。一般项目可适当简化。

（1）储运介质及储运量，简述储运介质的性质、形态、规格、型号等，说明储运的要求和储运量。必要时可列表表示。

（2）储运方案，根据储存介质的性质、形态等确定储存方式，说明储存周期的确定以及储存量的确定理由。对储存方式和方案进行多方案比较，简述各方案的优缺点，选择最优方案。附储存流程示意图。

根据储存介质的性质、形态等确定装卸流程，结合运输方案确定装卸能力。对装卸方式和方案进行多方案比较，简述各方案的优缺点，选择最优方案。附装卸流程示意图。

（3）储运系统工程量，简述储运系统工程量。附主要设备表。

（4）储运系统消耗定额，列出储运系统主要消耗量。

6. 界区外管网的编制内容

简述各种不同介质的管道，根据介质性质、输送压力等要求，说明各种管道的材质等主要参数。根据输送量，确定主要管道管径。根据总图布置，确定管线的长度，以延长米表示。必要时可列表表示。

说明管线的敷设方式，进行方案比选。必要时列表进行比较。

一般中小型项目或管网占投资比重较小时，该部分内容可以简化。

（六）工程方案及配套工程方案

工程和配套方案是在技术方案和设备方案确定的基础上，围绕着工艺生产装置在建筑、结构、上下水、供电、供热、维修、服务等进行系统配套与完善，形成完整的运行体系。工程和配套方案与项目的技术方案和设备方案以及建设规模和产品方案选择形成互为条件，也是投资估算和经济分析的重要基础，是影响项目环境、安全等以及经济合理性的重要因素。

根据市场经济的规律，结合建设所在地区的条件，坚持尽量依托社会力量配套服务的原则，原则上社会能提供的自己不搞。

对于改、扩建和技术改造项目，要说明原有企业公用工程和辅助设施配套情况，说明原有企业供需总体平衡情况，提出富裕量和潜在的能力，以及能为本项目提供的数量。

在开发区、工业园区建设的项目，要提供开发区、工业园区配套能力、发展规划，说明为本项目提供的服务和供应量，供应条件、价格和有关协议。

1. 工程方案

工程方案选择是在已选定项目建设规模、技术方案和设备方案的基础上，研究论证主要建筑物、构筑物的建造方案。工程方案主要指土建工程，但不全是土建工程，还可按功能分类有多种称谓。不同性质的项目，工程方案的内容差异较大。

工程方案选择的基本要求、研究内容和比选方法见本书第七章。

（1）工程方案比选

在满足生产需要的前提下，建筑和结构应按照适用、经济、美观的原则，结合建设场地的具体条件，合理开展工程方案研究。应广泛采用新结构、新构件、新材料，充分利用当地材料。

工程方案应通过经济技术比选确定，以节约工程投资，做到技术先进、经济合理、安全适用、施工方便、生态良好、节能环保。

（2）工程方案编制内容

不同行业工程方案编制内容差异较大，下面给出一般工业项目工程方案编制内容，其他行业可根据行业具体情况，参考该内容格式增减相关内容。有些行业的工程方案属于生产工艺方案，如：矿产开采项目的开拓方式、水利工程的坝体建筑结构、道路工程的路基等。

1）工程地质概况

简述工程地质地貌概况，说明特殊地质问题。

2）建筑设计

说明建筑设计的基本原则，应遵守国家现行标准、规范和规程。

根据需要，提出主要建筑物设计风格以及装修标准等。

3）结构设计

说明结构设计的原则，应严格遵守国家和行业规范、标准。

简述建筑结构形式，描述主要构筑物基础和上部结构方案。

根据工程地质情况，提出地基基础处理原则方案。

4）将全部建、构筑物的情况列表，包括占地面积、建构筑物结构形式、面积等。

（3）防震抗震编制内容

提出编制依据，包括国家对抗震方面的有关政策、法规和标准；地方对抗震方面的有关规定和要求。

说明工程地质地震灾害的概况，包括工程地质概况、地形、地貌、工程地质特征；抗震设防主要参数，抗震设防烈度；工程场地类别；设计地震分组；设计基本地震加速度；工程场地水平地震影响系数（最大值）；地震特征、周期值。

说明抗震设计原则及措施，包括场（厂）址选择和总图布置应符合抗震要求；建构筑物设计应符合抗震要求，采取措施；主要设备、储罐、管道、电气等防范应符合抗震要求，采取的主要措施等。

2. 系统配套工程

建设项目的配套工程系指公用工程、辅助工程和厂外配套工程等。配套工程方案是项目建设方案的重要部分，必须做到方案优化、工程量明确。位于工业园区的工程建设项目应优先考虑依托园区公用工程岛供应。

公用和辅助工程一般包括：给水排水工程、供电与通讯工程、供热工程、空调系统、采暖通风系统、压缩风（含压缩空气、仪表空气）和氮气等系统以及分析化验、维修设施、仓储设施、环保设施、安全设施、消防设施等。

厂外配套工程通常包括：防洪设施（如防潮防浪堤、防洪坝、导洪坝和导洪渠等）、铁路专用线、道路、业主码头，水源及输水管道，排水（包括污水管道、雨水和清净废水管道）管道，供电线路及通讯线路，供热及原材料输送管道，厂外仓储及原材料堆场，固体废弃物堆场，危险废物填埋场或处置场，固体物料输送工程等。

公用工程和系统配套工程是个相对概念，有些公用工程和系统配套工程本身就是主体工程，在不同性质项目中扮演不同角色，其技术和设备选择与优化同工艺技术。

系统配套工程的方案比选方法可参照技术方案，方案选择的基本要求本书略。

（1）给水、排水编制内容

说明设计依据，列出设计中的主要依据和采用的主要标准、规范。简述研究的范围。简述设计应遵循的主要原则。

对改、扩建项目，应重点论述已有各种水系统现状、富余能力、为新建项目可提供的能力等情况。

明确用水量和排水量。用水量包括生活用水、生产用水、循环冷却水及除盐水水量；排水量包括生活污水、生产废水、清净废水及污染雨水量。列出全厂各生产装置、辅助设施及公用工程的用水量和排水量表，并给出全厂水平衡图。

简述水源情况，说明取水方案的选择、供水能力、输水管管径、管线敷设、水源水质等；简述主要设备选型，列出主要设备和工程量一览表。如由城市给水系统供水时，应给出城市接管点的初步位置、管径、接管点压力及水质等。

给出给水处理（包括加压泵站）的设计能力、原水水质及供水水质要求等；简述水处理流程选择，对于重大方案应进行方案比选，附方块流程图。简述主要给水设备、设施选型，列出给水主要设备一览表。

给出高压/低压消防水系统的设计流量、设计压力、消防持续时间。简述高压/低压消防水系统主要设备的选型，对于重大方案应进行方案比较；列出主要设备一览表。

给出循环冷却水系统的主要气象参数、设计水质、水温、水压参数。简述循环冷却水系统主要设备的选型，对于重大方案应进行方案比较。给出循环冷却水系统的化学品消耗及补充水量等。

给出除盐水系统的原水水质、供水水质，包括返回的蒸汽凝结水的水质等。简述除盐水系统的技术方案（对于重大方案应进行方案比较，说明推荐理由），附方块流程图；说明除盐水系统主要设备选择，列出主要设备表。

说明中水回用系统的水源，水质和回用水水质、供水压力。简述中水回用系统的工艺处理方案。

给出界区内给水管网系统的划分，主要包括生产、生活、高压消防水、循环冷却水、回用水、脱盐水管网系统等，并简要描述其布置原则。

给出界区内排水系统的划分，主要包括生产废水、生活污水、污染雨水、清净下水、雨水排水系统并简要描述收集方式、排放量，对于雨水给出暴雨强度公式，给出消防废水的收集、处置方案。

给出污水的水量、组分、污水处理的设计能力、处理后要达到的标准等。简述污水处理方案的选择与比较，说明处理后污水的去向和排放条件，接纳水体的条件与选择。简述污水处理系统的技术方案，对于重大方案应进行方案比较，并说明推荐理由；附方块流程图；说明污水处理系统主要设备选型及设备一览表。

简述厂外排水方案的选择、主要设施、排水管管径、管线敷设等。

简述为防止厂内受污染的雨水、消防排水及事故泄漏物料等排出厂外采取的控制措施。

（2）供电工程编制内容

说明项目所在地域电力供应现状，发电厂、区域变电所输电线路现状和发展规划等情况。附区域电网现状示意图。对近期拟建、待建和在建的发电、供电、变电项目要重点介绍与描述，说明对投资项目的影响。

说明项目总用电负荷和各装置、设施、单元用电负荷，按电压等级列出用电负荷表。根据装置、设施特点、类别、重要程度等要求确定用电负荷等级。

供电方案的选择与比较，包括外供电源方案，根据用电等级和负荷选择电源方案，说明供电负荷及保证程度，附电力部门供电意向，包括电力部门是否同意增容、是否需要投资输电线路、出线及回路等。

需要建设自备发电机组时，应根据工艺要求或特点以及企业具体情况，说明建设规模和理由以及经济合理性，按照有关政策规定执行。简述自备电站类型、装机容量、设备装机选择与方案比较。说明自发电可否上网及上网价格以及电力部门有关规定。

对自备小型柴油发电机则需要说明机型、燃料供应及发电成本等。

总变电所，说明总变进出电压等级、规模和接线方式，简述自动化水平与设置。

根据工艺装置、辅助生产、公用工程等用电单位特点与要求设置车间变电所。说明实行就近分片供电的原则。

配电，说明全厂配电等级，根据工艺装置、辅助生产、公用工程等用电单位特点与要求，设置配电设施，简述变配电方案。

高压供电，要单独设置变配电；

电缆，说明高低压电缆的敷设方式；

谐波，说明非线性负荷谐波的来源，提出防治的方法和采取的措施；

对全厂不同的供电方案进行比较与选择，确定供电方案，附所选供电方案的全厂供电系统图。

说明节电的方法与措施，包括采用高效节能的电器设备、提高功率因数、降低线损等。

确定工艺装置、辅助生产及公用工程等建、构筑物的防雷等级和措施。对要求防静电接地的设备和管道采取的措施。

汇总供电系统工程量，按外接系统工程量和系统内工程量分别叙述。简述供电系统主要设备及材料的选择如变压器、高低压开关柜、电力电缆、控制电缆等。必要时应附主要设备和材料一览表，包括规格型号及数量。

列出设计中采用的主要标准、规范的名称和标准号。

对改、扩建和技术改造项目，应重点论述已有供电系统现状、近期发展规划、富余能力、为新建项目提供能力、潜在能力等情况。附改造后供需平衡表或图。

给出依托老厂提供的供电设施和能力的使用条件和价格。依托社会或区域配套的，应附有关使用条件和价格协议。

（3）电信工程及编制内容

电信系统与工程类别、规模、自动化程度、工艺技术要求等有关。通信系统一般包括行政电话系统、调度电话系统、无线通信系统、扩音对讲系统、火灾报警系统、工业电视监督系统和管理现代化系统、信息化管理和控制系统等，有条件的应建立物联网信息系统，应根据项目情况具体考虑。

说明投资项目所在地区电信网建设和运行情况以及发展规划。电信部门满足项目需要的程度。说明投资项目电信需求及业务量。根据业务需求及业务量，确定电信系统方案并进行方案比选，通过技术经济比较，推荐最佳方案。对行政电话、调度电话、无线通信、火灾报警、工业电视、扩音对讲、数据传输、互联网络等各电信系统的容量、终端数量、传输方案、中继方式进行说明。

说明信息化系统需求及业务量。根据需求及业务量，确定信息化工程方案并进行方案比选，通过技术经济比较，推荐最佳方案。

对改、扩建和技术改造项目，应说明原有电信设施有关情况以及与投资项目的关联情况，简述原有电信设施可供本项目利用的余量。

简述主要设备和主要工程量，附主要设备和材料表。

列出设计中采用的主要标准、规范的名称和标准号。

（4）供热工程编制内容

论述所研究项目内供热范围及供热方案选择的原则。

按照不同装置、设施及其对蒸汽（热水）参数的不同要求分系列列出全厂蒸汽（热水）规格和数量表（冬季/夏季）。说明连续供热、间断供热或季节性供热情况，如有副产蒸汽，应加以说明。

对于新建项目重点论述拟建场（厂）址周围的依托情况。如是否有集中锅炉可以供汽，何种规格的汽源，锅炉能力，已用能力，富裕量等。

对改、扩建和技术改造项目，应重点论述已有供热系统现状、近期发展规划、富余能力、为新建项目提供能力、潜在能力等情况。附供需平衡表或图。

给出依托老厂提供的供热设施和能力的使用条件和价格。依托社会或区域配套的，应附有关使用条件和价格协议。

根据热力参数和汽水平衡，选择供热方案，进行不同供热方案的比较，包括供热或热电联产能力，能源利用率，主要设备选型、设备数量、热力参数、投资估算、运行成本等方面比较。在方案比较的基础上，确定供热方案，并说明推荐方案的主要理由及主要优缺点。

按照选定的技术设备参数，根据（原）燃料的成分，确定环保措施，达到环保要求的排放量。

列出燃料的种类、来源、数量、规格、性质、冬季及夏季的消耗量、燃料的运输和储存情况等。列出辅助材料、水、电等消耗量。简述主要设备选择，附主要设备表。

（5）维修设施编制内容

简述项目建设地区维修设施协作配套能力，项目周边就近地区机械设备、电气、仪表、土建及运输车辆等维修和加工能力。

根据项目具体情况，结合社会依托情况，明确维修设施的主要任务，分别确定机械设备、电气、仪表、土建及运输车辆等维修能力。

对改、扩建和技术改造项目，应重点论述现有系统运行情况，有无富余能力，与新项目的关系。说明新增能力及供需平衡情况。

分别叙述各类维修设施的主要设备选型，附主要设备表。

（6）其他辅助与公用设施编制内容

1）仓贮设施及堆场

仓储设施及堆场的编制内容，根据项目的具体情况和生产特点，确定各种物料储存的时间、方式及数量。必要时可列表表示。说明各库房或堆场的用途，简述储存时间、方式和储量的考虑原则及计算过程。

对改、扩建和技术改造项目，应重点论述现有系统运行情况，有无富余能力，与新项目的关系。说明新增能力及供需平衡情况。

简述主要设备选择，附主要设备、设施表。

2）氮氧站及空压站

作为工艺生产需要的大型空分装置，属于工艺生产装置，在工艺技术方案中论述，本节讨论的氮氧站不同于大型空分装置。

给出项目压缩空气、仪表空气、氮气及氧气的规格和用量，必要时刻列表，对改、扩建和技术改造项目，应重点论述现有系统运行情况，有无富余能力，与新项目的关系。说明新增能力及供需平衡情况。必要时刻列表。

论述空压站、氮氧站的装机规模与技术方案，进行技术方案比选，说明推荐技术理由。给出压缩空气、仪表空气、氮气、氧气等气体的供应方案与方式。

分别列出空压站、氮氧站的消耗定额。简述主要设备选择。附主要设备表。列出占地和建筑、构筑物面积。列出系统定员和岗位定员。

3）冷冻站

列出冷量的需要量与规格。当有多种不同需求时，应列表表示。

对改、扩建和技术改造项目，应重点论述现有系统运行情况，有无富余能力，与新项目的关系。说明新增能力及改造后供需平衡情况。

冷冻技术方案进行比较，确定冷冻规模与技术方案。列出冷冻站消耗定额。简述主要设备选择。附主要设备表。

4）采暖、通风和空气调节

根据生产工况与有关规范，确定全厂采暖、通风、除尘和空气调节的设计范围和要求。

对改、扩建和技术改造项目，应重点论述现有系统运行情况，有无富余能力，与新项目的关系。说明新增能力及改造后供需平衡情况。

对采暖、通风、除尘和空气调节采用的设计和技术方案进行多方案比较，确定最优方案。分别对所选用的设计和技术方案作必要的论述。分系统列出消耗定额，视项目具体情况，有时可省略，如采暖。简述主要设备选择。附主要设备表。

5）中心化验室

根据项目的具体情况，确定具体分析化验项目，说明分析化验具体控制指标以及分析频率。必要时可列表表示。

对改、扩建和技术改造项目，应重点论述现有系统运行情况，有无富余能力，与新项目的关系。说明新增能力及供需平衡情况。

根据中心化验室的分析项目与内容，按照任务量，确定中心化验室的规模，提出满足和适合任务量要求的技术方案。说明主要分析化验仪器的选择依据及原则。简述主要仪器的选型，附主要仪器、设备表。

6）其他辅助生产设施

根据项目的具体情况和需要，如发生时，参照上述章节内容编写。例如：酸碱站、火炬及火炬气回收系统、废物焚烧设施、废物填埋场、环境监测站、气防站等。

3. 服务性工程编制内容

简述服务性工程建设内容和规模，服务对象和服务方式的确定。

简述服务性工程或设施的技术方案比较过程，确定经济、合理、适用的技术方案。列出服务性工程的主要工程量、主要设备、设施配备。列出服务性工程的主要消耗定额。

4. 生活福利工程编制内容

简述生活福利工程建设内容和规模，服务对象和服务方式的确定。

简述生活福利工程或设施的技术方案比较过程，确定经济、合理、适用的技术方案。列出生活福利工程的主要工程量、主要设备、设施配备。列出生活福利工程的主要消耗定额。

5. 厂外配套工程

厂外配套工程的面很广，不同类别、不同规模的项目以及项目所在地区条件的不同，都会有很大差异。厂外配套工程的确定往往与场址选择密切相关，因此，必须在选址阶段全面调查了解拟选地区的自然条件、社会环境、基础设施和经济发展状况及其发展规划，结合项目的实际需要，因地制宜予以考虑。

该部分原则上尽量依托社会力量解决或通过市场运作。若需要建设，应根据项目具体情况，说明投资建设的理由。

厂外配套工程编制内容：

说明给水水源的选择，取供水设施、输水线路等。根据水源水质、供水量、输水距离和线路状况，确定供水方案。对供水方案进行优化与比选。给出供水方案工程量，包括供水设施、占地、定员等。大型的供水工程需要由专业的咨询机构完成。

说明码头规模，根据选定的码头建设地点，说明码头到生产界区的距离和物料量和物流方案。码头建设方案应由专业咨询机构完成。报告根据确定的建设方案，汇总相应工程量包括规模、主要设施、占地、定员等。

说明公路、铁路或管道的距离。公路、铁路或管道的建设方案应由专业咨询机构完成。报告根据确定的建设方案，汇总相应工程量包括规模、主要设施、占地、定员等。

供电线路和接线建设方案应由专业咨询机构完成。报告根据确定的建设方案，汇总相应工程量包括规模、主要设施、占地等。

其他场外工程，如长输管线（输气、汽等）、皮带输送等。

（七）环境保护

环境保护是可行研究报告中的重要内容之一。建设项目实行环境保护一票否决权。建设项目可行性研究与环境影响评价形成互为条件关系，建设项目建设方案研究为环境影响评价提供条件，环境影响评价对环境的要求又会影响建设方案研究及其环保篇章内容的合理性，进而影响项目决策。

国家为了实施可持续发展战略，预防因开发利用自然资源（如矿产开采等）、项目建设、海岸工程建设和海洋石油勘探开发实施后对环境造成不良影响，防治土壤污染、土地沙化、盐渍化、贫瘠化、沼泽化、地面沉降和防止植被破坏、水土流失、水源枯竭、种源灭绝以及其他生态失调现象的发生和发展；保护各种类型的自然生态系统区域，珍稀、濒危的野生动植物自然分布区域，重要的水源涵养区域，海洋环境，具有重大科学文化价值的地质构造、著名溶洞和化石分布区、冰川、火山、温泉等自然遗迹，以及人文遗迹、古树名木。在项目建设方案研究中必须包括环境保护方案的研究，并形成相应的环境保护篇（章）。

对特殊的项目应设专篇研究生态保护问题，有关生态保护本节略。

环境保护是一项政策性很强的工作，涉及到国家、地方环保法规和当地居民要求，对境外投资项目要了解当地政府和当地居民的规定和诉求，做好认真调研，避免引起麻烦和不必要的纠纷。

环境保护篇（章）的编制应参照环境影响评价的相关内容，尽可能与环境影响评价保持一致。

1. 项目所在地区环境质量现状

（1）项目所在地区环境质量现状与分析

简要说明投资项目场（厂）址的地理位置、所在地区的自然环境和社会环境概况，说明投资项目可能涉及的环境敏感区分布和保护现状。

简述投资项目所在地区的空气环境、水环境（地表水环境、地下水环境）、声环境、土壤环境和生态环境等质量现状及污染变化趋势，分析说明所在地区环境质量受污染的主要原因。

简要说明投资项目所在地区环境容量，主要污染物排放总量控制及排放指标要求。

（2）企业（工业园区）环境保护现状与分析

改、扩建和技术改造项目应简述企业的环境保护现状，分析说明其存在的主要环境保护问题，以及是否需要采取"以新带老"措施。如投资项目拟依托企业已建或在建的环保设施，应简要说明拟依托设施的处理规模、处理工艺、处理效果和富余能力等。

简述投资项目所在工业园区的环境保护现状，分析说明其存在的主要环境保护问题。如投资项目拟依托工业园区已建、在建或规划拟建的环保设施，应简要说明拟依托设施的处理规模、处理工艺、处理效果和富余能力等。

2. 执行的有关环境保护法律、法规和标准

列出投资项目应遵循的国家、行业及地方的有关环境保护法律、法规、部门规章和规定。

根据建设地区的环境功能区划，列出投资项目执行的环境质量标准和污染物排放标准，包括国家和地方标准。对于没有国内标准的特征污染物，可参考国外相关的标准。

3. **主要污染源及主要污染物**

分析说明投资项目在生产过程中（包括正常工况和开停车、检修、工艺设备异常及一般性事故等非正常工况下）的主要污染源及主要污染物。

(1) 废水

汇总列表说明各装置（单元）及设施废水污染物的排放情况，包括废水排放源、排放量、污染物名称、浓度、排放特征、处理方法和排放去向等，见表3—6：

表3—6　废水污染物排放一览表

序号	装置或设施名称	排放源	废水名称	排放特征	排放量（m³/h）		污染物组成		处理方法	排放去向	备注
					正常	最大	名称	浓度（mg/L）			

注：1. 污染物包括但不限于常规污染物（如 pH、COD_{Cr}、BOD_5、SS、氨氮等）和特征污染物（如石油类、硫化物、氰化物、挥发酚、苯系物、卤代烃、重金属及其化合物等）；2. 有预处理的废水污染源，应说明处理前/后的污染物组成。

(2) 废气

汇总列表说明各装置（单元）或设施废气污染物的排放情况，包括废气排放源（有组织排放源和无组织排放源）、排放量、污染物名称、浓度及排放速率、排放特征、处理方法和排放去向等，见表3—7：

表3—7　废气污染物排放一览表

序号	装置或设施名称	排放源	废气名称	排放规律	排放量（Nm³/h）		污染物组成			排气筒			处理方法	排放去向	备注
					正常	最大	名称	浓度（mg/Nm³）	速率（kg/h）	高度（m）	内径（m）	出口温度（℃）			

注：1. 污染物包括但不限于常规污染物（如二氧化硫、氮氧化物、颗粒物等）、特征污染物（如硫化氢、氨、氯化氢、甲醇、非甲烷总烃或挥发性有机物 VOC、苯系物、卤代烃、重金属及其化合物等）和温室气体（如 CO_2、甲烷等）；2. 废气面源应给出面源面积（长度、宽度）、排放高度等排放参数；3. 有预处理的废气污染源，应给出处理前/后的污染物组成。

(3) 固体废物及废液

汇总列表说明各装置（单元）或设施固体废物（废液）的排放情况，包括固体废物（废液）排放源、排放量、组成、固体废物类别、排放特征、处理方法和排放去向等，见表3—8：

表 3—8　固体废物（废液）排放一览表

序号	装置或设施名称	排放源	固体废物（废液）名称	排放规律	排放量（t/a）		固体废物组成	固体废物类别	处理方法	排放去向	备注
					正常	最大					

注：1. 固体废物如综合利用作燃料或去焚烧处理，说明其热值。

（4）噪声

汇总列表说明各装置（单元）或设施噪声的排放情况，包括噪声源名称、数量、空间位置、排放特征、减（防）噪措施和降噪前/后的噪声值等，见表 3—9：

表 3—9　噪声排放一览表

序号	装置或设施名称	噪声源	数量	排放特征	距地高度（m）	室内/室外	噪声值 dB（A）	减（防）噪措施	降噪后噪声值 dB（A）	备注

（5）其他

汇总列表说明各装置（单元）或设施振动、电磁波、放射性物质等污染物的排放情况，包括污染源、数量、强度、排放特征和处理措施等。

4. 环境保护治理措施及方案

简述投资项目贯彻执行清洁生产、循环经济、节能减排和保护环境原则，从源头控制到末端治理全过程所采取的环境保护治理措施及综合利用方案，并分析说明预期效果。

（1）废水治理

简述投资项目从源头控制到最终处理所采取的废水治理措施及综合利用方案；说明投资项目主要废水处理设施的处理能力、处理工艺（含流程示意图）和预期效果等；说明装置（单元）及设施内废水预处理设施与全厂性废水处理设施的关系，如投资项目拟依托企业（或工业园区）现有的废水处理设施，应说明投资项目废水排放与拟依托的废水处理设施的关系，并分析依托的可行性。

说明投资项目废水的最终排放量、水质、排放去向和达标情况。

（2）废气治理

简述投资项目从源头控制到最终处理所采取的废气治理措施及综合利用方案；说明投资项目主要废气处理设施的处理能力、处理工艺（含流程示意图）和预期效果等；说明废气预处理设施与最终处理设施的关系，如投资项目拟依托企业现有的废气处理设施，说明投资项目废气排放与拟依托的废气处理设施的关系，并分析依托的可行性。

说明投资项目各股外排废气的达标情况和主要污染物的外排总量。

（3）固体废物（废液）治理

简述投资项目从源头控制到最终处理处置所采取的固体废物（废液）治理措施，包括综合利用、临时贮存、焚烧、填埋、委托第三方处理处置等；说明投资项目主要固体废物（废液）处理处置设施的处理能力、处理工艺（含流程示意图）和预期效果等；如投资项目拟依托企业及第三方的固体废物（废液）处理处置设施，说明投资项目固体废物（废液）排放与拟依托的固体废物（废液）处理处置设施的关系，并分析依托的可行性。

说明投资项目固体废物（废液）的综合利用量、项目自身处理处置量和委托第三方处理处置量及去向。

（4）噪声治理

简述投资项目采取的主要噪声控制措施，并分析说明预期效果。

（5）环境风险防范措施

简述投资项目采取的主要环境风险防范措施。

（6）其它措施

简述投资项目采取的地下水污染防治、振动治理、电磁波治理、放射性治理、绿化及生态环境保护等措施。

5. 环境管理及监测

（1）环境管理

说明投资项目环境管理机构的设置情况，包括职责、定员等；如投资项目拟依托企业现有环境保护机构，应简要说明现有环境管理机构的设置情况，并说明投资项目的环境管理与现有环境管理机构的关系。

（2）环境监测

说明投资项目环境监测计划，包括监测点、监测因子、监测频次和分析方法等；提出排放口规范化设置的要求。

说明投资项目环境监测机构的设置情况，包括职能、定员、仪器设备等；如投资项目拟依托企业现有环境监测机构或第三方环境监测机构，应简要说明现有环境监测机构或第三方环境监测机构的设置情况，并说明投资项目环境监测与拟依托的环境监测机构的关系。

6. 环境保护投资

汇总列表说明投资项目环境保护投资，包括环境保护设施名称、主要建设内容及处理规模、治理效率、投资额、计入比例等。

说明环境保护投资占项目建设投资的比例。

7. 环境影响分析

简述投资项目实施对环境（包括环境空气、水环境、噪声环境、生态环境等）及环境敏感区的影响。

必要时，提出环境影响的风险。

8. 存在的问题及建议

说明投资项目实施所存在的主要环境保护问题，提出解决问题的建议和办法。

（八）安全、职业卫生与消防

安全、职业卫生与消防是可行研究报告中的重要内容之一。建设项目可行性研究同安全预评价以及职业卫生与消防研究内容形成互为条件关系，建设项目建设方案研究为安全预评价提供条件，安全预评价、职业卫生和消防的要求对建设方案研究及其安全、职业卫生和消防篇章内容产生影响，进而影响项目决策。

建设项目的安全、职业卫生与消防，事关改革发展稳定大局，是经济发展和社会进步的前提和保障，是落实科学发展观的必然要求和构建和谐社会、美丽生活的重要方面，可行性研究阶段应重视安全、职业卫生与消防方案的研究。

安全、职业卫生与消防是一项政策性很强的工作，涉及到国家、地方有关法规和当地居民要求，对境外投资项目要了解当地政府和当地居民的规定和诉求，做好认真调研，避免引起麻烦和不必要的纠纷。

1. 安全篇章编制内容

说明采取的法律法规、部门规章和标准规范，包括国家和相关部门的法律法规和部门规章；安全相关标准规范；项目所在地对安全的有关规定和要求。

生产过程中可能产生的危险有害因素分析，包括：

（1）危险物品的特性分析

根据《危险物品名录》，分析项目生产过程中可能存在的危险物品（包括原材料、中间产品、副产品及产品、催化剂等），阐述其危害特性、分类，是否属剧毒品、高毒品、易制毒化学品、监控化学品等。

（2）首批重点监管的危险物品

根据安监总局有关文件规定，分析项目中是否存在首批重点监管的危险物品。

（3）首批重点监管的危险生产工艺

根据安监总局有关文件的规定，分析项目中是否存在首批重点监管的危险生产工艺。工艺安全性是否有保证，对于新工艺，建议采取危险和可操作性研究法进行分析。

（4）重大危险源分析

分析项目中是否存在重大危险源，并对重大危险源进行分级。

（5）生产过程中可能产生的危险有害因素分析

根据项目涉及的危险物品特性、操作参数，进行过程危险源分析（PHA），分析生产或贮存过程中可能产生的危险有害因素，如火灾爆炸、超压爆炸、中毒、高温烫伤、机械伤害、酸碱灼伤等，并对其产生的主要岗位进行阐述。

环境危害因素分析，包括：

（1）自然危害因素分析

项目所在地自然危害因素如地震、洪水、高温、雷电等对项目可能产生的危害分析。

（2）周边环境危害因素分析

周边环境可能对项目产生的危害分析。

根据项目中可能存在的危险有害因素分析，阐述从场（厂）址选择、工艺安全、总平面布置、防火防爆等方面采取的主要安全措施；场（厂）址的安全条件；危险物品和危险工艺的监管；重大危险源的监控；控制系统和安全仪表系统；消防系统设置；防火防爆措施；其他。

应根据项目的具体情况，设置安全管理机构，并配备专职或兼职的管理人员，建立相应的安全管理规章制度。

列出安全设施的投资估算及占工程投资的比例。

简述项目所采取的安全措施，能否使项目在安全方面达到有关法律法规、标准规范的要求，能否达到保证安全生产的目的。

2. 职业卫生篇章编制内容

列出执行的法律法规、部门规章及标准规范，包括国家和相关部门的法律法规和部门规章；职业卫生相关标准规范；项目所在地对职业卫生的有关规定和要求。

职业病危害因素和职业病分析，包括：

（1）周边环境职业危害因素分析

项目所在地自然环境及周边地区对职业卫生可能产生的影响和危害，如地方病、流行病等。

（2）项目生产过程中可能产生的职业病危害因素和职业病分析

根据《职业病危害因素分类目录》和《职业病目录》的规定，分析本项目生产过程中可能产生的职业病危害因素和职业病。

职业病危害因素应根据其分类，对其危害特性、接触限值等进行阐述。

（3）可能接触职业病危害因素的部位和人员分析

根据项目的情况，对装置可能产生的职业病危害因素的主要部位、可能接触人数、接触时间进行分析。

说明采取的职业卫生防护措施，根据项目生产过程中所存在的职业病危害因素，应从选址、总体布局、防尘防毒、防暑防寒、防噪声与振动、采光和照明、辅助用室等方面采取职业卫生防护措施。

应根据项目的具体情况，设置职业卫生管理机构，并配备专职或兼职的管理人员，建立相应的职业卫生规章制度。

列出职业卫生防护设施的投资估算及占工程投资的比例。

简述项目所采取的职业卫生防护措施，能否使项目在职业健康方面达到有关法律法规、标准规范的要求，能否起到保护职业健康、防止职业病发生的作用。

3. 消防篇章编制内容

说明编制依据，包括国家、行业和地方颁布的有关消防的法律、法规和标准、规范。

描述项目临近单位和消防部门的消防设施和协作条件，提出可依托的可能性。对改、扩建和技术改造项目要对原有消防系统进行描述，包括消防标准、消防体制、消防设施等。提出可依托的可能性。

根据工程的原材料、中间产品及成品的物性，说明在储存、生产过程、运输过程等各个环节的火灾危险性，根据工艺生产和辅助设施的运行特点，说明各生产部位、建筑物、厂房等产生火灾的危险性。根据火灾危险性，确定工程各单项的火灾危险性类别，并列表表示。

说明采用的防火措施及配置的消防系统，包括：

（1）各专业防火措施

1）工艺过程

论述工艺过程危险性分析及主要消防措施。

2）总图

主要说明总平面布置中功能分区、竖向布置、安全间距、消防道路、人流和车流组织、出入口数量等及工程周边建构筑物防火间距情况。

3）建筑

主要说明建构筑物防火分区、防爆措施、安全疏散距离等。

4）电气

说明供电的负荷等级、电源的数量及消防用电的可靠性，爆炸危险区域的划分，防雷击、防静电措施。

5）采暖通风

说明采暖通风与空气调节系统的防火措施，建筑物防烟、排烟措施。

（2）消防系统

1）水消防系统

说明室内外消防用水总量的计算及依据。

给出水源形式、供水能力、贮存量、管网的形式、管径、水压及加压措施和消火栓的间距、保护半径等。

说明室内外消防设施的设置如室内、外消火栓，消防水炮，消防竖管，灭火器等的配置情况。

2）其他消防系统

如自动水喷淋、水喷雾系统，固定、半固定泡沫灭火系统，气体灭火系统，干粉灭火系统，蒸汽灭火系统及火灾报警系统的选择及方案简述。

3）消防排水

提出消防排水的收集措施。

4. 消防设施费用及比例

说明消防设施投资费用及所占投资比例。

（九）节能、节水

节能是我国经济和社会发展的一项长远战略方针，也是当前一项极为紧迫的任务。项目的建设方案研究必须体现合理利用和节约能源的方针。

建设项目应按照国家相关要求研究优化用水方案，采取有效措施节约用水，并按规定做好项目水资源论证工作。建设项目必须充分评估水资源的承受能力和合理使用水资源。对水资源短缺地区且需要水量大的项目，所在地区应单独做水资源平衡。

节能贯穿到建设项目的技术方案、设备选择、节能措施、节能管理等各个方面，是一项系统工程，建设项目实行能评一票否决权。建设项目在可行性研究阶段同时要开展节能评价，按照规定编报节能评价有关文件。建设项目在可行性研究时同节能研究内容形成互为条件关系，建设项目建设方案研究为节能评价提供条件，建设方案研究及其安全篇章又要落实节能评价对能耗的要求。

1. 节能篇章的编制内容

列出项目应遵循的主要法律、法规及设计标准，包括国家、项目所在地政府、项目所处行业及企业标准等。对外投资，应遵循项目建设地国家或地区、行业和地方有关法律、法规。

列出项目所需能源的品种、数量。简述能源利用特点及合理性。

技术改造与改扩建项目要给出现有装置用能状况。

简述能源供应状况，分析能源来源、供应能力、供应方案、长期供应稳定性、在量和价方面对项目的满足程度、存在问题及风险。

阐述项目节能分析与措施，包括：

（1）全厂综合性节能技术和措施

根据项目具体情况，从项目整体优化入手，原料、产品之间是否形成产业链、热能资源是否充分梯级利用，水资源是否合理充分利用等。项目总体用能是否合理。对节能技术改造项目，明确要达到的节能目标。

（2）装置节能技术和措施

对全厂工艺装置、公用工程、辅助生产设施中主要耗能装置分别叙述各专业设计采用的节能措施和效果。

1）工艺技术节能

工艺生产装置节能措施，简述采用的工艺流程和技术在能耗方面的特点，包括先进工艺技术选择、节能型流程设计、优化工艺操作参数等。论述通过优化设计达到的节能效果。

在技术措施与方案比较复杂，且有多种技术选择和若干方案的情况下，有必要进行方案比选，选择技术经济最优的方案。

2）公用工程、辅助生产设施节能措施

简述公用工程、辅助生产设施在能耗方面的特点，论述优化配置、优化设计达到的节能效果。

在技术措施与方案比较复杂，且有多种技术选择和若干方案的情况下，有必要进行方案比选，选择技术经济最优的方案。

3）设备、材料节能

简述节能设备和材料的选择和应用。

4）自动控制方案节能

简述装置采用的自动控制水平，在精确控制、优化控制等方面对节能的影响。

5）电气方案节能

简述装置采用的电气设计方案在节能方面的特点，说明节能型电气设备材料的选择对节能的影响。

6）总体布置、装置布置和管道布置方案节能

简述装置在总体布置、设备布置和管道布置等方面采取的节能措施。

7）采暖通风方案节能

简述装置在采暖通风与空气调节等方面的节能措施。

8）建筑方案节能

简述装置在建筑方面的节能措施。

9）其他

列出主要能源消耗量并折算能耗。汇总各种能耗得出项目综合能耗。见表3－10：

表3－10　实物消耗量及综合能耗量表

序号	能耗项目	耗能单位	年耗量	折算当量能耗系数	折算能耗（标油或标煤/年或 MJ/年）	备注
1						
2						
3						
	合计					

计算项目万元产值或工业增加值能耗。计算主要产品的单位产品能耗指标。见表3－11：

表3－11　单位产品综合能耗

序号	能耗项目	耗能单位	消耗定额	折算当量能耗系数	折算能耗（标油或标煤/单位产品或 MJ/单位产品）	备注
1						
2						
3						
	合计					

根据项目具体情况，对项目单位产品综合能耗或习惯用可比能耗指标与行业或地方指标对比，有条件的应与国内外先进水平对比，说明其差距或先进性。部分产品能耗折算办法可参照国家、地方和行业数据及规定。见表3－12：

表 3-12　单位产品综合能耗比较表

（MJ 或标煤、标油/单位产品）

序号	产品名称	综合能耗指标		备注
		设计指标	行业或地方标准	
1				
2				
3				
	合计			

对于产品可作能源使用的项目，应计算能源转换效率。

对能耗进行分析，包括：

（1）全厂能耗构成及分析

将全厂能耗构成按装置分别列表，分析能耗构成的合理性。

技术改造与改扩建项目要按照"有项目""无项目"进行有无对比。分析项目完成后对企业总体能耗水平的影响。

按照可比能耗，分析项目万元产值或工业增加值能耗指标是否达到国家、地方或行业规定水平。有条件的可与国际、国内或行业先进水平比较。综述能耗水平，对达到的该能耗水平作必要的分析与说明。

（2）单位产品能耗分析

分品种简述能耗水平，按照可比能耗，分析项目单位产品能耗指标是否达到国家、地方或行业规定水平。有条件的可与国际、国内或行业先进水平比较，说明所处水平和形成的原因。

叙述项目能源计量仪表配置原则、能源计量配置情况。说明项目的能源管理制度、机构设置。

2. 节水篇章编制内容

列出项目应遵循的主要法律、法规及设计标准。包括国家、项目所在地政府、项目所处行业及企业标准。境外投资项目，应遵循建设地国家、行业和地方有关法律、法规。

列出项目所需水资源的品种、数量。简述水资源利用特点及合理性。

技术改造与改扩建项目要给出现有装置用水状况。

简述水资源供应状况，分析水源、供应能力、供应方案、长期供应稳定性、在量和价方面对项目的满足程度、存在问题及风险。

根据项目具体情况，从项目整体优化入手，说明项目总体用水和水资源利用的合理性。对技术改造项目，明确要达到的节水目标。对全厂工艺装置、公用工程、辅助生产设施中主要耗水装置分别叙述采用的节水措施和效果。

列出水耗指标并进行分析，包括：

（1）水耗指标

1）列出项目新鲜水耗；

2）项目万元产值或工业增加值水耗；

3）主要产品的单位产品水耗指标；

4）水的重复利用率；

5）冷却水循环率；

6）新鲜水利用系数；

7）污水回用率。

（2）水耗分析

根据项目用水的构成和用水特点，分析节水的潜力。

根据项目具体情况，对项目单位产品综合水耗或习惯用可比水耗指标与行业或地方指标对比，有条件的应与国内外先进水平对比，说明其差距或先进性。部分产品水耗折算办法可参照国家、地方和行业数据及规定。

用水计量和管理，说明项目用水计量仪表配置、管理情况。

（十）项目组织与管理

建设项目建设期间的组织管理对项目的成功组织与实施有着重要作用。建设项目根据项目性质不同其管理也会有差异，各行业均有自己的一套行之有效的组织管理经验和习惯。在可行性研究阶段，咨询机构根据项目具体情况，提出组织管理的基本构想，为投资决策者提供依据和参考，组织管理构架、生产班制、人员配置、提前进场和人员培训等，是投资估算和成本估算的条件之一。项目确定的实施计划，是确定项目资金使用计划和建设期的依据。

1. 组织机构与人力资源配置

按照市场经济规则，企业组织机构要创新，按照现代企业制度要求设置管理机构，原则是高效、精干。

人力资源配置要在符合法律法规原则下，务求精简。

境外投资项目尤其要注意所在国或地区的劳动法和国情以及民族宗教因素等。

项目性质、建设规模和生产运营方式不同，机构设置的模式和运转方式也不尽相同，不同的投资者也会有不同的偏好。研究确定相适应的组织机构模式和管理方式，应结合项目具体情况，根据项目性质、规模、自动化水平、人员素质、运营特点和投资者的意见综合考虑。

（1）人力资源配置

不同行业、不同岗位人力资源配置的方法不同，主要有如下方法：

1）按劳动效率计算定员，即根据生产任务和生产人员的劳动效率计算操作定员人数。

2）按设备计算定员，即根据机器设备的数量、工人操作设备定额和生产班次等计算操作定员人数。

3）按劳动定额计算定员，即根据工作量或生产任务量，按劳动定额计算操作定员人数。

4）按岗位计算定员，即根据操作岗位和每个岗位需要的人数计算操作定员人数。

5）按比例计算定员，即按服务人员占职工人数比例计算服务人员人数。

6）按组织机构职责范围、业务分工计算管理人员人数，或按照经验数据和管理人员占总员工的比例计算管理人员人数。

（2）提前进场和员工培训

可行性研究阶段应根据需要提出提前进场人员时间和数量，提出投产前员工培训计划，包括培训岗位、人数培新内容、目标、方法、地点和培训费用等。为保证项目建成后顺利投入运营使用，应重点培训关键岗位的操作运行人员和管理人员。

境外投资项目，尤其是在不发达地区投资时，应重视员工的培训，必要时应派遣熟练技术员工现场操作一段时间，在岗位培训人员，这将为项目投产和运行提供保障，但也会带来费用的增加。

对一些较为复杂的项目也可以采取请专业开车队伍组织开车并现场培训员工。

2. **组织机构与人力资源配置的编制内容**

（1）企业管理体制及组织机构设置

简述企业管理体制及其确定原则，列出企业管理组织机构，附管理机构设置示意图。

改、扩建和技术改造项目，要简述现有企业管理体制和组织机构，并提出新项目建设后与旧体制的关系。

（2）生产班制与人力资源配置

根据国家、部门、地方的劳动政策法规，结合项目具体情况，提出生产运转班制和人员配置计划。附岗位定员表（总量）。

改、扩建和技术改造项目要说明原有人力资源的利用和安置计划。

可列表表示总定员（增量）。

（3）人员培训与安置

根据国家、部门、地方的劳动政策法规，结合项目具体情况，合理招聘各种层次人员。

对不同的岗位做定性的描述，对岗位的技能要求，要根据所采用工艺的技术要求进行简述，对不同岗位人员，要进行岗前培训，提出培训计划并估算投资。

改、扩建和技术改造项目，要尽量依托原有熟练工人和技术、管理人员。

3. **项目招标**

根据《中华人民共和国招标投标法》《中华人民共和国招标投标法实施条例》和《招投标法实施细则》，在中华人民共和国境内进行下列工程建设项目包括项目的勘察、设计、施工、监理以及与工程建设有关的重要设备、材料等的采购，由国务院发展计划部门会同国务院有关部门制订，报国务院批准，确定上述所列项目必须进行招标的具体范围和规模标准。

按照国家有关规定需要履行项目审批、核准手续的依法必须进行招标的项目，其招标范围、招标方式、招标组织形式应当报项目审批、核准部门审批、核准。项目审批、核准部门应当及时将审批、核准确定的招标范围、招标方式、招标组织形式通报有关行政监督部门。

国有资金占控股或者主导地位的依法必须进行招标的项目，应当公开招标；但有下列情形之一的，可以邀请招标：

（1）技术复杂、有特殊要求或者受自然环境限制，只有少量潜在投标人可供选择；

（2）采用公开招标方式的费用占项目合同金额的比例过大。

需要邀请招标的项目，根据项目的性质和管理权限，应由项目审批、核准部门在审批、核准项目时作出认定或由招标人申请有关行政监督部门作出认定。

涉及国家安全、国家秘密、抢险救灾等特殊情况，不适宜进行招标的项目，按照国家有关规定可以不进行招标。

有下列情形之一的，可以不进行招标：

（1）需要采用不可替代的专利或者专有技术；

（2）采购人依法能够自行建设、生产或者提供；

（3）已通过招标方式选定的特许经营项目投资人依法能够自行建设、生产或者提供；

（4）需要向原中标人采购工程、货物或者服务，否则将影响施工或者功能配套要求；

（5）国家规定的其他特殊情形。

4. 项目代建制

工程项目代建制是规范政府投资项目管理的重要举措。国务院《关于投资体制改革的规定》，要求对采用直接投资方式的非经营性政府投资项目加快实行代建制。在代建期间，代建单位在项目单位授权范围内行使代建职权。代建制项目的代建费用标准和付费方式，暂由各级政府价格主管部门或有权部门规定。

推行代建制的关键是选择好代建单位。代建项目原则上应通过竞标或评定短名单方式，从中择优选定专业化的项目管理单位代建；个别技术复杂、专业性强、具有特殊要求的项目，经政府投资主管部门批准，也可采用直接委托方式选定代建单位。

代建单位一般应在项目可行性研究报告批准后确定。在确定代建单位前，项目单位可以委托专业咨询单位，协助开展前期工作。根据代建项目的具体情况，也可以实行项目投资建设全过程代建。

代建单位确定后，应签订委托方、代建方和使用方三方合同；无特定使用单位或使用单位尚未成立的，可签订两方合同。代建合同应明确约定各方权利、义务和责任。代建方应向委托方提交由银行或专业担保机构出具的履约保证函。

代建单位是代建项目管理的主体，应组建代建管理团队，建立健全工程项目管理制度，精心组织施工，合理使用建设资金，严格控制工程质量、进度和安全，主动接受有关部门的指导和监督。工程项目使用单位和有关部门不得干扰代建单位正常工作。

5. 项目实施进度与计划的编制内容

（1）建设工期

建设工期一般是指从拟建项目永久性工程开工之日到项目全面建成投产或交付使用所需要的全部时间。

建设工期可参考有关行业部门或专门机构制定的建设工期定额和单位工期定额，也可采用已建工程的经验数据。通常建设工期应根据项目建设内容、工程量大小、建设难易程度以及资金保障程度、施工条件和管理组织等多因素综合研究确定。

（2）项目实施进度与计划的编制内容

1）项目组织与管理

根据项目主办单位意见结合项目具体情况，提出项目组织管理方案。

2）实施进度计划

根据项目性质，结合以往工程项目经验，确定合理的项目实施进度计划。列出项目实施进度计划表。见表3-13。

3）项目招标内容

根据项目性质，对于政府投资项目，应按照有关规定编制项目招标内容。具体内容包括：①投资项目的勘察、设计、施工、监理以及重要设备、材料等采购活动的具体招标范围（全部或者部分招标）；②投资项目的勘察、设计、施工、监理以及重要设备、材料等采购活动拟采用的招标组织形式（委托招标或者自行招标）。拟自行招标的，还应按照《工程建设自行招标试行办法》规定报送书面材料；③投资项目的勘察、设计、施工、监理以及重要设备、材料等采购活动拟采用的招标方式（公开招标或者邀请招标），国家重点投资项目拟采用邀请招标的，应对采用邀请招标的理由作出说明。

4）代建制内容

根据项目性质，对于政府投资项目，应按照有关规定编制项目代建制内容。具体内容包括：①代建单位的选择标准及要求；②代建单位的选择过程；③代建方式的确定；④不予招标或不宜招标的说明。

5）主要问题及建议

分析项目实施过程中可能影响计划实施进度的因素，提出建设性的防范措施和解决建议。

表 3—13　工程实施进度计划表

序号	工作内容	××年												××年…						
		1	2	3	4	5	6	7	8	9	10	11	12	1	2	3	4	5	6	…
阶段 I　前期准备																				
1	可行性研究编制																			
2	可行性研究评估及报批																			
3	技术交流及考察																			
4 *	环境影响评价报告及批复等																			
5	引进技术谈判及签约																			
阶段 II　项目实施																				
1	工艺包																			
2	基础工程设计及初步设计																			
3	详细设计																			
4	设备、材料采购																			
5	现场施工																			
6	单机试运																			
7	考核验收																			

"*" 包括：环境影响评价报告、项目立项安全评价报告、职业卫生（或职业病预防）评估报告、节能评估报告等编制及批复。

四、投资估算与资金筹措

（一）投资估算

投资估算是可行性研究报告的核心内容之一。投资估算是在对项目的建设规模、产品方案、技术方案、设备方案、场（厂）址方案和工程建设方案及项目进度计划等进行研究并基本确定的基础上，对建设项目总投资及各分项投资数额估算。投资估算根据项目具体情况和资料掌握程度，可以采用不同的估算方法，具体估算方法见教材第四册《现代咨询方法与实务》。

融资方案研究是可行性研究阶段的重要工作之一。一个好的建设项目方案，需要一个好的融资方案配合实施，落实可靠的资金来源是项目成功的关键。项目资金由权益资金和债务资金构成，其来源有多种渠道，筹措方式应根据项目具体情况选择，其资金筹措渠道和融资方案研究方法见教材第四册《现代咨询方法与实务》。

1. 投资估算的作用与要求

（1）投资估算的作用

1）投资估算是投资决策的依据之一

可行性研究报告投资估算所确定的项目建设与运营所需的资金量，是投资者进行投资决策的依据之一，投资者要根据自身的财务能力和信用状况做出是否投资的决策。

2）投资估算是制定项目融资方案的依据

可行性研究报告投资估算所确定的项目建设与运营所需的资金量，是项目制定融资方案、进行资金筹措的依据。投资估算准确与否，将直接影响融资方案的可靠性，直接影响各类资金在币种、数量和时间要求上能否满足项目建设的需要。

3）投资估算是进行项目财务分析、经济分析（含费用效果分析）的基础

可行性研究投资估算准确与否，将直接影响财务分析、经济分析（含费用效果分析）的可靠性。

4）投资估算是编制初步设计概算的依据，对项目的工程造价起着一定的控制作用

经审定或批准的可行性研究报告是编制初步设计的依据，报告中所估算的投资额是编制初步设计概算的依据。

因此，完整、准确地进行投资估算是项目可行性研究的一项重要工作。

（2）投资估算的要求

在项目可行性研究阶段，随着工作的进展，项目条件的逐步明确，投资估算应逐步细化，准确度应逐步提高，从而对项目投资起到有效的控制作用。通常建设项目可行性研究阶段对投资估算的准确度要求（即允许误差率）为±10％以内。

有些企业或行业对投资估算的要求较严格，可行性研究的投资估算要求不能突破，一旦突破，要提出充分的理由，否则，项目将重新进入决策程序。

尽管投资估算在具体数额上允许存在一定的误差，但必须达到以下要求：

1）估算的范围应与项目建设方案所涉及的范围、所确定的各项工程内容相一致。

2）估算的工程内容和费用构成齐全，计算合理，不提高或者降低估算标准，不重复计算或者漏项少算。

3）估算应做到方法科学、基础资料完整、依据充分。

4）估算选用的指标与具体工程之间存在标准或者条件差异时，应进行必要的换算或者调整。

5）估算的准确度应能满足项目决策的要求。

6）估算内容的划分应符合行业规范，有利于建设项目的管理与实施阶段的过程控制。

2. 投资估算的编制内容

（1）投资估算编制依据及说明

投资估算编制说明，包括，说明项目的性质。描述投资估算的范围。简述项目生产规模，生产装置主要内容以及拟采用的主要技术路线，配套工程及相应的公用工程等主要内容。改、扩建及技术改造项目要说明依托工程内容等。对引进和中外合资项目应说明引进范围和内容等。并购项目要说明并购的方式等。

说明投资估算编制依据，包括，行业或部门有关投资估算编制办法或概算编制规定等；国家、行业以及项目所在地政府有关部门的相关政策与规定；价格和取费参考的有关资料信息；引进费用估算依据；外汇折算说明和引进相关税费说明；并购项目目标企业的资产评估等资料；境外投资项目要尊重所在地区或国家有关规定；其他有关依据和说明。

（2）建设投资估算

1）国内一般项目建设投资估算

按照项目划分，建设投资估算分为固定资产费用、无形资产费用、其他资产费用和预备费用估算。

按照费用划分，建设投资估算分为设备及工器具购置费、安装工程费、建筑工程费和其他工程费。

按照对投资项目投资控制的要求，建设投资估算分为静态投资和动态投资两部分。

投资估算要根据工程量和各专业条件，在能采用"工程量法"的情况下，采用工程量法估算；在不能采用工程量法估算时，应结合已建同类型装置的投资数据，应用"生产规模指数法"或"比例估算法"，估算该生产装置投资。但既不能漏项，又要合理估价，达到可行性研究报告投资估算作为决策投资的要求。

应附建设投资估算表。

2）引进项目建设投资估算

引进项目要列出引进内容，按照投资项目的划分和费用项目进行估算，包括引进价格、从属费用计算、与引进有关的出国人员费用、外籍人员来华等费用。

应附引进项目建设投资估算表。

3）中外合资项目建设投资估算

中外合资项目投资估算要符合《中华人民共和国中外合资经营企业法》等国家有关法律法规要求。

中外合资项目要与合资伙伴在投资估算编制办法上达成一致，原则上应符合我国的有关规定，如有特殊要求，需要做说明。

投资估算要列出引进内容，按照投资项目的划分和费用项目进行估算，包括引进价格、从属费用计算、与引进有关的出国人员费用、外籍人员来华等费用。

以建筑物、厂房、机器设备或其他物料、工业产权、土地使用权、专有技术等作为出资的，其作价由合营各方按照公平合理的原则协商确定，或请合资各方同意的第三者评估确定。

应附中外合资项目建设投资估算表。

其他外商投资项目，可以参考中外合资项目投资估算编制办法，或者根据业主要求选取适当的编制办法。

4）境外投资项目建设投资估算

境外投资项目要根据可行性研究报告的具体要求编制投资估算，原则上要依据投资项目所在国（地区）的有关规定编制。当对方无具体规范或要求时，可以按照国际惯例采用第三国或我国有关规范编制，但要经过协商得到对方有关部门认可，其价格计取和费用估算要根据具体项目情况通过调查按实计取。

应附建设投资估算表。

（3）单项工程投资估算

对于大型联合生产装置投资项目或有多套生产装置的投资项目，还要求对各生产装置和其配套设施编制单项工程投资估算表。

对于投资规模不大，工程比较简单的改、扩建、技术改造（含更新）投资项目，可以简化编制单项工程投资估算表。

（4）改、扩建和技术改造项目投资估算

改、扩建和技术改造项目需要了解或估算以下数据：

1）"现状"数据，即项目范围内原有固定资产，包括资产原值、净值或重估值。

2）"新增"投资，是指拟建项目范围内的新增投资。

3）"有项目"投资，是指"有项目"时，拟建项目范围内的新增投资加上项目范围内可利用的原有固定资产价值之和。

4）"无项目"投资，是指无拟建项目投资时，企业在项目范围内为维持生产或其他原因而发生的投资和项目范围内原有固定资产价值之和。

5）"增量"投资，是指"有项目"投资减去"无项目"投资。

当"无项目"不进行投资时，"增量"投资与"新增"投资相等。

附增量或新增建设投资估算表。

（5）并购项目投资估算

根据并购项目的方式确定投资估算的范围和内容，确定其投资数额。当以实物或技术投资（工业产权等）以及股权置换等方式投资时，应根据委托方提供的相关资料，作必要的说明。对于并购后需要改造的应按照工程内容和工程量单独估算改造投资。

（6）建设期利息估算

1）外汇建设期利息估算

根据资金使用计划和借款条件，分别计算不同资金使用条件下的建设期利息并汇总。以外币表示。

应附外汇建设期利息估算表。

2）人民币建设期利息估算

根据资金使用计划和借款条件，分别计算不同资金使用条件下的建设期利息并汇总。并附建设期利息估算表。

建设期利息估算时，根据落实的名义利率，要把名义利率折算为有效年利率。

（7）流动资金估算

流动资金估算应采用分项详细估算法，包括应收账款、存货、现金、应付账款等费用估算。特定情况或小型项目可以简化采用大指标估算。

改、扩建和技术改造项目，要注意原有流动资金的周转和占用情况，当"增量"流动资金出现负值时，其数值只能取零。

当采用外汇结算进出口物料时，可进行外汇流动资金估算。

应附流动资金估算表。

（8）利用原有固定资产价值

对于依托现有企业或改、扩建和技术改造项目，对可利用的原有固定资产价值要给予说明，列出固定资产原值、净值或重估值，说明利用原有固定资产后可以节约的建设投资。

（9）总投资估算

项目总投资，包括建设投资、建设期利息和流动资金。适用于外商投资项目、境外投资项目和自主决策或公司审批的投资项目。

当需要向有关政府部门报批项目时（外商投资项目除外），还需计算规模总投资，即报批项目总投资，包括建设投资、建设期利息和铺底流动资金。

无论项目是否需要向政府报批，财务分析中都采用上述项目总投资概念。

（10）投资估算分析

1）按项目划分进行比例分析；

2）按费用划分进行比例分析；

3）对特殊项目或费用进行分析。

（11）提出投资中按规定可以抵扣的增值税额进项税

（二）资金筹措

1. 资金筹措的任务及要求

融资方案研究是在已确定建设方案并完成投资估算的基础上，结合项目实施组织和建设进度计划，构造融资方案，进行融资结构、融资成本和融资风险分析，优化融资方案，并作为融资后财务分析的基础。

项目的融资方案研究的任务，一是调查项目的融资环境、融资形式、融资结构、融资成本、融资风险，拟定出一套或几套可行的融资方案；二是经过比选优化，推荐资金来源可靠、资金结构合理、融资成本低、融资风险小的方案。

资金筹措包括权益资金和债务资金筹措。在可行性研究阶段，建设单位或投资主体应与咨询单位一起，在建设方案研究的同时进行融资方案的研究。项目决策时，应有明确的资金来源渠道，做到权益资金来源可靠，债务资金来源应有债权人的承诺。对于融资数额较大的建设项目，应专题做融资方案研究报告，作为可行性研究报告的附件。

2. 资金筹措的编制内容

（1）资金来源

1）权益资本

说明项目权益资金的来源及方式，权益资金筹措时，权益资本的比例不仅要满足国家规定的不同行业最低要求，还应考虑债权人的要求。同时根据项目具体情况和投资者的情况，参照行业平均水平，合理确定投资项目权益资本比例。根据目前我国政府有关规定，项目资本金比例是以规模总投资为依据，而符合国际惯例的权益资本比例是以项目总投资为依据。外商投资项目和境外投资项目以符合国际惯例的项目总投资（或投资总额）为依据。

值得注意的是：上报国家和地方政府有关部门审批的项目，30％的铺底流动资金必须是权益资本。

2）债务资金

说明项目债务资金的来源及方式，给出债务资金的使用条件，包括利率、还款期、宽限期等。

3）准股本资金

说明项目使用准股本资金的来源及使用条件。

4）融资租赁

说明使用融资租赁的理由，明确租赁方案。

必要时应对融资租赁作专门研究。

（2）中外合资经营项目资金筹措

1）注册资金最低比例的规定

说明项目注册资本的比例和确定依据，根据《中华人民共和国中外合资经营企业法》和国家工商行政管理局"中外合资经营企业注册资本与投资的比例的暂行规定"要求，根据投资规模不同确定，注意规定的最低比例以及软件所占比例的限度。

2）中外合资各方的出资比例

说明合资各方的出资比例，说明是否按照规定其出资比例构成各方的股本比例，合资各方按照股本比例分享收益和承担风险。注意国家对外方股本比例的有关要求。部分行业不允许外方控股或限制股本比例在一定范围内。

（3）资金使用计划

根据项目的实施计划、资金的筹措情况以及使用条件等编制投资计划与资金筹措表。

附投资使用计划与资金筹措表。

（4）融资成本分析

主要分析计算债务资金成本、权益资本成本和加权平均资金成本。

权益资本采用资本定价模型计算资金成本。一般可行性研究报告中，可只做债务资金成本分析，根据项目的财务分析结果和债务资金利息的抵税因素，向投资者作出提示，合理确定各种资金的使用比例。

（5）融资风险分析

根据融资成本的分析和资金的使用条件，结合项目财务分析结果，向投资者提出风险提示。

采用项目融资模式的投资项目，要结合项目具体情况，在做融资成本分析的同时，专题做风险分析。

（6）融资渠道分析

根据项目具体情况，结合资金来源渠道、融资成本等，进行融资渠道分析，提出合理的融资渠道建议。包括政府资金介入的必要性和可能性分析、吸收其他不同渠道资金的必要性和可能性分析等，提出资金构成的建议。

五、财务分析

财务分析，又称财务评价，是项目决策分析与评价中为判定项目财务可行性所进行的一项重要工作，是项目经济评价的重要组成部分，是投融资决策的重要依据。

财务分析是在现行会计规定、税收法规和价格体系下，通过财务效益与费用（收益与支出）的预测，编制财务报表，计算评价指标，考察和分析项目的财务盈利能力、偿债能力和财务生存能力，据以判断项目的财务可行性，明确项目对财务主体及投资者的价值贡献。

财务分析有国际通用的编制方法，教科书也很多，我国政府投资和建设主管部门也发布了《建设项目经济评价方法与参数》，对财务分析方法和部分参数进行了规范和指导，各行业部门和一些大型企业集团、金融机构等也对财务分析方法进行了细化规范，并配套发布了详细的财务分析计算和判定参数。具体财务分析方法见教材第四册《现代咨询方法与实务》。

(一) 财务分析的作用与要求

1. 财务分析的作用

(1) 项目决策的重要依据。在竞争性项目决策过程中，财务分析结论是重要的决策依据。根据财务分析的结论，项目发起人决策是否发起或进一步推进该项目；权益投资人决策是否投资于该项目；债权人决策是否贷款给该项目。

(2) 在项目方案比选中起着重要作用。一方面，财务分析是经济比选的重要方法，财务分析的结果直接作为方案比选的判据，同时财务分析结果可以反馈到建设方案构造和研究中，指导方案优化和方案设计，直至项目经济上趋于合理。

(3) 配合投资各方谈判，促进平等合作。目前，投资主体多元化已成为项目的融资主流，存在着多种形式的合作方式，主要有国内合资或合作的股份制项目、中外合资或合作的项目、多个外商参与的合资或合作的项目等。在酝酿合资、合作的过程中，咨询工程师会成为各方谈判的有力助手，财务分析结果起着促使投资各方平等合作的重要作用。

(4) 财务分析中的财务生存能力分析对非营利性项目决策发挥重要作用，特别是对非经营性项目、社会公益性项目的财务可持续性的考察起着重要的作用。

(5) 财务分析可以作为经济分析的重要基础和依据。

2. 财务分析的要求

财务分析内容随项目性质和目标有所不同，对于旨在实现投资盈利的经营性项目，其财务分析内容应包括本章所述全部内容；对于旨在为社会公众提供公共产品和服务的非经营性项目，在通过相对简单的财务分析比选优化项目方案的同时，了解财务状况，分析其财务可持续性和生存能力，以便采取必要的措施使项目得以财务收支平衡，正常运营。

投资项目可以从不同角度进行分类，按照项目建设性质以及项目与企业原有资产的关系，分为新建项目和改扩建项目；按照项目的融资主体，分为新设法人项目和既有法人项目。既有法人项目，特别是依托现有企业进行改扩建与技术改造的项目（简称改扩建项目）在效益和费用估算方面有着显著的特点，应予以充分注意。

根据投资人的划分以及建设地点不同又可以有政府投资项目、企业投资项目、外商投资项目、境外投资项目之分，按照行业划分又有盈利项目和非营利性项目、竞争性项目和基础设施或公共服务类项目区分，各类项目在财务分析的内容与要求上都有所侧重和不同。工作中应根据项目具体情况进行分析。

财务分析时应根据项目具体情况，结合项目性质，掌握财务分析的原则，正确界定项目的范围，确定计算和判别参数与数据，选择合适的分析方法，必要时应满足决策者不同的需要。

(二) 财务分析的编制内容

1. 产品成本和费用估算

(1) 成本和费用估算的依据及说明

1) 项目所在地区或国家有关法律、法规和文件；

2）公司或企业有关规定和文件；

3）有关参考信息、资料来源；

4）有关方面合同、协议或意向；

5）对所采用的依据加以说明。

（2）成本和费用估算

成本和费用估算的方法主要有生产要素估算法和制造成本加期间费用估算法。在可行性研究报告中，一般可按生产要素法估算，有特别要求时，可按制造成本加期间费用法估算。

生产成本费用（总成本费用）包括外购原材料费用、外购燃料费用、外购动力费用、制造费用、期间费用等。

制造费用包括折旧费用、维修费用、其他制造费用等。

由于固定资产投资实行消费型增值税政策，投资中的增值税可以抵扣企业增值税，因此，项目固定资产原值和摊销费用估算时，应扣除可抵扣的固定资产增值税额。

期间费用包括其他管理费用、财务费用、其他营业费用。

经营成本为总成本费用扣除固定资产折旧费、无形资产、其他资产摊销费用和财务费用后的成本费用。

副产品回收，为便于计算费用与效益，一般副产品回收计入销售收入中。但在计算单位生产成本时，应在原材料消耗中，扣除副产品回收费用。如果副产品收入占比很小，可以直接扣减；如果副产品收入占比较大，直接扣减将会导致单位成本计算偏差较大，此时可以采取与联产品相似的分摊做法，按收入占比去分摊成本比较合理。

在计算单位生产成本时，联产品的成本分摊，应按行业有关规定或习惯做法。

附表：

1）成本和费用估算表；

2）原材料消耗表；

3）燃料和动力消耗表；

4）固定资产折旧计算表；

5）无形资产和其他资产摊销表。

（3）成本和费用分析

对成本构成项目和费用比例进行简要分析，根据项目特点与行业普遍水平比较，提出建议。

单位成本分析，为配合竞争力分析，必要时进行单位成本分析，并与行业水平比较或竞争对手比较。

对应市场价格，作不同价格条件下的成本分析。

2. 销售收入和税金估算

（1）销售收入估算

销售收入是指投资项目销售产品或者提供服务获得的收入，是折现现金流量表中现金流量的主要项目之一，也是利润与利润分配表的主要科目之一。

销售收入估算的基础数据包括产品或服务的数量和价格。

（2）税金估算

销售产品或服务涉及到的税费主要有：增值税、消费税、资源税、城市维护建设税及教育费附加、地方教育费附加等。

项目增值税为销项税和进项税之差。计算增值税金时，注意各种产品的不同税率和出口产品退税率以及特殊产品的减免税率。

税金及附加依据财政部关于印发《增值税会计处理规定》的通知（财会〔2016〕22号）的规定：全面试行营业税改征增值税后，"营业税金及附加"科目名称调整为"税金及附加"科目，该科目核算企业经营活动发生的消费税、城市维护建设税、资源税、教育费附加及房产税、土地使用税、车船使用税、印花税等相关税费。此项税费大多为地方税种，计算时要调查不同地区的税率规定。

附产品销售收入及税金计算表。

3. 财务分析

（1）财务分析的依据及说明

1）国家有关法律、法规和文件；

2）公司或企业有关规定和文件；

3）有关参考信息、资料来源；

4）对所采用的依据加以说明。

（2）财务分析的报表

1）项目投资财务现金流量表；

2）项目资本金财务现金流量表；

3）投资各方财务现金流量表；

4）利润与利润分配表；

5）借款还本付息计划表；

6）财务计划现金流量表；

7）资产负债表。

（3）财务分析指标

1）盈利能力分析

静态指标，项目息税前利润（EBIT）、项目息税折旧摊销前利润（EBITDA）、经济增加值（EVA）、利润总额、税后利润、项目投资回收期、总投资收益率、资本金净利润率、投资利税率等。

动态指标，项目投资财务内部收益率（FIRR）、项目财务净现值（FNPV）、项目资本金财务内部收益率（EFIRR）、投资各方财务内部收益率等。

2）偿债能力分析

利息备付率、偿债备付（覆盖）率、借款偿还期等。

3）财务生存能力分析

分析是否有足够的净现金流量维持正常运营，尤其是在项目投产初期。分析各年累计盈余资金是否出现负值，是短期还是长期，对出现负值的原因进行分析。

非经营性项目通过财务生存能力分析提出需要政府补助维持项目持续运营的费用。

（4）不确定性分析

1）敏感性分析

根据项目具体情况，找出项目的敏感因素，选择各敏感因素的变化率，计算对项目盈利能力的影响。通过敏感性分析，计算敏感度系数和临界点，确定敏感程度，并绘制敏感性分析图。

2）盈亏平衡分析

计算盈亏平衡点，一般用生产能力利用率或产量表示，分析结果表示项目经营的安全程度。

4. 改、扩建和技术改造项目财务分析特点

"有无对比"是可行性研究的基本法则之一，改、扩建和技术改造项目是使用"有无对比"分析法的典型项目。

新设项目法人项目，"无项目"和"现状"均为零，"有项目"状态即为拟建项目实现目标，此时"新增""增量""有项目"数据均相同。

既有项目法人项目，在确定的项目范围内，若"现状"在"无项目"状态下维持不变，且"有项目"对"现状"也不产生直接影响，则此时"新增"与"增量"相等。

准确分析"无项目"状态和界定项目范围是"有无对比"分析的关键。

调查既有企业的基本情况，包括企业资产、经营和财务状况，既有企业要提供最近几年的财务报表，包括利润与利润分配表、现金流量表、资产负债表等。

判断"无项目"状态下，既有企业项目范围内生产经营状况、资产状况可能的变化以及可能的投资情况等。

分析"有项目"状态下在项目范围内对既有企业的影响，必要时要做总量分析。

"有无对比"分析的主要财务分析指标是增量财务内部收益率和增量财务净现值。同时参考还款资金的自足性和项目对既有企业绩效的改善程度。必要时要与总量指标结合，一起作为决策依据。

5. 外商投资项目财务分析特点

外商投资项目财务分析要注意适用法律法规的不同对财务分析的影响，要调查税收政策等各种优惠条件和价格政策。注意利润的分配规定和要求等。根据国家有关投资管理和改革政策，2019年内外资投资管理将趋于统一政策，届时予以关注。

6. 境外投资项目财务分析特点

境外投资项目一般要做两个版本，中文版给我国有关政府部门核准用，外文版

适用于项目建设地点所在国家或地区有关部门审批用。

境外投资项目财务分析要注意适用法律法规的不同对财务分析的影响，要调查会计准则（政策）、税收政策等以及各种优惠条件和价格政策。注意成本费用的计算、利润的分配规定和要求等。

调查汇率政策和汇率稳定性以及外汇兑换、汇出政策等。

调查劳动法等有关劳务政策。

调查所在国家或地区进出口政策以及有关外商投资法规等。

必要时还要考虑政治稳定性、民族、文化特点等对项目财务分析的影响。

7. 非工业类项目评价特点

国家发展改革委和原建设部《投资项目经济评价方法与参数》第三版，专门介绍了非工业类特殊行业的项目评价特点与评价方法，非工业项目的财务分析，应参照第三版规定执行。

8. 其他特殊项目

其他特殊项目包括科研开发项目、产业化项目等，安全、环保、设备更新项目等，政策性搬迁项目等。各类特殊项目应根据项目具体情况，按照委托方的要求，具体情况具体分析，一般来说，此类项目以费用效果分析为主，必要时可按有无对比分析。

六、经济分析

经济分析按合理配置资源的原则，采用社会折现率、影子汇率、影子工资和货物影子价格等经济分析参数，从项目对社会经济所做贡献以及社会经济为项目付出代价的角度，识别项目的效益和费用，分析计算项目对社会经济（社会福利）的净贡献，评价项目投资的经济效率，也即经济合理性。

企业自主决策的项目一般不要求做经济分析，如遇特大型项目或国家有关部门要求进行经济分析时，应按照国家发展改革委、原建设部《建设项目经济评价方法与参数》第三版的要求以及教材第四册《现代咨询方法与实务》有关章节内容进行。

（一）经济分析的作用

1. 正确反映项目对社会福利的净贡献，评价项目的经济合理性

财务分析主要是从企业（财务主体）和投资者的角度考察项目的效益。由于企业利益并不总是与国家和社会利益完全一致，项目的财务盈利性至少在以下几个方面可能难以全面正确地反映项目的经济合理性：

（1）国家给予项目补贴；

（2）企业向国家缴税；

（3）某些货物市场价格可能的扭曲；

（4）项目的外部效果（间接效益和间接费用）。

因而需要从项目对社会资源增加所做贡献和项目引起社会资源耗费增加的角度

进行项目的经济分析，以便正确反映项目对社会福利的净贡献。

2. 为政府合理配置资源提供依据

合理配置有限的资源（包括劳动力、土地、各种自然资源、资金等）是人类经济发展所面临的共同问题。在完全的市场经济状态下，可通过市场机制调节资源的流向，实现资源的优化配置。在非完全的市场经济中，需要政府在资源配置中发挥调节作用。但是由于市场本身的原因及政府不恰当的干预，可能导致市场配置资源的失灵。

项目的经济分析对项目的资源配置效率，也即项目的经济效益（或效果）进行分析评价，可为政府的资源配置决策提供依据，提高资源配置的有效性。主要体现在以下两方面：

（1）对那些本身财务效益好，但经济效益差的项目实行限制

政府在审批或核准项目的过程中，对那些本身财务效益好，但经济效益差的项目实行限制，使有限的社会资源得到更有效的利用。

（2）对那些本身财务效益差，而经济效益好的项目予以鼓励

对那些本身财务效益差，而经济效益好的项目，政府可以采取某些支持措施鼓励项目的建设，促进对社会资源的有效利用。

因此，咨询工程师应对项目的经济效益费用流量与财务现金流量存在的差别以及造成这些差别的原因进行分析。对一些国计民生急需的项目，如经济分析合理，而财务分析不可行，可提出相应的财务政策方面的建议，调整项目的财务条件，使项目具有财务可持续性。

3. 政府审批或核准项目的重要依据

在现行投资体制下，国家对项目的审批和核准重点放在项目的外部性、公共性方面，而经济分析强调对项目的外部效果进行分析，可以作为政府审批或核准项目的重要依据。

4. 为市场化运作的基础设施等项目提供财务方案的制定依据

对部分或完全市场化运作的基础设施等项目，可通过经济分析来论证项目的经济价值，为制定财务方案提供依据。

5. 比选和优化项目（方案）的重要作用

在项目可行性研究的全过程中强调方案比选，为提高资源配置的有效性，方案比选应根据能反映资源真实经济价值的相关数据进行，这只能依赖于经济分析，因此经济分析在方案比选和优化中可发挥重要作用。

6. 有助于实现企业利益、地区利益与全社会利益有机地结合和平衡

国家实行审批和核准的项目，应当特别强调要从社会经济的角度评价和考察，支持和发展对社会经济贡献大的产业项目，并特别注意限制和制止对社会经济贡献小甚至有负面影响的项目。正确运用经济分析方法，在项目决策中可以有效地察觉盲目建设、重复建设项目，有效地将企业利益、地区利益与全社会利益有机地结合。

（二）经济分析的要求

在经济费用效益分析中，要正确理解和使用经济分析参数，正确估算经济效益和费用，计算评价指标并进行经济合理性的判断，并进行方案的比选优化。当费用和效益流量识别和估算完毕之后，应编制经济费用效益分析报表，并根据报表计算评价指标，进行经济效率分析，判断项目的经济合理性。

社会折现率是经济分析的重要通用参数，既用作经济内部收益率的判别基准，也用作计算经济净现值的折现率。

不确定性分析同样是经济分析的重要内容。经济分析还应充分考虑间接费用和间接效益，间接费用和效益可以量化，也有不可量化的，在经济分析时，都应充分说明。

（三）费用效果分析

费用效果分析是通过对项目预期效果和所支付费用的比较，判断项目费用的有效性和项目经济合理性的分析方法。

效果是指项目引起的效应或效能，表示项目目标的实现程度，往往不能或难于货币量化。费用是指社会经济为项目所付出的代价，是可以货币量化计算的。

费用效果分析是项目决策分析与评价的基本方法之一。当项目效果不能或难于货币量化时，或货币量化的效果不是项目目标的主体时，在经济分析中可采用费用效果分析方法，并将其结论作为项目投资决策的依据。例如医疗卫生保健、政府资助的普及教育、气象、地震预报、交通信号设施、军事设施等项目。

作为一种方法，费用效果分析既可以应用于财务分析，采用财务现金流量计算；也可以应用于经济分析，采用经济费用效益流量计算。用于前者，主要用于项目各个环节的方案比选、项目总体方案的初步筛选；用于后者，除了可以用于上述方案比选、筛选以外，对于项目主体效益难以货币量化的，则取代经济费用效益分析，作为经济分析的最终结论。

（四）经济分析的编制内容

1. 经济分析主要报表

经济费用效益分析主要报表是"项目投资经济费用效益流量表"。辅助报表一般包括建设投资调整估算表、流动资金调整估算表、营业收入调整估算表和经营费用调整估算表。如有要求，也可以编制国内投资经济费用效益流量表。

编制项目投资经济费用效益流量表的两种方式包括经济费用效益流量表可以按照前述效益和费用流量识别和计算的原则和方法直接进行编制，也可以在财务现金流量的基础上进行调整编制。

2. 主要经济分析指标

通过"项目投资经济费用效益流量表"计算经济净现值（ENPV）和经济内部收益率（EIRR）指标。

3. 敏感性分析

根据项目具体情况，找出项目的敏感因素，选择各敏感因素的变化率，计算对项目盈利能力的影响。

4. 部分行业项目特点

（1）交通运输项目的直接效益体现为时间节约的效果，可结合项目的具体情况计算。

（2）教育项目、医疗卫生和卫生保健项目等的产出效果表现为对人力资本、生命延续或疾病预防等方面的影响，可按人力资本增值的价值、可能减少死亡的价值，以及减少疾病增进健康等的价值估算方法并结合项目的具体情况计算。

（3）水利枢纽项目的直接效益体现为防洪效益、减淤效益和发电效益等，可按照行业和项目具体情况分别估算。

5. 费用效果分析指标

费用效果分析基本指标是效果费用比（$R_{E/C}$），即单位费用所达到的效果，习惯上也可以采用费用效果比（$R_{C/E}$）指标，即单位效果所花费的费用。

七、风险分析

风险分析作为可行性研究的一项重要内容，贯穿于项目分析的各个环节和全过程。即在项目可行性研究的主要环节，包括市场、技术、环境、安全、消防、投资、融资、财务、经济及社会分析中进行相应的风险分析，并进行全面的综合分析和评价。风险分析首先应由各专业人员在可行性研究报告各章节内容中论述，并在本章予以归纳。当认为其风险程度大且情况复杂时，应在本章专题论述，必要时要通过项目负责人，对项目整体风险作分析。

风险分析的方法具体见本书第十章。

（一）风险分析的意义与作用

投资项目不但要耗费大量资金、物资和人力等宝贵资源，且具有一次性和固定性的特点，一旦建成，难以更改。因此相对于一般经济活动而言，投资项目的风险尤为值得关注。在可行性研究阶段正确地认识到相关的风险，并在实施过程中加以控制，大部分风险的影响是可以降低和防范的。

投资项目如果忽视风险的存在，仅仅依据基本方案的预期结果，采用某项经济评价指标达到可接受水平来简单决策，就有可能蒙受损失，多年来项目建设的历史经验客观上证明了这一点。随着投融资体制改革和现代企业制度的建立，规避风险已成为各投资主体的主观需求。客观上要求可行性研究阶段必须进行风险分析。

充分考虑风险分析的结果，在可行性研究的过程中，通过信息反馈，改进或优化项目研究方案，直接起到降低项目风险的作用，避免因在决策中忽视风险的存在而蒙受损失。同时，充分利用风险分析的成果，建立风险管理系统，有助于为项目全过程风险管理打下基础，防范和规避项目实施和经营中的风险。

（二）投资项目的主要风险

一般投资项目的风险主要有市场风险、技术与工程风险、组织管理风险、政策风险、环境与社会风险以及一些项目特有的风险。要根据项目具体情况予以识别。

（三）风险分析的编制内容

1. 风险因素的识别

应针对项目特点识别风险因素，层层剖析，找出深层次的风险因素。

2. 风险程度的估计

采用定性或定量分析方法估计风险程度。

3. 研究提出风险对策

提出针对性的切实可行的防范和控制风险的对策建议。

4. 风险分析结果的反馈

在可行性研究过程中应将风险分析结果随时反馈于项目方案的各个方面，以便调整完善方案，规避风险。

5. 编制风险与对策汇总表

将项目的主要风险进行归纳和综述，说明其起因、程度和可能造成的后果，以全面、清晰地展现项目主要风险的全貌，将风险对策研究结果汇总于表。见表3－14：

表3－14　风险与对策汇总

序号	主要风险	风险起因	风险程度	后果与影响	主要对策
1					
2					
3					
…					

6. 风险结论与提示

八、研究结论

（一）综合评价

对可行性研究中涉及的主要内容，概括性地给予总结评价。

（二）研究报告的结论

对可行性研究中涉及的主要内容及研究结果，给出明确的结论性意见，提出项目是否可行。

（三）存在的问题

对项目可行性研究过程中存在的问题汇总，并分析问题的严重性以及对项目各方面的影响程度。

（四）建议及实施条件

明确提出下一步工作中需要协调、解决的主要问题和建议，提出项目达到预期效果需要满足的实施条件。

第三节　部分行业或项目类别可行性研究报告的特点

可行性研究及其报告的内容和侧重点，因项目的性质、特点不同有所差异。可行性研究及其报告的内容和侧重点，因行业不同有所差别并具有明显的行业特点。

一、政府投资项目可行性研究报告的特点

对于政府投资建设的社会公益性项目、公共基础设施项目和环境保护等项目，除上述各项内容外，可行性研究及其报告的内容还应包括：

（1）政府投资的必要性；

（2）项目实施代建制方案；

（3）政府投资的投资方式。对采用资本金注入方式的项目，要分析出资人代表的情况及其合理性；

（4）对没有营业收入或收入不足以弥补运营成本的公益性项目，要从项目运营的财务可持续性角度，分析、研究政府提供补贴的方式和数额；

（5）PPP项目应根据政府有关规定，在满足项目目标和基准收益的前提下，推算政府介入的条件和给予的优惠等。具体内容见本书第五章。

二、部分行业项目可行性研究报告的特点

1. 水利水电项目

通常具有防洪、灌溉、治涝、发电、供水等多项功能。需要重点研究：水利水电资源的开发利用条件，水文、气象、工程地质条件，坝型与枢纽布置，库区淹没与移民安置等；项目经济评价以经济分析为主，财务分析为辅；对于社会公益性的水利项目，如防洪、治涝项目，财务分析的目的是测算提出维持项目正常运行需要国家补助的资金数额和需要采取的经济优惠政策。

水利水电项目的主要工程方案是主要建筑物方案。库区淹没和移民安置是极其重要的内容之一，应重点研究和论述。

2. 交通运输项目

包括公路、铁路、机场、地铁、桥梁、隧道等项目，不生产实物产品，而是为社会提供运输服务。需要重点研究：项目对经济和社会发展、区域综合运输网布局、路网布局等方面的作用和意义；研究运量、线路方案，建设规模、技术标准，建筑工程方案等；项目经济评价以经济分析为主，财务分析为辅。

交通运输项目出站点的建设与改造外大多涉及到跨区域，尤其是交通干线，项目占用土地较多、跨越河流、村庄等敏感区域，因此社会评价是交通运输项目的重点内容之一。项目站线选择应充分考虑搬迁和移民安置等，应作为重点内容研究和论述。

机场建设项目涉及到空域规划和无线电导航等飞行程序设计，轨道交通涉及到

城市地下与地面复杂环境与构造，这些都具有很强的行业和专业特点，技术复杂，应严格按照行业规范和标准执行。

3. 农业开发项目

一般多为综合开发项目，可能包括农、林、牧、副、渔和加工业等项目，建设内容比较复杂。需要重点研究：市场分析，建设规模和产品方案，原材料供应等；农业项目受气候等自然条件影响，效益与费用的不确定性较大。项目经济评价一般分项目层和经营层两个层次，项目层次评价以经济分析为主，财务分析为辅，经营层次评价只进行财务分析。

农业综合开发、种植、养殖等行业均有可行性研究报告编制规定。

4. 文教卫生项目

包括学校、体育馆、图书馆、医院、卫生防疫与疾病控制系统等项目。项目建设的目的在于改善公共福利环境，提高人民的生活水平，保障社会公平，促进社会发展。需要重点研究：根据项目的服务范围，确定项目的建设规模；依据项目的功能定位，比较选择适宜的建筑方案、主要设备和器械；项目经济评价以经济分析为主，常用的方法有最小成本分析、经济费用效果分析等。

学校、体育设施、医疗卫生等行业均有可行性研究报告编制规定。

5. 资源开发项目

包括煤、石油、天然气、金属、非金属等矿产资源的开发项目，水利水电资源的开发利用项目、森林资源的采伐项目等。需要重点研究资源开发利用的条件，包括资源开发的合理性、拟开发资源的可利用量、自然品质、赋存条件和开发价值；分析项目是否符合资源总体开发规划的要求，是否符合资源综合利用、可持续发展的要求，是否符合保护生态环境的有关规定。

资源开发类项目大多从属于所属行业，各行业均有可行性研究报告编制规定。实际操作中应根据项目性质结合行业特点进行编制。

6. 城市基础设施、公共建筑项目和房地产项目

（1）公共建筑项目

公共建设项目指行政办公用房、文化娱乐场馆、体育场馆、医疗卫生设施、教育科研设计机构用房、文物古迹和革命纪念建筑、城市通信设施、外国使领馆等。

这类项目具有很强的政府主导性，大部分属于政府投资，符合政府投资项目的特点。该类项目主要强调社会服务功能，分析的重点是社会需求与服务，强调投资效果分析，经济分析的重点强调费用效果最佳，以及财务的可持续性分析，在充分满足服务功能的前提下，计算项目的运行费用，提出可持续运行的方案等。

（2）城市基础设施项目

城市基础设施项目的给水、排水、道路、桥梁、隧道、防洪、燃气、热力、环境卫生、园林和景观等新建工程以及改造工程。

这类项目与公共建筑项目基本类似，其财务分析和经济分析方法可以相互借鉴。

该类项目比较适合 PPP 模式，采用 PPP 方式建设时，应按照 PPP 项目的特点编制可行性研究报告。

（3）房地产项目

包括商用住宅和商用办公、商场（统称商品房）等，也包括经济适用房、两限房、廉租房（统称经适房）等以及部分基础设施项目。

商品房项目完全由市场主导，与一般工业类项目一样，其建设目的在于满足市场需求和盈利，项目研究的重点在于取得较好的地块和提升容积率。项目的营销手段是项目定价并取得盈利的重要内容。

经适房项目不完全由市场主导，其定价和土地供应由政府主导，项目研究的重点在于取得较好的地块和提升容积率并有较好的设计方案，满足政府和客户的需求。项目不以追求盈利为目的。

其他基础设施项目同上述内容。

三、资本运作项目财务分析的特点

资本运作类项目包括股票上市、兼并收购、特许经营类、风险投资等。此类项目的可行性研究除具备一般投资项目的内容外，在财务分析时，还应根据项目特点做必要的调整。

1. 资本运作项目的特点

（1）股票上市类项目

企业通过发行股票筹集资金，投资于选定的项目。这是企业融资的一种方式。

目前我国股票发行为既有法人出让资产形式，项目法人尚不允许直接上市发行股票，只能通过私募形式募集法人股。

企业股份制改造，公开发行流通股票，在目前一般做法是策划、包装等工作程序。该类项目伴随着上市募集资金使用，按规定必须报批投资项目可行性研究报告，其可行性研究报告的编制同一般投资项目。

（2）兼并收购类项目

企业兼并是国际上最主要的直接投资方式，包括兼并与收购两种内容。兼并的方式有：吸收合并式和合并新设式两种。吸收合并通常是一家优势公司以现金、证券或其他有偿方式购买取得其他一家或多家企业的产权或公司股权，双方合并为一家企业，而被兼并企业独立地位消失，丧失法人资格或改变法人实体。我国《公司法》中，兼并等同于吸收合并，指一个公司吸收其他公司而存续，被吸收公司解散。收购是指一家企业用现金、债券或股票购买另外一家企业的股权或资产，以取得对该企业的控制权，该企业的法人地位并不消失。收购的对象一般有两种：股权和资产。我国《证券法》规定收购是指持有一家上市公司发行在外的股份的 30% 时发出要约收购该公司股票的行为。

企业通过兼并收购可以缩短投资时间、降低投资成本、不增加市场容量和竞争压力，能够迅速调整企业经营结构，实现企业战略布局。

并购项目主要强调对并购企业的评估和并购后的协同效应分析，在企业发展战略指导下，研究重点如下：

1）并购企业所处行业地位与竞争对手，行业发展趋势，市场格局与前景；企业经营管理现状分析、资产与债务结构、盈利能力与管理水平、发展前景预测、所处的地理位置与经济环境等；进而测算并购成本和预测并购效益，以判断并购企业价值。

2）并购项目评价的核心内容之一是并购企业价值评估，这是决定并购企业股权转让价格的关键。企业价值是公司所有的投资人对于公司资产要求权价值的总和，企业价值又分为三个层次，即企业的基础价值、内在价值和战略价值。确定合理的并购价格区间时，需要综合考虑企业的三种价值。

基础价值（Basic value），即净资产价值，是目标企业转让的价格下限；内在价值（Internal Value），是目标公司在持续经营的情况下可能创造出的预期的现金流量价值，是目标企业的动态价值；战略价值（Strategic Value）是指并购完成后，经过总体组合与协同，使得外部交易内部化、生产要素重新整合、市场份额进一步扩展、消除或减轻竞争压力、绕过各种限制或贸易壁垒、规避各种风险和税收、提高垄断地位、拓展新的利润增长点，从而取得规模经济效益。

3）并购成本包括收购价格、咨询费、律师费、佣金等，以及收购后对企业的改造、改组、人员安置与遣散费用等。并购价格估算方法包括收益现值法、市场比较法、财务比率法、账面价值调整法、市盈率法、成本法、清算价值法等，每种方法都有其适用条件，应根据具体并购企业具体情况确定。并购价格最终取决于市场，并购价格的估算主要是为企业并购谈判提供一个价格基础。

4）并购的效益包括企业自身的效益和由于并购带来的企业整体协同效益。前者包括资本经营效益、市场增加值和经济增加值，后者包括财务协同效应和经营协同效应。

（3）特许经营类项目

BOT 项目是项目融资的一种重要方式，包括 BOT（建设－经营－移交）、BT（建设－移交）、TOT（移交－经营－移交）、BOO（建设－经营－拥有）、ROO（改造－经营－拥有）、PPP 等有 20 多个类别。它是由项目所在国政府或所属机构为项目的建设和经营提供一种特许权协议，作为项目融资的基础，由本国或外国公司作为投资者和经营者安排融资，承担风险，开发投资项目，并在有限的时间内经营项目获取商业利益，最后根据协议将该项目转让给相应的政府机构。其核心是在自有资金到位的前提下，以项目未来的现金流作为抵押，向银行换取项目所需的资金，用于项目的投资建设。由于项目的主要投入物和产出物的价格、数量得到契约保证，最大限度地减少了投资风险，保证了投资者的利益，同时，降低了业主的筹资风险。

BOT 项目的结构包括三方组织，项目的发起人（最终所有者），项目的投资者和经营者，项目的贷款银行。

由于 BOT 项目是以项目未来的现金流作为抵押的一种融资方式，项目稳定而持续的现金流是项目各方关注的焦点，因此必须强化风险分析。可行性研究要重点考虑：①政治法律因素；②竞争因素，包括业内竞争、新的竞争者加入、替代品的竞争；③消费者需求；④盈利预测；⑤盈利稳定性的估计。评价指标：经营比率＝经营现金流量变化百分比/销售额变化百分比；⑥项目回报率，除 IRR 外，还采用 PI 指标，PI＝净现值/投资。

（4）风险投资项目

风险投资不同于传统意义上的投资，它是主要投资于创新产品或创新企业，尤其是高科技企业，从事产品或行业的导入或成长阶段的企业孵化，待市场稳定而企业进入成长期或成熟期后，将投资转让（通常是卖出企业），从该企业退出以收回投资的一种投资方式，一般投入的资本金不高。一般把风险投资分为种期、导入期、成长期与成熟期 4 个阶段。风险投资的特点是：

1）它是一种早期投资，主要投资处于市场导入阶段的创新企业，而不是成熟阶段的产业或产品；风险投资初期投资往往不能很快直接获取收益，且风险很大，其价值主要体现为权益的增值（如股权增值），而且即使可获取直接收益，一般也把其作为追加投资；

2）由于市场风险和企业经营风险高，风险投资存在高风险，因而要求高回报，风险投资的收益比传统投资方式高；

3）与传统产业投资的长期经营，靠经营收益逐步回收投资获得盈利的方式相比，风险投资的期限较短；

4）投资回报主要来源于企业生产经营利润或股权的转让，退出的方式一般有企业上市（IPO），出售全部或部分企业股权，或者公司的破产清算等；

5）风险投资多投向于高技术产业和高速成长的项目。风险投资的对象一般为刚刚起步或还未起步的高技术企业或高技术产品，有时甚至是科学家的一个颇有希望的创新设想。由于这些项目缺乏有价值的抵押和担保，很难从传统的融资渠道中获得资金，而风险投资恰恰是适应了这样的资金需求特点。风险资本看中的是创业者的素质和项目的高成长性，风险投资真正投入的是高成长、高增值、高风险、高预期回报的企业。

风险投资项目的可行性研究报告主要在以下方面特别关注：

1）注重企业的潜在价值

对于风险投资来说，投入的是权益资本，投资目的不是获得企业控制权，而是获得资金的回报，是获得丰厚利益和显赫影响后从风险企业退出。也就是说，风险投资不是通过持有所投资企业的股份来获取红利收入，而是通过出售企业的股权来获取增值收入。风险投资的项目，主要是以项目本身的成长性来判断，要求投资退出时能得到较高的收益。

2）注重项目的成长性

风险投资则具有高风险的本质特征，主要面向高技术产业和其它高速成长的项目，这些项目存在迅速成长的潜在可能性，一旦投资成功可以获得极高的收益。通过组合投资与联合投资的方式，可以使得一个成功项目的收益远远超过许多失败项目带来的损失，风险投资者为了获得潜在的高收益，而愿意承担其蕴涵的高风险，因此会更加注重项目的成长性。

3）注重管理团队的能力

风险投资评估需对项目的管理团队进行严格的考察，管理层的素质通常是投资者考虑是否投资的最重要因素，在评估中给管理团队的素质赋予很大的权重，以确保企业有一高水平管理团队。风险投资项目是否能取得成功，更取决于企业是否有高素质的创业者和高素质技术、营销和财务管理人员，以及有效的董事会和咨询委员来支持管理层。

4）具有独特的评价指标

风险投资评估具有自身独到的特点，在投资方式上采用组合投资和联合投资的方式以分散单个项目的风险；在评估对象上着重考察被投资企业的管理团队；在项目管理上采用积极介入企业管理和分期给付投资资金等方法以控制风险。

风险投资项目的价值评估方法包括收益现值法、成本法和比较法等。

2. 资本运作类项目的财务分析

（1）联合兼并收购项目的财务分析

并购项目财务分析应包括以下几部分内容：并购总投资（目标企业市场价值的估算、并购整合成本）、资金筹措、并购后目标企业财务分析、经济分析、不确定性分析、方案比选。在财务分析中，应遵循国家现行财税制度，分析项目盈利状况、生存能力、偿债能力，评估项目的可行性。

并购效益包括资本经营效益、经济增加值、市场增加值三个方面。

资本经营效益，评价指标包括投资回报率、总资产收益率等，主要反映并购后的当期经营效益。将目标公司并购后的资本经营效益与并购前进行比较，从而衡量并购对目标公司所产生的绩效增长。

经济增加值。收购企业将投资于目标企业的资本变现的收益与资本的机会成本进行比较，前者的差额就是企业的增值收益。

市场增加值。收购后目标公司的市场价值与收购前的市场价值的比较，其差额为市场增加值。

财务分析按照国家和行业发布的有关建设项目经济评价方法与参数执行，其内容深度可根据项目并购方及评审机构的要求，适当从简或补充。

（2）特许经营类项目的财务分析

由于特许经营类项目需要复杂的法律结构支持，通过担保锁定风险，导致项目的实际运作成本高，项目风险大。作为投资者，在建立和使用现金流量模型对项目的价值和风险作出定量的分析和评价时，首要的问题是合理确定和选择反映项目风险的贴现率，资本资产定价模型（CAPM 模型）是在项目融资中被广泛接受和使用的一种确定项目贴现率的方法。按照这一项目，项目的贴现率即项目的资金成本是在无风险投资收益率的基础上，根据具体项目的风险因素加以调整的投资收益率。

PPP类项目的财务分析，PPP项目是基于某一项目投资目标，确定一个基准收益，在特许经营和政府参与情况下，吸引社会投资者。财务分析时，根据项目实际条件和基准收益，向政府提出项目需要的条件，进而确定政府介入的程度和方式等。

（3）风险投资项目的财务分析

风险投资项目财务分析的方法与要求同一般投资项目，只是考虑到风险投资项目的特点，要注重风险投资项目的风险分析和不确定性分析。

四、非经营性项目财务分析的特点

1. 非经营性项目的概念

本节所述非经营性项目是指旨在实现社会目标和环境目标，为社会公众提供服务的非营利性投资项目，包括社会公益事业项目（如教育项目、医疗卫生保健项目）、环境保护与环境污染治理项目、某些公用基础设施项目（如市政项目）等。这些项目经济上的显著特点是为社会提供的服务和使用功能不收取费用或只收取少量费用。

随着投融资体制的改革，在上述类型项目中，有的已转化为营利性项目，即有收费机制和营业收入，采用市场化运作，其财务收益能够回收投资和补偿运营维护成本，并有一定盈利能力的项目。这类项目的财务分析可参照本章前几节描述的方法进行。

本节所述方法适用于没有收入或者只有部分收入的项目。

2. 非经营性项目财务分析的目的

由于建设这类项目的目的是发挥其使用功能，服务于社会，对其进行财务分析的目的不一定是为了作为投资决策的依据，而是为了考察项目的财务状况，了解其盈利还是亏损，以便采取措施使其能维持运营，发挥功能。有的项目旨在结合财务生存能力分析寻求适宜的融资方案，包括申请政府补助。对很多非经营性项目的财务分析来说，实质上是在进行方案比选，以使所选择方案能在满足项目目标的前提下，花费费用最少。

3. 非经营性项目财务分析的要求

（1）非经营性项目财务分析的要求视项目具体情况有所不同

1）对没有营业收入的项目，不需进行盈利能力分析。其财务分析重在考察财务可持续性。这类项目通常需要政府长期补贴才能维持运营。应同一般项目一样估算费用，包括投资和运营维护成本，在此基础上，推算项目运营期各年所需的政府补贴数额，并分析可能实现的方式。

2）对有营业收入的项目，财务分析应根据收入抵补支出的不同程度，区别对待。通常营业收入补偿费用的顺序是：支付运营维护成本、缴纳流转税、偿还借款利息、计提折旧和偿还借款本金。具体分成以下几种情况处理：

一是有营业收入，但不足以补偿运营维护成本的项目，应估算收入和成本费用，通过两者差额来估算运营期各年需要政府给予补贴的数额，进行财务生存能力分析，并分析政府长期提供财政补贴的可行性。对有债务资金的项目，还应结合借款偿还要求进行财务生存能力分析。

二是有些项目在短期内收入不足以补偿全部运营维护成本，但随着时间推移，通过价格（收费）水平的逐步提高，不仅可以补偿运营维护成本、缴纳流转税、偿还借款利息、计提折旧，偿还借款本金，还可产生盈余。因此对这类只需要政府在短期内给予补贴，以维持运营的项目，只需要进行偿债能力分析（如有借款时）和财务生存能力分析，推算运营前期各年所需的财政补贴数额，分析政府在有限时间内提供财政补贴的可行性。

三是营业收入在补偿项目运营维护成本、缴纳流转税、偿还借款利息、计提折旧、偿还借款本金后还有盈余，表明项目在财务上有盈利能力和生存能力，其财务分析内容可与一般项目基本相同。

由于非经营性项目类别繁多，情况各异，实践中可根据项目类别和具体情况进行选择，注意符合行业特点和要求。

（2）对收费项目应合理确定提供服务的收费价格

服务收费价格是指向服务对象提供单位服务收取的服务费用，需分析其合理性。分析方法一般是将预测的服务收费价格与消费者承受能力和支付意愿以及政府发布的指导价格进行对比，也可与类似项目对比。

有时需要在维持项目正常运营的前提下，采取倒推服务收费价格的方式，同时分析消费者支付能力。

（3）效益难以货币化的非经营性项目

对效益难以货币化的非经营性项目，可采用效果费用比或费用效果比来进行方案比选。具体方法可参照第十章，与经济分析的主要不同在于分析目标较为单一、采用的是财务数据。

1）比选要求

遵循基本的方案比选原则和方法：

● 费用应包含从项目投资开始到项目终结的整个期间内所发生的全部费用，可按费用现值或费用年值计算；

● 效果的计量单位应能切实度量项目目标实现的程度，且便于计算；

● 在效果相同的条件下，应选取费用最小的备选方案；

● 在费用相同的条件下，应选取效果最大的备选方案；

● 备选方案效果和费用均不相同时，应比较两个备选方案之间的费用差额和效果差额，计算增量的效果费用比或费用效果比，分析获得增量效果所付出的增量费用是否值得。

2）实践工作中常用的比选指标

在现实的实践工作中，往往是采用单位功能（效果）费用指标，或者单位费用效果指标，包括投资指标和成本指标，习惯上常采用前者。例如：

● 单位功能建设投资，系指提供一个单位的使用功能或提供单位服务所需要的建设投资，例如医院每张病床的投资；学校每个就学学生的投资等。

单位功能建设投资＝建设投资/设计服务能力或设施规模

● 单位功能运营费用，系指提供一个单位的使用功能或提供单位服务所需要的运营费用。

单位功能运营费用＝年运营费用/设计服务能力或设施规模

以上指标直观、简单、易算，但也有明显的缺陷，一是只分别计算了投资和成本，没有全面进行比较；二是没有考虑整个计算期的费用，未按资金时间价值原理计算。

第四节　可行性研究报告的附文、附表与附图

一、附文

1. 编制可行性研究报告依据的有关文件（包括：项目建议书或及其批复件；初步可行性研究报告及其批复件或评估意见；编制单位与委托单位签定的协议书或合同；国内科研单位或技术开发单位开发的新技术鉴定书；联营及合营各方签署的合作协议书等）；

2. 建设单位与有关协作单位或有关部门签订的主要原材料、燃料、动力供应以及交通运输、土地使用、设备维修等合作配套协议书、意向性文件或意见；

3. 国土资源部正式批准的资源储量、品位、成分的审批意见（使用资源量较大的项目）；

4. 资金筹措意向性文件或有关证明文件；

5. 作为出资的资产的有关资产评估文件；

6. 其他有关文件。

二、附表

1. 主要设备一览表

2. 投资估算表

3. 财务分析报表

4. 其他附表

三、附图

1. 区域位置图

2. 总平面布置图

3. 工艺流程图

4. 蒸汽平衡图

5. 水平衡图

6. 供电系统图

其他附图

附录：略

第四章 项目申请报告和资金申请报告的编制

企业投资建设实行核准制的项目，仅需向政府提交项目申请报告（项目申请书），政府不再履行项目建议书、可行性研究报告和开工报告的程序。本章主要介绍项目申请报告的目的和作用、编制依据、编制内容和要求，并列出一般建设项目的项目申请报告的编制提纲。

资金申请报告是企业向政府申请政府资金支持、财政专项资金（简称专项资金）支持、国际金融组织或外国政府贷款提交的主要申报文件。资金申请报告根据资金来源和性质不同，对于提交文件的内容和要求有所区别。本章主要介绍财政补贴性资金支持项目资金申请报告、高技术产业化项目资金申请报告、国际金融组织贷款项目资金申请报告的编制目的和作用、编制依据、编制内容和要求，给出财政补贴性资金支持项目资金申请报告、高技术产业化项目资金申请报告、国际金融组织贷款项目资金申请报告的编制提纲。

第一节　项目申请报告的编制

一、项目申请报告的含义和作用

项目申请报告（项目申请书）是企业投资建设政府核准项目时，为获得项目核准机关对拟建项目的行政许可，按核准要求报送的项目论证报告。

《企业投资项目核准和备案管理条例》（国务院令第 673 号，2016 年 11 月 30 日）要求，对关系国家安全、涉及全国重大生产力布局、战略性资源开发和重大公共利益等项目，实行核准管理；企业办理项目核准手续，应当向核准机关提交项目申请书；核准机关应当从是否危害经济安全、社会安全、生态安全等国家安全，是否符合相关发展建设规划、技术标准和产业政策，是否合理开发并有效利用资源，是否对重大公共利益产生不利影响等对项目进行审查。

项目申请报告的作用，是从政府公共管理的角度，回答项目建设的外部性、公共性事项，包括维护经济安全、合理开发利用资源、保护生态环境、优化重大布局、保障公众利益、防止出现垄断等，为核准机关对项目进行核准提供依据。

二、项目申请报告的类别

项目申请报告主要分为以下三类：企业投资项目申请报告、外商投资项目申请报告、境外投资项目申请报告。

1. 企业投资项目申请报告

根据《政府核准和备案投资项目管理条例》《政府核准投资项目管理办法》（国家发展改革委令 2014 年第 11 号）和《企业投资项目核准和备案管理办法》（国家发展改革委令 2017 年第 2 号），企业投资建设实行核准制的项目，应当编制项目申请报告（项目申请书），取得依法应当附具的有关文件，按照规定报送项目核准机关。

企业投资项目申请报告应当包括以下内容：①项目单位情况；②拟建项目情况；③资源利用和生态环境影响分析；④经济和社会影响分析。

企业项目申请报告应附以下文件：①城乡规划行政主管部门出具的选址意见书（仅指以划拨方式提供国有土地使用权的项目）；②国土资源主管部门出具的用地（用海）预审意见（国土资源主管部门明确可以不进行用地预审的情形除外）；③法律、行政法规规定需要办理的其他相关手续。

2. 外商投资项目申请报告

根据《外商投资项目核准和备案管理办法》（国家发展改革委令 2014 年第 12 号），中外合资、中外合作、外商独资、外商购并境内企业、外商投资企业增资及再投资项目等各类外商投资项目，拟申请核准的，应按照国家有关要求编制外商投资项目申请报告。

外商投资项目申请报告应包括以下内容：①项目及投资方情况；②资源利用和生态环境影响分析；③经济和社会影响分析。

外国投资者并购境内企业项目申请报告还应包括并购方情况、并购安排、融资方案和被并购方情况、被并购后经营方式、范围和股权结构、所得收入的使用安排等内容。

外商投资项目申请报告应附以下文件：①中外投资各方的企业注册证明材料及经审计的最新企业财务报表（包括资产负债表、利润表和现金流量表）、开户银行出具的资金信用证明；②投资意向书，增资、并购项目的公司董事会决议；③城乡规划行政主管部门出具的选址意见书（仅指以划拨方式提供国有土地使用权的项目）；④国土资源行政主管部门出具的用地预审意见（不涉及新增用地，在已批准的建设用地范围内进行改扩建的项目，可以不进行用地预审）；⑤环境保护行政主管部门出具的环境影响评价审批文件（需要时）；⑥节能审查机关出具的节能审查意见（需要时）；⑦以国有资产出资的，需由有关主管部门出具的确认文件；⑧根据有关法律法规的规定应当提交的其他文件。

外商投资项目范围，目前执行《外商投资产业指导目录（2017 年修订）》（国家发展改革委、商务部令 2017 年第 4 号）中的"鼓励外商投资产业目录"、《外商投资准入特别管理措施（负面清单）（2018 年）》和《自由贸易试验区外商投资准入特别管理措施（负面清单）（2018 年）》。

外商投资项目核准权限，目前执行《政府核准的投资项目目录（2016 年）》，即《外商投资产业指导目录》中总投资（含增资）3 亿美元及以上限制类项目，由国务院投资主管部门核准，其中总投资（含增资）20 亿美元及以上项目报国务院备案。《外商投资产业指导目录》中总投资（含增资）3 亿美元以下限制类项目，由省级政府核准。

3. 境外投资项目申请报告

根据《企业境外投资管理办法》（国家发展改革委令 2017 年第 11 号），境外投资是指中华人民共和国境内企业（简称"投资主体"）直接或通过其控制的境外企业，以投入资产、权益或提供融资、担保等方式，获得境外所有权、控制权、经营管理权及其他相关权益的投资活动。投资主体开展境外投资，应当履行境外投资项目核准、备案等手续。

境外投资项目实行核准管理的范围是投资主体直接或通过其控制的境外企业开展的敏感类项目。敏感类项目包括：涉及敏感国家和地区的项目和涉及敏感行业的项目。敏感国家和地区包括：①与我国未建交的国家和地区；②发生战争、内乱的国家和地区；③根据我国缔结或参加的国际条约、协定等，需要限制企业对其投资的国家和地区；④其他敏感国家和地区。敏感行业包括：①武器装备的研制生产维修；②跨境水资源开发利用；③新闻传媒；④根据我国法律法规和有关调控政策，需要限制企业境外投资的行业。敏感行业目录由国家发展改革委发布。

境外投资项目的核准机关是国家发展改革委。实行核准管理的境外投资项目，投资主体应当通过网络系统向核准机关提交项目申请报告并附具有关文件。其中，投资主体是中央管理企业的，由其集团公司或总公司向核准机关提交；投资主体是地方企业的，由其直接向核准机关提交。

境外投资项目申请报告应包括：①投资主体情况；②项目情况，包括项目名称、投资目的地、主要内容和规模、中方投资额等；③项目对我国国家利益和国家安全的影响分析；④投资主体关于项目真实性的声明。项目申请报告的通用文本以及应当附具的文件清单由国家发展改革委发布。

三、项目申请报告的编制依据

项目申请报告的编制依据主要有：

（1）有关法律、法规、政策文件等。如《政府核准和备案投资项目管理条例》《政府核准投资项目管理办法》《企业投资项目核准和备案管理办法》《外商投资项目核准和备案管理办法》《境外投资项目核准和备案管理办法》以及国家关于改进规范投资项目核准行为、精简审批事项、规范中介服务等有关文件，行业或部门颁发的项目申请报告编制办法和细则等。

（2）项目申请报告编制的前置审批事项。包括规划选址意见书（仅指以划拨方式提供国有土地使用权的项目）和用地（用海）预审（国土资源主管部门明确可以不进行用地预审的情形除外）。对于重特大项目，环评（海洋环评）审批也作为前置条件。

（3）项目可行性研究报告、专项报告以及相应的评估或审查意见。专项报告例如节能评估报告、厂址选择报告、水资源论证报告、水土保持方案、安全预评价报告、职业病危害预评价报告、移民搬迁安置方案、征地补偿安置方案、重大事故应急救援预案、社会稳定性风险评价等；项目所在工业园区的总体规划和规划环评，以及项目所在地的林业、文物、军事等部门审查意见。

（4）核准招标内容的企业投资项目，还应附有关招标内容。

（5）投标、购并、或合资合作项目的特殊要求。对于投标、购并、或合资合作项目还可能需要中外方签署的意向书或框架协议、企业注册证（营业执照）、商务登记证及经审计的最新企业财务报表（包括资产负债表、利润表和现金流量表）、开户银行出具的资金信用证明等文件。对于境外竞标或收购项目，可能需要附国家发展改革委出具的确认函件。

四、项目申请报告的编制要求

根据《政府核准和备案投资项目管理条例》《企业投资项目核准和备案管理办法》和《企业境外投资管理办法》要求，项目申请报告可以由项目单位自行编写，也可以由项目单位自主委托具有相关经验和能力的中介服务机构编写。任何单位和个人不得强制项目单位委托工程咨询单位编制项目申请报告。项目单位或者其委托的工程咨询单位应当按照项目申请报告通用文本和行业示范文本的要求编写项目申请报告。工程咨询单位接受委托编制有关文件，应当做到依法、独立、客观、公正，对其编制的文件负责。

项目申请报告的编制要重点从规划布局、资源利用、征地移民、生态环境、经济和社会影响等方面进行论述，不必详细分析和论证项目市场前景、经济效益、资金来源、产品技术方案等由企业自主决策的内容。

项目申请报告的内容和深度要满足评估机构进行项目评估和有关核准部门进行核准的要求。

五、项目申请报告的编制内容

（一）项目单位及拟建项目情况

1. 项目单位情况

包括项目单位的主营业务、营业期限、资产负债、企业投资人（或者股东）构成、主要投资项目、现有生产能力、项目单位近几年信用情况等。

2. 拟建项目情况

包括拟建项目的建设背景、建设地点、主要建设内容、建设（开发）规模与产品方案、工程技术方案、主要设备选型、配套公用辅助工程、投资规模和资金筹措方案等；拟建项目与国民经济和社会发展总体规划、主体功能区规划、专项规划、区域规划等相关规划衔接和协调情况；拟建项目的产业政策、技术标准和行业准入政策等内容；拟建项目取得规划选址、土地利用等前置性要件的情况。

(二) 资源开发及综合利用分析

1. 资源开发方案

资源开发类项目，包括对金属矿、煤矿、石油天然气矿、建材矿以及水（力）、森林等资源的开发，应分析拟开发资源的可开发量、自然品质、赋存条件、开发价值等，评价是否符合资源综合利用的要求。

2. 资源利用方案

包括项目需要占用的重要资源品种、数量及来源情况；多金属、多用途化学元素共生矿、伴生矿、尾矿以及油气混合矿等的资源综合利用方案；通过对单位生产能力主要资源消耗量指标的对比分析，评价资源利用效率的先进程度；分析评价项目建设是否会对地表（下）水等其它资源造成不利影响。

3. 资源节约措施

阐述项目方案中作为原材料的各类金属矿、非金属矿及能源和水资源节约以及项目废弃物综合利用等的主要措施方案。对拟建项目的资源能源消耗指标进行分析，阐述在提高资源能源利用效率、降低资源能源消耗、实现资源能源再利用与再循环等方面的主要措施，论证是否符合能耗准入标准及资源节约和有效利用的相关要求。

(三) 生态环境影响分析

1. 生态和环境现状

包括项目场址的自然生态系统状况、资源承载力、环境条件、现有污染物情况和环境容量状况等，明确项目建设是否涉及生态保护红线以及与相关规划环评结论的相符性。

2. 生态环境影响分析

包括生态破坏、特种威胁、排放污染物类型、排放量情况分析，水土流失预测，对生态环境的影响因素和影响程度，对流域和区域生态系统及环境的综合影响。

3. 生态环境保护措施

按照有关生态环境保护修复、水土保持的政策法规要求，对可能造成的生态环境损害提出治理措施，对治理方案的可行性、治理效果进行分析论证。根据项目情况，提出污染防治措施方案并进行可行性分析论证。

4. 特殊环境影响

分析拟建项目对历史文化遗产、自然遗产、自然保护区、森林公园、重要湿地、风景名胜和自然景观等可能造成的不利影响，并提出保护措施。

(四) 经济影响分析

1. 社会经济费用效益或费用效果分析

从资源综合利用和生态环境影响等角度，评价拟建项目的经济合理性。

2. 行业影响分析

阐述行业现状的基本情况以及企业在行业中所处地位，分析拟建项目对所在行业及关联产业发展的影响，尤其对产能过剩行业应注重宏观总量分析影响，避免资源浪费和加剧生态环境恶化，并对是否可能导致垄断，是否符合重大生产力布局等进行论证。

3. 区域经济影响分析

对于区域经济可能产生重大影响的项目，应从区域经济发展、产业空间布局、当地财政收支、社会收入分配、市场竞争结构、对当地产业支撑作用和贡献等角度进行分析论证。

4. 宏观经济影响分析

对于投资规模巨大、对国民经济有重大影响的项目，应进行宏观经济影响分析。涉及国家经济安全的项目，应分析拟建项目对经济安全的影响，提出维护经济安全的措施。

（五）社会影响分析

1. 社会影响效果分析

阐述拟建项目的建设及运营活动对项目所在地可能产生的社会影响和社会效益。其中要对就业效果进行重点分析。

2. 社会适应性分析

分析拟建项目能否为当地的社会环境、人文条件所接纳，评价该项目与当地社会环境的相互适应性，提出改进性方案。

3. 社会稳定风险分析

重点针对拟建项目直接关系人民群众切实利益且涉及面广、容易引发的社会稳定问题，在风险调查、风险识别、风险估计、提出风险防范和化解措施、判断风险等级基础上，从合法性、合理性、可行性和可控性等方面进行分析。

4. 其他社会风险及对策分析

针对项目建设所涉及的其他社会因素进行社会风险分析，提出协调项目与当地社会关系、规避社会风险、促进项目顺利实施的措施方案。

六、项目申请报告的编制提纲

本章给出了一般建设项目的项目申请报告编制提纲通用文本。企业在编写具体的项目申请报告时，可结合实际情况，对通用文本的内容进行适当调整，适当增减。外商投资项目和企业境外投资项目的项目在内容上有一定的特殊要求，可根据有关要求进行适当调整。

建设项目的项目申请报告编制提纲通用文本：

1 申报单位及项目概况

1.1 项目申报单位概况

1.1.1 项目申报单位基本概况

1.1.2 主要投资者情况

1.2 项目概况

7.4 特殊环境影响

8 经济影响力分析

8.1 项目财务效果分析

8.1.1 项目主要产出品情况

8.1.2 项目主要投入物价值与成本分析

8.1.3 项目享受的优惠政策和补贴收入

8.1.4 外商投资项目享受的优惠政策补贴收入

8.1.5 境外投资项目投资者所得收入

8.1.6 项目所用劳动力支出和人员所得

8.1.7 项目投资支出分析和利息支出

8.1.8 项目主要财务评价指标

8.1.9 适用财务分析法规和参数说明

8.2 经济费用效益或费用效果分析

8.2.1 经济费用效益或费用效果分析

8.2.2 直接费用与效益估算

8.2.3 间接费用与效益估算

8.2.4 费用效果分析

8.2.5 经济费用效益流量表及指标分析

8.2.6 外汇平衡分析

8.2.7 经济费用效益或费用效果分析方法与参数说明

8.3 行业影响分析

8.3.1 行业现状和企业地位情况

8.3.2 行业影响程度分析

8.4 区域经济影响分析

8.4.1 项目税收对区域经济的影响

8.4.2 项目用人对区域经济的影响

8.4.3 其它影响

8.5 宏观经济影响分析

8.5.1 对产业发展的影响

8.5.2 对相关行业的影响

8.5.3 对国家经济安全的影响

8.6 经济安全性分析

8.6.1 产业技术安全性

8.6.2 资源供应安全性

8.6.3 产业可持续发展

8.6.4 市场环境与竞争力

8.6.5 资本控制力

8.6.6　财务可持续性

9　社会影响分析

9.1　社会现状分析

9.2　社会影响评价分析

9.2.1　社会影响因素

9.2.2　对当地居民生活的影响

9.2.3　对不同利益群体的影响

9.2.4　对社会文化和社会服务的影响

9.2.5　对项目受益与受损群体的影响

9.2.6　境外投资项目对进出口的影响

9.3　社会适应性分析

9.3.1　主要利益相关者的态度

9.3.2　当地各级政府的态度

9.3.3　当地企业和社会团体的态度

9.3.4　当地居民的态度

9.3.5　当地文化的适应程度

9.3.6　并购项目企业文化兼容性

9.3.7　对外投资与境外人文环境的适应性

9.4　社会风险及对策

9.4.1　可能产生的负面社会影响

9.4.2　应对社会问题的措施方案

10　项目主要风险及其防范措施

10.1　资源风险

10.2　市场风险

10.3　技术与装备风险

10.4　投资与融资的风险

10.5　其他风险

10.6　境外投资项目风险

10.7　并购项目风险

11　结论和建议

11.1　主要结论

11.2　主要问题和建议

12　附表、附图及附件

12.1　附表

12.1.1　主要设备一览表

12.1.2　引进设备材料一览表

12.1.3　出口设备材料一览表

第二节 资金申请报告的编制

一、资金申请报告的定义和作用

资金申请报告是企业为获得政府资金支持、财政专项资金（简称专项资金）支持、国际金融组织或者外国政府贷款而编制的报告。

政府资金支持包括政府投资、补助、奖励、转贷和贷款贴息等方式。专项资金支持形式多样，一般由行业主管部门根据需要提出或者设立，例如信息安全专项资金等，科技部主管国家科技重大专项、863 计划、973 计划、支撑计划、产业化计划等，工信部主管中小企业发展专项资金、电子信息产业发展基金、先进制造业智能化改造基金等，农业部主管的各项专项补助资金等。国际金融组织或者外国政府贷款主要指使用世界银行、亚洲开发银行、国际农业发展基金会等国际金融组织贷款和外国政府贷款及与贷款混合使用的赠款、联合融资等。

政府资金支持和专项资金支持可分为国家级和地方级两个级别。国家级资金支持一般对资金申请报告的内容和深度有明确规定和要求，地方级资金支持应执行地方政府有关规定，无规定者可参照国家规定执行或者适当简化。以下重点介绍申请国家资金的资金申请报告的编制。

资金申请报告的作用，是从资金使用合理性角度，向政府回答项目财务的可行性以及项目对经济、社会、资源、环境等方面的影响和贡献。

二、资金申请报告的分类

根据资金来源和性质不同，现阶段有明确规定和要求的资金申请报告主要有三类：财政补贴性资金支持项目资金申请报告、高技术产业化项目资金申请报告、国际金融组织贷款项目资金申请报告。

（一）财政补贴性资金支持项目资金申请报告

根据《中央预算内投资补助和贴息项目管理暂行办法》，以投资补助和贴息方式使用中央预算内资金（包括长期建设国债投资），应编制资金申请报告。按照规定需要各级政府财政补贴、转贷、贷款贴息或资金支持的项目，应编制资金申请报告。

财政补贴性资金支持项目资金申请报告应具备以下内容：①项目单位的基本情况和财务状况；②项目的基本情况；③申请投资补助或贴息资金的主要原因和政策依据；④项目招标内容（适用于申请投资补助或贴息资金 500 万元及以上的投资项目）；⑤国家发展改革委要求提供的其他内容。

财政补贴性资金申请报告报送时，应附送以下文件：①政府投资项目的可行性研究报告批准文件；②企业投资项目的核准文件或备案证明；③规划部门出具的规划选址意见；④国土资源部门出具的项目用地预审意见；⑤环保部门出具的环境影响评价文件的审批意见；⑥申请贴息的项目须出具项目单位与有关金融机构签订的贷款协议；⑦项目单位对资金申请报告内容和附属文件真实性负责的声明；⑧国家发展改革委要求提供的其他文件。

凡已经由国务院、国家发展改革委、省级和计划单列市发展改革委审批或核准的投资项目，或者申请使用资金额在 200 万元以下的投资项目，可适当简化附件。

（二）高技术产业化项目资金申请报告

根据《国家高技术产业发展项目管理暂行办法》，国家高技术产业化项目、国家重大技术装备研制和重大产业技术开发项目、国家产业技术创新能力建设项目、国家高技术产业技术升级和结构调整项目和其他国家高技术产业发展项目，申请使用国家或地方政府投资资金补助时，应编制资金申请报告。

高技术产业化项目资金申请报告应具备以下内容：①项目单位的基本情况和财务状况；②项目的基本情况，包括项目背景、项目建设（研发）内容、总投资及资金来源、技术工艺、各项建设（研发）条件落实情况等；③申请国家补贴资金的主要理由和政策依据；④项目招标内容（适用于申请国家补贴资金 500 万元及以上的投资项目）；⑤国家发展改革委项目公告或通知要求提供的其他内容。

高技术产业化项目资金申请报告报送时，可根据情况附以下相关文件：①政府投资项目的可行性研究报告批准文件或企业投资项目的核准文件或备案证明；②技术来源及技术先进性的有关证明文件；③规划部门出具的规划选址意见；④国土资源部门出具的项目用地预审意见；⑤环保部门出具的环境影响评价文件的审批意见；⑥金融机构出具的贷款承诺，申请贴息的项目还须出具项目单位与有关金融机构签订的贷款协议或合同；⑦项目单位对项目资金申请报告内容和附属文件真实性负责的声明；⑧国家发展改革委项目公告或通知要求提供的其他文件。

（三）国际金融组织贷款项目资金申请报告

根据《国际金融组织和外国政府贷款投资项目管理暂行办法》，借用世界银行、亚洲开发银行、国际农业发展基金会等国际金融组织贷款和外国政府贷款及与贷款混合使用的赠款、联合融资等投资项目，项目纳入国外贷款备选项目规划并完成审批、核准或备案手续后，项目用款单位须按要求向有关部门报送项目资金申请报告。

国际金融组织贷款项目资金申请报告应具备以下内容：①项目概况，包括项目建设规模及内容、总投资、资本金、国外贷款及其他资金、项目业主、项目执行机构、项目建设期；②国外贷款来源及条件，包括国外贷款机构或贷款国别、还款期、宽限期、利率、承诺费等；③项目对外工作进展情况；④贷款使用范围，包括贷款用于土建、设备、材料、咨询和培训等的资金安排；⑤设备和材料采购清单及采购方式，包括主要设备和材料规格、数量、单价；⑥经济分析和财务评价结论；⑦贷款偿还及担保责任、还款资金来源及还款计划。

国际金融组织贷款项目资金申请报告报送时，应附送以下文件：①项目批准文件（项目可行性研究报告批准文件、项目申请报告核准文件或项目备案证明）；②国际金融组织贷款项目，应提供国外贷款机构对项目的评估报告；③国务院行业主管部门提出项目资金申请报告时，如项目需地方政府安排配套资金、承担贷款偿还责任或提供贷款担保的，应出具省级发展改革部门及有关部门意见；④申请使用限制性采购的国外贷款项目，应出具对国外贷款条件、国内外采购比例、设备价格等比选结果报告。

三、资金申请报告的编制依据

资金申请报告文本编制通常以资金提供者提出的要求为依据。资金提供者的要求一般体现在管理办法中，例如《中央预算内投资补助和贴息项目管理暂行办法》《国家高技术产业发展项目管理暂行办法》《国际金融组织和外国政府贷款投资项目管理暂行办法》等。通常国家在对应时期、一定范围内实行一些重大专项资金支持时，会有特定的附加要求，遇到此类项目时，应按照有关部门的要求执行。

四、资金申请报告的编制要求

资金申请报告文本可以自行编制或选择有能力、有实力的咨询机构进行编制，咨询机构应当做到依法、独立、客观、公正，对其编制文件的准确性负责。

资金申请报告的编制，首先要根据所申请资金的来源和性质，充分响应资金使用要求，反映投资主管部门对投资行为的引导和约束；其次要根据资金使用时限，反映项目投资主体情况、项目情况和资金使用情况。

五、资金申请报告的编制内容

（一）项目单位及拟建项目情况

简述项目申报单位、项目主要投资者和项目的基本情况，为项目资金审查机关分析判断项目申报单位是否具备承担拟建项目的资格、是否符合资金发放条件等提供背景和依据。

1. 项目单位情况

包括项目单位的名称、性质、法人、注册地点、注册资本、主营业务、营业期限、资产负债、企业投资人（或者股东）构成、主要投资项目、现有生产能力、项目单位近几年信用情况等内容。

2. 拟建项目情况

包括拟建项目的建设背景、建设地点、主要建设内容、建设（开发）规模与产品方案、工程技术方案和主要技术来源、主要设备选型和采购方案、配套公用辅助工程、投资规模和资金筹措方案等。简要说明拟建项目的政策符合情况，包括是否符合国民经济和社会发展总体规划、主体功能区规划、专项规划、区域规划等相关规划，是否符合所在行业的产业政策、技术标准和行业准入等要求，是否符合清洁生产、环境保护、卫生防护距离等方面的要求。核准类项目要说明取得规划选址、土地利用等前置性要件的情况。简要说明项目拟申请的资金来源和资金使用条件要求，对比项目情况，说明项目是否具备申请资金的条件。

（二）项目融资分析

通过项目的融资分析，说明项目总投资及构成、融资构成、融资成本，分析项目融资方案合理性，说明政府资金介入的必要性，说明拟申请资金数额和理由。

1. 项目总投资及构成

简要说明项目总投资，包括建设投资、建设期利息、流动资金。

2. 项目融资构成、融资成本和融资方案合理性分析

简要说明项目借贷资金数额、来源及使用条件，自有资金来源或权益资金来源，分析资金来源可靠性，分析项目融资成本，分析融资方案合理性。

3. 拟申请资金数额和理由

提出拟申请资金数额。综合拟建项目政策符合性、技术水平、资金筹措方案等，说明政府资金或者国外组织贷款介入的必要性。

4. 项目资金使用计划分析

说明包括借贷资金、权益资金、拟借入的政府资金或国际金融机构或政府贷款资金的逐年用款计划。说明资金的使用范围，包括用于土建、设备、材料、咨询和培训等。

（三）项目财务、经济和清偿能力分析

通过拟建项目的财务分析和经济分析，说明拟建项目在预测期内、预测条件下的财务效益情况和经济效益情况，反映项目的经济运行能力。

1. 项目财务分析

简要说明拟建项目采取的财务分析依据和基础条件，分析项目的成本费用、销售收入、税收、优惠政策、财务指标等。

2. 项目经济分析

简要说明拟建项目的经济分析依据、基础条件和经济指标。通过分析，说明拟建项目在预测期内、预测条件下的经济效益情况，反映项目经济运行能力。

3. 项目清偿能力分析

简要分析项目的还款期、利息备付率、偿债备付率等指标，说明项目是否具有清偿能力。简要分析项目的贷款偿还计划、担保责任、还款资金来源，说明项目的财务可持续性。简要分析项目投资者（企业）近三年的资产负债、利润、现金流量、投资者（非政府投资者）清偿能力、银行信誉等级等，说明投资者的财务状况和资产实力。

（四）社会影响分析

通过拟建项目的社会影响分析，说明项目将引起的社会影响效果、项目的社会适应性，可能引发的社会风险和采取的对策。

1. 社会影响效果分析

阐述拟建项目的建设及运营活动对项目所在地可能产生的社会影响和社会效益。

2. 社会适应性分析

分析拟建项目能否为当地的社会环境、人文条件所接纳，评价该项目与当地社会环境的相互适应性。

3. 社会稳定风险分析

重点针对拟建项目直接关系人民群众切实利益且涉及面广、容易引发的社会稳定问题，在风险调查、风险识别、风险估计、提出风险防范和化解措施、判断风险等级基础上，从合法性、合理性、可行性和可控性等方面进行分析。

4. 其他社会风险及对策分析

针对项目建设所涉及的其他社会因素进行社会风险分析，提出协调项目与当地社会关系、规避社会风险、促进项目顺利实施的措施方案。

（五）项目风险及防范分析

通过项目风险及防范措施分析，对项目可能面临的风险因素、风险发生的可能性、风险影响程度进行说明，并提出风险防范和降低风险的对策。

1. 资源风险和防范措施

说明各种原材料、动力的来源与供应风险，分析风险程度，提出防范和减低风险的对策。

2. 市场风险和防范措施

说明产品市场变化、竞争态势变化、主要投入品和产出品价格变化的可能性以及由此带来的风险，判断对项目效益和持续经营的影响程度，提出防范和减低风险的对策。

3. 技术装备风险和防范措施

说明技术装备来源、技术进步、工程方案变化的可能性以及带来的风险，分析各种风险对项目造成的影响，提出防范和减低风险的对策。

4. 投资与融资的风险和防范措施

分析投资估算额发生变化的可能性，分析资金来源与供应风险、利率风险、汇率风险，分析各种风险对项目的影响程度，提出防范和减低风险的对策。

5. 其他风险和防范措施

分析包括施工组织、产品规模与方案等技术因素和政治、军事、经济、自然灾害等非技术因素，对项目带来的影响和发生的可能性，提出防范和减低风险的对策。境外投资项目还应重点关注政治、军事、宗教等非技术因素的风险。

六、资金申请报告的编制提纲

以下是财政补贴性资金支持项目、高技术产业化项目和国际金融组织贷款项目的资金申请报告编制提纲。其它类型的资金申请报告，可结合项目性质和资金来源具体要求进行适当调整。

（一）财政补贴性资金支持项目资金申请报告编制提纲

1　概述

1.1　项目申报单位概况

1.1.1　项目申报单位基本概况

1.1.2　主要投资者情况

1.2　项目概况

1.2.1　项目基本情况

1.2.2　项目背景和意义

1.2.3　项目目标

1.3　项目基本内容

1.3.1　建设规模和产品方案

1.3.2　工艺技术和主要设备

1.3.3　工程方案

1.3.4　项目组织

1.4　项目建设前期准备基本情况

1.4.1　项目进展情况

1.4.2　项目建设期

2　项目的政策符合性分析

2.1　产业政策符合性分析

2.2　土地利用和规划符合性分析

2.3　清洁生产与环保符合性分析

2.4　资金申请符合性分析

3　项目融资分析

3.1　总投资及其构成

3.1.1　总投资或总资金

3.1.2　建设投资

3.1.3　建设期利息

3.1.4　流动资金

3.2　项目借贷资金

3.3　权益资金

3.4　资金来源的可靠性分析

3.5　融资方案合理性分析

9.1.2 引进设备材料一览表

9.1.3 出口设备材料一览表

9.1.4 投资估算表

9.1.5 主要财务分析指标表

9.2 附件

9.2.1 项目批准文件（项目可行性研究报告批准文件、项目申请报告核准文件或项目备案文件）

9.2.2 中外投资各方的企业注册证（营业执照）、商务登记证及经审计的最新企业财务报表（包括资产负债表、利润表和现金流量表）、开户银行出具的资金信用证明

9.2.3 增资、并购项目的公司董事会决议

9.2.4 银行出具的融资意向书

9.2.5 国家资本项目管理、外债管理的有关规定

9.2.6 证明中方及合作外方资产、经营和资信情况的文件

9.2.7 以有价证券、实物、知识产权或技术、股权、债权等资产权益出资的，按资产权益的评估价值或公允价值核定出资额。应提交具备相应资质的会计师、资产评估机构等中介机构出具的资产评估报告，或其他可证明有关资产权益价值的第三方文件

9.2.8 投标、并购或合资合作项目，中外方签署的意向书或框架协议等文件

9.2.9 境外竞标或收购项目，应按规定报送信息报告，并附国家发展改革委出具的有关确认函件

9.2.10 国际金融组织贷款项目，提供国外贷款机构对项目的评估报告

9.2.11 国务院行业主管部门提出项目资金申请报告时，如项目需地方政府安排配套资金、承担贷款偿还责任或提供贷款担保的，出具省级发展改革部门及有关部门意见

9.2.12 申请使用限制性采购的国外贷款项目，出具对国外贷款条件、国内外采购比例、设备价格等比选结果报告

9.2.13 利用国际金融组织和外国政府贷款的投资项目，地方应出具（省市/区）该地区利用该项资金项目的执行情况和还贷情况说明

9.2.14 其他有关文件、资料

（二）高技术产业化项目资金申请报告编制提纲

1 总论

1.1 项目概述

1.2 项目预期目标

1.2.1 总体目标

1.2.2 阶段目标

1.2.3 资金投入及使用计划

2 项目技术成果的先进性分析

2.1 简述

2.2 项目创新点

2.3 知识产权状况

3 项目实施方案分析

3.1 项目的转化内容与技术路线论述

3.2 项目组织实施方案

3.3 项目产品市场调查与竞争能力预测

3.4 投资预算与资金筹措

3.4.1 投资预算

3.4.2 资金筹措

3.4.3 资金使用计划

3.5 项目实施风险评价

3.6 项目实施计划

4 项目预期效益分析

4.1 成果转化目标分析

4.2 经济效益分析

4.2.1 产品成本分析

4.2.2 产品单位售价预测

4.2.3 经济效益分析

4.2.4 项目投资评价

4.3 社会效益分析

4.4 生态效益分析

5 项目支撑条件分析

5.1 申报单位基本情况

5.2 单位转化能力论述

5.3 单位职工队伍情况

5.4 单位管理情况

5.5 单位财务经济状况

5.6 合作单位研发能力

（三）国际金融组织贷款项目资金申请报告编制提纲

根据国家发展改革委办公厅《关于印发国际金融组织贷款项目资金申请报告编制大纲和项目资金申请报告报批文件提纲的通知》（发改办外资〔2008〕1770号），国际金融组织贷款项目资金申请报告编制大纲如下：

1 项目概况

1.1 项目建设目标及必要性

1.2 项目区域及建设地点、项目建设规模、内容

1.3　项目投资估算及资金筹措方案

1.3.1　总投资及资金构成

1.3.2　年度投资安排

1.4　项目执行机构及项目业主

1.5　项目建设期及进度安排

2　国外贷款来源及条件

2.1　国外贷款机构

2.2　贷款条件（包括还款期、宽限期、利率、先征费、承诺费等）

3　项目前期准备工作进展情况

3.1　国内工作进展情况

3.1.1　项目建议书批准情况

3.1.2　项目可行性研究报告或项目申请报告批准情况

3.1.3　环评及土地预审相关情况

3.2　对外工作进展情况

3.2.1　项目鉴别、准备、评估等情况（包括亚行贷款项目准备性技援 PPTA 情况）

3.2.2　贷款谈判计划安排

3.2.3　贷款协议及项目启动计划安排

3.3　国内配套资金落实情况

4　贷款使用方案及类别安排

5　土建、设备及材料采购安排

5.1　采购原则及方式

5.2　采购计划（应附表说明）

5.2.1　土建采购分包方案

5.2.2　设备及材料采购清单

5.2.3　咨询服务及培训计划

6　经济分析及财务评价结论

6.1　经济分析

6.2　财务评价

6.3　环境和社会效益评价

7　贷款偿还及风险防范

7.1　贷款偿还方式

7.2　偿还或担保责任

7.3　还款资金来源

7.4　贷款偿还计划

7.5　外债风险分析及规避风险初步方案

8　附件

8.1　项目批准文件（项目可行性研究报告批准文件、项目申请报告核准文件或项目备案文件）

8.2　项目评估文件（国外贷款机构对项目的评估报告中英文文本）

8.3　国内配套资金落实文件或相关证明

第五章　政府和社会资本合作（PPP）项目实施方案编制

政府和社会资本合作（PPP）投资项目，主要适用于政府负有提供责任又适宜市场化运作的基础设施和公共服务类项目。对于确定采用政府和社会资本合作（PPP）模式实施的项目，在组织实施前应由项目实施机构组织编制政府和社会资本合作（PPP）项目实施方案。本章主要介绍实施方案编制的含义、适用范围、编制内容及其组织与管理。

第一节　概　述

一、PPP 的含义和适用范围

（一）PPP 的基本含义

联合国发展计划署（1998）认为，PPP 是指政府、营利性企业和非营利性组织基于某个项目形成相互合作关系的形式。通过这种合作形式，合作各方达到比预期单独行动更有利的结果。联合国培训研究院将 PPP 定义为是涵盖了不同社会系统倡导者之间的所有制度化合作方式。

国家发展改革委在《关于开展政府和社会资本合作的指导意见》（发改投资〔2014〕2724 号）中提出，政府和社会资本合作（PPP）模式是指政府为增强公共产品和服务供给能力、提高供给效率，通过特许经营、购买服务、股权合作等方式，与社会资本建立的利益共享、风险分担及长期合作关系。

财政部在《关于推广运用政府和社会资本合作模式有关问题的通知》（财金〔2014〕76 号）中提出，政府和社会资本合作模式是在基础设施及公共服务领域建立的一种长期合作关系。通常模式是由社会资本承担设计、建设、运营、维护基础设施的大部分工作，并通过"使用者付费"及必要的"政府付费"获得合理投资回报；政府部门负责基础设施及公共服务价格和质量监管，以保证公共利益最大化。

综合上述定义和功能，政府和社会资本合作（PPP）模式可归纳为政府和社会资本在风险分担、利益共享的基础上建立并维持长期的合作伙伴关系，通过发挥各自的优势及特长，最终为公众提供质量更高、效果更好的公共产品及服务的一种项目投融资方式。

（二）政府和社会资本合作（PPP）模式的适用范围

政府和社会资本合作（PPP）模式涉及的行业可分为能源、交通运输、水利建设、生态建设和环境保护、市政工程、片区开发、农业、林业、科技、保障性安居工程、旅游、医疗卫生、养老、教育、文化、体育、社会保障、政府基础设施、其他等 19 个一级行业。政府和社会资本合作（PPP）模式不但可以用于新建项目，而且也可以在存量、在建项目中使用。

二、编制实施方案的作用

1. 为政府和社会资本合作（PPP）项目决策提供依据

实施方案包括对边界条件的设置、交易结构的设计、回报机制的研究，明确政府与社会资本合作（PPP）项目在全生命周期内的权利、义务划分，物有所值评价和财政承受能力论证等。这些内容，一方面是政府方是否采用政府和社会资本合作（PPP）模式，以及采用何种具体运作方式的重要决策依据；另一方面也是社会资本方（企业上级集团公司、董事会）对项目投资可行性、风险与收益等进行评估、决策的重要依据。

2. 为政府和社会资本合作（PPP）项目的实施奠定基础

实施方案的编制是在前期工作成果的基础上，进一步对（PPP）项目合作的交易结构、合作边界、投融资模式、监管等主要内容进行充分论证；也会结合项目实际落实政府方项目实施目的、管理意愿以及社会资本方参与目的和诉求；同时，还会对社会资本投资人选择、社会资本、采购以及下一阶段合同文件起草、社会资本退出提供基础支撑，提出具有可操作性的意见建议。实施方案内容是否科学、合理、有效，是未来政府和社会资本建立良好合作伙伴关系、顺利推进项目实施、发挥项目效益的重要基础。

三、实施方案编制的基本要求

实施方案要具有科学性。实施方案是政府和社会资本合作（PPP）项目未来全生命周期内确保公共产品和服务供给、是否建立真正、持续、良好的合作关系的重要决策依据；在实施方案编制过程中，合理把握价格、土地、金融等各项政策，科学地划分风险、界定边界条件，有效地建立合理回报机制，稳定项目预期收益，是确保实施方案各项内容科学合理，项目能否顺利实施的重要保障。

实施方案要具有专业性。实施方案编制涉及政策、法律、工程、管理、金融、财务、税务等方面内容，它既不是单纯的商务策划，也不是单纯的工程咨询，而是一项复杂的，融合多个专业领域的系统工程。实施方案编制过程中必须充分发挥法律、工程咨询、金融、财务等专业人员的知识、技能优势，让"专业的人干专业的事"，做好分工协作、优势互补，以保障实施方案专业的可实施性。

实施方案要具有有效性。实施方案编制过程中，需切实保证方案中每个环节涉及的内容都符合实际情况，切实有效、可行，以确保实施方案以及整个项目前期策划的内容得以落地实施，并最终为项目的顺利推进、综合效益的持续良好发挥奠定基础。

四、实施方案编制的依据

（一）法律及政策的依据

中共中央、国务院已下发多个政策文件，鼓励政府和社会资本合作。国家发展改革委、财政部等中央部委与各级地方政府也按照深化投融资体制改革要求，发布了政府和社会资本合作（PPP）实施的指导意见或者相关管理办法。主要包括：

1.《关于进一步加强政府和社会资本合作（PPP）示范项目规范管理的通知》（财金〔2018〕54 号）；

2. 国务院办公厅《关于进一步激发民间有效投资活力促进经济持续健康发展的指导意见》（国办发〔2017〕79 号）；

3.《关于开展重大市政工程领域政府和社会资本合作（PPP）创新工作的通知》（发改投资〔2016〕2068 号）；

4.《关于切实做好传统基础设施领域政府和社会资本合作有关工作的通知》（发改投资〔2016〕1744 号）；

5.《关于在公共服务领域深入推进政府和社会资本合作工作的通知》（财金〔2016〕90 号）；

6.《中共中央国务院关于深化投融资体制改革的意见》（中发〔2016〕18 号）；

7.《关于创新重点领域投融资机制鼓励社会投资的指导意见》（国发〔2014〕60 号）；

8.《关于在公共服务领域推广政府和社会资本合作模式的指导意见》（国办发〔2015〕42 号）；

9.《基础设施和公用事业特许经营管理办法》；

10.《关于开展政府和社会资本合作的指导意见》（发改投资〔2014〕2724 号）；

11.《国家发展改革委关于切实做好传统基础设施领域政府和社会资本合作有关工作的通知》（发改投资〔2016〕1744 号）；

12.《关于推广运用政府和社会资本合作模式有关问题的通知》（财金〔2014〕76 号）；

13.《关于印发政府和社会资本合作模式操作指南》（财金〔2014〕113 号）等。

（二）规划依据

实施方案编制必须符合国家、地方经济社会发展规划要求。主要包括：

1. 国民经济和社会发展规划、城市总体规划（包括控制性规划）、土地利用总体规划以及交通、市政基础设施等相关领域的各专项规划；

2. 项目如跨地域（省、市）还需要参考相应的国家级、省级（或城市群，都市圈）战略规划、专项规划（如国家中长期铁路规划、高速公路规划）等；

3. 项目如果位于开发区、高新技术园区等，还需要参考相应的区域规划。

（三）技术经济指标依据

对于新建或改扩建项目，技术经济指标依据主要为：

1. 项目前期立项、决策文件及其相关规划；

2. 同类项目相关数据资料及业内专家的相关建议；

3. 如某个项目的各类技术经济指标无可参考的案例，在推进该项目和编制实施方案之前，应针对该类项目的造价、运营、维护等方面的各类技术经济指标进行专题研究。

对于存量项目，技术经济指标依据主要为：

1. 项目日常运营的各项指标、数据记录或者对现有设施设备的评估、尽职调查；

2. 项目历史存档的立项、可行性研究、初步设计（基础设计）、施工图（详细设计）等；

3. 周边区域同类项目相关资料的收集、调研、访谈等。

五、实施方案编制的基本要求

（一）尊重契约精神，建立长期合作关系

政府和社会资本在合作期内都必须遵从法治环境下的"契约精神"，建立具有法律意义的契约伙伴关系。伙伴关系的确立以及出现争端的解决依据是未来双方签订的系列合同文件。实施方案作为编制合同文件的基础，决定了在编制过程中要将建立长期的、可持续的伙伴关系作为宏观的目标贯穿始终。

（二）宏观与微观相结合，统筹近期与远期关系

实施方案编制在宏观层面上应将整个合作期限内的重大问题都纳入考虑范围，需要对过去、现在、未来等不同阶段涉及到的双方责权利等内容进行系统的回顾、总结、预测。对已经存在的问题，需要进行合理分析并提出合理的解决方案，对可以预测到的内容需要预先提出解决方案，对不可预知的内容则也要提出较好的解决方向和机制。微观层面上项目边界条件的设定、交易结构的设计、违约处理及争端解决建议等内容，一方面需要考虑"变化"、"未知"等因素导致问题出现时，双方可以有较好的协调、完善机制，以最大限度确保合作伙伴关系的维持；另一方面也需要对双方在各个阶段、各项内容上的责权利进行清晰划分和界定，以尽量减少合作期间双方可能引起的争端，避免合作关系破裂。

（三）坚持风险分担，利益共享

实施方案编制一方面要对风险的分担进行合理划分，确保合作各方可以最大限度利用自身优势规避不利因素，甚至转化为收益；另一方面也需考虑项目的公益性、天然垄断性等特点，设计合理的利益分享及调节机制，在确保社会资本获利的同时防止其暴利危害公共利益。

（四）维护公共利益，保障社会资本获得合理回报

政府和社会资本合作（PPP）项目本身的公益属性决定了其具有公共利益最大化、市场经济利益最大化不可兼顾的矛盾。实施方案的编制需要抓住双方利益诉求不同的主要矛盾，以唯物辩证的观点对主要矛盾、次要矛盾进行系统研究、平衡，

在边界条件、交易结构及调价机制设定和退出机制选择等方面进行合理设计。既要避免社会资本借助政府特许的权力获得过高收益、损害公共利益；又要避免社会资本在守约的情况下不能获得合理、稳定的回报，造成项目不可持续。

第二节　实施方案的编制内容

国家发展改革委、财政部等有关部委以及地方政府均对实施方案编制提出了指导性意见。依据相关文件要求，参考国内已有项目经验，实施方案的编制一般包括项目概况、风险识别与分配、项目运作方式、项目交易结构、合同体系、监管架构、社会资本采购、物有所值与财政承受能力论证等八个方面的内容，在具体编制时可结合项目特点和具体情况酌情增减。

一、项目概况

（一）项目名称

根据项目前期立项、可行性研究或项目申请报告等批复、核准文件明确采用政府和社会资本合作（PPP）模式的项目名称。

（二）项目概况

1. 项目进展情况

实施方案中首先要明确项目类型，一般可分为新建和存量两种类型。纳入合作范围内的项目也可能是已建但尚未完成、存量运营但需要改造等情况。区分新建和存量项目，以项目是否通过竣工验收为界限。项目尚未通过竣工验收的为新建项目，反之为存量项目。

（1）新建项目

包括新建、已建但尚未完工两种类型。实施方案中需要通过调研、访谈、资料收集等明确该项目已完成的前期工作内容、已有的前期工作成果、已获得的批复情况，并对下阶段工作安排、整体项目推进计划等进行描述，如果项目已进入施工阶段，或者部分工程已经完工，则还需要对已建或者已经完工部分的内容、规模、投资、前期工作批复情况、设计及施工情况等进行描述。

（2）存量项目

包括已通过竣工验收进入运营期的存量项目以及处于运营期但面临更新改造的项目。实施方案中需要通过调研、访谈、资料收集等对存量项目之前的审批程序、设施设备状态、运营情况、更新改造计划安排等进行描述。

另外，无论是新建还是存量项目，都还需要对该项目是否已经列入 PPP 项目库，列入哪个级别的项目库等进行说明。

2. 项目建设内容与规模

新建项目的建设内容与规模，首先要以相关部门的批复文件或经过批复的前期工作成果为依据，如果前期工作成果尚未履行批复程序，则以政府方明确的前期工作成果为依据。如果存在已完工程，则已完工部分的内容与规模需明确具体的时间节点。

存量项目的建设内容与规模，主要以项目前期的批复文件、竣工验收报告、资产评估报告、尽职调查报告等为依据。如果存在改扩建需求，还需对改扩建的内容与规模等作必要的说明。

3. 项目主要技术方案和技术指标

包括工程项目的主要规划选址、建设方案、总图布局、施工工法、主要设备参数、技术路线等。针对不同类型项目，可参照可行性研究报告的要求，对项目的技术方案、主要技术指标进行概括性描述。主要技术方案和技术指标，新建项目需以相关的前期工作文件（如可研报告、设计文件等）为依据，存量项目则还需以历史存档资料和实际运营数据为依据。

4. 项目总投资及建设工期

新建项目总投资及工期的确定，首先以相关部门的批复文件或经过批复的前期工作成果为依据。如果项目尚未履行批复程序，则以政府方明确的前期工作成果为依据。另外，项目总投资中还应明确工程费用、工程建设其他费、预备费、建设期贷款利息、铺底流动资金、独立费（如征地拆迁费、特殊装备摊销费用等）。已完工部分可参考审计、结算等结果的项目总投资。

存量项目可根据项目实际情况参考决算、第三方资产评估等确定的项目总投资。

项目建设总工期除需明确总工期外，还要明确关键工程节点的进度时间。

（三）项目实施主体

一是明确政府授权的政府方项目实施机构。该机构一般应负责社会资本选定前的一系列项目前期策划、社会资本招商等工作；二是如果政府参与未来项目公司组建，需明确政府方出资代表。一般为政府的事业单位、平台公司等；三是明确社会资本方与政府达成合作意见之后的项目实施主体。一般为政府和社会资本合作专门成立的项目公司。

二、风险识别与分配

（一）风险因素识别

1. 系统性风险

（1）不可抗力风险

不可抗力风险是指当事人不能预见、不能避免且不能克服的自然事件和社会事件，造成项目失败或收益大幅度减少的风险。如地震、海啸等自然灾害风险以及战争、暴乱等社会风险。

（2）政策风险

政策风险主要来自两个方面：一是国家政策影响区域经济的发展，从而影响项目需求；二是由于国家政治、经济政策的变化，引起项目建设、运营、管理等方面的变化。如项目征用（或提前中止）、法律变更、审批变化、税收变更、行业标准调整等。

（3）经济风险

经济风险指在项目经营过程中，由于经济形势及市场变动直接或间接地造成项目收益受到损失的风险。主要包括经济形势恶化、通货膨胀、利率调整等。

2. 非系统性风险

（1）施工风险

施工风险指在项目施工过程中由于施工工艺不当、安全措施不力、施工方案不合理、应用技术失败等导致工程量增加、投资增加、工期延后等给拟建项目带来的风险。

（2）设计风险

设计风险主要指项目设计方案的可靠性、适用性和经济性方面是否能够满足项目建设目标要求的风险。如地下工程项目出现前期地质勘察设计与实际施工情况不适应时，将发生项目中断、工期延误、费用增加等风险。

（3）投资控制风险

投资控制风险主要是由于工程方案变动的工程量增加、工期延长，以及物价上涨、各种费率提高、项目管理不当等导致项目总投资增加的风险。例如前期工作深度较浅、工程施工难度较大的项目可能面临此类风险。

（4）管理风险

管理风险主要指项目组织设置方案不适于项目的建设或营运、项目管理层不能胜任项目的组织与管理等影响项目的效率、成本与进度的风险。

（5）运营维护风险

运营维护风险是指在项目运营过程中，由于运营管理失误或社会经济环境变化，出现经营问题，如维护力度不够、运营费用超支、发生重大事故等，致使项目达不到原定的运营指标的风险。如经营类项目经营期间各类管理、维护不当造成经济效益达不到预期目标的风险。

（6）移交风险

移交风险主要指由于提前解约，双方配合程度、移交资料准备、移交前维护及工程状态保障等原因影响项目交付进度与质量的风险。

（二）风险分配原则

1. 由风险控制力最强的一方承担相应风险的原则

风险分担的首要原则是承担风险的一方要对该风险最有控制力，也就是风险承担方需处在风险防控的最有利位置，能有效减少风险发生的概率和风险发生时的损失，从而保证控制风险所花费的成本最小；同时由于风险在某一方的控制之内，使其有动力为管理风险而努力，从中获得优势效益。

2. 风险的承担方能够将风险合理转移的原则

风险的承担方应能够有效控制和管理风险，能够把风险合理转移给第三方，如通过签署设计咨询合同、工程建设合同等措施将风险转移给分包商，以及通过保险等方式把风险转移给其他主体，有效减轻和化解风险。

3. 风险的承担程度与所得回报相匹配的原则

项目中还存在一些双方都不具有控制力的风险，这些风险在分配时应综合考虑风险发生的可能性、政府自留风险的成本和社会资本承担风险的意愿及要求的回报金额。

（三）风险分配方案

1. 影响风险分配的主要因素

（1）项目特点

每个项目的主要风险点、可能发生的风险概率，风险发生以后所造成的影响以及规避风险发生的措施都不相同，需要根据项目实际情况对发生的风险进行合理分配。

（2）承担风险的意愿

双方承担风险的意愿主要有：一是对风险的一般态度，即对风险的态度是厌恶还是偏好，取决于决策者的主观意识和性格等；二是对项目风险的认识深度，如果一方对风险的诱因、发生概率、发生的后果，以及可采取的措施有足够的认识，则可能乐意承担较多的风险；三是承担风险后果的能力，主要取决于经济实力；四是管理风险的能力，取决于各方管理风险的经验、技术、人才和资源等的储备情况。

2. 风险分配所要达到的效果

（1）分配的结果可以减少风险发生的概率、风险发生后造成的损失以及风险管理成本，任何一方都需要为解决好应该承担的风险而付出代价。

（2）项目全生命周期内分配的结果可以培养各方的理性和谨慎的行为，各方有能力控制分配给自己的风险，并为项目的成功有效地工作。

3. 风险分配的结果

（1）政府方需承担的风险

政治和公共政策风险一般由政府来承担。经过政府审批或核准的建设项目，政治风险对项目的影响一般较小，这种风险政府可以自己承担而不必分配给社会资本；对社会和法律风险，政府可以通过法律、行政的手段进行控制，这部分风险适合由政府来承担。当然，由于不同地方政府的管理习惯、管理理念不同，有的政府也可能会愿意承担包括设计、施工、投资控制等在内的风险。

（2）社会资本方需承担的风险

社会资本具有较丰富的商业经验，与商业经济行为相关的类似风险由社会资本承担更为合理。如设计、融资和施工、运营、维护等均不同程度的具有一定的商业性质。社会资本承担该类的风险越多，则通过有效控制而获得额外收益的可能性也就越大。另外，政府对该类风险不如社会资本经验丰富、缺少相应的专业化队伍，交由社会资本承担更加合理。但是，不同项目、不同类型的社会资本也会根据自身管理能力和特点，对风险承担可有所选择，例如建筑类企业对设计、融资的风险控制力较弱，资产运营类企业对施工管理的控制力较弱等。

（3）双方共同承担的风险

政府和社会资本双方共担的风险，是指任何一方都不愿承担该风险的后果，或者任何一方承担都会减少对该风险控制的积极性，如不可抗力因素等。该类风险一般需要通过谈判来确定双方承担的比例和所得回报。

（4）风险控制应对的措施和建议

结合风险分配方案，对各方承担的每一类风险需提出合理、可操作的应对措施和建议，以最大程度控制风险事件的发生，并保障在风险发生时最大限度的减少损伤。

风险结果分配，可用表格形式列出，如表5-1：

表 5-1　一般 PPP 项目的风险分配

项目阶段	风险因素	风险来源	风险结果	建议承担方	应对措施建议
全过程	政策风险	法律与政策稳定性	影响项目的正常进行，项目暂停甚至终止	政府	政府出具声明或保证，约定该情况下提前解约处理机制
	……	……	……	……	……
前期（准备期）	建设条件	水、电、路，建设用地、临时用地等	影响进度，成本增加	政府及社会资本	双方前期做好配套设施边界调研与划分工作
	……	……	……	……	……
建设期	市场风险	原材料价格	增加成本	社会资本	套期保值等
		职工待遇提高	成本超支	社会资本	加强人力成本管控、提高效率
		……	……	……	……
	……	……	……	……	……
运营维护期	……	……	……	……	……
……	……	……	……	……	……

三、项目运作方式

（一）运作方式

1. 常见运作方式

政府和社会资本合作（PPP）的运作方式有很多种。根据财政部《政府和社会资本合作模式操作指南》，政府和社会资本合作（PPP）项目运作方式主要包括委托运营、管理合同、建设－运营－移交、建设－拥有－运营、转让－运营－移交和改建－运营－移交等。具体运作方式的选择主要由收费定价机制、项目投资收益水平、风险分配基本框架、融资需求、改扩建需求和期满处置等因素决定。政府和社会资本合作（PPP）项目运作方式分类，如表5-2：

表5-2 政府和社会资本合作（PPP）项目的运作方式类型

类型	定义	合同期限	备注
委托运营（O&M）	指政府将存量公共资产的运营维护职责委托给社会资本或项目公司，社会资本或项目公司不负责用户服务的政府和社会资本合作项目运作方式。	一般不超过8年	政府保留资产所有权，只向社会资本或项目公司支付委托运营费
管理合同（MC）	指政府将存量公共资产的运营、维护及用户服务职责授权给社会资本或项目公司的项目运作方式。	一般不超过3年	政府保留资产所有权，只向社会资本或项目公司支付管理费；通常作为TOT的过渡方式
建设-运营-移交（BOT）	指由社会资本或项目公司承担新建项目设计、融资、建造、运营、维护和用户服务职责，合同期满后项目资产及相关权利等移交给政府的项目运作方式。	一般为20-30年	
建设-拥有-运营（BOO）	指由社会资本或项目公司承担新建项目设计、融资、建造、运营、维护和用户服务职责，必须在合同中注明保证公益性的约束条款，社会资本或项目公司长期拥有项目所有权的项目运作方式。	长期	由BOT方式演变而来
转让-运营-移交（TOT）	指政府将存量资产所有权有偿转让给社会资本或项目公司，并由其负责运营、维护和用户服务，合同期满后资产及其所有权等移交给政府的项目运作方式。	一般为20-30年	
改建-运营-移交（ROT）	指政府在TOT模式的基础上，增加改扩建内容的项目运作方式。	一般为20-30年	

2. 按照权责大小的运作方式分类

按照政府与社会资本之间的权责大小，可以分三大类：

（1）外包类。政府权责最大，社会资本权责最小，仅仅是作为一个受托人。包括O&M和MC，可视为传统BT（建设-移交）的改良版，现在应用较少。

（2）特许经营类。政府权责较小，社会资本权责较大，现在大部分政府和社会资本合作（PPP）项目均属于此类，包括广为人知的BOT，已渗透到各个行业中，还衍生了多种模式，合作方式日趋多样化，更加灵活。

（3）私有化类。政府的权责最大，社会资本的权责最小，合作最为深入。财政部所提出的BOO模式是私有化的一种。

（二）操作模式

在推进政府和社会资本合作（PPP）模式中，根据项目实际、管理者意愿等选择不同的操作方式、设计合理的交易结构。根据《国家发展改革委关于开展政府和社会资本合作的指导意见》（发改投资〔2014〕2724号），政府和社会资本合作（PPP）操作模式有以下三种：

1. **经营性项目。** 对于具有明确的收费基础，并且经营收费能够完全覆盖投资成本的项目，可通过政府授予特许经营权，采用建设—运营—移交、建设—拥有—运营—移交等模式推进。要依法放开相关项目的建设、运营市场，积极推动自然垄断行业逐步实行特许经营。

2. **准经营性项目。** 对于经营收费不足以覆盖投资成本、需政府补贴部分资金或资源的项目，可通过政府授予特许经营权附加部分补贴或直接投资参股等措施，采用建设—运营—移交、建设—拥有—运营等模式推进。要建立投资、补贴与价格的协同机制，为投资者获得合理回报积极创造条件。

3. **非经营性项目。** 对于缺乏"使用者付费"基础、主要依靠"政府付费"回收投资成本的项目，可通过政府购买服务，采用建设—运营—移交、建设—拥有—运营、委托运营等市场化模式推进。要合理确定购买内容，把有限的资金用在刀刃上，切实提高资金使用效益。

上述各类操作模式的建设环节，可以仅指工程施工建设，也可以涵盖项目勘察设计等内容；运营环节，则可以涵盖日常的经营以及为保持相关设施、设备服务状态而采取的日常维护、大修、后期更新改造等。

另外，对于存量项目或者改扩建项目，还可以结合上述三大类项目的特点，对部分环节进行变换，以确定合理的、适用的模式。例如去掉新建项目中的建设环节，增加存量资产的移交或者移交＋改造环节等。

（三）社会资本投资人类型

一般而言，社会资本根据其主要业务类型和投资目的，可分为三类：以投资为目的的投资型社会资本、以承揽项目施工建设为主要目的的施工型社会资本，以运营为目的的运营商。部分多元化经营的社会资本可能兼具以上两类或者三类特点。实施方案编制过程中，需要结合以下原则提出投资人类型的选择建议：

1. **充分考虑政府方意愿**

政府方一般会根据管理能力、操作惯例等，对希望社会资本参与的内容及阶段提出政府方意愿和公共产品（服务）的要求。

2. **高度重视社会资本方需求**

政府方提出的合作需求需得到市场的充分响应，才可以最终达成合作关系。咨询机构需要将政府意愿与市场潜在投资人的意愿进行有机结合，给出最佳建议。

3. **尊重项目实际**

不同投资人类型社会资本的关注点因项目类型不同而不同。咨询机构应结合项目特点和社会资本的投资目的，各项目实施阶段的主要风险点、赢利点进行充分分析，本着风险分担最优、财务效益和社会效益平衡最佳的原则提出合理的建议方案。

四、项目交易结构

（一）项目投融资结构

1. 项目公司股权结构

一是需要明确政府方是否参股项目公司；二是需要明确政府方和社会资本方在项目公司的股份比例；三是需要明确各方出资形式。

政府和社会资本合作（PPP）项目原则上政府方股份应低于50％，也可以完全不参股项目公司。政府方参股项目公司的意义包括以下三个方面：

（1）政府参股委派代表进入项目公司董事会，可以对项目公司日常运作具有充分的知情权；

（2）政府方参股有利于缓解社会资本投融资压力，可以增强项目对社会资本吸引力并降低政府后期付费成本；

（3）政府方参股之后，政府方出资代表机构以及委派人员参与项目公司日常运营管理，可以学习社会资本先进的管理经验，培养本地化人才。

2. 项目融资安排

（1）项目资本金比例要求。项目资本金比例的最低限度不能低于国家及地方的规定，也必须满足银行等金融机构贷款的需要。

（2）资本金到位计划安排。资本金到位计划需要满足项目建设和融资需要。

（3）债务资金安排。除项目资本金之外的建设资金，需要由项目公司通过债务融资的方式解决，债务融资所需要的抵押担保形式，可以根据项目需要设计为项目资产抵押、股东担保、第三方担保、特许经营权质押等。

（二）项目回报机制

1. 回报机制的选择

常用的回报机制及适用条件，主要包括以下三类：

（1）使用者付费

主要针对效益比较好的经营性项目，例如效益较好的收费公路、水处理项目等。社会资本通过在政府特许经营期内的运营向使用该项设施或该项设施提供的服务的使用者直接、间接地收取相关费用。

（2）政府付费

主要针对本身不具备向使用者收费基础的非经营性项目（纯公益性项目），例如市政道路、市政绿化等。该类项目一般由社会资本投资建设，并按照合同约定在合作期内负责日常维护，政府则按照事先约定的绩效考核办法定期对其维护质量进行考核，并按考核结果以政府付费的形式向社会资本购买其为社会提供的免费的公共基础设施及服务。财政部在《关于印发政府和社会资本合作模式操作指南（试行）的通知》（财金〔2014〕113号）中提出政府付费，主要包括可用性付费、使用量付费和绩效付费，相应的付费依据则是设施可用性、产品和服务使用量和质量等要素。

（3）使用者付费加可行性缺口补助

主要针对准经营性项目，例如城市综合管廊、轨道交通等项目。该类项目同时兼具公益性和经营性属性，属于基础设施和公共服务范畴，政府具有价格管控权，项目在短期或者长期的经济效益较差，投资人难以通过向使用者收取费用收回成本，则政府以财政补贴、股本投入、优惠贷款和其他优惠政策的形式，给予社会资本经济补助。

2. 项目收益水平分析及政府付费初步测算

实施方案编制中首先要以项目前期工作成果中的投资计划安排、运营维护成本等数据，进一步按照《建设项目经济评价方法与参数》（第三版）核算项目收益水平。如果项目本身收益水平较高，则必须考虑设计防止社会资本暴利的机制；如果项目本身收益水平较低，则需要设计政府付费或者补贴的机制。

为满足决策需要，并为物有所值评价、财政承受能力论证提供数据支撑。对于需要政府付费或者补助的项目，实施方案中需要根据项目设定的收入或者政府付费水平进行测算。该测算值一般为政府付费的上限水平，未来通过引入竞争机制则可以将政府付费降低。在设定项目收益上限值的时候需要考虑以下几个因素：

（1）同类已实施的项目；

（2）政府方参股比例以及是否参与分红；

（3）项目是否可以引起社会资本有效的充分竞争；

（4）现行的贷款政策和利率水平；

（5）项目未来是否具有隐性收益空间；

（6）风险分配的结果，特别是社会资本方承担的风险；

（7）对投资人类型的选择等。

（三）相关配套安排

相关配套安排主要是指政府为推进项目实施、吸引社会资本可以给予的配套安排，包括工程建设方面的配套，如运输通道安排、水电气接口预留等；资源的配套，如可经营性的资源、土地资源等；政策配套，如建立联审机制、政策保障及税收减免优惠等。

五、合同体系

（一）合同体系的组成

一般而言，政府和社会资本合作（PPP）项目在整个合作期内的合同体系由两部分组成：

一是政府与社会资本投资人之间的合同体系。政府需要与项目实施主体签订《PPP项目合同》（特许经营合同），以明确双方在整个合作期内的各项责权利划分，以及违约处罚、争议解决等。如需要成立项目公司，则政府需要与社会资本先签订《投资协议》，以约定具体合作事项、年限、项目公司成立等相关事宜；待项目公司成为项目实施主体后，再签订《PPP项目合同》（特许经营合同）。此外，如政府对后期运营等有具体要求，还可以签订具体的运营维护合同等；或者将相关内容整体纳入《PPP 项目合同》（特许经营合同）。

二是项目实施主体与其他参与项目单位之间的合同体系。主要是项目公司成为项目实施主体后，为项目实施需要与其他参与各方签订各类合同，包括项目前期的勘察设计合同、咨询合同、融资贷款合同等；建设期的施工总承包合同、设备及材料采购合同、监理合同、项目管理合同等；运营期的委托经营合同、日常保养维修合同等。这类合同均应政府备案。

（二）合同体系的主要内容

政府和社会资本投资人的合同体系是前期策划和决策的重点，需要对双方合作的核心边界条件，项目全生命周期不同阶段各方的权利、义务等进行约定，主要包括以下内容：

1. 权利义务边界

（1）工程范围

新建项目需要对纳入合作范围的工程内容、红线范围、土地规模、设备数量等进行明确界定；存量项目需要对拟纳入合作范围的设施设备数量、状态、内容等进行明确。

（2）特许经营权

涉及特许经营的项目，需要对政府拟授予社会资本的特许经营权进行明确，可根据项目实际对特许经营权进行分类或者分阶段明确。

（3）项目资产权属

项目资产权属包括项目建设投资形成的固定资产、项目用地、技术专利等无形资产等，需根据双方合作意愿明确合作期内的归属。项目资产权属的归属与项目融资、资产证券化、设置相关担保权益等直接相关。

（4）征地拆迁及建设条件落实

对于新建项目，需要对征地拆迁、配套建设条件等事项的工作边界及费用承担进行明确。该部分内容也是对项目合作范围的进一步界定。

一般而言，征地拆迁费用可以纳入项目总投资，由社会资本承担，但由于该项工作协调工作较多，具体拆迁、补偿工作可由政府方负责完成。

项目建设条件一般包括水、电、路等配套接入工程，方案中需要明确该部分内容建设、租赁、协调、费用承担及其责任主体等。

（5）项目用地

需要对项目用地的属性、土地权属以及用地取得的方式等进行明确，如果土地不属于无偿划拨，还需要明确土地价格。另外，如果规定土地权属归于项目公司，还可以根据实际情况对土地转让、抵押等作出限制及要求。

（6）各股东方权利义务划分

需要对参与未来项目公司组建的股东各方的主要承担义务和权利进行约定，包括董事会人员安排、总经理、财务总监等核心管理层人员安排初步建议。如果政府方出资参与项目公司组建，则需要明确政府方股份是否参与未来项目公司分红等。另外，如果政府方基于维护公共利益考虑，可能会安排政府方董事会代表在特殊事项表决中拥有一票否决权。

2. 交易条件边界

（1）项目合作期限

根据国家发展改革委、财政部等文件的要求，结合国内外政府和社会资本合作（PPP）的实施经验，合作期一般为 20—30 年。如果项目情况特殊，年限也可以根据实际情况缩短或者延长。

（2）项目回报机制

项目回报机制主要说明社会资本取得投资回报的资金来源，包括使用者付费、可行性缺口补助和政府付费等支付方式。

合作期内，通货膨胀、利率变化等因素可能对投资人收益水平产生影响，基于项目风险分配方案，该部分的风险如果由政府方承担，或者双方共同承担，为保障投资人获得合理收益，设定基于通货膨胀及利率变化的相关付费调整机制。

（3）价格调整机制

价格调整机制首先应该明确价格调整权力的归属。一般而言，政府和社会资本合作（PPP）项目属于基础设施和公共服务设施，本身的公益属性较强，价格调整的权力属于政府。对于部分特殊项目，也可能将一部分或者全部的价格调整权力交给社会资本，但需要提前约定价格调整的考虑因素、触发条件、调整机制、调整程序、调整上下限等。价格的调整与社会资本的收益直接相关，该部分的内容需要与付费机制、运营维护费用调整等综合考虑。

（4）项目产出说明

项目产出说明主要明确未来政府与社会资本合作（PPP）项目以后可以为社会提供的基础设施和公共服务设施类型、数量、标准等。如有必要，还可以对其社会效益、经济效益、财务效益等进行测算、分析。

3. 履约保障边界

（1）项目保险方案

为规避项目全生命周期的各类风险，方案中需要根据项目的特点、类型等提出保险方案建议。方案建议中，需要明确保险的种类、费用分摊、受益人、赔付款使用范围等。例如要求项目全生命周期足额投保工程一切险、附加第三方责任险等。

（2）履约保证体系

政府和社会资本合作（PPP）项目全生命周期需要建立健全的社会资本履约保证体系，以防止社会资本违约对政府、公共利益造成损害。履约保证的形式可以选择现金、银行保函等多种形式。

①投标保证金

投标保证金是指在社会资本招商阶段，要求投标人随投标文件一同递交给招标人的一定形式、一定金额的投标责任担保。其主要保证投标人在递交投标文件后不得撤销投标文件，中标后无正当理由不与招标人订立合同，在签订合同时不得向招标人提出附加条件、或者不按照招标文件要求提交履约保证金，否则，招标人有权不予返还其递交的投标保证金。投标保证金的缴纳和退还程序、金额等可以参照现行的政府采购、工程及货物招投标等法律法规执行。

②合作期内履约保证

合作期内履约保证应根据项目实际情况而设立，包括项目前期（立项、设计等）履约保证、建设期（施工建设至竣工验收）履约保证、运营期（竣工验收之后至移交）履约保证、移交保证等。要点如下：

● 项目前期履约保证：主要是控制项目前期工作进度，加快项目推进。

● 建设期履约保证：主要是防止社会资本在施工过程中的费用超支、发生重大事故、工程质量不达标、工期延误、未执行与第三方签署合同等违约行为给政府和公共利益造成损害。

● 运营期履约保证：主要保证社会资本按照现行法律法规及合同约定提供高效、优质、持续的服务，并防止社会资本对相关设施、设备维护不到位造成安全隐患、损害公共利益等。

● 移交保证：目的是保证社会资本按照合同约定将符合移交范围的设施、设备、资料、档案等有形、无形资产按照约定的标准、状态、程序移交给政府。为保证移交项目质量和状态，可约定该项移交保证涵盖期间结束于移交完成后的一定期间。

合作期内履约保证的主要目的是避免未来社会资本在合作期内违约导致项目质量出现问题、服务水平不达标等，给公共利益造成损害。应遵循主要原则，一是保证公共利益不受侵害，二是不给社会资本增加额外负担。例如，对于政府付费项目，运营期可利用政府付费代替履约担保，如果社会资本出现违约，则政府付费相应扣减即可。

4. 调整衔接边界

（1）应急处理

社会资本（项目公司）作为项目的主体，在发生突发事件、事故时，需要第一时间承担应急处理、救援等任务。因此，方案中需要对该部分内容提出建设方案。包括：

● 制定相应的应急处理、救援预案，并明确相关预案需要遵循的法律法规及规范要求以及报备程序。

● 根据日常管理、应急救援预案配备相关设备、设施。

● 需要建立与公安、交管、消防、安监、卫生等相关部门的沟通、协调机制。

● 应急救援专业人员的配备、训练等。

（2）临时征用与接管

政府和社会资本合作（PPP）项目主要属于具有公共属性的基础设施和公共服务设施，政府方需要提前约定基于公共利益而可以临时征用与接管的触发机制与程序。临时征用与接管主要包括两种情况，一是社会资本方违约，并未能及时更正，政府认为有必要接管以维护公共利益；二是基于国家安全、重大活动事件等考虑，需要临时征用项目设施设备以保证国家利用、公共利益。

（3）合同变更和延期

对于目前无法预知的事项，可以通过合同变更、签订补充协议等方式解决。方案设计中需要提出有效的解决机制。

实施方案可根据项目实际情况约定合作期内双方合作期是否可以延长，如果考虑需要延长的可能性，则需要约定相关的触发条件、解决机制等。

（4）合同解除

政府和社会资本合作（PPP）项目合作周期较长，期间不确定因素较多，需要设计合理的双方退出机制。合同解除主要包括两类情况，一是某一方违约触发合同解除，二是在没有发生违约事项时，双方友好解除合同。

①违约情况下的合同解除

政府和社会资本双方合作伙伴关系的建立是以未来的PPP项目合同（特许经营协议）为基础，并受到国家和地方现行法律法规的约束。在项目全生命周期内，如果一方发生违约，则可以触发合同解除。违约情况下的合同解除，违约方需要给予对方一定的违约补偿。方案设计中，首先要考虑整个合作期内不同阶段违约解除合同的情况，其次需要考虑每一类违约解除合同的触发条件、解决机制，再次需要设计每一类违约解除合同时双方的结算金额、违约补偿金额。

②友好解除合同

友好解除合同可能由任意一方提出，按照合同约定经对方同意即可。一般而言，政府方提出解除应基于维护公共利益和政策调整等因素；社会资本方提出解除可能基于公司战略调整等原因。实施方案设计中，对于此类解除合同，还需要考虑不同阶段的处理办法及结算方法。该情况下，提出解除合同的一方是否给予对方适当补偿，应视项目实际情况、政府与社会资本方意愿而定。

实施方案中提前解除结算方案的设计，应按照"约定结算基数＋违约处理"的原则进行处理。约定结算基数是双方在事先无违约情况下，按照约定的结算方式、模型计算出来的结算基础；一方违约则在此基础上给予另外一方适当违约补偿。

（5）项目公司股权变更

该部分应参照政府方意愿、社会资本意愿，以最大限度维护公共利益为原则，设定项目公司未来股权变更的相关条件。包括：一是对股权变更在项目不同阶段的限制，如有的项目要求竣工验收前项目公司股权不得变更；二是对股权变更条件的约定，一般会约定社会资本方股权变更需要征得政府方同意；三是对股权变更后受让方的资格条件等提出要求，如有的项目会基于保证项目服务质量对变更股权受让方的业绩、资质提出要求；四是对股权变更的程序进行约定。

目前的常用做法是建设期不允许股权变更，项目正式投入运营一定年限后，在符合约定条件、征得政府同意后允许股权变更。

5. 项目前期

对于新建或者改扩建项目，如果合作期包括项目的前期立项、设计等内容，需要对项目前期工作交接等事项进行约定。主要包括三个方面：

（1）前期工作交接的界面

合理划分交接界面，有利于双方理清前期工作中的权利和义务。根据现行的项目基本建设管理程序，前期工作交接的界面建议考虑以下几个标志性事件：

● 项目立项批复；

● 项目可行性研究报告或项目申请报告批复；

● 项目初步设计及概算批复；

● 项目施工图设计及预算通过审查。

（2）前期工作质量和进度要求

对前期工作所要达到的质量，以及每个阶段交付成果的时间、进度需要提出明确的要求。时间及进度的要求包括各成果编制的时间，也包括政府方评审、批复的时间。

（3）前期工作相关合同及费用约定

如果项目在选择社会资本合作伙伴前就由政府先期开展了部分的前期工作，那么需要对项目公司成立之后该类合同的继承、转让，相关费用分摊承担、支付、返还等进行约定。

6. 项目建设实施

（1）项目建设进度及相关标准要求

对于新建项目或者存在改扩建需求的项目，需要在方案中对项目工期、建设进度要求等进行明确。工期作为建设项目的重要控制目标，在政府和社会资本合作（PPP）模式下政府需要进行合理、适度的管控。该管控不只针对总体工期，还需要对包括关键节点在内的整个建设进度，政府对于工期的管控将结合阶段性目标控制点、总工期等进行多目标管控。实施方案应对工期、建设进度、关键节点时间控制三个方面的内容提出建议方案，依据应以初步设计批复为准，并结合政府要求、同类项目情况综合而确定。

项目建设标准的确定首先应符合国家关于该类项目的行业规范、标准的约定，其次应以可行性研究报告、初步设计文件中明确的各项建设标准、技术指标为依据。

（2）项目方案变更管理

对于存在建设环节的政府和社会资本合作（PPP）项目，需要在现行基本建设管理程序规定的框架下对设计变更处理的机制、责任的划分、变更的认定、变更引起的费用分担等内容提出建议方案。变更视内容、投资大小可分为一般性变更和重大变更，相关的标准可以参照现行各行业管理规定执行。

一般情况下，变更的触发因素可能包括以下五个方面，一是工程建设期间遇到实际情况与设计不一致，为顺利推进项目而必须产生的变更；二是由于国家、地方政策、标准变化引起的变更；三是由于新技术、新设备出现，基于优化方案、节约投资、提高效益而提出的变更；四是政府方基于公共利益考虑，对项目提出变更要求；五是基于不可抗力等引起的变更。

建设期的变更主要影响项目工期、质量、投资三大重要目标，对政府和社会资本合作（PPP）项目的社会资本收益、投融资计划安排、资金成本等也具有较大影响。为处理好该部分内容，实施方案中需要对以下内容提出建议方案：

- 各类变更的触发因素约定及管理、报批程序；
- 一般性变更与重大变更的认定；
- 各类变更实施后的投资责任、质量责任划分等。

7. 项目验收管理

该部分内容需要在现行基本建设管理程序框架下，对工程项目建成后的验收提出建议，主要包括以下内容：

- 验收的组织形式；
- 验收开展的前期条件；
- 验收的质量目标；
- 验收程序及管理所参照执行的规定；
- 竣工决算及审计的相关内容等。

上述内容的制定，一是要充分结合国家和地方现行的行业管理规定，如《公路工程竣（交）工验收办法》、《城镇道路工程施工与质量验收规范》、《城市桥梁工程施工与质量验收规范》、《房屋建筑和市政基础设施工程竣工验收规定》等；二是需要充分考虑该政府和社会资本合作（PPP）项目的交易结构及风险分担方案，对验收的责任、权利等在政府与社会资本方之间合理划分。

8. 项目运营和服务

（1）运营服务要求及日常运营维护标准

该部分内容需要对项目日常的运营、维护提出相关要求，主要包括：

- 项目正式运营的开始条件；
- 项目运营的质量、标准要求；
- 项目日常维护执行的标准、规定；
- 项目大修、更新改造的相关约定；
- 对项目公司的经营范围限制等。

该部分内容应该根据项目的实际情况，以现行行业标准、前期设计文件等为依据。不同的项目需要有不同的侧重点，例如对于纯公益性的普通市政基础设施，则应更重视日常维护和大修；对于具有经营性的项目，则需要重视运营的质量、效率等；对于轨道交通等需要设备较多的项目，则还要重视后期主要设备的更新改造。

另外，该部分内容的运营、维护标准及要求，还需要与政府付费、绩效考核进行挂钩。

（2）运营期一般补偿事件

由于政府要求、法律变更等造成运营成本或资本性支出增加时，政府应当给予适度补偿。实施方案需要根据项目实际情况对该类事件进行充分估计，如果无法估计则需要提出解决该类问题的处理办法，如后期允许通过第三方论证、签订补充协议等形式解决。

9. 项目移交

（1）项目移交安排

项目移交是双方完成合作的最后一项内容，实施方案中需要对以下内容提出建议方案：

● 移交的准备安排：包括设施设备检修计划安排，资产清查计划安排，债务、留置权、抵押的解除与清偿，接手人员培训及现有职工安排，财务审计等；

● 移交程序及时间安排；

● 移交的资产及和资料范围；

● 移交时设施设备的状态要求；

● 其他相关内容的转让与安排，包括保险的转让，总承包商等第三方的保证等。

（2）移交质量保障

实施方案应考虑移交前、中、后三个阶段，为确保项目质量而需要提出的针对性方案，包括：

● 针对移交检测、资产清查等前期发现的问题处理的要求、费用分担、责任划分等；

● 针对移交期间各项费用的分担、责任划分等的建议；

● 针对移交后结合履约保障边界中的移交保证，对项目公司的存续期、保证责任提出要求等。

10. 政府的权利和义务

政府的权利和义务主要包括两个方面：

（1）一般性的权利和义务

主要明确设计、投融资、建设、运营维护、移交等阶段政府方作为合同主体的主要权利及义务，根据约定进行概括性约定。政府方权利主要包括合作期各个阶段的知情权、监督权、绩效考核、审计及资金监管权利等；义务则包括履行配套承诺、协调各方关系、财政支出安排等。

（2）特别的权利和义务

政府和社会资本合作（PPP）项目实际操作中，政府方对于项目管理的角色将发生根本性转变，合作期内的项目执行将严格按照合同约定，政府只能在合同约定、行政管理许可的情况下进行监管。如果基于特别的公共利益要求，政府方需要提出一些特别的要求，则需要事先进行明确，或者预留解决该事项的协调机制。例如合作期内要求增加附属或配套设施建设、特殊情况下临时征用及接管、特殊事项否决权；再如为项目融资、发债提供协调等义务。

11. 社会资本（项目公司）的权利及义务

主要针对合作期内项目公司作为合同主体所需要履行的权利和承担的义务，根据项目具体情况进行概括性约定。社会资本（项目公司）的权利主要包括设计、投融资、建设、运营维护项目的权利，获得政府付费或者使用者付费的权利等，具体也可约定其在融资方面的自主权、基于项目设施及收益权的质押担保权、优先获得项目公司分红的权利等。义务则主要包括其在合作期各阶段的责任、配合政府履行监管的义务、配合特殊事项及重大活动的义务等。

六、监管架构

（一）监管体系

政府和社会资本合作（PPP）项目实施过程中，监管体系一般包括履约监管、行政监管、公众监管等三个方面。实施方案中应从维护公共利益角度出发，为项目设计出合理、全面、可操作的监管体系。

履约监管： 主要是按照合同约定，对社会资本（项目公司）在合作期内的出资、建设、运营、服务绩效等进行监管。

行政监管： 主要是相关行政主管部门，按照现行国家及地方的法律、法规和自己的职责范围，对项目合作期内的各项活动实施正常的行政监管。

公众监管： 主要是设计出合理的公众反馈、投诉机制，引导公众合理、适度的参与到项目日常监管中，防止项目实施发生损耗公共利益的事情。

（二）各阶段的政府监管

对于政府和社会资本合作（PPP）项目而言，项目合作期内包括准备期、建设期、运营期、移交等四个阶段中的一个或者多个。实施方案在构建合理的监管体系之后，需要根据项目情况，对不同阶段内的监管内容、监管措施等提出合理化建议。

1. 项目前期的政府管控

政府对于项目前期的管控遵循以下两个原则：一是避免管控不足造成项目质量不高、推进不顺等问题，有损公共利益；二是避免过度管控，影响社会资本（项目公司）在前期工作中的主动性和积极性，难以发挥其优势。政府前期工作的管控体系可以包括：掌握前期咨询单位、设计单位的选择权；委托第三方对各阶段成果进行咨询论证；重大项目在设计阶段委托设计监理等。

2. 采购及招标的政府管控

政府和社会资本合作（PPP）模式下，社会资本（项目公司）将成为项目的实施主体，一般情况下由其完全负责项目建设期的所有采购与招标活动。但是，政府方基于公共利益的考虑，也可以在该阶段本着控制投资、控制质量、控制进度等目标，提出适度、合理的管控措施。

实施方案中应结合项目实际情况与政府方管理意愿，对该部分内容在以下两个方面提出建议方案：

（1）政府方是否增加特别的监管措施，如加入第三方全过程造价控制、第三方质量安全监督管理等；

（2）监理、施工总承包、主要设备（如轨道交通车辆）等在采购或招标环节是否由政府方提出特别要求，如有的项目政府要求负责监理、设备采购，有的项目虽然由项目公司负责全部建设期采购与招标，但是政府要对采购条件、招标文件等进行审查。

3. 项目建设的政府管控

建设期政府的监管应结合监管架构中的监管体系、监管建议，针对性地提出本阶段政府采取的监管手段以及对社会资本（项目公司）的要求。如要求项目公司定期提交书面的工程进度报告、资金投入及使用报告，开展专项检查等。

4. 项目运营维护的政府管控

运营期政府的监管同样应结合监管架构中的监管体系、监管建议，针对性地提出本阶段政府采取的监管手段以及对社会资本（项目公司）的要求。包括：对项目设施进行专项检查考核，对检测评估中发现的问题，项目公司应进行整改；要求项目公司提供运营管理、维修方案及年度工作计划，运行监控信息的采集分析报告等资料；绩效考核评价，依据提前设定的评价指标体系，系统的对项目运营维护进行绩效考核评价，并以此作为政府付费的重要基础。

七、社会资本采购

（一）社会资本方采购的法律及政策依据

《政府和社会资本合作项目政府采购管理办法》（财库〔2014〕215号）中明确政府和社会资本合作（PPP）项目采购方式包括公开招标、邀请招标、竞争性谈判、竞争性磋商和单一来源采购。项目实施机构应根据项目采购需求特点，依法选择适当采购方式。公开招标主要适用于核心边界条件和技术经济参数明确、完整、符合国家法律法规和政府采购政策，且采购中不作更改的项目。

《国家发展改革委关于开展政府和社会资本合作的指导意见》（发改投资〔2014〕2724号）中明确政府和社会资本合作（PPP）项目的伙伴选择按照《招标投标法》、《政府采购法》等法律法规，通过公开招标、邀请招标、竞争性谈判等多种方式，公平择优选择具有相应管理经验、专业能力、融资实力以及信用状况良好的社会资本作为合作伙伴。

（二）采购方式选择

根据上述规定，目前社会资本投资人的采购方式主要包括公开招标、邀请招标、竞争性谈判、竞争性磋商、单一来源采购等。

实施方案中应结合项目实际情况，提出切实合理、可行的采购方式。采购方式的确定需遵从以下原则：

（1）符合现行法律法规要求；

（2）符合项目实际情况；

（3）需要与项目运作方式、边界条件设置等相符合；

（4）可以有效引起潜在投资人之间的合理竞争等。

（三）社会资本资格条件

结合前期市场调查、项目运作方式、采购方式建议等内容，对未来社会资本采购环节设置的资格条件等提出初步建议，可以包括相关资信条件、类似项目经验、管理团队、资质条件等。

（四）评分办法

社会资本的采购需要本着公开、透明、公正的基本原则，营造充分的竞争环境。在遴选社会资本投资人阶段的评分办法应该结合项目实际情况、潜在市场测试情况等采用综合评分法。综合评分的内容一般包括三个部分：

商务报价评分：即按照投标文件设置的竞标点，对量化的报价进行评分。例如，单车通行费、车公里补贴、项目全投资内部收益率等。

企业商务资信评分：根据项目实际情况可包括注册资金、资产、盈利等在内的财务状况，企业资信或第三方评级，融资能力，类似项目经验，设备及专业人员配备、项目经理及项目团队配备等。

技术评分：根据项目实际情况可包括规划方案、工程设计方案、工程建设组织管理方案、设备采购及安装方案、设施设备维护方案、可经营设施的经营方案等。

八、物有所值与财政承受能力论证

在编制实施方案的过程中，要根据项目实际情况，对项目采用政府和社会资本合作（PPP）模式是否可行进行分析，主要包括物有所值评价和财政承受能力论证。通过二者验证的，由项目实施机构报政府审核；未通过验证的，可在实施方案调整后重新验证。经重新验证仍不能通过的，不再采用政府和社会资本合作模式。

（一）物有所值评价

物有所值即政府和社会资本合作（PPP）模式在项目全生命周期的成本、综合经济、社会效益考虑的性价比等方面优于传统模式，是判断项目是否适合采用政府和社会资本合作（PPP）模式实施的决策基础。物有所值评价是判断是否采用政府和社会资本合作（PPP）模式代替政府传统投资运营方式提供公共服务项目的一种评价方法，包括定性评价和定量评价。现阶段以定性评价为主，鼓励开展定量评价。《PPP物有所值评价指引（试行）》（财金〔2015〕167号）是开展物有所值评价重要的指导性文件。

开展物有所值评价前所需的资料主要包括：（初步）实施方案、项目产出说明、风险识别和分配情况、存量公共资产的历史资料、新建或改扩建项目的（预）可行性研究报告、设计文件等。开展物有所值评价时，项目本级财政部门应会同行业主管部门，明确是否开展定量评价，并明确定性评价程序、指标及其权重、评分标准等基本要求。

1. 物有所值定性评价

定性评价指标包括全生命周期整合程度、风险识别与分配、绩效导向与鼓励创新、潜在竞争程度、政府机构能力、可融资性等六项基本评价指标，以及根据具体情况设置的补充指标。

（1）六项基本评价指标

全生命周期整合程度指标主要考核在项目全生命周期内，项目设计、投融资、建造、运营和维护等环节能否实现长期、充分整合；风险识别与分配指标主要考核在项目全生命周期内，各风险因素是否得到充分识别并在政府和社会资本之间进行合理分配；绩效导向与鼓励创新指标主要考核是否建立以基础设施及公共服务供给数量、质量和效率为导向的绩效标准和监管机制，是否落实节能环保、支持本国产业等政府采购政策，能否鼓励社会资本创新；潜在竞争程度指标主要考核项目内容对社会资本参与竞争的吸引力；政府机构能力指标主要考核政府转变职能、优化服务、依法履约、行政监管和项目执行管理等能力；可融资性指标主要考核项目的市场融资能力。

（2）补充评价指标

补充评价指标主要是六项基本评价指标未涵盖的其他影响因素，一般可包括项目规模大小、预期使用寿命长短、主要固定资产种类、全生命周期成本测算准确性、运营收入增长潜力、行业示范性等。具体指标的选取应充分结合项目实际情况而定。

（3）定性评价结论

物有所值的定性评价，一般采用专家打分法。在各项评价指标中，六项基本评价指标权重为80%，其中任一指标权重一般不超过20%；补充评价指标权重为20%，其中任一指标权重一般不超过10%。

每项指标评分，为五个等级，即有利、较有利、一般、较不利、不利，对应分值分别为100～81、80～61、60～41、40～21、20～0分。项目本级财政部门（或PPP中心）会同行业主管部门，按照评分等级对每项指标制定清晰准确的评分标准。

定性评价专家组包括财政、资产评估、会计、金融等经济方面专家，以及行业、工程技术、项目管理和法律方面专家等。

项目本级财政部门（或PPP中心）会同行业主管部门组织召开专家组会议。定性评价所需资料应于专家组会议召开前送达专家，确保专家掌握必要信息。专家组会议基本程序如下：

● 专家在充分讨论后按评价指标逐项打分；

● 按照指标权重计算加权平均分，得到评分结果，形成专家组意见。

专家打分表如表5-3：

表 5—3 物有所值定性评价专家打分表

	指标	权重	评分
基本指标	1. 全生命周期整合程度		
	2. 风险识别与分配		
	3. 绩效导向与鼓励创新		
	4. 潜在竞争程度		
	5. 政府机构能力		
	6. 可融资性		
	基本指标小计	80%	—
补充指标			
	补充指标小计	20%	—
	合计	100%	—

专家签字： 时间：

项目本级财政部门（或 PPP 中心）会同行业主管部门根据专家组意见，做出定性评价结论。原则上，评分结果在 60 分（含）以上的，通过定性评价；否则，未通过定性评价。

2. 物有所值定量评价

物有所值定量评价是在假定采用政府和社会资本合作（PPP）模式与政府传统投资方式产出绩效相同的前提下，通过对政府和社会资本合作（PPP）项目全生命周期内政府方净成本的现值（PPP 值）与公共部门比较值（PSC 值）进行比较，判断政府和社会资本合作（PPP）模式能否降低项目全生命周期成本。

（1）PPP 值的计算

PPP 值等同于政府和社会资本合作（PPP）项目全生命周期内股权投资、运营补贴、风险承担和配套投入等各项财政支出责任的现值，参照《政府和社会资本合作项目财政承受能力论证指引》（财金〔2015〕21 号）及有关规定测算。

1）股权投资支出应当依据项目资本金要求以及项目公司股权结构合理确定。股权投资支出责任中的土地等实物投入或无形资产投入，应依法进行评估，合理确定价值。计算公式为：

$$股权投资支出＝项目资本金×政府占项目公司股权比例 \qquad (5—1)$$

2）运营补贴支出应当根据项目建设成本、运营成本及利润水平合理确定，并按照不同付费模式分别测算。

对政府付费模式的项目，在项目运营补贴期间，政府承担全部直接付费责任。政府每年直接付费数额包括：社会资本方承担的年均建设成本（折算成各年度现值）、年度运营成本和合理利润。计算公式为：

$$\text{当年运营补贴支出数额} = \frac{\text{项目全部建设成本} \times (1 + \text{合理利润率}) \times (1 + \text{年度折现率})^n}{\text{财政运营补贴周期}}$$
$$+ \text{年度运营成本} \times (1 + \text{合理利润率}) \qquad (5-2)$$

对可行性缺口补助模式的项目，在项目运营补贴期间，政府承担部分直接付费责任。政府每年直接付费数额包括：社会资本方承担的年均建设成本（折算成各年度现值）、年度运营成本和合理利润，再减去每年使用者付费的数额。计算公式为：

$$\text{当年运营补贴支出数额} = \frac{\text{项目全部建设成本} \times (1 + \text{合理利润率}) \times (1 + \text{年度折现率})^n}{\text{财政运营补贴周期}}$$
$$+ \text{年度运营成本} \times (1 + \text{合理利润率}) - \text{当年使用者付费数额} \qquad (5-3)$$

注：n 代表折现年数；财政运营补贴周期指财政提供运营补贴的年数；年度折现率应考虑财政补贴支出发生年份，并参照同期地方政府债券收益率合理确定；合理利润率应以商业银行中长期贷款利率水平为基准，充分考虑可用性付费、使用量付费、绩效付费的不同情景，结合风险等因素确定。

3）风险承担支出应充分考虑各类风险出现的概率和带来的支出责任，可采用比例法、情景分析法及概率法进行测算。如果 PPP 项目合同约定保险赔款的第一受益人为政府，则风险承担支出应为扣除该等风险赔款金额的净额。

比例法是在各类风险支出数额和概率难以进行准确测算的情况下，可以按照项目的全部建设成本和一定时期内的运营成本的一定比例确定风险承担支出。

情景分析法是在各类风险支出数额可以进行测算、但出现概率难以确定的情况下，可针对影响风险的各类事件和变量进行"基本"、"不利"及"最坏"等情景假设，测算各类风险发生带来的风险承担支出。计算公式为：

$$\text{风险承担支出数额} = \text{基本情境下财政支出数额} \times \text{基本情景出现的概率}$$
$$+ \text{不利情景下财政支出数额} \times \text{不利情景出现的概率}$$
$$+ \text{最坏情境下财政支出数额} \times \text{最坏情景出现的概率} \qquad (5-4)$$

4）配套投入支出责任应综合考虑政府将提供的其他配套投入总成本和社会资本方为此支付的费用。配套投入支出责任中的土地等实物投入或无形资产投入，应依法进行评估，合理确定价值。计算公式为：

$$\text{配套投入支出数额} = \text{政府拟提供的其他投入总成本} - \text{社会资本方支付的费用} \quad (5-5)$$

（2）PSC 值的计算

PSC 值是以下三项成本的全生命周期现值之和：

1）参照项目的建设和运营维护净成本

参照项目可根据具体情况确定为：

● 假设政府采用现实可行的、最有效的传统投资方式实施的、与政府和社会资本合作（PPP）项目产出相同的虚拟项目；

● 最近五年内，相同或相似地区采用政府传统投资方式实施的、与政府和社会资本合作（PPP）项目产出相同或非常相似的项目。

建设净成本主要包括参照项目设计、建造、升级、改造、大修等方面投入的现金以及固定资产、土地使用权等实物和无形资产的价值，并扣除参照项目全生命周期内产生的转让、租赁或处置资产所获的收益。

运营维护净成本主要包括参照项目全生命周期内运营维护所需的原材料、设备、人工等成本，以及管理费用、销售费用和运营期财务费用等，并扣除假设参照项目与政府和社会资本合作（PPP）项目付费机制相同情况下能够获得的使用者付费收入等。

2）竞争性中立调整值

主要是采用政府传统投资方式比采用政府和社会资本合作（PPP）模式实施项目少支出的费用，通常包括少支出的土地费用、行政审批费用、有关税费等。

3）项目全部风险成本

包括可转移给社会资本的风险承担成本和政府自留风险的承担成本，可按照上述风险承担支出的方法进行测算。其中，政府自留风险承担成本等同于 PPP 值中的全生命周期风险承担支出责任，两者在 PSC 值与 PPP 值比较时可对等扣除。

注：用于测算 PSC 值的折现率应与用于测算 PPP 值的折现率相同。

（3）定量评价结论

PPP 值小于或等于 PSC 值的，认定为通过定量评价；PPP 值大于 PSC 值的，认定为未通过定量评价。

3. 物有所值评价报告编制

在物有所值评价结论形成后，物有所值评价可作为单独的报告提交供决策部门，也可以作为实施方案附件。但是，无论物有所值评价是否作为单独报告或是实话方案的附件，相关主要结论在实施方案中应进行概括性介绍。

需要编制物有所值评价报告的主要内容包括：

（1）项目基础信息：主要包括项目概况、项目产出说明和绩效标准、政府和社会资本合作（PPP）运作方式、风险分配框架和付费机制等。

（2）评价方法：主要包括定性评价程序、指标及权重、评分标准、评分结果、专家组意见以及定量评价的 PSC 值、PPP 值的测算依据、测算过程和结果等。

（3）评价结论：分为"通过"和"未通过"。

（4）附件：通常包括（初步）实施方案、项目产出说明、可行性研究报告、设计文件、存量公共资产的历史资料、PPP 项目合同、绩效监测报告和中期评估报告等。

（二）财政承受能力论证

财政承受能力论证是政府履行合同义务的重要保障，有利于规范政府和社会资本合作（PPP）项目财政支出管理，有序推进项目实施，有效防范和控制财政风险，实现政府和社会资本合作（PPP）模式可持续发展。

财政承受能力论证是指识别、测算政府和社会资本合作项目的各项财政支出责任，科学评估项目实施对当前及今后年度财政支出的影响，为政府和社会资本合作（PPP）项目财政管理提供依据。财政部门应当会同行业主管部门，共同开展政府和社会资本合作（PPP）项目财政承受能力论证工作。必要时可通过政府采购方式聘请专业中介机构协助。

《政府和社会资本合作项目财政承受能力论证指引》（财金〔2015〕21号）是开展财政承受能力论证的重要指导性文件。财政承受能力论证工作包括：

1. 责任识别和支出测算

政府和社会资本合作（PPP）项目全生命周期过程的财政支出责任，主要包括股权投资、运营补贴、风险承担、配套投入等。财政部门应当综合考虑各类支出责任的特点、情景和发生概率等因素，对项目全生命周期内财政支出责任分别进行测算。测算方法在物有所值定量评价的PPP值计算中已详细讲述。

2. 财政承受能力评估

财政承受能力评估，包括财政支出能力评估以及行业和领域平衡性评估。财政支出能力评估，是根据政府和社会资本合作（PPP）项目预算支出责任，评估政府和社会资本合作（PPP）项目实施对当前及今后年度财政支出的影响；行业和领域均衡性评估，是根据政府和社会资本合作（PPP）模式适用的行业和领域范围，以及经济社会发展需要和公众对公共服务的需求，平衡不同行业和领域的政府和社会资本合作（PPP）项目，防止某一行业和领域的政府和社会资本合作（PPP）项目过于集中。

在进行财政支出能力评估时，未来年度一般公共预算支出数额可参照前五年相关数额的平均值及平均增长率计算，并根据实际情况进行适当调整。然后，每一年度全部政府和社会资本合作（PPP）项目需要从预算中安排的支出责任，占一般公共预算支出比例应当不超过10％。省级财政部门可根据本地实际情况，因地制宜确定具体比例，并报财政部备案，同时对外公布。

"通过论证"的项目，各级财政部门应当在编制年度预算和中期财政规划时，将项目财政支出责任纳入预算统筹安排。"未通过论证"的项目，则不宜采用政府和社会资本合作（PPP）模式。

3. 财政承受能力论证报告编制

在财政承受能力评估结论形成后，是否需要编制财政承受能力论证报告，由各地方管理支付部门确定。如需编制财政承受能力论证报告，其主要内容包括：

（1）项目基础信息：主要包括项目概况、项目产出说明和绩效标准、政府和社会资本合作（PPP）运作方式、风险分配框架和付费机制等。

（2）责任识别与支出测算：主要包括责任类别、支出测算方法、支出测算过程和结果等。

（3）能力评估：主要包括财政支出能力测算、财政支出能力评估、行业和领域平衡性评估等。

（4）附件：通常包括（初步）实施方案、项目产出说明、可行性研究报告、设计文件、存量公共资产的历史资料、PPP 项目合同、绩效监测报告和中期评估报告等。

财政承受能力论证报告可作为单独的报告提交供决策部门，也可以作为实施方案附件。但是，无论财政承受能力论证报告是否作为单独报告，相关主要结论在实施方案中应进行概括性介绍。

第六章 项目评估

项目评估是投资项目前期的一项重要工作。随着投资体制改革的不断深入，项目评估市场化步伐加快，政府投资项目评估管理逐步健全和完善，评估程序和方法更趋科学、规范，企业投资项目评估市场也在逐步完善。本章按照政府投资项目和企业投资项目分别介绍项目评估的任务、原则、分类、作用和内容以及项目评估质量控制等。

第一节 概 述

一、项目评估的目的与任务

本章所称的项目评估主要是指工程咨询机构接受政府、企业委托，对项目规划、项目建议书（初步可行性研究报告）、可行性研究报告、项目申请报告、资金申请报告、PPP实施方案等项目前期咨询成果进行评估论证，并根据不同的评估内容和要求，从专业角度，科学地、实事求是地回答委托方的疑问，评价咨询成果的质量，向委托者提出明确的评估结论和提供咨询意见及建议。广义的项目评估还包括专题研究等专项评估，其范围更加广泛，一般来说，有多少咨询成果就会有多少评估任务，项目评估也是项目前期咨询成果的一部分，有时还会有再评估。

不同的委托主体，对评估的内容及侧重点的要求可能有所不同。总体上，政府部门委托的评估项目，一般侧重于项目的经济及社会影响评价，分析论证项目对于国家法律法规、政策、规划等的符合性，资源开发利用的合理性和有效性，是否影响国家安全、经济安全、生态安全和公众利益等；银行等金融机构委托的评估项目，主要侧重于融资主体的清偿能力评价以及项目风险等；企业委托的评估项目，重点评估产品的竞争力、项目本身的盈利能力、资金的流动性和财务风险等方面。

二、项目评估的基本要求

项目评估应遵循"独立、公正、科学、可靠"的原则，为顾客提供优质的咨询产品。

项目评估应坚持独立性。独立是咨询行业最基本的行为准则，工程咨询机构受政府或企业委托，在开展咨询业务活动中应不受外来干扰，独立自主地开展工作并提出咨询论证的结论和建议。从工程咨询工作的性质来讲，独立是工程咨询的第一属性，是社会分工要求咨询行业必须具备的特性。咨询人员应敢言、多谋、慎断。在实行行业自律、倡导恪守职业道德时，应特别强调工程咨询业的独立性，咨询应不受上下左右的干扰。

项目评估应坚持公正性。公正就是秉公办事、实事求是,这就要求工程咨询机构和人员在项目咨询工作中,出以公心、不偏不倚,以公正的态度对评估对象进行客观的分析论证,全面系统地掌握有关资料,认真听取专家意见,不带主观随意性,真实、全面、客观地反映实际情况,实事求是地提出咨询论证的结论和建议。

项目评估应坚持科学性。科学就是要坚持科学态度,据实、据理。在咨询评估工作中,采用标准化、规范的工作方法,科学、系统的信息、数据和评价指标体系,运用科学的方法和现代分析手段以及信息处理技术并通过合理的工作程序,确保咨询结果科学、合理。

项目评估应坚持可靠性。可靠是指咨询评估的结果(包括方案比选、肯定否定意见、结论与建议)符合实际,可信、可用、可靠,有实际应用价值,经得起实践检验。

三、项目评估的分类

(一)从项目评估内容角度分类

从项目评估内容角度分类,项目评估包括项目规划、项目建议书(初步可行性研究报告)、可行性研究报告、项目申请报告、资金申请报告、PPP实施方案等项目前期咨询成果的咨询评估。项目评估的再评估也属于项目评估。

其中,规划评估一般是指在国家和地方国民经济和社会发展规划指导下,根据投资管理、投资主体的需要,与投资决策密切相关的有关规划的评估。又分为政府规划评估和企业规划评估两大类。

(1)政府规划评估,主要包括对产业规划、园区规划、专项规划和区域规划等规划的评估。

(2)企业规划评估,是对企业总体发展战略所制定的企业发展具体目标和相应实施方案进行评估。企业规划包括企业发展规划(有时也称企业发展战略规划)、产业规划、专项规划等。

(二)从项目评估委托主体的角度分类

从项目评估委托主体的角度分类,项目评估主要分成以下几类:

(1)企业委托的评估。主要是对企业投资项目可行性研究报告进行咨询评估。

(2)金融机构委托的评估。接受金融机构委托对企业投资项目借款偿还能力及违约风险等进行评估。

(3)项目核准机关委托的评估。主要是对企业投资项目申请报告进行评估。

(4)政府投资管理部门委托的咨询评估。主要是对需要履行审批手续的政府直接投资、政府资本金注入项目的项目建议书或可行性研究报告进行评估,还包括外商投资项目的评估和境外投资项目的评估以及政府和社会资本合作(PPP)项目的评估。

(5)政府委托对资金申请报告的评估。企业投资项目申请政府投资补助、贷款贴息或政府外债资金，地方政府申请上级政府投资补助的资金，政府主管部门接到资金申请报告后，委托工程咨询机构进行咨询评估。

（6）国外贷款项目的评估。借用世界银行、亚洲开发银行、国际农业发展基金会等国际金融组织贷款和外国政府贷款及与贷款混合使用的赠款、联合融资等投资项目，按照政府投资资金进行管理，委托工程咨询机构进行咨询评估。

第二节 规划评估报告的编制

规划评估是指工程咨询机构接受政府或企业的委托，对各类规划进行分析论证，提出意见和建议。

一、规划评估的作用

规划评估的作用是提高规划编制的科学性和规范性，保证规划具有可操作性和可实施性。

二、规划评估的重点内容

规划评估应论证规划目标，评价规划方案，分析规划的比较优势和制约因素等，提出评价意见和建议。一般而言，规划评估的重点内容包括以下五个方面：

（一）发展思路和规划目标评估

应按照规划视野宏观性、规划思维战略性、规划目标恰当性等要求，结合基础条件及发展状况的分析评价，提出规划主体发展的指导思想、发展思路、功能定位和规划目标（体系）的评价意见及调整建议。规划目标应符合实际，具有现实性、延续性和指导性特征，并对总体目标、分层目标、分阶段目标的适宜性进行分析评价，提出目标调整优化建议。

（二）基础条件及发展状况评估

应结合调研情况，关注规划主体的发展现状及主要特征，分析其优势条件及未来发展的主要制约因素，提出评估意见。包括规划主体的基本情况、主要特征、所处地位、发展背景、区位特点、资源条件、基础设施、建设环境、生态环境、城市化水平、比较优势、制约因素等。

（三）投资建设规划方案评估

应按照规划目标恰当性、规划体系衔接性、规划方案可行性等要求，对实现规划主体发展目标的投资建设规划总体方案和重点项目投资建设规划方案进行分析评价。主要评估内容包括以下方面：

（1）从创新、协调、绿色、开放、共享发展的角度，分析投资建设规划方案的实施对区域经济、产业经济和社会发展、资源利用、环境保护、公共利益等方面的影响，提出协调经济社会发展和保护生态环境等方面的措施建议；

（2）对投资建设规划方案与规划目标的协调性、与各类相关规划、产业政策及当地或该领域产业结构调整方向的衔接性提出评估意见；

（3）对于区域规划，应从区域发展一体化、打破行政界限、发挥比较优势、促进区域社会经济协调发展的角度，对规划期内投资规模、空间布局、进度计划等提出评价意见和调整建议；

（4）对于专项规划，根据规划主体目标定位，对规划期内投资规模、投资结构、进度计划等提出评价意见和调整建议；

（5）对规划提出的重点项目安排、项目建设内容、市场前景、投资效益、资金保障、建设条件等提出评估意见和调整建议；

（6）若评估意见与原规划报告所提出的投资建设规划内容存在重大差异，应阐述调整的内容、原因以及方案调整的影响效果。

（四）规划实施保障措施评估

应按照规划方案的可行性、规划实施的可靠性等要求，在对规划方案实施可能存在的风险因素进行分析评价的基础上，从政策制定、体制改革、加强管理、机制与制度创新、技术创新、资金筹措、人力资源保障、环境保护等不同角度，提出规避实施风险的措施建议。对策措施的选择应切合实际、协调配套、重点突出、手段明确、具有可操作性。

（五）主要结论和建议

应提出发展规划评估的主要结论意见，针对规划方案存在的重大问题和不足提出调整和进一步完善的建议。

第三节 项目评估报告的编制

项目评估是指工程咨询机构接受政府或企业的委托，对有关单位编制的项目建议书（初步可行性研究报告）、可行性研究报告、项目申请报告、资金申请报告等进行的评估论证，提出明确评估结论和建议。

一、项目评估的作用

项目评估是政府、金融机构或建设单位等投资主体进行项目投资决策的重要基础与依据，是促进投资决策科学化、民主化的有力措施，是提高投资项目经济效益的重要手段，其作用主要体现在：一是提高投资项目决策水平，为投资主体和投资管理部门提供决策依据；二是提高投资效益，避免决策失误带来的损失；三是提高项目前期工作质量与效率，避免重复返工造成的资源浪费。

二、政府投资项目的咨询评估

采取政府直接投资、资本金注入方式投资建设的项目，有关投资主管部门在决策之前委托符合要求的工程咨询机构，对项目建议书和可行性研究报告进行咨询评估。

工程咨询机构应按照委托方的要求，按照项目不同的阶段，有针对性的进行评估。通常项目可行性研究阶段应主要对拟建项目进行相关的技术、经济、社会、环境等方面的评估论证，为政府投资决策和项目组织实施提供专业咨询意见。根据项目情况，还应将选址意见、用地预审意见、环评批复等作为咨询评估的依据。对于行政事业单位办公业务用房项目、政法设施项目、社会事业项目和其他相关项目，在评估论证中要严格按照国家相关建设规范标准执行，应在规划控制指标范围内尽量优化设计方案。

三、企业投资项目核准咨询评估

企业投资项目申请报告的核准评估，是指符合要求的工程咨询机构，根据项目核准机关的委托要求，对企业报送的项目申请报告进行评估论证，并编写咨询评估报告，作为项目核准机关决策的重要参考依据。企业投资项目咨询评估报告原则上应对项目是否具备各项核准条件进行全面、系统的分析论证，并提出咨询评估的主要结论、存在的主要问题及对策措施建议。

（一）企业投资项目申请报告的咨询评估

1. 咨询评估重点

对于企业提交的项目申请报告进行咨询评估，重点论述项目在维护经济安全、合理开发利用资源、保护生态环境、优化重大布局、保障公共利益、防止出现垄断等方面的可行性、存在的主要风险因素及规避对策。着重从以下几个角度进行评估：申报单位及项目概况；发展规划、产业政策和行业准入；资源开发及综合利用；节能；建设用地、征地拆迁及移民安置；环境和生态影响；经济影响；社会影响；主要风险及应对措施；主要结论和建议。

2. 咨询评估要求

对于提出准予核准咨询意见的企业投资项目，必须具备以下条件：①符合国家法律法规和宏观调控政策；②符合发展规划、产业政策、技术政策和准入标准；③合理开发并有效利用了资源；④不影响我国国家安全、经济安全和生态安全；⑤对公众利益，特别是项目建设地的公众利益不产生重大不利影响。

在企业投资项目咨询评估报告的开头部分，应编写内容提要，扼要地介绍报告的核心内容，主要包括评估的基本背景、主要评估内容及重要评估结论及建议。在企业投资项目咨询评估报告的正文部分，应根据项目自身情况、行业特点和委托方的具体要求，有选择地确定咨询评估报告的内容和论述重点。若项目核准机关认为相关专项审查不需要进行详细评估，应在委托要求中予以注明。为了全面、清晰地表达咨询评估报告的相关内容，应重视有关附件、附图及附表的编写，作为咨询评估报告的重要组成部分。

3. 企业投资项目咨询评估报告的主要内容

企业投资项目咨询评估报告主要包括以下十个方面内容：

（1）申报单位及项目概况评估。提出申报单位的申报资格以及是否具备承担拟建项目投资建设的基本条件的评估意见，并对项目概况进行阐述，为拟建项目的核准咨询评估相关章节编写提供项目背景基础。

（2）发展规划、产业政策和行业准入评估。包括：1）发展规划评估。评估拟建项目是否符合各类规划要求，提出拟建项目与有关规划内容的衔接性及目标的一致性等评估结论；2）产业政策评估。评估拟建项目的工程技术方案、产品方案等是否符合有关产业结构调整、产业空间布局、产品发展方向、产业技术创新等法律法规、产业政策的要求；3）行业准入评估。评估拟建项目和项目建设单位是否符合有关行业准入标准的规定；4）自主创新和采用先进技术评估。对于采用先进技术和科技创新的企业投资项目，评估是否符合增强自主创新能力、建设创新型国家的发展战略要求，是否符合国家科技发展规划要求；5）项目建设必要性评估。评估拟建项目目标及功能定位是否合理，是否符合与项目相关的各类规划要求，是否符合相关法律法规、宏观调控政策、产业政策等规定，是否满足行业准入标准、重大布局优化、自主创新和采用先进技术等要求，对项目建设的必要性提出评估结论。

（3）资源开发及综合利用评估。包括：1）资源开发方案评估。对于资源开发类项目，对开发方案是否符合资源开发利用的可持续发展战略要求、是否符合保护资源环境的政策规定、是否符合资源开发总体规划及综合利用的相关要求等提出评估意见；2）资源利用方案评估。对于需要占用重要资源的拟建项目，从发展循环经济、建设资源节约型社会等角度，对主要资源占用品种、数量、来源情况、综合利用方案的合理性，资源利用效率的先进程度，拟建项目是否会对地下水等其他资源造成不利影响等进行分析评估；3）资源节约措施评估。对拟建项目作为原材料的各类金属矿、非金属矿及水资源节约措施方案的合理性，采取资源节约措施后的资源消耗指标的对比分析、项目方案是否符合国家有关资源节约及有效利用的相关政策要求，在提高资源利用效率、降低水资源消耗及主要金属矿、非金属矿等资源消耗方面所采取的措施是否可行等提出评估意见。

（4）节能方案评估。包括：1）用能标准和节能规范评估。评估项目建设方案所遵循的国家和地方有关合理用能标准、节能设计规范的选择是否恰当，是否充分考虑到行业及项目所在地的特殊要求，内容是否全面、标准选择是否适宜；2）能耗状况和能耗指标分析。根据项目所在地的能源供应状况，能耗指标与国际国内先进水平的对比分析，评估项目建设方案所提出的能源消耗种类和数量是否可靠，分析项目方案所采用的能耗指标选择是否恰当；3）节能措施和节能效果分析。对优化用能结构、满足相关技术政策、设计标准及节能减排政策要求等方面所采用的主要节能降耗措施是否可行，以及项目的节能效果提出评估意见。

（5）建设用地、征地拆迁及移民安置评估。包括：1）项目选址及用地方案评估。对项目选址和用地方案是否符合有关法律法规要求，项目选址是否压覆矿床和文物、是否影响防洪、通航及军事设施安全等其他不利影响及其处理方案的合理性提出评估意见；2）土地利用合理性评估。对项目用地是否符合有关土地管理政策法规的要求，是否符合土地利用规划要求、占地规模是否合理，是否符合保护耕地要求，耕地占用补充方案是否可行，是否符合因地制宜、节约用地、少占耕地、减少拆迁移民等要求提出评估意见；3）征地拆迁和移民安置规划方案评估。对于涉及征地拆迁的项目，应结合项目选址和土地利用方案的评估，分析论证征地拆迁范围是否合理，安置补偿方案是否符合国家有关法规政策及当地的实际情况，移民生产安置、生活安置、收入恢复和就业重建等措施方案是否可行，方案制定过程中的公众参与、申诉机制、实施组织机构及监督机制等的规划方案是否完善，以及地方政府对移民安置规划、补偿标准的接受程度、移民安置补偿费用估算结果、资金来源的可靠性及资金平衡状况等提出评估意见。

（6）环境和生态影响评估。包括：1）环境和生态影响程度评估。评估项目对其所在地生态环境的影响程度，以及对整个流域及区域生态系统的综合影响后果；2）生态环境保护措施评估。评估拟建项目能否满足达标排放、保护环境和生态、水土保持等政策法规的要求，以及生态环境保护措施是否合理和可行；3）地质灾害影响评估。在地质灾害易发区建设的项目和易诱发地质灾害的建设项目，结合有关部门提出的地质灾害、地震安全等方面的专题论证结论，评估项目是否可能诱发地质灾害、存在地震安全隐患，以及所提出的防御措施和对策是否可行；4）特殊环境影响评估。对于涉及历史文化遗产、自然遗产、风景名胜、自然景观和自然保护区和重要水源保护区等特殊环境保护的建设项目，评估拟建环保措施是否符合相关政策法规规定，以及所提出的保护措施是否可行。

（7）经济影响评估。包括：1）经济费用效益或费用效果分析的评估。对于产出物不具备实物形态，且明显涉及公众利益的无形产品项目，以及具有明显外部性影响的有形产品项目，应从社会资源优化配置的角度，进行经济费用效益、费用效果分析或定性经济分析，评估经济费用、效益的识别计算是否恰当，所采用的分析方法是否恰当，以及拟建项目的经济合理性；2）行业影响评估。对于在行业内具有重要地位、对行业未来发展方向具有重要影响的建设项目，应对拟建项目对行业发展可能产生的影响进行分析评估，论证拟建项目对所在行业及关联产业发展的影响，并对是否可能形成行业垄断进行分析，对如何发挥拟建项目对行业发展的正面影响效果提出评估意见；3）区域经济影响评估。对区域经济可能产生重大影响的项目，应从拟建项目对区域经济发展、产业空间布局、当地财政收支、社会收入分配、市场竞争结构等方面影响的角度，评估拟建项目对区域经济所产生的影响，对如何协调项目与区域经济发展之间的关系、如何发挥项目对区域经济发展的正面影响效果以及是否可能导致当地市场垄断等提出评估意见；4）宏观经济影响评估。对于投资规模巨大的特大型项目，以及可能对国民经济产生重大影响的基础设施、科技创新、战略性资源开发等项目，应从国民经济整体发展角度，分析拟建项目对国家产业结构调整升级、重大产业优化布局、重要产业国际竞争力培育以及区域之间协调发展等方面的影响。对于涉及国家经济安全的重大项目，应结合资源、技术、资金、市场等方面的分析，评估项目建设和运营对国家产业技术安全、资源供应安全、资本控制安全、产业成长安全、市场环境安全等方面的影响，提出评估意见和建议。

（8）社会影响评估。包括：1）社会影响效果评估。评估拟建项目对就业、减轻贫困、社区发展等方面的影响，包括正面和负面影响效果；2）社会适应性评估。通过调查分析拟建项目利益相关者的需求，目标人群对项目建设内容的认可和接受程度，分析拟建项目能否为当地的社会环境、人文条件所接纳，当地居民支持拟建项目的程度，对拟建项目与当地社会环境的相互适应性提出评估意见；3）社会风险及对策措施评估。在确认项目可能存在负面社会影响的情况下，提出协调项目与当地的社会关系，避免项目投资建设或运营管理过程中可能存在的冲突和各种潜在社会风险因素，对解决相关社会问题，减轻负面社会影响的措施方案提出评估意见。

（9）主要风险及应对措施评估。包括：1）主要风险综述。在前述评估论证的基础上，总结论述项目在维护经济安全、合理开发利用资源、保护生态环境、优化重大布局、保护公共利益、防止出现垄断等方面可能存在的主要风险；2）风险影响程度评估。对拟建项目可能存在的重要风险因素，对其性质特征、未来变化趋势及可能造成的影响后果进行分析评估。对于需要进行经济费用效益分析的项目，还应通过敏感性分析或风险概率分析，对拟建项目的风险因素进行定量分析评估；3）风险应对措施评估。对于可能严重影响项目投资建设及运营效果的风险因素，提出风险应对措施，并对相关措施方案的合理性及可行性提出咨询评估意见。

（10）主要结论和建议。包括：1）主要评估结论。在前述评估论证的基础上，提出核准咨询评估的主要结论，并对拟建项目是否符合核准条件提出明确的评估意见；2）主要措施建议。对评估中发现的拟建项目可能存在的各种问题，提出解决的对策措施和建议。

【案例】 某高速公路项目的核准咨询评估

某工程咨询机构接受项目核准机关委托，对某企业拟投资建设的高速公路项目核准申请报告进行了评估，评估意见摘要如下：

（1）战略规划、产业政策及行业准入分析。该线路是国家高速公路网规划的五纵七横国道主干线之一，是横贯我国中西部地区的交通运输大动脉，适应国家实施西部大开发战略，促进中部地区崛起的战略部署需要，符合国家高速公路网建设规划要求，并已纳入交通部和当地"十一五"规划，符合当地综合运输网规划、产业结构调整、区域经济发展、旅游业发展等规划要求，符合我国交通产业发展政策等相关规定。该地区交通拥挤情况严重，根据当地经济发展及地理位等状况，适宜建设高速公路。项目法人单位是当地政府授权从事高速公路建设的专业投资机构，实力雄厚，经验丰富，具备承担本项目投资建设的资格和能力。在规划衔接上，该线路经过的 A 市绕城高速公路如何与本项目衔接，以及 A 市土地利用规划和城市今后布局调整规划如何与本项目建设衔接有待进一步研究。

（2）交通量调查预测及道路建设标准分析。项目所在通道客货运输方式现状主要是铁路与公路，没有水运、民航、管道运输方式。本项目建设将对当地运输格局及客货运输流量流向产生重要影响。通过交通量调查和预测分析，评估认为：2010年全线平均交通量折合为小轿车 35000 万辆，其中趋势交通量为 18000 万辆，诱增交通量为 17000 万辆，到 2020 年相应数据分别为 60000 万辆、28000 万辆和 32000 万辆。综合考虑各种因素，评估认为修建 4 车道（两上两下）高速公路是适宜的，项目申请报告提出的线路选择方案及建设标准与未来交通量需求基本吻合。

（3）土地利用、征地拆迁和移民安置。项目布局方案充分考虑了保护耕地和节约用地的要求，符合土地利用的有关政策。拟建线路经过地区人口较稠密，因此在选择线路时，对沿线的中、小城镇采取"离而不远，近而不进"的原则，通过人口稠密区时，路线布设尽可能避让村舍，以减少拆迁。除考虑房屋拆迁外，对管线的避让动迁、环境和文物保护也给予了充分考虑。沿线县市拥有大量的文物和风景旅游资源，但线位与其相距很远，无直接影响。

沿线煤矿贮量丰富，有近百年的开采历史，路线方案如何避让煤矿、煤层区及地下采空区尚需进一步论证。沿线大部分为山岭和丘陵区。地形起伏剧烈，地层岩性多样，不良地质发育，在项目实施阶段如何规避岩溶、空洞、崩塌、滑塌等灾害需要进一步论证。

申请报告提出移民安置规划目标是保证受项目影响人口的生活标准、收入水平及生产能力有所提高，至少应保持未受本项目实施影响以前的水平，但对受项目影响的人员类型、目前生活状况、可能受到的影响、具体补偿标准、后期扶持的具体措施尚待进一步落实。

（4）环境和生态影响评价。项目沿线多为平原微丘区，沿线水土流失较为严重，路线的高填、深挖地段施工均会造成水土进一步流失，工程施工将对自然环境造成污染性破坏，使环境发生物理变化而对动植物产生影响，公路营运的汽车尾气排放、扬尘和噪声、路体分割均会对自然环境、动物种群生存与繁衍空间造成影响。申请报告提出的环境保护措施符合环境保护的相关规定。评估认为，项目申请报告得出的"通过完善环保配套措施，项目实施不会对周边环境造成严重影响，能够满足环保要求"的结论是恰当的。

（5）经济费用效益分析。咨询评估对项目的经济费用和效益进行重新识别和计算，得出经济内部收益率为 14.8%，大于社会折现率 10%；经济净现值为 15000 万元。敏感性分析表明，本项目效益主要受交通量和投资等不确定性因素的影响。当交通量降至预测交通量的 16% 以下或投资额增至 35% 以上时，经济内部收益率会降至 10% 以下。

影响未来投资的主要不确定性因素是土地征用、移民安置补偿费用及后期扶持费用，应作为投资规模风险控制的重点。

项目产生的效益主要是旅客和货主使用高速公路带来的运输时间节约、运输费用节约、运输质量提高等产生的。本项目还将引导该区域产业结构和空间布局调整，促进城乡商贸流通业的发展，使丰富的农副产品、林业资源、矿产资源转化为商品进入市场，带动商业、建筑业、运输业、加工业、养殖业及特色农业和旅游业等产业发展，从而促进项目影响区域的经济繁荣。从交通量的构成看，受高速公路影响的主要产业是当地的旅游业和矿产资源采掘业，尤其是诱增交通量的构成主要是旅游相关产业。项目申请报告未对高速公路的建设对相关产业的影响深入分析。建议及早对旅游业和采掘业的发展规划进行专题研究，以便充分利用高速公路带来的便利，促进相关产业的发展，从而使项目申请报告中预测的交通量得以实现。

（6）社会影响评价。项目建设将对当地社会发展产生多方面有利影响，如交通条件的改善，使通行能力显著提高，促进该地区与中西部其他地区及全国各大城市间的交流，进一步改善当地的投资环境，加快沿线区域的建设与开发，有利于繁荣地方经济，提高沿线居民收入，改善生活环境和社会条件，促进当地文化教育、卫生健康水平的提高，扩大就业，促进社会综合事业发展，因此受到当地政府部门及社会各界的普遍欢迎。

由于高速公路建设占用土地 21000 亩，被征土地农民和被拆迁房屋居民 3600人，进一步加剧当地人多地少的矛盾；建筑物拆迁给当地人们生产生活带来诸多不便；施工期间输电线、通讯电缆等设施的拆迁，给沿线居民及企业带来影响。在征地拆迁方案的制定及补偿标准的确定过程中，缺乏公众沟通。对于移民安置方案的实施，如何监测可能出现的社会风险尚没有明确的计划。线路所经过的 A 市线路布置与当地土地利用规划和城市建设布局调整规划的衔接，尚没有与当地政府协商一致。

（7）结论与建议。经过评估论证，该高速公路基本满足核准条件的要求，但应解决以下问题：第一，在项目与 A 市绕城高速公路衔接，以及 A 市土地利用规划和城市布局调整规划与本项目衔接方面，应加强与 A 市政府有关部门的沟通，尽快形成一致意见；第二，应对项目实施阶段如何规避岩溶、空洞、崩塌、滑塌等灾害进行专题论证；第三，进一步完善移民安置计划方案，在安置方案和补偿标准的确定、方案实施计划的制定过程中，应加强与有关各方的沟通协调；第四，研究制定移民后期扶持方案，制定移民实施风险监测评估方案及处理社会风险应急预案；第五，在完成上述工作的基础上，重新测算项目投资，加强投资风险管理；第六，开展本项目对相关产业影响的研究，通过产业配套发展实现本项目预期的交通量及经济效益，规避经济风险。

（二）外商投资项目申请报告的咨询评估

对外商投资项目核准申请报告进行咨询评估，着重论证以下内容：是否符合国家法律法规和外商投资准入特别管理措施（负面清单）等有关规定；是否符合发展规划、产业政策及准入标准；是否合理开发并有效利用了资源；是否影响国家安全和生态安全；是否对公众利益产生重大不利影响；是否符合国家资本项目管理、外债管理的有关规定。

（三）境外投资项目申请报告的咨询评估

对境外投资项目核准申请报告进行咨询评估，着重论证以下内容：是否符合国家法律法规和产业政策、境外投资政策；是否符合互利共赢、共同发展的原则，是否危害国家主权、安全和公共利益，是否违反我国缔结或参加的国际条约；是否符合国家资本项目管理相关规定；投资主体是否具备相应的投资实力。

对于上述申请报告的咨询评估，接受委托的咨询机构应在项目核准机关规定的时间内提出评估报告，并对评估结论承担责任。咨询机构在进行评估时，可要求项目申报单位就有关问题进行说明。

四、资金申请报告咨询评估

（一）中央预算内投资补助和贴息资金申请报告的咨询评估

对企业申请中央预算内投资补助和贷款贴息项目的资金申请报告进行咨询评估的重点主要包括：是否符合中央预算内投资的使用方向；是否符合有关工作方案的要求；是否符合投资补助和贴息资金的安排原则；提交的相关文件是否齐备、有效；项目的主要建设条件是否基本落实。此类项目带有很强的政策性和政府导向色彩，不同的项目、不同的时期，政府会有不同的评估要求，应根据具体项目情况和要求调整评估内容和重点。

（二）国外贷款投资项目资金申请报告的咨询评估

对企业申请借用国际金融组织和外国政府贷款投资项目的资金申请报告进行咨询评估的重点主要包括：是否符合国家利用国外贷款的政策及使用规定；是否符合国外贷款备选项目规划；是否已按规定履行审批、核准或备案手续；国外贷款偿还和担保责任是否明确，还款资金来源及还款计划是否落实；国外贷款机构对项目贷款是否已初步承诺。不同的国际金融组织和外国政府贷款在资金使用和要求上都有所区别，评估时应根据具体结合资金来源和要求调整评估内容和重点。

五、政府和社会资本合作（PPP）项目的咨询评估

根据《中共中央、国务院关于深化投融资体制改革的意见》，将 PPP 项目纳入正常的基本建设程序。这类项目的决策，一般仍应按照审批制项目决策程序要求，编制项目建议书、项目可行性研究报告和相应的立项、决策审批。另外，项目实施机构组织编制实施方案报告，并提交联审机制审查。实施方案评估的主要内容主要包括：

（1）项目实施 PPP 模式的必要性；

（2）项目规模与工程技术方案是否合理；

（3）项目运作模式与交易结构是否合理；

（4）投融资方案是否可行；

（5）物有所值评价和财政承受能力论证；

（6）PPP 合同内容和关键条款评估；

（7）社会资本方采购方案是否合理；

（8）政府承诺和风险分担机制是否合适。

项目实施过程中，政府将加强工程质量、运营标准的全程监督，确保公共产品和服务的质量、效率和延续性，并鼓励推进第三方评价。项目实施结束后，可对项目的成本效益、公众满意度、可持续性等进行后评价。

六、社会稳定风险评估

根据《中央办公厅、国务院办公厅关于建立健全重大决策社会稳定风险评估机制的指导意见（试行）》（中办发〔2012〕2号）和《国家发展改革委重大固定资产投资项目社会稳定风险评估暂行办法》，为促进科学决策、民主决策、依法决策，预防和化解社会矛盾，建立和规范重大固定资产投资项目社会稳定风险评估机制。项目单位在组织开展重大项目前期工作时，应当对社会稳定风险进行调查分析，征询相关群众意见，查找并列出风险点、风险发生的可能性及影响程度，提出防范和化解风险的方案措施，提出采取相关措施后的社会稳定风险等级建议。

评估主体作出的社会稳定风险评估报告是国家发展改革委审批、核准或者核报国务院审批、核准项目的重要依据。评估报告认为项目存在高风险或者中风险的，国家发展改革委不予审批、核准和核报；存在低风险但有可靠防控措施的，国家发展改革委可以审批、核准或者核报国务院审批、核准，并应在批复文件中对有关方面提出切实落实防范、化解风险措施的要求。

本节所论述的社会稳定风险评估主要适用于国家发展改革委审批、核准或者核报国务院审批、核准项目的项目。地方政府投资审批、核准和备案的项目，各地均有相应的评估要求，具体项目社会稳定风险评估应按照投资管理权限，服从投资管理部门的要求。

（一）评估范围

凡是直接关系人民群众切身利益且涉及面广、容易引发社会稳定问题的重大决策事项，包括涉及征地拆迁、农民负担、国有企业改制、环境影响、社会保障、公益事业等方面的重大工程项目建设、重大政策制定以及其他对社会稳定有较大影响的重大决策事项，党政机关作出决策前都要进行社会稳定风险评估。需要评估的具体决策事项由各地区各有关部门根据上述规定和实际情况确定。

国务院有关部门、省级发展改革部门、中央管理企业在向国家发展改革委报送项目可行性研究报告、项目申请报告的申报文件中，应当包含对该项目社会稳定风险评估报告的意见，并附社会稳定风险评估报告。重大工程项目建设需要进行社会稳定风险评估的，应当把社会稳定风险评估作为工程项目可行性研究的重要内容，不再另行评估。

（二）评估内容

对需要进行社会稳定风险评估的重大决策事项，重点从以下几方面进行评估。

1. 合法性

决策机关是否享有相应的决策权并在权限范围内进行决策，决策内容和程序是否符合有关法律法规和政策规定。

2. 合理性

决策事项是否符合大多数群众的利益，是否兼顾了群众的现实利益和长远利益，会不会给群众带来过重经济负担或者对群众的生产生活造成过多不便，会不会引发不同地区、行业、群体之间的攀比。拟采取的措施和手段是否必要、适当，是否尽最大可能维护了所涉及群众的合法权益。政策调整、利益调节的对象和范围界定是否准确，拟给予的补偿、安置或者救助是否合理公平及时。

3. 可行性

决策事项是否与本地经济社会发展水平相适应，实施是否具备相应的人力物力财力，相关配套措施是否经过科学严谨周密论证，出台时机和条件是否成熟。决策方案是否充分考虑了群众的接受程度，是否超出大多数群众的承受能力，是否得到大多数群众的支持。

4. 可控性

决策事项是否存在公共安全隐患，会不会引发群体性时间、集体上访，会不会引发社会负面舆论、恶意炒作以及其他影响社会稳定的问题。决策可能引发社会稳定风险是否可控，能否得到有效防范和化解；是否制定了社会矛盾预防和化解措施以及相应的应急处置预案，宣传解释和舆论引导工作是否充分；以及可能引发的社会稳定风险，各方面意见及其采纳情况，风险评估结论和对策建议，风险防范和化解措施以及应急处置预案等内容。

（三）评估主体

重大决策社会稳定风险评估工作由评估主体组织实施。地方党委和政府作出决策的，由党委和政府指定的部门作为评估主体。党委和政府有关部门作出决策的，由该部门或者牵头部门商其他有关部门指定的机构作为评估主体。需要多级党政机关作出决策的，由初次决策的机关指定评估主体，不重复评估。根据工作需要，评估主体可以由政法、综治、维稳、法制、信访等有关部门组成，有关社会组织、专业机构、专家学者，以及决策所涉及群众代表等参加的评估小组进行评估。

国家发展改革委在委托工程咨询机构评估项目可行性研究报告、项目申请报告时，可以根据情况在咨询评估委托书中要求对社会稳定风险分析和评估报告提出咨询意见。

（四）评估程序

1. 充分听取意见

根据实际情况，可以采取公示、问卷调查、实地走访和召开座谈会、听证会等多种方式，就决策事项听取各方面意见。对受决策影响较大的群众、有特殊困难的家庭要重点走访，当面听取意见。听取意见要注意对象的广泛性和代表性，讲清决策的法律和政策依据、决策方案、决策可能产生的影响，以便群众了解真实情况、表达真实意见。

2. 全面分析论证

分门别类梳理各方意见和情况，对决策方案的合法性、合理性、可行性和风险可控性进行全面深入研究，查找社会稳定风险点。对所有风险点逐一进行分析，参考相同或者类似决策引发的社会稳定风险情况，预测研判风险发生概率，可能引发矛盾纠纷的激烈程度和持续时间、涉及人员数量，可能产生的各种负面影响，以及相关风险的可控程度。

3. 确定风险等级

根据分析论证情况，按照决策实施后可能对社会稳定造成的影响程度确定风险等级。风险等级分为高风险、中风险、低风险3类，大部分群众有意见、反应特别强烈，可能引发大规模群体性事件的，为高风险；部分群众有意见、反应强烈，可能引发矛盾冲突的，为中风险；多数群众理解支持但少部分人有意见的，为低风险。风险等级的具体划分标准由各地区有关部门予以明确。

4. 提出评估报告

评估报告应当包括评估事项和评估过程，各方意见及其采纳情况，决策可能引发的社会稳定风险，风险评估结论和对策建议，风险防范和化解措施以及应急处置预案等内容。评估报告由评估主体主要负责人签字后报送决策机关，需要多级党政机关决策的要逐级上报，并抄送决策实施部门和政法、综治、维稳、法制、信访等有关部门。

第四节　项目评估质量控制

一、项目评估质量控制的目的和重要性

（一）项目评估质量控制的目的

项目评估质量控制是指为确保咨询评估成果的质量特性而进行的计划、组织、协调和控制等活动。项目评估质量控制的目的，是通过对咨询评估工作中直接影响产品质量的主要过程和关键环节实施控制，确保咨询评估结论和意见建议的公平公正、科学合理并符合相关规定要求。

（二）项目评估质量控制的重要性

项目评估是工程项目前期工作的延伸，是为决策者进行科学决策或为政府核准项目提供依据的咨询活动，因此，咨询评估产品的质量在工程项目前期工作中处于十分重要的地位。

二、项目评估质量控制的流程

项目评估的业务流程是一个由相互关联、相互影响的诸多过程所组成的体系（见图6－1：项目评估业务流程）。咨询评估质量控制就是通过对工作流程中的每一具体过程进行管理和控制，使影响产品质量的全部因素都处于受控状态，从而确保咨询产品质量符合要求。一般而言，项目评估质量控制流程主要包括以下环节：

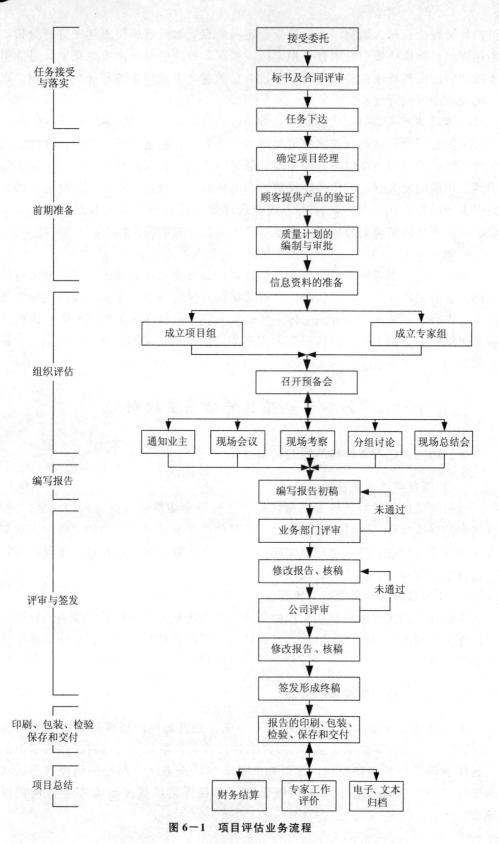

图6-1 项目评估业务流程

（1）接受委托：工程咨询机构接收政府、企业或金融机构的委托，指派项目前期负责人，负责前期洽商、谈判、合同评审等工作。

（2）前期准备：包括选任项目经理、验收顾客提供产品、编制质量计划、聘用专家等工作。

（3）组织评估：项目经理按照质量计划要求和项目需要组建项目评估组和专家组，明确职责分工，开展咨询评估，并根据顾客需求和项目需要，形成专家咨询意见。

（4）编写报告：项目经理在调研基础上组织评估组成员，对有关资料信息和专家咨询意见进行整理、归纳，起草咨询评估报告。

（5）质量评审：结合企业实际和项目需要，对咨询评估报告组织开展质量评审，整理评审意见，形成评审会议纪要。

（6）印刷包装交付：按照项目情况和顾客需要，印制、包装形成咨询评估报告成品，并向顾客交付。

（7）咨询工作总结：项目结束后，根据企业内部规定，履行相关手续，总结咨询评估工作，整理项目有关资料，并归档保存。

三、项目评估质量控制的重点

项目评估质量控制是通过对咨询评估流程中关键环节的管理，使组织内外各项活动和工作流程之间能够科学、有序地协同运作，确保咨询产品满足顾客需要和期望的质量。

（一）配置人力资源

项目评估人力资源配置是指为高质量地完成客户委托目标，科学合理地分配人力资源，实现人力资源与工作任务之间的优化配置，其中，最重要的是项目经理选任和专家聘用。

1. 项目经理选任

工程咨询机构应建立组织内部的项目经理资格评定工作机制，规定项目经理应具备的资格条件，明确项目经理评定工作程序及项目经理的工作职责。定期组织开展项目经理资格评定，对符合条件的业务人员聘任为项目经理，形成项目经理红名单。在接到咨询评估委托任务时，工程咨询机构应根据业务需要，从项目经理红名单中选任合适的人员作为项目经理，具体负责项目的组织、计划和实施。

2. 专家聘用

工程咨询机构应建立组织内部的专家选聘工作机制，规定专家提名、聘任和调整的工作程序，明确专家的权利和义务。根据业务发展需要建立专家红名单，专家聘用应首先在红名单中选择。当需要聘用红名单之外的专家时，应按照专家选聘工作程序要求，在办理完相关手续后才能聘用。

项目评估的专家应由项目经理选聘，聘用专家需遵循规避原则。项目经理根据咨询项目情况以及合同或委托书的要求，分析专家聘用需求，提出所需专家的工作岗位（或专业方向）、人数及工作内容，经部门领导或业务分管领导审查同意后，组建形成项目专家组。

（二）收集待评材料

待评材料是工程项目咨询评估的基础资料，也是组织开展咨询评估工作的依据，因此，对待评材料的收集整理是保障咨询评估产品质量的重要环节。

（1）项目经理在接到咨询评估项目后，应及时与顾客进行沟通，提出需顾客提供的资料清单，并询问顾客的要求和建议。

（2）在收到顾客提供的待评材料后，项目经理要对其进行验证，确保顾客提供的材料满足咨询评估工作的需要。

（3）项目经理应认真阅读、消化有关资料，了解项目背景、基本情况和咨询评估内容及要求，以此作为制定质量计划的依据。

（三）制订质量计划

项目质量计划是在识别顾客和相关方要求与期望的基础上，对咨询评估工作的组织开展所做的全面统筹安排。项目经理应根据企业有关制度文件、合同文件或委托书的要求，在收到待评材料并经初步审阅，认为基本具备评估条件后，及时编制咨询评估项目质量计划。一般而言，项目质量计划主要包括以下内容：

（1）项目简况；

（2）根据合同要求及对待评材料的分析，确定咨询工作重点；

（3）项目咨询各阶段进度安排，影响质量的控制节点及质量检查控制方法；

（4）项目组成员；

（5）专家名单；

（6）直接费用计划；

（7）工程咨询的质量目标，应结合项目的具体情况和特点，确定尽可能量化的项目质量目标并层层分解落实；

（8）合同的特殊要求和对策，以及其他需策划的内容。

（四）建立评审制度

工程咨询机构应在组织内部建立多层级的质量评审工作机制，规定质量评审的责任部门、人员构成及其职责分工，明确质量评审工作程序。一般而言，企业组织内部的质量评审由部门和公司两级评审构成。

1. 部门评审

咨询评估工作完成后，项目承担部门都要组织有关人员对项目咨询评估成果进行评审。部门评审要对评估报告的质量进行全面审议，做出质量评定并提出明确具体的评审意见。如无异议，项目经理应根据部门评审意见尽快完成报告修改。

2. 公司评审

公司评审的项目可由部门推荐、分管领导指定或抽样选取产生。公司评审一般采取召开评审会的形式，评审组评委由公司分管领导和相关行业专家组成。根据国家长远规划、产业规划、生产力布局、节能环保以及土地利用等有关政策要求，评审组评委对咨询评估报告的主要观点、关键数据、基本结论、重大建议提出切实可行的评审意见，形成评审会议纪要。评审会后，项目经理应及时修改评审中发现的问题，使评估报告最终达到质量标准。

（五）建立质量控制责任制

工程咨询机构应建立组织内部的质量控制责任制，明确质量控制的各级各类人员职责以及质量事故处理的工作程序。咨询评估质量控制的责任人一般包括项目经理、部门领导、公司领导和管理部门的相关责任人。其中，项目经理是咨询评估工作的直接领导和组织者，也是咨询评估报告的直接责任人，其职责一般包括：

（1）明确项目各项前期准备工作的质量目标要求，制订分层次的质量职责，制订质量计划并组织实施；

（2）按照质量计划规定，督促、检查质量计划执行情况，特别是关键质量控制节点的检查和评审活动；

（3）发现咨询评估报告的格式不规范，内容不完整，引用数据与参数不可靠，分析方法不科学，论证结论不合理时，要认真补做有关工作并对咨询报告进行修改完善。

四、承担政府投资咨询评估业务的要求

为进一步深化投资审批制度改革，完善委托投资咨询评估工作，加强投资决策的科学性和民主性，提高投资咨询评估的质量和效率，国家发展改革委制定了《国家发展改革委委托投资咨询评估管理办法（2015年修订）》。有关部门和地方政府委托咨询的有关要求具体见有关规定。国家发展改革委委托评估的投资项目，对以下内容作出了明确规定：

（一）委托范围

适用于以下事项的咨询评估：

（1）国家发展改革委审批或核报国务院审批的发展建设规划；

（2）国家发展改革委审批或核报国务院审批的项目建议书、可行性研究报告；

（3）国家发展改革委核准或核报国务院核准的项目申请报告；

（4）国家发展改革委委托的其他事项。

（二）基本条件

申请成为承担国家发展改革委投资咨询评估任务的评估机构，应具备以下基本条件：

（1）具有所申请专业的甲级评估咨询资格，连续3年执业检查合格；

（2）近3年开展所申请专业总投资2亿元以上项目的评估和可行性研究报告编制工作不少于20项（特殊行业除外）；

（3）所申请专业专职从事工程咨询业务的专业技术人员不少于10人，其中具有高级专业技术职称、经济职称的人员不少于50％，获得登记的咨询工程师（投资）人员不少于30％；

对于特殊事项的咨询评估任务，国家发展改革委可委托特定评估机构承担。

（三）回避机制

国家发展改革委委托评估任务时，要认真核查评估机构与拟委托事项的编制单位之间、评估机构与承担行业（部门）审查任务的咨询机构之间、评估机构与项目业主之间的关联关系，切实做好回避，以保证公平、公正地开展评估工作。

承担某一事项编制任务、行业（部门）审查任务的评估机构，不得承担同一事项的咨询评估任务。承担某一事项咨询评估任务的评估机构，与同一事项的编制单位、行业（部门）审查单位、项目业主单位之间不得存在控股、管理关系或者负责人为同一人的重大关联关系。承担咨询评估任务的评估机构及与其有重大关联关系的机构不得承担同一事项的后评价任务，不得借承担评估任务之机向有关单位承揽设计、造价、招标代理、监理等业务。

（四）委托规则和程序

国家发展改革委具体委托评估任务时，按照以下规则和程序进行：

（1）分专业对评估机构进行初始随机排队；

（2）按照初始随机排队的先后顺序，根据第六条的有关规定，确定承担咨询评估任务的评估机构；

（3）向接受任务的评估机构出具咨询评估委托书；

（4）评估机构接受任务后，随即排到该专业排队顺序的队尾。评估机构如果拒绝接受任务，应提交书面说明，排到排队顺序的队尾并轮空一次。

对特别重要项目或特殊事项的咨询评估任务，国家发展改革委可以通过招标或指定方式确定评估机构。

（五）工作要求

在接受委托任务后，评估机构应严格按照评估要求开展评估工作。在咨询评估过程中，评估机构要及时向国家发展改革委报告评估进度及其他有关情况。

评估机构应按照有关规定，广泛听取各方面意见，形成客观、公正的咨询评估报告，重大分歧意见应在咨询评估报告中全面、如实反映，并在规定时限内报送国家发展改革委。因特殊情况确实难以在规定时限内完成的，应在规定时限到期日的5个工作日之前向国家发展改革委书面报告有关情况，征得书面同意后，应在国家发展改革委批准的延期时限内完成评估任务。

各级政府投资主管部门，结合当地咨询评估实际，也分别制定了入选咨询评估机构的相应规定。

第七章　建设方案研究与比选

建设方案是投资项目的主体，建设方案研究与比选是构造和优化项目建设方案的重要工具和基本方法，是项目决策分析与评价的主要内容。在此基础上，通过估算项目投资、比选融资方案，进行项目经济、环境和社会评价，判别项目的可行性和合理性。本章主要介绍建设规模和产品方案、工艺技术及设备方案、场（厂）址及线路方案、原材料与能源供应方案、总图运输方案、建筑安装工程方案、公用与辅助工程方案等方案比选的主要内容、重点及其比选方法等。

第一节　概　述

一、建设方案研究与比选的任务与要求

建设方案研究与比选是对拟建投资项目各种可能的建设方案进行分析研究、比选和优化，进而构造相对最佳建设方案的过程。由于投资项目的内在因素和外部条件的不同，使得构成项目的主体工程及其配套工程产生差异，建设方案可能会存在多种选择。

建设方案研究与比选的任务就是要对两种以上可能的建设方案，从技术、经济、环境、社会各方面，对建设方案的科学性、可能性、可行性进行论证、排序、比选和优化。通过建设方案研究与比选，选择合理的建设规模和产品方案、先进适用的工艺技术、性能可靠的生产设备、合理可行的资源供应与运输方案、适宜的场址、合理的总图布置以及相应的配套设施方案，确保项目的综合效益最大化。

建设方案的研究与比选要在符合国家及行业有关经济建设法规和技术政策的条件下，优选建设方案，使其满足项目决策分析与评价相应阶段的深度要求；满足项目业主的发展战略和对该项目的功能、盈利性等方面的要求；满足技术先进、适用，且有一定前瞻性的要求；满足技术具有可得性及技术贸易的合理性要求；满足环境友好和可持续发展的要求；满足资源节约要求；满足风险规避及工程可靠性要求；满足节约投资和成本控制的要求等。

二、建设方案研究与比选的主要内容和作用

（一）建设方案研究与比选的主要内容

建设方案的内容因行业和项目复杂程度而异。项目决策分析与评价不同阶段的建设方案研究工作深度不同。初步可行性研究阶段的建设方案研究可以比较粗略；而可行性研究阶段中的建设方案研究要求全面而深入。

一般的工业项目的建设方案主要包括下列内容：

（1）建设规模和产品方案；

（2）工艺技术及设备方案；

（3）场（厂）址、线路方案；

（4）原材料与能源供应方案；

（5）总图运输方案；

（6）土建工程方案；

（7）公用、辅助及厂外配套工程方案；

（8）节能、节水、节材方案；

（9）环境生态保护方案；

（10）安全、职业卫生与消防方案；

（11）组织机构与人力资源配置方案（见本书第三章）；

（12）项目进度计划方案等（见本书第三章）。

铁路项目的工程建设方案包括：线路选择；建设规模方案；工程和设备方案；燃料动力供应方案；环境影响保护；安全、职业卫生与消防。

矿山开采项目建设方案一般包括：场（厂）址方案、规模及产品方案、开拓运输方案、开采方案、选矿方案、外部运输方案、公用辅助设计方案、主要设备及建设工程量、环境保护方案、矿山安全方案。

境外投资的建设类项目的建设方案一般包括：建设地点、建设规模、建设期限、技术方案、相关配套条件落实情况等。相关配套条件落实情况包括项目道路、铁路、港口、能源供应等相关基础设施配套情况及安排，项目土地情况及安排，项目满足当地环保要求措施，项目在劳动力供应和安全方面的安排和措施，加工类项目应说明项目原料来源的情况。涉及资源开发的，还应说明可开发资源量、品位、中方可获权益资源量及开发方案等。

（二）建设方案研究与比选的作用

建设方案研究与比选是构建合理的经济和技术方案的重要工具，建设方案研究与比选的结论意见是判断项目是否可行和项目投资决策的重要依据，也是进行项目经济评价、环境评价和社会评价的基础。

建设方案研究与比选的作用，具体表现在以下几个方面：

（1）在市场、资源研究的基础上，研究确定产品方案和建设规模；

（2）为投资估算、融资方案研究、成本费用和财务效益、经济效益、社会效益、环境效益等后续分析工作提供条件。

（3）建设方案构造中反复开展的技术、经济比较，在逐步完善建设方案的同时，实现项目优化。

（4）经过比选和优化推荐的建设方案，是下阶段初步设计的依据。

（5）为编制建设用地预审报告、节能评估报告书、项目选址报告及场（厂）址的安全条件论证、项目安全预评价报告、环境影响报告书（含水土保持方案、项目环境风险评价)、水资源论证报告(水权转让可行性研究)和地震安全性评价、地质灾害危险性评估、职业病危害预评价等相关工作提供基础数据和材料。

(6)为编制项目申请报告、资金申请报告以及金融机构贷款评估等提供基础数据。

(7)为建设资源节约型社会,发展循环经济,提供合理的节能、节水、节材、节地等技术数据。为评价建设项目能耗指标在国内外所处的水平,为项目核准、备案以及建成后有关节能验收等提供依据。

三、建设方案研究与比选的原则和指标体系

(一)建设方案研究与比选的原则

建设方案研究与比选需遵循如下原则:

(1)先进性原则。拟比选的建设方案一般要比国内现有的技术先进,力争有较强的国际竞争力。技术先进性主要通过劳动生产率、单位产品的原材料和能源消耗量、产品质量、项目占地面积和运输量等技术经济指标体现。

(2)适用性原则。拟比选的建设方案必须考虑对当地资源的适用性(包括原材料、人力资源、环境资源等),充分发挥我国和项目所在地的资源优势,适应项目特定的自然、经济、社会等方面的条件,降低原材料,特别是能源的消耗,改善产品结构,提高产品质量,同时也有利于充分发挥原有的技术装备和技术力量的作用。

(3)可靠性原则。拟比选的建设方案必须是成熟、稳定的,对产品的质量性能和项目的生产能力有足够的保证程度,能防范和积极避免因建设方案而产生的资源浪费、生态平衡、人类安全受危害等情况的发生,技术的来源也应当可靠。

(4)安全性原则。拟比选的建设方案必须考虑是否会对操作人员造成伤害,有无保护措施,有无"三废"的产生和治理情况,是否会破坏自然和生态平衡等。所选择的建设方案应有利于环境保护。

(5)经济性原则。拟比选的建设方案,要根据项目的具体情况,分析建设方案的投资费用、劳动力需要量、能源消耗量、产品最终成本等,反复比选各建设方案的建设成本和产品性能,选择"性价比"较高的建设方案为较优方案。

(6)可比性原则。从方案的相互替代角度考虑,拟比选的建设方案应在需要、消耗、价格、时间等方面具备可比性。

(7)技术、经济、社会和环境相结合原则。建设方案研究要统筹兼顾技术、经济、社会和环境等诸多方面,权衡利弊,综合比选。

(二)指标体系及基础资料

(1)指标体系

建设方案比选指标体系包括技术、经济和社会(含环境)等层面的指标。每一个比选层面又包含着若干比选因素。不同类别的项目,比选重点不同。

公共产品类项目,如道路交通、文化卫生、体育场馆、公园绿化、防沙治沙、

环境保护、文物保护等项目，其方案比选往往偏重社会层面，同时也要进行技术层面和经济层面的比较。

竞争类项目，如轻工、纺织、冶金、有色、建材、电子、机械、石化、医药等工业部门，其方案比选主要是技术和经济层面。

（2）基础资料及数据

建设方案比选应以可靠、可比的数据为基础。

四、建设方案研究与比选的范围与基本步骤

（一）建设方案研究与比选的范围

（1）项目整体方案的研究和比选一般包括：建设规模与产品方案；总体技术路线；场址选择方案；总体布局和主要运输方案，环境保护方案；其他总体性建设方案等。

（2）分项工程的方案研究和比选主要包括：各车间建设方案；各生产装置建设方案；各专项工程（道路、管线、码头等）建设方案；其他分项工程建设方案等。

（3）各专业工程的方案研究比选主要包括：公用工程配套设施建设方案及主要设备选择方案等。

（二）建设方案研究与比选的基本步骤

建设项目方案研究与比选一般包括以下步骤：

（1）研究与比选命题的准备。每个比选问题都针对一组特定的条件和要求，应明晰这些条件和要求，作为组织专题方案比选的基础。

（2）研究与比选组织形式的确定。一般项目可由咨询人员自行进行多方案研究和比选；简单的建设方案可以适当简化；许多专业性方案比选，可以由专业工程师独立承担。

（3）研究与比选基础资料的搜集。建设方案研究比选应以可靠、可比的数据为基础，根据投资项目类别不同，建设方案研究与比选应采用多种方法和渠道收集地区资料、工程规范资料和市场调研等基础资料。

（4）研究与比选方案的初审。从每个方案自身初步筛选出合格的方案。

（5）研究与比选方法和指标的选择。针对比选专题的特点，提出各备选方案的比较因素，并选择定性和定量分析对比的方法。

（6）研究与比选工作的开展。专家评议组或咨询人员开展具体分析、计算工作，提出报告。

第二节　建设方案的主要研究内容

一、建设规模和产品方案

（一）建设规模

建设规模也称生产规模，是指项目在设定的正常生产运营年份达到的生产（服

务）能力或使用效益。不同类型项目的建设规模表述也不同。当有多种产品或多种服务功能时，一般以主要产品的生产能力或服务能力表示该项目的建设规模。实际工作中，建设规模的表述应符合拟建设项目所属的行业规范或习惯。建设规模的确定，不仅直接影响投资项目建设的合理性和投资效益（或效果），而且又是确定项目原料路线、工艺技术方案、设备来源及资金投入等的重要依据。建设规模的确定，又受到市场容量、原料供应、技术水平、设备能力、环境容量、建设配套条件等的制约和影响。

1. 确定建设规模考虑的主要因素

(1) 合理的经济规模

合理经济规模是指项目投入产出处于较优状态，资源和资金可以得到充分利用，并可获得最佳经济效益的规模。衡量经济规模合理性的指标通常有：单位产品投资、单位产品成本、劳动生产率和单位投资利润等。拟建项目的建设规模应符合国家和行业主管部门规定的相关产业项目的经济规模标准，也可以根据技术装备水平和市场需求的变化，参考国际公认的经济规模，来确定拟建项目的建设规模。

(2) 市场容量与竞争力

市场对拟建项目的产品品种、规格和数量的需求，从产出方向上规定了项目拟建规模。因此，应根据市场调查和需求预测得出的有关市场容量，充分考虑产品的竞争力和营销策略，分析确立目标市场和可能占有的市场份额，确定拟建项目的市场份额，进而确定拟建项目的建设规模。当产品的市场需求变化快，品种规格多时，应采用中、小规模战略。当产品适应性强，市场需求量大，品种规格变化较小时，可以采用大、中规模战略。同时也要重视关联产品或副产品的受制因素对建设规模的影响。

(3) 环境容量和自然资源供应量

工程项目生产期间排出的污染物不仅应达标排放，而且排出污染物总量应控制在环境保护行政主管部门给出的总量控制范围内。建设规模的确定，既要考虑当地环境的承受能力，还要考虑企业污染物总量控制的可能性。

包括土地资源、生物资源、矿产资源、能源、水资源等在内的自然资源的可供量直接影响到建设方案的规模。不同行业、不同类型项目对资源的要求不同，应充分考虑其特殊性。如资源开发项目，应根据资源合理开发利用要求，结合资源可开采储量、赋存条件等确定建设规模；水利水电项目，应根据水的资源量、可开发利用量、地质条件、建设条件、生态影响、占用土地、移民安置、安全等确定建设规模；基础设施和服务项目，应按照受益人口、服务区域等确定建设规模。目前，能耗总量是目前国家和地方重点控制的指标，建设项目规模确定应充分考虑当地能源管理行政主管部门给出的总量控制指标。

(4) 技术经济社会条件和现代化建设要求

生产技术与主要设备的制造水平，与建设规模相关。确定建设规模要综合考虑采用技术、设备的可靠性、可得性、适用性和先进性。建设项目所在地的经济社会状况、交通运输状况、动力供应等都直接影响建设项目规模的确定，国家产业政策、投资政策、民族关系、军事国防等，也都是确定建设项目规模应考虑的因素。

建设规模方案的选择还应结合资金的可得性，量力而行考虑建设规模。依托老企业进行改扩建与技术改造的项目，除上述影响因素外，还应充分考虑与企业现有技术装备和规模的关系，按照规模扩大的类型，是外延型还是外延内涵复合型，结合利用现有场地、公用工程、辅助生产等综合因素确定建设规模。

2. 确定建设规模的主要方法

（1）经验法

经验法是指根据国内外同类或类似项目的经验数据，考虑建设规模的制约和决定因素，确定拟建项目建设规模的一种方法。

采用该方法时，应首先找出与该项目相同或类似的项目，特别是要找出几个规模不同的项目，根据本章第三节介绍的方法选择相应的方法和指标进行计算比较，然后依据计算结果并综合考虑制约和决定该项目拟建规模的各种因素，确定一个适当的规模。

（2）生存技术法

使用该法时，需先将某一行业按规模分类，然后计算各时期不同规模企业所占份额及其变化，以此判断拟建项目规模的效率和生存能力。相比经验法，生存技术法对项目评估人员的要求更高。

（3）规模效果曲线法

规模效果曲线法是通过不断扩大拟定的建设规模，研究项目的销售收入与成本曲线随之变化的情况，来确定项目最适宜的建设规模的一种方法。

根据图 7—1，Q_a 和 Q_c 是盈亏平衡点；在选择拟建项目的建设规模时，应首先确定规模经济区，即 Q_a 到 Q_c 的区域；在该区域内，Q_b 的边际收入等于边际成本，理论上应以 Q_b 作为拟建项目的建设规模，但实际中，往往受到其他因素影响，选择靠近 Q_b 的建设规模。

3. 建设规模的合理性分析

建设规模合理性分析，主要从产业政策和行业特点的符合性、资源利用的合理性、建设条件的匹配性与适应性、收益的合理性等方面考虑比选。

（1）产业政策和行业特点的符合性

项目建设规模是否符合国家和行业的产业政策、相关规划和准入条件是考虑其合理性的首要因素。此外，还应参考国际惯例或世界公认的标准，分析与行业特点的符合性。

（2）资源利用的合理性

主要考虑资源利用的可靠性、有效性和经济性，分析单位资源消耗的节约性、单位能耗的可降低性和循环经济的可实现性。体现"减量化、再利用、资源化"原

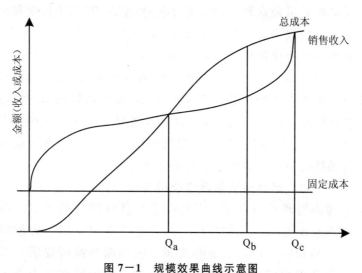

图 7-1 规模效果曲线示意图

则，要减量化优先，坚持技术可行、经济合理和有利于节约资源、保护环境的要求。

（3）建设条件的适应性与匹配性

项目的建设规模应与其建设条件相适应、相匹配。确定项目的建设规模要分析建设规模与目标市场及竞争力水平的适应性；分析外部配套条件的适合性和满足性，实现稳定、可靠、价格合理的匹配；分析公用工程等配套设施建设的匹配性、合理性、经济性。

（4）收益的合理性（经济性）

项目建设规模的经济性问题，是建设方案总体研究时需要考虑的重要问题。研究建设规模时，应分析不同规模引起收益的变动情况，分析收益的合理性，最大限度地实现服务最佳化，费用最低化，效益最大化。

对于改扩建和技术改造项目，还应分析建设规模与现有装置的有效结合和匹配情况。建设规模应立足于产品结构的调整和升级，充分考虑原有装备和设施的有效利用，以求最佳生产能力的配置。

（二）产品方案

产品方案（也称产品大纲或生产纲领），是指建项目生产的产品（主导产品、辅助产品或副产品）品种和提供的服务种类及其组合，包括产品品种、数量、规格、性质、质量标准、工艺技术、材质、性能、用途、服务对象、价格、内外销比例等。产品方案需要在产品组合的基础上形成。生产多种产品的建设项目，首先应确定项目的主要产品的种类及其生产能力的合理组合，使其与技术、设备、原材料及燃料供应等方案协调一致。

1. 产品方案选择考虑的主要因素

（1）国家产业政策和技术政策

产品方案应符合国家产业政策、能源政策、技术政策、行业准入标准及优化经济结构等需要。产品方案中确定的产品，以该产品所处导入期、上升期、成熟期为宜。服务型产品，要满足公众利益，提高公众满意度，有利于社会和谐，体现社会进步和人民生活水平的提高。

（2）市场需求和专业化协作

产品方案应以市场需求为导向，根据目标市场来确定产品品种、数量、质量，产品方案应能适应市场多变的要求。同时还应从社会和区域的角度考察产品方案是否符合专业化协作要求，以及产品与上、下游产业链、产品链的衔接要求。产品市场的界定应具有战略价值，应考虑产品的技术含量和生命周期。竞争性产品（服务）在国内外市场特别是目标市场应具有的竞争力。

（3）资源综合利用、循环经济和低碳经济要求

产品方案应考虑资源综合利用、循环经济和低碳经济的要求。对共生型资源开发或者在生产过程中有副产品的项目，在确定产品方案时，应重视资源的综合利用，提出主导产品和辅助产品的组合方案。按照循环经济要求，考虑产品或产品链对资源的综合利用和有效利用水平，力求最大限度地利用资源，实现资源利用的良性循环。同时充分考虑节能降耗和减排，实现全过程的资源节约与有效利用。

（4）环境条件和生产供应条件

产品方案应根据环保部门要求和可能提供的环境容量确定产品方案。尽量做到产品属于环保产品，生产工艺属于清洁生产工艺，从根本上减少和消除废弃物的产生，使产品从制造到消亡都能对环境友好，达到建设循环经济目标。同时应遵循地方和行业对原材料、辅助材料、燃料及动力供应的相关规定、规范，考虑原材料、辅助材料、燃料及动力供应的稳定性、可得性及其数量、品质等来确定产品方案。

（5）技术水平和运输装备存储条件

产品方案应与可能获得的技术装备水平相适应，产品的生产工艺要成熟、设备先进可靠，能保证项目投产后可以生产出合格产品，非试验性装置应慎重选用处于试验阶段或者没有工业化的产品进入产品方案。同时对生产、运输包装、存储有特殊要求的项目，确定产品方案时，要考虑产品对运输、包装、储存的特殊要求，要与社会物流业的发展水平相适应。

2. 产品方案的比选

按上述要求分析，提出不同的产品组合方案，选定适合于本项目的比较因子，进行比选，择优推荐。对于比选中结论比较接近、难分伯仲的产品方案，要如实反映。

在可行性研究中推荐的产品方案要说明推荐理由。对于单一产品、定向销售的产品可不做产品方案比较。有些服务性产品的确定，要通过各级人大或政府提议，必要时需要征求公众意见，按照一定程序，组织听证会等。

产品方案和建设规模单一时，可进行文字说明。产品方案和建设规模在两个以上时，一般可以列表说明，其具体格式参考如下：

表 7—1　产品方案表

序号	装置名称及规模	主要产品（含副产品、中间产品）	年产量	年商品量	规格	年操作时数	备注
1							
2							
3							

二、工艺技术及设备方案

（一）生产工艺技术方案

生产工艺技术方案研究与比选就是通过调查研究、专家论证、方案比较、初步技术交流和询价，确定拟建项目所使用的生产技术、工艺流程、生产配方及生产方法、生产过程控制程序、操作规程及程序数据等，以确保生产过程合理、通畅、有序的进行。

1. 生产工艺技术选择考虑的主要因素

（1）先进性。技术的先进性主要体现在产品性能好、产品使用寿命长、单位产品物耗能耗低、劳动生产率高、自动化水平高、平稳运行周期长等。

（2）适用性。适用性主要体现在与项目的生产规模相匹配，与原材料路线、辅助材料和燃料相匹配，与设备（包括国内和国外供应设备，主要和辅助设备）相匹配，与资源条件、环保要求、经济发展水平、员工素质和管理水平相适应，与项目的建设规模相适应。

（3）安全性。安全性是指项目运行过程的安全性。

（4）可靠性。可靠性是指工艺技术的成熟程度，体现在产品合格，稳定长周期运行，经过生产运行的检验，容易实现项目设定目标。

（5）经济合理性。经济合理性体现在消耗少、投资小、成本低、利润高等。

（6）符合清洁生产工艺要求。清洁生产体现了循环经济的减量化原则，从源头上减少了污染物的排放，符合建设环境友好型社会的要求。生产工艺的选择上应推行低碳化、循环化和集约化技术。

2. 工艺技术方案来源分类

工艺技术方案来源一般分为 5 类：

（1）在国内有工业化业绩、技术先进、可靠、成熟的条件下，采用国内成套技术建设，即生产工艺技术全部为国产化。

（2）采用合作开发技术建设，其工艺技术是国内外合作开发、且有生产业绩，即生产工艺技术部分实现国产化。

（3）国内外都有成熟技术，但技术路线不一，或在建设规模上，国内尚无大规模运行业绩；可以采用国内外招标，择优选择。

（4）引进国外先进技术建设，但仅限于引进工艺包范围。基础设计、详细设计、设备采购均由国内工程公司完成，实现工程技术国产化。

（5）技术特别复杂、国内为第一套的建设项目，其工艺技术、工艺包、基础设计均由国外工程公司完成，详细设计、部分设备采购由国内工程公司完成。

3. 生产工艺技术方案的比选

（1）比选内容

生产工艺技术方案的比选，包括对各技术方案的先进性、适用性、可靠性、可得性、安全环保性和经济合理性等进行论证。工艺技术方案的比选的内容与行业特点有关，一般情况下包括技术特点、原料适应性、工艺流程、关键设备结构及性能、产品物耗和能耗、控制水平、操作弹性、操作稳定性、本质安全和环保、配套条件、建设费用和运营费用、效益等诸多方面。要突出创新性和技术特点，重视对专利、专有技术的分析。

对选定的工艺技术方案要说明工艺技术的名称及技术特征、选用的理由以及与其他工艺技术方案的利弊比较。在选用专利技术和专有技术时，要说明取得技术来源、专利号、技术特征，说明专利技术和专有技术转让费及转让方式。需要引进技术的，要说明引进技术来源（国别和厂商），还要论述引进的理由、范围、内容、方式、效果及效益。

对于大型的联合装置项目，要根据总的工艺流程和物料消耗及产出情况，充分考虑各装置的消耗、物料之间的交流和各技术之间的匹配性等综合选择。对于改扩建项目，则应考虑与原有技术的结合。是更新替代、改造升级或并行等方式，应进行技术经济比较后选择。

（2）比选的方法

工艺技术方案比选通常采用定性分析和定量分析相结合的方法进行比选。

首先，可以利用定量指标进行比选，主要包括利用原材料和辅助材料的物耗指标、能源消耗指标、产品收率、原料损失率、产品质量（包括高附加值产品产率等）等指标进行技术分析；利用单位产品成本、单位产品投资、技术使用权费用等指标进行经济分析；利用占地面积、定员等指标进行综合分析。其次，对风险因素进行定量或定性分析，主要包括影响技术先进性、适用性和可靠性的因素，未来被其他新技术替代、淘汰的可能性，国家产业发展和环境保护政策等的影响等。

全厂性项目（或联合项目），要进行全厂总工艺流程方案、生产单元及规模、生产单元组成布置、全厂物料平衡分析。选用国内外开发的新技术，应有符合正式审批程序的工业化技术鉴定和相应的技术许可证。技术改造项目，要对现工艺流程和被选工艺流程进行比较说明，说明改造部位、技术来源、改造目标和内容，并对现装置工艺和被选装置工艺消耗定额进行比较。高新技术项目要对新开发的工艺技术特点、可靠性、与国内先进水平和世界先进水平进行比较，并附科研成果鉴定书、专利文献证明、用户意见等。

工艺技术方案比选可以以文字说明，也可以以工艺技术比较表的形式说明。以下样表可以作为参考。

表 7—2　工艺技术比选表（样表）

序号	比较内容	单位	工艺技术 A	工艺技术 B	工艺技术 C	备注
1	技术来源和特征					
2	产品质量					
3	原料单耗					
4	主要技术参数					
5	单位能耗					
	燃料					
	水					
	电					
	汽					
	折合能耗					
6	三废排放					
7	投资					
8	操作费用					
9	技术的先进性 应用的广泛性 可靠性及适用性					
10	缺点或存在的问题					

比选后提出推荐方案。推荐方案的工艺流程，应标明主要设备名称和主要物料、燃料流量及流向。项目属一次规划，分期建设、分期投产的，应有分期流程的说明和流程图。

4. 工艺技术的引进

工艺技术的引进，需要坚持引进——改造——发展的方针，走"吸收、综合、创新"的道路。在技术贸易中要注意调查研究，确定适当的技术引进方式。工艺技术的引进有一个较为漫长的过程，往往通过初步询价、询价、技术谈判、商务谈判、合同签订等一系列程序来完成的。在对工艺技术引进方案进行研究时，需要注意技术贸易有其固有的特点。

（1）技术贸易特点

技术本身并无物质的外形，不易辨认；技术可以向多家转让，造成同行业竞争加剧；技术可以再完善、发展、进步和再创新，使其增值；现代技术更替速度加快，生命周期变短；购买技术方，不经授权不能再转让；技术转让和购买，受国家法规和政策的干预或限制。

（2）影响技术转让的因素

主要有：技术评审，转让方式，政府干预，合作年限和范围，法律、合同等。

（3）技术转让类型

技术转让类型包括单纯的软技术转让，或通过贸易和投资转让。单纯的软技术转让只是通过技术许可证转让完成，技术许可证内容包括：专利许可证，商标许可证，版权许可证，商业秘密许可证，技术服务和咨询合同。技术许可证转让，一是要研究具有转让意愿的、有竞争力和成熟专利技术（或专有技术）的专利商（或技术持有方）；二是研究技术引进范围、合作方式；再初步确定设备引进范围、合作方式；最终通过技术经济比较来确定。

（二）技术设备方案

生产设备与工艺技术方案密切相关。工艺技术方案确定之后，需要对主要设备进行研究论证、比选，以保证工艺技术方案的实施。设备方案包括设备的规格、型号、材质、数量、来源、价格等。技术改造项目要对被改造或替换的关键设备的现状、改造目的、改造原因进行说明。

1. 设备选择考虑的主要因素

选用技术设备，首先，应掌握国内外同类技术设备的成交价格，要进行设备软件和硬件在内的专有技术和专利技术比较，重视设备结构和材质的创新。对利用和改造原有设备的技术改造项目，提出各种对原有设备改造方案，并分析各方案的效果。其次，考虑工艺技术方案与建设规模的适应度，从主要设备之间、主要设备与辅助设备之间能力的相互配套性，以及设备质量、性能等方面进行分析，总结各设备配置方案的优缺点。同时，考虑各设备配置方案的风险分析，从各方案关键设备的制造、运输、安装和项目建设进度的匹配，以及运行中的可靠性和耐用度、安全和环保等方面进行对比。最后，对自动化方案进行对比，说明自控水平的选择理由和原则、控制系统各类输入输出点数，对于新控制方案，应与常用的控制方案进行对比。设备选择的具体要求如下所示。

（1）根据工艺技术和生产能力研究选用主要设备，满足生产能力、生产工艺和产品技术标准要求。

（2）优先选用国内已经生产并能达到工艺要求、质量可靠、性能先进的国产设备；设备要在符合国家或行业技术标准规范的前提下，实现长周期稳定运行。在保证设备性能的前提下，力求经济合理。

（3）在考虑设备引进时，要研究工艺上使用的成熟可靠性；技术上先进性和稳定性；对关键设备、特别是新设备要研究在样板厂的使用情况（要注意不把建设项目建成一个实验工厂）；充分考虑引进制造技术或合作制造、零配件的国内供应以及超限设备运输可能性。

（4）引进设备与国产设备、不同国家及不同制造商制造设备、技术改造项目与原有设备要相互匹配；主要设备之间、主要设备与其他设备之间应相互适应。

（5）设备选用应符合安全、节能、环保的要求。尽可能选择节能设备。

（6）对二手设备的选用要慎重。经论证确实需要引进二手设备时，需说明对二手设备的考察情况（考察报告应作为可行性研究报告的附件）、引进理由，二手设备技术水平，能耗水平，环保及安全指标，利用改造措施及投资，并与当时水平的同类设备进行经济技术比较。

（7）设备选用应考虑管理与操作的适应性。考虑设备的日常维护与保养，零部件的更换和维修的方便性。

2. 设备采购方案类型

（1）国内有成熟制造经验、且有应用业绩的设备由国内采购。

（2）已经市场化、国内有制造能力的设备，采用公开招标方式国内外采购，同等条件下国内优先。

（3）国内尚无制造业绩的某些关键设备，可采用引进技术、合作制造方式采购。在确定由国内制造时，需在行业主管部门与有关制造方的协调下进行技术论证，优化并落实制造方案，同时研究分析设备国产化带来的风险，提出规避措施。

（4）尚无制造业绩的新设备，通过招标确定开发研究企业进行设备研发，通过技术论证后批量制造使用。

3. 设备方案比选

在调查研究国内外设备制造、供应以及运行状况的基础上，对拟选的主要设备做多方案比选，提出推荐方案。

（1）比选内容

主要设备比选，一般从设备参数、性能、物耗和能耗、环保、投资、运营费用、对原料的适应性、对产品质量的保证程度、备品备件保证程度、安装试车技术服务等方面进行论证。

（2）比选方法

根据设备选择的要求，主要采用定性分析的方法决定，必要时可以采用定量分析的方法。定性分析是将各设备方案的内容进行对比分析，择优选取。定量分析一般根据投资和运营消耗，通过计算运营成本、寿命周期费用现值和差额投资回收期等指标，择优选取。具体方法参照方案经济比选内容。

（3）推荐方案

主要设备是指生产流程中的重要设备。在推荐方案中，要按装置分别叙述所选设备的名称、规格、型号、数量和来源。一般设备在可行性研究阶段，可不作详细论述。

对技术改造项目说明设备改造原因、改造部位、技术来源。列出包括确定改造的和准备利用的、完整的装置设备一览表。对特定项目、高新技术项目、利用国家资金等项目，设备表中应列出设备价格，并说明价格来源；对于某些特殊要求项目，单价比较高的设备要进行单独论证。

(三) 高新技术的工艺方案

高新技术项目可以有明显的社会经济效益。主要表现在：有助于解决资源短缺、环境恶化等问题，有利于加速技术更新，有利于促进经济增长，可以提高国家的综合国力。

三、场（厂）址及线路方案

（一）场（厂）址及线路方案研究

工程项目场（厂）址方案选择，是指根据国家生产力布局或行业规划、区域规划、流域规划、路网规划、管网规划、城乡规划等的要求，结合拟选项目的性质、功能、条件要求等，对建设地址、或地点进行比选。可行性研究阶段场址选择的任务，是在初步（预）可行性研究报告已经确定的工程项目建设地区和地点的范围内（规划选址），具体选择坐落位置，习惯上称为工程选址。

建设方案的场（厂）址及线路方案选择是项目决策的重要内容，如果选址不当将会造成建设项目的"先天不足"，给日后的生产运营和服务功能带来难以弥补的缺陷，直接影响企业的正常生产、经营和效益。因此，必须根据建设项目的特点和要求，对场址进行深入细致的调查研究，进行多点、多方案比较后再择优选定场址。

1. 项目选址考虑的主要因素

影响项目选址的主要区域因素有六项，其影响随项目性质可能不同，因此不同工程选址有不同侧重。

（1）自然因素

自然因素包括自然资源条件和自然条件。自然资源条件包括矿产资源、水资源、土地资源、能源、海洋资源、气象条件、地形地貌、工程地质、水文地质等。

（2）运输因素

交通运输因素是指供应和销售过程中用车、船、飞机以及管道、传送带等对物资的运输。包括当地的铁路、公路、水路、空运、管道等运输设施及能力。

（3）市场因素

包括产品销售市场、原材料市场、动力供应市场，场址距市场的远近，不仅直接影响项目的效益，也涉及产品或原料的可运性，在一定程度上会影响产品或原料种类选择。

（4）劳动力因素

劳动力因素包括劳动力市场与分布、劳动力资源、劳动力素质、劳动力费用等。劳动力因素与生产成本、劳动效率、产品质量密切相关，会影响项目高新技术的应用和投资者的信心。

（5）社会和政策因素

社会和政策因素包括地区分类和市县等别，经济社会发展的总体战略布局，少数民族地区经济发展政策，西部开发、中部崛起、振兴东北老工业基地政策，发展区域特色经济政策，国家级及地方经济技术开发区政策，东部沿海经济发达地区政策，国防安全等因素；建设项目对公众生存环境、生活质量、安全健康带来的影响及公众对建设项目的支持或反对态度，都影响着项目的场（厂）址选择。

（6）人文条件因素

包括拟建项目地区民族的文化、习俗等。

（7）集聚因素（工业园区或工业集中区）

拟选地区产业的集中布局与分散，反映了拟选地区的经济实力、行业集聚、市场竞争力、发展水平、协作条件、基础设施、技术水平等。集中布局能带来集聚效应，实现物质流和能量流综合利用，能有效地减少产品成本、降低费用。集中布置，使得大型"公用工程岛"的建设成为可能，能最大限度地降低水、电、汽、气成本，利于"三废"的综合治理，提高环境友好水平等。集聚效应会带来大型化、集约化和资源共享，节约建设投资，减少建设周期。

2. 场（厂）址方案选择的基本要求

工程项目场址选址方案的选择，应通过详细的技术经济比较，满足政策、法规、技术和经济要求。具体有以下几个方面：

（1）符合国家和地区规划的要求。要处理好全局与局部的关系，不造成新的布局不合理和新的发展不平衡，做到全面考虑，统筹安排。

（2）符合城市（乡、镇）总体规划、土地利用总体规划、工业园区总体规划、环境保护规划的要求。重视节约用地和合理用地，充分利用荒地、劣地，不占基本农田或尽量少占基本农田。

（3）有可供选择利用的工业固体废弃物存放场地、污水排放口及纳污水体或收纳处置污水的场所（如西北干旱地区采用蒸发塘方案），有省市规定的危险废弃物处置场所。

（4）有丰富可靠（或靠近）的原料供应（如坑口电站等）市场和产品销售（或靠近）市场，减少运输环节；有充足的水源和电源。

（5）有便利的外部交通运输条件（如通过铁路专用线或地方铁路进入全国铁路系统等）和交通联结条件。对外向性企业，要考虑靠近港口。

（6）有利于生产协作和上下游加工一体化，有利于原料资源的合理利用，防止资源浪费（如建设项目位于循环经济园区等）。

（7）场址地形地貌要适合项目特点。对适合多层标准厂房生产的工业项目，应进入当地多层标准厂房，一般情况下不宜另选场（厂）址。

（8）有良好的社会经济环境，可依托的基础设施和方便的生活服务设施。

（9）有良好的工程地质、水文地质、气象、防洪防涝、防潮、防台风、防地质灾害、防震等条件。

（10）环境良好，且应有一定的环境容量和纳污能力。工程建设和生产运营不会对公众利益造成损害。

3. 特殊项目场（厂）址方案选择的要求

场（厂）址选择与建设项目类别密切相关，每个项目都有其自身的特殊要求。石油化工建设项目要求场（厂）址地势平坦不窝风；民用航空运输机场要求机场净空条件符合有关技术标准，场址的障碍物环境和空运条件及电磁环境能够满足机场安全运行要求等。

（1）固体废弃物处置（厂）场址选择的基本要求

根据 2013 年修订的《一般工业固体废物贮存、处置场污染控制标准（GB18599－2001）》，即 GB18599－2001/XG1－2013，固体废弃物处置场根据物体性质分为Ⅰ类场和Ⅱ类场。

①Ⅰ类场和Ⅱ类场的共同要求：所选场址应符合当地城乡建设总体规划要求；应依据环境影响评价结论确定场址的位置及其与周围人群的距离，并经具有审批权的环境保护行政主管部门批准，并可作为规划控制的依据；应选在满足承载力要求的地基上，以避免地基下沉的影响，特别是不均匀或局部下沉的影响；应避开断层、断层破碎带、溶洞区，以及天然滑坡或泥石流影响区；禁止选在江河、湖泊、水库最高水位线以下的滩地和洪泛区；禁止选在自然保护区、风景名胜区和其他需要特别保护的区域。

②Ⅰ类场地其他要求：应优先选用废弃的采矿坑、塌陷区。

③Ⅱ类场地其他要求：应避开地下水主要补给区和饮用水源含水层；应选在防渗性能好的地基上。天然基础层地表距地下水位的距离不得小于 1.5 米。

（2）危险废物贮存设施的选址与设计要求

根据 2013 年修订的《危险废物贮存污染控制标准（GB18597－2001）》，即 GB18597－2001/XG1－2013，危险废物集中贮存设施选址要求为：

①地质结构稳定，地震烈度不超过 7 度的区域内。

②设施底部必须高于地下水最高水位。

③应依据环境影响评价结论确定危险废物集中贮存设施的位置及其与周围人群的距离，并经具有审批权的环境保护行政主管部门批准，并可作为规划控制的依据。

④应避免建在溶洞区或易遭受严重自然灾害如洪水、滑坡，泥石流、潮汐等影响的地区。

⑤应在易燃、易爆等危险品仓库、高压输电线路防护区域以外。

⑥应位于居民中心区常年最大风频的下风向。

⑦基础必须防渗，防渗层为至少 1 米厚粘土层（渗透系数≤10^{-7}厘米/秒），或 2 毫米厚高密度聚乙烯，或至少 2 毫米厚的其他人工材料，渗透系数≤10^{-10}厘米/秒。

（3）危险废物填埋场选择要求

填埋场是处置废物的一种陆地处置设施，由若干个处置单元和构筑物组成，处置场有界限规定，主要包括废物预处理设施、废物填埋设施、渗透液收集处理设施。当建设项目需要危险废物填埋场时，需进行选择填埋场场址。根据 2013 年修订的《危险废物填埋污染控制标准（GB18598－2001）》，即 GB18598－2001/XG1－2013，填埋场选址要求为：

①应符合国家及地方城乡建设总体规划要求，场址应处于一个相对稳定的区域，不会因自然或人为的因素而受到破坏。

②场址选择应进行环境影响评价，并应得到环境保护主管部门批准。

③填埋场场址不应选在城市工农业发展规划区、农业保护区、自然保护区、风景名胜区、文物（考古）保护区、生活饮用水源保护区、供水远景规划区、矿产资源储备区和其他需要特别保护的区域内。

④危险废物填埋场场址的位置及与周围人群的距离应依据环境影响评价结论确定，并经具有审批权的环境保护行政主管部门批准，并可作为规划控制的依据。

⑤填埋场场址必须位于百年一遇的洪水标高线以上，并在长远规划中的水库等人工蓄水设施淹没区和保护区之外。

⑥填埋场场址的地质条件应符合：能充分满足填埋场基础层的要求；现场或其附近有充足的粘土资源以满足构筑防渗层的需要；位于地下水饮用水水源地主要补给区范围之外，且下游无集中供水井；地下水位应在不透水层3米以下，否则，必须提高防渗设计标准并进行环境影响评价，取得主管部门同意；天然地层岩性相对均匀、渗透率低；地质构结构相对简单、稳定，没有断层。

⑦填埋场场址选择应避开下列区域：破坏性地震及活动构造区；海啸及涌浪影响区；湿地和低洼汇水处；地应力高度集中，地面抬升或沉降速率快的地区；石灰熔洞发育带；废弃矿区或塌陷区；崩塌、岩堆、滑坡；山洪、泥石流地区；活动沙丘区；尚未稳定的冲积扇及冲沟地区；高压缩性淤泥、泥炭及软土区以及其他可能危及填埋场安全的区域。

⑧填埋场场址必须有足够大的可使用面积以保证填埋场建成后具有10年或更长的使用期，在使用期内能充分接纳所产生的危险废物。

⑨填埋场场址应选在交通方便、运输距离较短，建造和运行费用低，能保证填埋场正常运行的地区。

4. 场（厂）址方案选择的注意事项

（1）场（厂）址选择时要贯彻执行国家的方针政策、遵守有关法规和规定。

（2）要听取当地政府主管部门如规划、土地管理部门、环境保护、交通（港口、铁路、公路等）、地质、气象、水利、电力、文物管理等部门的意见。

（3）要充分考虑投资主体对场（厂）址的意见。同时要做好投资主体与政府主管部门的协调工作，优先选择与产业性质定位一致的工业园区。

（4）在工程地质条件方面，宜避开下列地区和地段：不良地质现象发育且对场地稳定性有直接危害或潜在危胁的或地基土性质严重不良的（如：IV级自重湿陷性黄土、厚度大的新近堆积黄土、高压缩性的饱和黄土和III级膨胀土等工程地质恶劣地区）；对建筑物有地震危险的（如：地震断层和设防烈度高于九度的地震区）；洪水或地下水对建筑物有严重不良影响的（如：有泥石流、滑坡、流沙、溶洞等直接危害的地区、坝或堤决溃后可能淹没的地区）；地下有未开采的有价值矿藏或未稳定的地下采空区（如：采矿陷落（错动）区界限内、大型尾矿库及废料场（库）的坝下方）。

（5）宜避开对工厂环境、劳动安全卫生有威胁的区域：有严重放射性物质或大量有害气体影响的地域，传染病和地方病流行区域，已严重污染、环境上不允许的区域；有高压输电线路、地下管线、通信线路等区域；有爆破作业的危险区。

（6）避开重要的供水水源卫生保护区；国家规定的风景区及森林和自然保护区；历史文物古迹保护区；对飞机起落、电台通讯、电视转播、雷达导航和重要的天文、气象、地震观察以及军事设施等规定有影响的范围内。

（二）场（厂）址及线路方案比选

由于项目不同，所选的比较内容和侧重点也应有所不同。下面列出场（厂）址比较的主要内容：建设条件比较、投资费用（建设费用）比较、运营费用比较、运输条件和运输费用比较（一般含在建设条件、运营费用比较中）、环境保护条件比较和安全条件比较等。

1. 比选内容

（1）建设条件比较

场（厂）址的建设条件包括地理位置、土地资源、地势条件、工程地质条件、土石方工程量条件、动力供应条件、资源及燃料供应条件、交通运输条件、生活设施及协作条件等。建设条件比较如表7-3所示。

表7-3　建设条件比较表

序号	比较内容	建设条件			备注
		方案1	方案2	方案3	
一	场（厂）址位置				
1	与土地利用总体规划的关系				
2	与城市总体规划的关系				
3	拆迁工程量				
二	土地资源				
1	用地总规模（公顷）				
1.1	其中：基本农田				
1.2	基本农田以外耕地				
1.3	其他土地				
2	发展条件				
三	厂区地势				
1	地势走向				
2	地势高差（m）				
四	地质条件				
1	土壤种类				
2	地基承载力（kPa）				
3	地下水深度（m）				估算
4	区域稳定情况及地震烈度				

续表

序号	比较内容	建设条件			备注
		方案1	方案2	方案3	
五	土石方（填、挖）工程量（10 000 m³）				
1	挖方工程量（10 000 m³）				
2	填方工程量（10 000 m³）				
六	动力供应条件				
1	水源及供水条件				
1.1	自来水				
1.2	地表水				
1.3	地下水（含矿井水）				
2	排水条件				
2.1	地区污水处理厂				
2.2	纳污水体（自建蒸发塘）				
2.3	距排污口（自建蒸发塘）距离（km）				
3	电力				
3.1	电源点规模				
3.2	电源点至场（厂）址距离				
4	供热				
4.1	地区热源厂及至场（厂）址距离				
4.2	燃料种类				
4.3	燃料供应点至场（厂）址距离				
5	消防站点至场（厂）址距离				
七	交通运输条件				主要是有无铁路专用线的建设、接轨条件
1	铁路				
1.1	接轨条件				
1.2	专用线长度（km）				
2	公路				是否可以衔接现有高速、国道、省道进入国家公路路网
2.1	连接条件				
2.2	连接路线长度（km）				
3	水运				
4	航空				
5	管道				
八	施工条件				
九	生活条件				
十	区域经济				
十一	市场环境				
十二	政策环境				

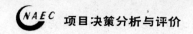

（2）投资费用比较

投资费用包括场地开拓工程、基础工程、运输工程、动力供应及其他工程等费用。比较如表7-4所示。

表7-4 场（厂）址方案投资比较表

单位：万元

序号	比较内容	建设投资			备注
		方案1	方案2	方案3	
一	场地开拓工程				
1	建设用地费用				
1.1	土地补偿费				
1.2	居民搬迁安置补偿费				
1.3	地上附着物和青苗补偿费				
1.4	征地动迁费				
1.5	其他税费				
2	土地出让（转让）金				
3	租地费用以及临时用地补偿费				
4	场地平整费				
4.1	土石方挖方费				
4.2	土石方填方费				
5	场地防洪排涝				
5.1	防潮防浪工程				
5.2	防洪工程				
5.3	排涝工程				
二	基础工程				
1	基础处理费				
2	抗震措施费				
三	运输工程				
1	铁路专用线及工厂编组站				
2	公路				
3	码头				
4	管道				
5	其他运输方式				
四	给排水工程				
1	取水及净化工程				含海水淡化或海水冷却
2	给水管（渠）等				
3	排水工程				含厂外蒸发塘、事故水池或污水缓冲池等

续表

序号	比较内容	建设投资			备注
		方案 1	方案 2	方案 3	
五	供电工程				
1	变电所				含电源边站改造
2	输电线路				
六	供热工程				
1	地区（或工业园区）热电站扩建分摊费用				
2	供热管网				
3	自建供热设施				
七	其他				
1	消防设施				
2	环境保护投资				
3	其他保护性工程				
4	临时建筑设施费用				
	合计				

（3）运营费用比较

主要包括不同场（厂）址带来的原材料、燃料运输费、产品运输费、动力费、排污费和其他运营费用方面的差别。如不同场（厂）址的原料、产品的运输方案带来的运输费用差别，不同场（厂）址所在地公用工程的供应方式和价格不同带来的运营费用的差别等，如表7-5所示。

表7-5　场址方案运营费用比较表

单位：万元

序号	比较内容	运营费用			备注
		方案 1	方案 2	方案 3	
一	运输及装卸				
1	原材料				
2	燃料				
3	辅助材料				
4	产品				
二	动力供应				
1	给水（含工业水和饮用水）				
2	排水（含合格污水、清净下水排放）				
3	供电				
4	供热				
5	其他（如工业气体等）				
三	环境总量控制指标交易（或拟选地区减污分摊费用）				
	合计				

（4）环境保护条件比较

环境保护条件包括场（厂）址位置与城镇规划关系、与风向关系、与公众利益关系等。见表7-6。

表7-6 环境保护条件比较表

序号	比较内容	环境保护条件			备注
		方案1	方案2	方案3	
一	城市规划				
1	与城（镇）总体规划符合性				
2	与工业园区总体规划、产业定位的符合性				
3	与土地利用总体规划的符合性				
4	与环境保护规划的符合性				
二	场（厂）址地理位置与环境敏感区（注）关系				
1	场（厂）址是否属于特殊保护地区/与保护地区距离				
2	场（厂）址是否属于生态敏感与脆弱区/与生态敏感与脆弱区距离				
3	场（厂）址是否属于文物古迹保护区或保护单位/与文物古迹保护区距离				
4	场（厂）址是否属于社会关注区/与社会关注区距离				
5	场（厂）址是否为环境质量已达不到环境功能区划要求的地区				
三	土地				
1	场地是否已被污染				
2	场址周边地区是否被污染				
四	环境条件				
1	大气环境质量（功能区分类和质量标准分级）				
2	水环境质量				
2.1	地下水环境质量（质量分类类别）				
2.2	地表水环境质量（水域功能及标准分类）				
3	声环境质量（功能分类）				
4	固体废弃物处置场（容积/与居民区距离）				
5	危险废弃物贮存设施（容积/与居民区距离）				
6	危险废弃物填埋场（容积/与居民区距离）				
7	环境容量（特征污染物）				
8	环境总量控制指标来源				
五	气象				
1	风向与场（厂）址、居民区的关系				
2	不良气象影响				
六	公众利益				
1	公众意见调查				
2	公众影响				
3	公众支持度				

（5）场（厂）址的安全条件

生产、储存有危险化学品的项目，按照《危险化学品生产储存建设项目安全审查办法》规定，建设场（厂）址应位于"直辖市及设区的市、地区、盟、自治州人民政府批准的规划区域内"，应当对拟建场（厂）址进行安全条件论证；安全条件论证在场（厂）址选择阶段，可以比较表的形式进行初步论证，在可行性研究阶段应形成"安全条件论证报告"。比较内容主要如表7－7所示。

表7－7　危险化学品项目安全条件比较

| 序号 | 比较内容 | 安全条件 | | | 备注 |
		方案1	方案2	方案3	
一	场（厂）址地理位置（注）				
1	是否在直辖市及设区的市、地区、盟、自治州人民政府批准的规划区域内建设				是否符合国家规定或规范要求
2	场址边界距城镇规划边界距离				
3	与村庄、居民集中区等距离				
4	与食品、医药等企业距离				
5	与主要交通干线（铁路、公路、主航道）距离				
6	与高压线路/通讯线路距离				
7	与相邻企业距离（同类企业/其他企业）				
二	对周边环境的影响				
1	对居民区、商业中心、公园等人口密集区域的影响				
2	对学校、医院、影剧院、体育场（馆）等公共设施的影响				
3	对供水水源、水厂及水源保护区的影响				
4	车站、码头（按照国家规定，经批准，专门从事危险化学品装卸作业的除外）、机场以及公路、铁路、水路交通干线、地铁风亭及出入口的影响				
5	对基本农田保护区、畜牧区、渔业水域和种子、种畜、水产苗种生产基地的影响				
6	对河流、湖泊、风景名胜区和自然保护区的影响				
7	对军事禁区、军事管理区的影响				
8	对法律、行政法规规定予以保护的其他区域的影响				
三	周边环境对建设项目的影响				

续表

序号	比较内容	安全条件			备注
		方案 1	方案 2	方案 3	
1	居民区、商业中心、公园等人口密集区域对其影响				
2	学校、医院、影剧院、体育场（馆）等公共设施对其影响				
3	供水水源、水厂及水源保护区对其影响				
4	对车站、码头（按照国家规定，经批准，专门从事危险化学品装卸作业的除外）、机场以及公路、铁路、水路交通干线、地铁风亭及出入口对其影响				
5	基本农田保护区、畜牧区、渔业水域和种子、种畜、水产苗种生产基地对其影响				
6	河流、湖泊、风景名胜区和自然保护区对其影响				
7	军事禁区、军事管理区对其影响				
8	法律、行政法规规定予以保护的其他区域对其影响				
四	建设条件对建设项目影响				
1	不良地质现象（如崩塌、岩堆移动、滑坡、泥石流、岩溶等）				
2	地震（设防烈度或者设计地震动参数、地震地质灾害影响）				
3	地质灾害（如山体崩塌、滑坡、泥石流、地面塌陷、地裂缝、地面沉降等）				
4	恶劣气象条件（风灾、沙尘暴、雪害、雷电、大雾、暴雨等）				
5	台风				
6	潮浪				
7	洪水				

2. **比选结论（项目选址意见）**

通过方案比较，编制场（厂）址选择报告，提出场（厂）址推荐意见。应描述推荐方案场（厂）址概况、优缺点和推荐理由，以及项目建设对自然环境、社会环境、交通、公用设施等的影响。选址方案的位置图应标明原料进厂方式和路线、水源地、进厂给水管线、热力管线、发电厂或变电所、电源进线、灰渣场、排污口、铁路专用线、生活区等位置。供主管部门和项目法人审批。

根据《地质灾害防治管理办法》和《地质灾害防治条例》要求，对有可能导致地质灾害（主要包括崩塌、滑坡、泥石流、地面塌陷、地裂缝、地面沉降等）发生的工程项目建设和在地质灾害易发区内进行工程建设，在申请建设用地之前必须进行地质灾害危险性评估。

编制和实施水利、铁路、交通、能源等重大建设工程项目时，应当充分考虑地质灾害防治要求，避免和减轻地质灾害造成的损失。在地质灾害易发区内进行工程建设应当在项目决策分析与评价阶段进行地质灾害危险性评估，并将评估结果作为可行性研究报告的组成部分。从事地质灾害危险性评估的单位实行资质管理制度。

对经评估认为可能引发地质灾害或者可能遭受地质灾害危害的建设工程，报告编制和评估单位有责任提出应配套建设地质灾害治理工程。地质灾害治理工程的设计、施工和验收应与主体工程的设计、施工、验收同时进行。地质灾害危险性评估包括下列内容：工程建设可能诱发、加剧地质灾害的可能性；工程建设本身可能遭受地质灾害危害的危险性；拟采取的防治措施等。

四、原材料与燃料供应方案

（一）原材料与燃料供应方案研究

在研究确定建设规模、产品方案、工艺技术方案的同时，要明确项目所需主要原材料和燃料的品种、数量、规格、质量的要求，对价格进行分析研究，并结合场（厂）址方案的比选确定其供应方案。

1. 原材料供应方案选择考虑的主要因素

（1）原材料的品种、质量、性能：原材料是项目建成后生产运营所需的主要投入物。根据产品方案和工艺技术方案，要研究确定所需原材料的品种、质量、性能（含物理性能和化学成分）。

（2）原材料需求量：按照项目产品方案提出的各种产品的品种、规格，以及建设规模和物料消耗定额，可以计算各种物料的年消耗量。根据生产周期、生产批量、采购运输条件等，进一步计算出各种物料的经常储备量、保险储备量、季节储备量和物料总储备量，作为生产物流方案（含运输、仓库等）研究的依据。利用海外资源（如原油、液化天然气、矿石等）的仓储设施规模应考虑国际政治、战争、运输等风险。

（3）原材料供应必须进行多种方案比较。原料来源必须明确、可靠。外购原料的项目，应对原料供应和价格进行预测，并分析各种供应方案，分析供应商的概况、供应周期、原材料供应质量、数量的稳定性与可靠性等情况。原材料由内部供应的项目，应计算说明有关生产单位之间的物料平衡，并提出优选方案。直接以矿产资源为原料并包括开采的项目，涉及的资源储量、品位及开采厚度、利用条件等，须经国土资源部评审备案。

（4）对于稀缺的原料还应分析原料来源的风险和安全性，包括原料质量和数量的变化，原料市场价格的变化，以及运输安全便捷性与供应的经济合理性分析。

（5）涉及原料进口的项目，若存在进口配额、贸易权限等法律规定，应当予以说明和分析。

2. 燃料供应方案选择考虑的主要因素

项目所需的燃料包括生产工艺、公用和辅助设施、其他设施所用燃料。

（1）根据项目对燃料类别的特殊需求以及燃料的可得性，经过经济技术比较，确定燃料类别和质量指标，计算所需燃料数量。选择燃料品种应满足环境保护的要求。

（2）根据燃料类别、质量指标、燃料数量、燃料供应的稳定性和可靠性，进一步研究燃料来源、价格、运输条件（含距离、接卸方式、运输设备和运输价格等），进行方案比选。对大宗燃料，应与拟选供应商、运输公司签订供应意向书和承运意向书。需要特殊运输方式和特殊保护措施的辅助材料供应方案，须作重点说明。

（3）研究所选辅助材料和燃料被替代的可能性与经济性。对于工艺有特殊要求的辅助材料及燃料，必须分析论证其品种、质量和性能能否满足工艺生产要求。

（二）原材料和燃料供应方案比选

主要原材料和燃料的供应方案应通过多方案比较确定。在满足生产要求的类别、质量、性能、数量等条件下，主要比较：

（1）采购的可靠性、稳定性、安全性。

（2）价格（含运输费）的经济性及可能的风险。

（3）经过比选，提出推荐方案。

五、总图运输方案

总图运输方案研究主要是依据确定的项目建设规模，根据场地、物流、环境、安全、美学对工程总体空间和设施进行的合理布置。项目性质不同，总图运输方案考虑的侧重点不同，要根据项目特点，考虑其特定因素。

（一）总图运输方案研究

1. 总体布置

总体布置是对厂区（功能区）、居住区、相邻企业、水源、电源、热源、渣场、运输、平面竖向、防洪排水、外部管线及机械化运输走廊、发展预留、施工用地等进行全面规划。总体布置应符合城镇总体规划、工业园区布局规划，结合工业企业所在区域的自然条件等进行。要满足生产、运输、防震、防洪、防火、安全、卫生、环境保护和职工生活设施的需要，经多方案技术经济比较后，择优确定。

大型钢铁联合项目、炼化一体化项目、黑色和有色金属共伴生矿产资源综合利用项目、煤/电/化/建材一体化项目、大型煤基烯烃项目、大型装备制造基地项目、造纸/化工一体化项目等应进行总体布置研究。

2. 厂区总平面布置

厂区总平面布置是在总体布置的基础上，根据工厂的性质、规模、生产流程、交通运输、环境保护、防火、防爆、安全、卫生、施工、检修、生产、经营管理、厂容厂貌及发展等要求，结合当地自然条件、场外设施分布、远期发展等因素，紧凑、合理地布置，经方案比较后择优确定。工厂总平面布置应符合下列条件：

（1）在符合生产流程、操作要求和使用功能的前提下，建筑物、构筑物等设施，应联合多层布置。

（2）厂区总平面应根据工厂的生产流程及各组成部分的生产特点和火灾危险性，结合地形、风向等条件，按功能分区集中布置。可以把生产性质功能相近、火灾危险等级相近、环境要求相近及联系紧密的装置（车间）集中在一个分区。

（3）分期建设的工业企业，近远期工程应统一规划。近期工程应集中、紧凑、合理布置，并应与远期工程合理衔接。远期工程用地宜预留在厂区外，只有当近、远期工程建设施工期间隔很短，或远期工程和近期工程在生产工艺、运输要求等方面密切联系不宜分开时，方可预留在厂区内。其预留发展用地内，不得修建永久性建筑物、构筑物等设施。避免过多过早占用土地，避免多征少用，早征迟用。

（4）充分利用地形、地势、工程地质及水文地质条件，合理地布置建筑物、构筑物和有关设施，减少土（石）方工程量和基础工程费用。应结合当地气象条件，使建筑物具有良好的朝向、采光和自然通风条件。有洁净要求的生产装置和辅助设施。

（5）总平面布置要与厂外铁路、道路衔接点、码头的位置相适应；与水源给水管道、排水管道去向、其他运输设施（如胶带输送机等）方位、电源线路等相适应，减少转角，做到运距短、线路直，满足人行便捷、货流畅通、内外联系方便要求。

（6）合理确定厂区通道宽度。通道宽度应满足道路、人行道、铁路、地下管线和地上管廊占地、排水沟，以及消防、绿化、采光、通风等要求。通道宽度应依据企业规模、通道性质确定，并符合现行国家和行业规范要求。

（7）公路和地区架空电力线路、油/气输送管道、区域排洪沟通过厂区时，应严格执行现行国家和行业规范。

（8）改扩建项目要充分利用现有空地、现有建构筑物、现有仓储运输设施，调整理顺现有总图布置使之符合新老产品流程要求。

3. 厂区竖向布置

厂区竖向布置主要是根据工厂的生产工艺要求、运输要求、场地排水以及厂区地形、工程地质、水文地质等条件，确定建设场地上的高程（标高）关系，合理组织场地排水。竖向布置应符合下列条件：

（1）竖向布置应与总体布置和总平面布置相协调，并充分利用和合理改造厂区自然地形，为全厂各区提供合理高程的用地。

（2）满足生产工艺、场内外运输装卸、管道敷设对坡向、坡度、高程的要求。

（3）充分利用地形，选择相适应的竖向布置形式，合理确定建、构筑物和铁路、道路的标高，避免深挖高填，力求减少土石方工程量，保证物流人流的良好运输与通行。

（4）保证场地排水通畅，不受潮水、内涝、洪水的威胁。

4. 厂区道路布置

厂区道路方案设计的内容包括道路型式、路面宽度、纵坡及道路净空的确定，以及路面结构的选择。其深度需满足总平面布置、土石方量计算和投资估算的要求。厂区道路布置应符合下列条件：

（1）道路布置应符合有关规范，满足生产（包括安装、检修）、运输和消防的要求，使厂内外货物运输顺畅、行人方便，合理分散物流和人流，尽量避免或减少与铁路的交叉，使主要人流、物流路线短捷，运输安全，工程量小。

（2）要求与厂外道路衔接顺畅，便于直接进入国家公路网。

（3）应与厂区的总平面布置、竖向布置、铁路、管线、绿化等布置相协调。

（4）应尽可能与主要建筑物平行布置。一般采用正交和环形式布置，对于运输量少的地区或边缘地带可采用尽头式道路。当采用尽头式布置时，应在道路尽头处设置回车场。

（5）道路等级及其主要技术指标的选用，应根据生产规模、企业类型、道路类别、使用要求、交通量等综合考虑确定。

（6）当人流集中，采用混合交通会影响行人安全时，应设置人行道。人行道一般应结合人流路线和厂区道路统一考虑进行布置，尽量使人行方便。

5. 厂外、厂内运输

可行性研究阶段要确定原料供应物流和销售物流的运输方案（即厂外运输方案），同时确定生产物流的运输方案（即厂内运输方案）。

（1）厂外运输

根据厂外运进、厂内运出的实物量、物态特性、包装方式、产地、运距、可能运输方式，通过经济技术比较，确定并推荐运输方式，编制厂外运输量统计表（见表7—8）。对大宗货物的铁路、水路运输，要分析铁路、航道的运输能力，并附承运部门同意运输的"承运意见函"。

表7—8　厂外运输量统计表

序号	货物名称	货运量（吨/年）	起点	终点	运距（km）	运输方式	备注
一	厂外运入						
1							
2							
	合计						
二	厂内运出						
1							
2							
	合计						
	总计						

厂外运输方案存在多种方式时，需要通过经济技术比较确定较优运输方式。经济技术比选的因素一般包括：运输距离、包装方式、线路能力、运费、运输工具来源、运力、运输可靠程度、安全程度、承运公司资质等。运力研究非常重要，如某西部项目在可行性研究、工程设计阶段，数十万吨产品均按照80％铁路运输、20％公路运输至目标市场（华北或华东地区）。但实际运营中，由于铁路运输紧张，不得不全部改为公路运输，使运输成本大大增加。

（2）厂内运输

根据项目生产的特点和生产规模，货物运输的要求，运输距离的长短等，经技术经济比选来确定厂内运输方式。

标准轨距铁路运输主要用于年运输量达到一定规模或有特殊要求的原材料和成品大批量运输的企业。无轨运输是广泛采用的运输方式。

6. 绿化

工业项目绿化应按照国土资源部现行《工业项目建设用地控制指标》规定，严格控制厂区绿化率，用地范围内不得建造"花园式工厂"，同时工厂的绿地率应符合有关标准和规范。

（二）总图运输方案比选

1. 总图运输方案的技术经济指标

厂区总平面布置的技术经济指标应执行国土资源部现行《工业项目建设用地控制指标（试行）》（国土资发〔2008〕24号）的规定。工业项目建设用地控制指标包括：投资强度、容积率、建筑系数和行政办公及生活服务设施用地所占比重、绿地率。严禁在工业项目用地范围内建造成套住宅、专家楼、宾馆、招待所和培训中心等非生产性配套设施；工业企业内部一般不得安排绿地，但因生产工艺等特殊要求需要安排一定比例绿地的，绿地率不得超过20％。这些技术经济指标是土地预审报告、项目申请报告中的主要内容之一；而且，按规定要求，项目竣工时，没有达到这些控制指标要求的，应依照合同约定及有关规定追究违约责任。

总图技术经济指标可用于多方案比较或与国内、外同类先进工厂的指标对比，以及进行企业改、扩建时与现有企业指标对比，可以用于衡量设计方案的经济性、合理性和技术水平。项目用地指标应符合国家、行业和各省、市、自治区颁布的建设用地指标。

（1）投资强度

投资强度是指项目用地范围内单位面积固定资产投资额。

$$投资强度＝项目固定资产总投资÷项目总用地面积 \qquad (7-1)$$

式中：项目固定资产总投资包括厂房、设备、地价款和相关税费，按万元计。项目总用地面积按公顷（万平方米）计。

（2）建筑系数、场地利用系数、绿地率

建筑系数是指项目用地范围内各种建、构筑物、堆场占地面积总和占总用地面积的比例。

建筑系数＝（建筑物占地面积＋构筑物占地面积＋堆场用地面积）

÷项目总用地面积×100％　　　　　　　　　　（7－2）

场地利用系数＝建筑系数＋［（道路、广场及人行道占地面积＋铁路占地面积

＋管线及管廊占地面积）÷项目总用地面积×100％］　（7－3）

场地利用系数也是衡量项目总平面布置水平的重要指标，该指标不在国土资源部现行工业项目建设用地控制指标之内。建筑系数和场地利用系数因各行业生产性质和条件的不同而不同，工业项目的建筑系数应不低于30％。

绿地率＝规划建设用地范围内的绿地面积÷项目总用地面积×100％（7－4）

绿地率所指绿地面积包括厂区内公共绿地、建（构）筑物周边绿地等。

（3）容积率

容积率是指项目用地范围内总建筑面积与项目总用地面积的比值。

容积率＝总建筑面积÷总用地面积　　　　　　　　（7－5）

建筑物层高超过8米，在计算容积率时该层建筑面积加倍计算。

（4）行政办公及生活服务设施用地所占比重

行政办公及生活服务设施用地所占比重是指项目用地范围内行政办公、生活服务设施占用土地面积（或分摊土地面积）占总用地面积的比例。

行政办公及生活服务设施用地所占比重＝行政办公、生活服务设施占用土地面积

÷项目总用地面积×100％　　　　　　　（7－6）

表7－9　总图布置方案技术指标比较表

序号	技术指标	单位	方案一	方案二	方案三
1	厂区占地面积	10 000 m²			
2	建筑物构筑物占地面积	10 000 m²			
3	道路和广场占地面积	10 000 m²			
4	露天堆场占地面积	10 000 m²			
5	铁路占地面积	10 000 m²			
6	绿化面积	10 000 m²			
7	投资强度	万元/10 000 m²			
8	建筑系数	％			
9	容积率				
10	行政办公及生活服务设施用地所占比重	％			
11	绿化系数	％			
12	场地利用系数	％			
13	土石方挖填工程量	m³			
14	地上地下管线工程量	m			
15	防洪措施工程量	m³			
16	不良地质处理工程量	m³			

当无法单独计算行政办公和生活服务设施占用土地面积时，可以采用行政办公和生活服务设施建筑面积占总建筑面积的比重计算得出的分摊土地面积代替。

工业项目所需行政办公及生活服务设施用地面积不得超过工业项目总用地面积的 7%。

2. 总图运输方案的比选

总图运输方案的比选应对总图布置方案从技术经济指标和功能方面进行比选，择优推荐。

（1）技术指标比选

总图布置方案技术指标比较见表 7—9。

（2）总图布置费用的比选

总图布置费用的比选见表 7—10。

表 7—10　总图布置费用比较表

单位：万元

序号	指　　标	方案一	方案二	方案三
1	土石方费用			
2	地基处理费用			
3	地下管线费用			
4	防洪抗震设施费用			

（3）其他比选内容

功能比选。主要比选生产流程的短捷、流畅、连续程度，项目内部运输的便捷程度以及安全生产满足程度等。

拆迁方案比选。对拟建项目占用土地内的原有建筑物、构筑物的数量、面积、类型、可利用的面积、需拆迁部分的面积、拆迁后原有人员及设施的去向、项目需支付的补偿费用等，进行不同拆迁方案的比选。

运输方案的比选。运输方案主要是在满足生产功能条件的前提下，进行技术经济比选。

【例 7—1】 某分公司 30 万吨/年合成氨节能技改项目总图运输方案的选择

1. 总平面布置

本项目根据用地条件及功能分区主要装置分原料煤储存及型煤区、合成氨装置区和三废混燃炉区等三个区域布置。

（1）原料煤储存及型煤区

该区域包括原料煤储存、型煤装置及空分装置，布置在现在的原料煤厂并向东扩至渣场。煤棚、型煤装置位于新建装置区南面，整体用地界限不规则，西面紧靠老合成氨装置区，东面与厂区铁路相邻，南部与厂区物流通道衔接；布局集中紧凑，与运输通道联系紧密，物流出入口便捷。根据工厂用地现状及本工程装置的生产特点，型煤等装置区的平面布置主要采用自东向西横向并排布置，平面布置与老厂区造气和锅炉等装置相邻原料煤预处理工序与锅炉等装置相邻方便烟气回收利用，输送栈桥向北延伸至新建造气装置；干煤棚布置在装置区东侧，靠近拟建对外公路，物流运输方便。

临时渣场位于新建造气南面，同时靠近锅炉装置，方便运渣和回收利用。

气柜位于造气和净化装置南侧的空地上，自煤气化装置生产的合成气经拟建的管廊送入净化合成装置区。

空分装置布置在造气装置区东南角，且位于全年最大风频上风向。

（2）合成氨装置区

该区域包括煤气化装置、原料气净化装置、氨合成装置、氨罐区及相应的循环水装置，布置在原NPK装置东部空地区并延至东部渣场。煤气化装置、净化装置、氨合成装置自东向西布置，流程顺畅，管道简洁。

煤气化装置、煤气化循环水、紧邻型煤装置北侧布置，利用平台中间的空地布置车间办公楼、气化变电所。

净化合成装置区各主要工艺生产单元布置相对集中，中间由主管廊贯穿，设计中考虑尽量减少生产运营及管理费用，各主要工艺生产单元布置集中紧凑。其中，半水煤气栲胶脱硫装置和原料气压缩装置布置在区域的东面，靠近造气装置和总降压站，便于半水煤气的接受和压缩机的供电；半水煤气栲胶脱硫装置往东依次布置CO变换、变脱、脱碳、合成气压缩、醇烷化、氨合成、尾气转换等；氨压缩机与合成气压缩机布置在同一厂房；车间配电及控制室布置靠近主要装置单元，处于装置的上风向，环境较好，管理方便。

脱硫循环水、合成循环水等集中布置在造气装置东侧公用工程区，处于装置的下风向，且尽量靠近负荷中心；原来的污水处理装置拆除，在造气南侧新建一套全厂污水预处理及污泥处理系统；事故水池为厂区新增加设施，位于污水处理装置的西侧，地势较低，既符合安全规范，又节约了土地。新增清水池与原装置选址相同，合并建设。

氨库布置在脱盐水装置的北面，扩建两个3000立方米、预留一个2000立方米的液氨球罐，产品通过专用泵输送至改建的装卸栈台。

为满足本工程产品合成氨的装车及对外运输，在原液氨装车鹤位的北侧新建3套装卸鹤管，将原来直通式装车通道改建为环形道路，这样有利于汽车装车。

110kv总降压站布置在厂区的东中部边缘，净化合成装置南侧，靠近主要负荷装置且进出线方便；周围环境卫生安静，受到生产粉尘噪音等影响较小。

为本工程服务的其他公用工程及辅助生产设施拟依托工厂原有相应设施。

在总平面设计中，各生产装置区、罐区之间根据消防要求设置消防道路，消防道路呈环形布置，各建、构筑物距离满足防火间距要求。本项目各单元火灾危险性类别包括甲、乙、丙和戊类，本设计主要根据《石油化工企业设计防火规范》GB50160－2008及《建筑设计防火规范》GB50016－2014要求控制防火间距，各建、构筑物距离满足规范要求。本项目中，同一街区内的甲类装置，根据同工同停，共同进料，共同维修的原则，按联合装置考虑防火间距，将装置的火灾影响范围定为 15 米。

（3）三废混燃炉区

拆除废旧的一套锅炉后，新建三废混燃炉布置在原三废炉旁，同原厂老锅炉和型煤装置相结合，便于原料统一供应及方便管理。

2. 竖向设计

（1）竖向布置原则

为满足生产工艺流程要求，满足生产设备平面布置对高程的要求，确保厂区雨水顺利排除，尽量减少土石方工程量，竖向布置要因地制宜，合理确定设计标高，保证新建装置与现有装置顺畅衔接。

（2）竖向布置

煤气化装置区的地势呈现南高北低，工程建设区内最高标高为 1991.5 米，最低标高为 1979.04 米。竖向布置采用台阶式竖向布置。由于厂区面积较大，竖向布置时结合自然标高，以及土方就近平衡计算，几个街区的地坪标大部分设计标高为 1983.0－1985.0 米，结合了道路设计，同时也满足了地下排水管线的需要。

竖向布置形式采用了平坡式和挡土墙结合的形式。主要道路排水坡度最大不超过 6％，边坡高度主要在 3－5 米，局部边坡最大高差不超过 8 米。考虑土质结构和安全稳定措施的同时，尽量降低对工艺管线的影响。厂区外缘采用重力式挡土墙和绿化边坡相结合的方式，尽可能的减少用地和投资。

净化、合成主要装置建设场地则地形平坦，结合现状街区设计标高定在 1973.0－1974.0 之间，新建装置或设施与原有装置或设施的竖向布置方式一致，采用平坡式，场地雨水排除采用暗管排水。每块场地内的坡度控制在 1％ 左右。主要道路坡度为 0.3％，最大道路坡度控制在 5％ 以内。厂内道路采用城市型道路，雨水的排出采用暗管铺设。

本工程土石方主要为挖方，除了建、构筑物的基础土方外，本工程的场地平整土方量约为：挖方 22.5 万立方米，填方 9.8 万立方米。

3. 工厂运输

（1）厂内道路

为满足交通、运输和消防需要，本工程工艺装置及罐区等设施周围道路呈环状布置，新建道路与老厂原有道路网尽可能相协调，消防道路宽度为 6 米，主要道路宽度 7－9 米，消防道路转弯半径 12 米，支路道路转弯半径 9 米。

道路采用城市型水泥混凝土路面，结构形式与老厂区道路相同。

该分公司现有原料煤及燃料煤进厂均是采用汽车通过合成氨厂和磷肥厂之间的道路运至煤堆场。合成氨厂和磷肥厂之间的道路还作为村民出入的道路。不但闲散人员穿越严重影响生产安全，大量的汽车通过还对生产环境造成很大的影响。本项目设计拟从厂区的东面修建一条连接国道的 14 米宽重型道路，供煤炭进厂运输和村民出行使用，原村民和厂区共用过道改为厂内物流运输道路。

（2）对外道路及运输

①运输量及运输方式

根据场（厂）址区域交通环境及货物运输距离，结合当地资源条件，化学品全部采用公路运输，成品采用铁路、公路综合运输。其中，液氨为公路运输，精甲醇为公路运输。汽车运输结合液氨产品和甲醇产品储存，布置在厂区主要生产装置附近。新建装置的产品对外运输以公路为主，详见表货物运输量表。

②大件运输

本工程的大件设备可通过高速公路输送至宣威，再用拖车运入厂内。

③运输机具配备和定员

为发挥依托老厂的优势，减少工程投资，拟依托该公司原有运输能力解决所增加的货运问题，不足部分将依托社会运输力量。本项目的公路运输车辆全厂统一考虑，除运渣车外不考虑自备，主要依托当地专业运输队伍和采用用户取货制。铁路考虑自备用于厂内调车作业的内燃机车；运煤车辆由公司内部解决。考虑部分生活、行政和后勤用车。

表 7—11 货物运输量表

单位：万吨/年

序号	货物名称	运输量及运输方式		形态（液、粉、块）	包装方式（散、袋、桶）
		公路	铁路		
一	运入				
1	原料煤	44.64		固	散装
2	燃料煤	5.04		固	散装
3	褐煤	1.92		固	散装
4	其他化学品	0.15		液、固	桶装、散装
	合计	51.75			
二	运出				
1	合成氨	10.33		液	槽车
2	精甲醇	1.7		液	槽车
3	灰渣	11.70		固	
4	硫磺	0.56		固	
5	硫铵	0.98		固	
	合计	25.27			

4. 工厂防护设施及其它

本工程需要占用该分公司部分闲置土地，新建围墙长约 1637 米，墙高不低于 2.2 米。

本设计拟在厂区空地及道路两侧、围墙与道路之间及其余边角地带进行绿化，绿地面积约为 31600 平方米，绿地率为 15%。

5. 排渣场

本项目排渣场布置在造气装置南侧，并处于造气和三废炉中间地块，占地面积约为 3000 平方米，出渣便捷，便于集中利用和运输。

6. 总图运输主要工程表

表 7-12　主要技术经济指标表

序号	指标名称	单位	数量	备注
1	总占地面积	ha	20.95	（未计火炬）
其中	新建建构筑物占地面积	m²	92620	
	厂内道路及硬化用地面积	m²	22748	
	绿化用地面积	m²	31600	
2	投资强度	万元/ha	6350	
3	容积率		0.60	
4	建筑系数	%	68.5	
5	行政办公及生活服务设施用地比例	%	——	
6	绿地率	%	15	

表 7-13　主要工程量表

序号	指标名称	单位	数量	备注
1	总占地面积	ha	20.95	
2	厂内道路及硬化用地	m²	22748	
3	绿化	m²	31600	
4	H=2m～8m 毛石挡墙	m	1350	
5	砖砌围墙	m	1637	
6	截洪沟	m	1875	
7	土方量挖方：	10 000 m³	22.5	
	填方：	10 000 m³	9.8	

7. 存在问题及解决意见

本项目拟建工程主要占地分为两大部分，煤气化装置利用原厂地形局部有高差，挡墙较多，地下管线和架空管廊应充分利用地形，并预留足够空间。净化合成装置地形较平坦，但是用地紧张，厂房设备集中紧凑，消防通道和防火间距除满足国家相关规范外，应增加必要的防火防爆设施，加强安全监控和管理。

原厂内运输和厂外交通交叉和重叠，对安全生产及管理带来障碍，应加强对内外交通的组织梳理和建设。

六、土建工程方案

土建工程方案选择是在已确定的工程项目建设规模和技术、设备方案的基础上，按照适用、经济、美观的原则，比选项目的主要建筑物和构筑物的建造方案，包括建筑形式、建筑结构、建筑风格、建筑材料、建筑节能和工程量等。不同类型的工程项目，工程方案选择内容不同，实际工作中，应根据项目所处的行业，按照行业规范要求选择。

(一) 基本要求及研究内容

1. 基本要求

(1) 满足生产使用功能要求。确定项目的工程内容、建筑面积和建筑结构时，应满足生产和使用的要求。分期建设的项目，应留有适当的发展余地。

(2) 适应已选定的场（厂）址（线路走向）。在已选定的场址（线路走向）的范围内，合理布置建筑物、构筑物，以及地上，地下管网的位置。

(3) 符合工程标准规范要求。建筑物、构筑物的基础、结构和所采用的建筑材料，应符合政府部门或者专门机构发布的技术标准规范要求，确保工程质量。

(4) 经济合理。工程方案在满足使用功能、确保质量前提下，力求降低造价，节约建设资金。

技术改造项目的工程方案，应合理利用现有场地、设施，力求新增的设施与原有设施相协调。

2. 研究内容

(1) 加工工业项目的工程方案

加工工业项目的工程方案的厂房、工业窑炉、生产装置、公用工程装置及辅助装置等建筑物、构筑物的工程方案，主要研究其建筑特征（面积、层数、高度、跨度），建筑物、构筑物的结构型式，以及特殊建筑要求（防火、防爆、防腐蚀、隔音、隔热、防渗等），大型油罐及建筑物、构筑物的基础工程方案，抗震设防措施等。

(2) 民用建筑的工程方案

民用建筑按使用功能可分为居住建筑和公共建筑两大类。一般民用建筑的工程方案主要研究建筑物形式、体量、结构、装饰等方案的选择。具体包括：按照适用、经济、美观的原则，结合建设场地的具体条件，提出建筑物结构型式、平面尺寸及层数、建筑高度、道路连接、与城市基础设施配套衔接等措施和设计方案；提出按照城市规划确定的用地性质要求的建筑密度、容积率和绿地率等各种建筑指标；对不良地质地段的建构筑物提出基础和工程处理措施；对地震烈度≥Ⅶ的地区，提出设防措施；提出利用现有建构筑物的方案和具体改造措施；根据当地地域特色和行业特色，提出标志性建筑物的建设方案；提出建筑物给排水、暖通空调、电气等设施建设方案；提出利用节能材料和当地建筑材料的意见；按照建筑面积、结构形式计算并列出建设项目钢材、木材、水泥用量等。广泛采用新结构、新构件、新材料，充分利用当地材料。对大型建筑物、重要建筑物采用的工程方案应通过经济技术比选确定。以节约建筑投资，做到技术先进、经济合理、安全适用、施工方便。

（3）矿产开采项目的工程方案（略）

（4）公路、铁路和其他线路项目的工程方案（略）

（5）水利水电项目的工程方案

水利水电项目的工程方案主要包括防洪、治涝、灌溉、供水、发电等工程方案。水利水电枢纽和水库工程主要研究坝址、坝型、坝体建筑结构、坝基处理以及各种建筑物、构筑物的工程方案。同时，还应研究提出库区移民安置的工程方案。

上述矿产开采、公路、铁路和其他线路项目以及水利水电枢纽工程同样有地面配套工程方案，该方案研究应根据一般制造业工程方案选择结合各自工程的特点确定。

（二）防震抗震与地震安全性评价

1. 防震抗震

根据所在区域地震历史概况，结合工程特点，制定切实可行的防震抗震措施，力求把地震灾害和造成的次生灾害减少到最小程度。可行性研究阶段，应当按照抗震设防要求和抗震设计规范，提出抗震设计措施。

工程建设项目需按《中华人民共和国防震减灾法》、《建设工程抗震设防要求管理规定》、《中国地震活动参数区划图》、《建筑物抗震设计规范》、《建筑工程抗震设防分类标准》、《湿陷性黄土地区建筑规范》及行业标准规范等要求进行抗震设计；新建、扩建、改建建设工程，按照地震安全性评价要求，针对工程项目特点，制定相应防震抗震措施，达到抗震设防要求。

2. 地震安全性评价

《地震安全性评价管理条例（2017年修正本）》规定，必须进行地震安全性评价的建设工程包括：国家重大建设工程；受地震破坏后可能引发水灾、火灾、爆炸、剧毒或者强腐蚀性物质大量泄露或者其他严重次生灾害的建设工程，包括水库大坝、堤防和贮油、贮气，贮存易燃易爆、剧毒或者强腐蚀性物质的设施以及其他可能发生严重次生灾害的建设工程；受地震破坏后可能引发放射性污染的核电站和核设施建设工程；省、自治区、直辖市认为对本行政区域有重大价值或者有重大影响的其他建设工程。地震安全性评价报告应报送国务院地震工作主管部门或者省、自治区、直辖市人民政府负责管理地震工作的部门或者机构审定。国务院地震工作主管部门负责审定的包括：国家重大建设工程；跨省、自治区、直辖市行政区域的建设工程；核电站和核设施建设工程。

地震安全性评价报告应包括的内容：工程概况和地震安全性评价的技术要求；地震活动环境评价；地震地质构造评价；设防烈度或者设计地震动参数；地震地质灾害评价；其他有关技术资料。

第三节 建设方案的比选方法

一、建设方案间的关系类型及建设方案比选方法的类型

建设方案的比选工作可以分为两个阶段。第一阶段是方案的绝对效果分析，即首先对参与比选的每个方案进行分析，要求各方案应满足基本需求，技术和经济上满足基本的入选条件；在此基础上，进行第二阶段的相对效果分析，即进行方案间的比选。绝对效果分析的目的是淘汰不符合入门标准的方案；相对效果评价的目的是对符合入门标准的方案进行优劣排序和方案组合。

（一）建设方案间的关系类型

进行方案比选时，须根据方案间的关系、比选的需求、比选工作所处的阶段选用适宜的比选方法和指标。因此比选前应首先确定方案间的关系。方案间的关系包括独立型、互斥型、互补型、相关型、从属型和混合型关系。

1. 独立型关系

独立型关系是指参与比选的各方案间互不干扰、互不相关，某个方案入选与否与其他方案是否入选无关，在这种情况下，入选的方案可能是一个、几个或全部，也可能都被淘汰。独立型关系可分为无约束条件和有约束条件两种情况；无约束条件情况下，备选方案只需满足绝对分析的评判标准即可入选；有约束条件情况则比较复杂。

2. 互斥型关系

互斥型关系是指备选方案具有排他性，一个方案的入选即意味着其他方案被淘汰。互斥型关系要求备选方案可以相互替代，即备选方案应满足项目的需求（项目要求的生产规模和容量）和消耗的性质及计算范围可比、风险水平可比、采用的计算期（满足项目要求的方案服务寿命）可比。

3. 互补型关系

互补型关系是指在若干备选方案间存在技术经济互补关系，其中某一方案的接受意味着其他方案的接受。互补型关系包括严格（或对称）互补和非严格互补。比如 A、B 两个方案互为存在前提，缺少其中一个，另一个就没有存在价值，A、B 之间就是严格互补关系。本节后面介绍的互补关系仅限严格互补关系。

4. 从属型关系

在多个备选方案中，某个方案 Y 是否被接受取决于另外一个方案 X 是否被采纳，但即便是方案 X 被采纳，方案 Y 依旧可能不被接受；也就是说方案 X 不采用，方案 Y 肯定被拒绝，而采用方案 X，方案 Y 可能被接受，也可能被拒绝，此时方案 X 和方案 Y 之间是从属关系，方案 Y 从属于方案 X。

5. 相关型关系

相关型关系是指各个方案之间在技术经济、现金流量、资金使用等方面相互影

响，不完全互斥也不完全依存，但任何一个方案的取舍会导致其他方案的变化。

工程中，方案间相关型关系的形成主要是由资源限制和项目的不可分割性造成的。一方面，有资源约束条件下的独立方案选择并非完全的"独立"，即某一方案的入选势必占用有限的资源，从而对其他方案的入选造成影响；比如，要在某跨江项目考虑两个建设方案，一个是建桥方案 A，另一个是轮渡方案 B，两个方案都是收费的，此时一个方案的实施或放弃都会影响到另一个方案的现金流量，交通量是方案的资源限制，两方案间的关系为相关型关系。另一方面，一个项目可能由很多子项目组合而成，某一子项目所选用的方案可能占用大量资源，但由于项目或方案的不可分割性，因此不可能因为该子项目所选用方案的入选而舍弃其他子项目，而只能是在限定资源条件下确定其他子项目所选用的方案，所以各子项目所选用的方案间也是存在相关性的。

6. 混合型关系

混合型关系是指备选方案间的关系是上述关系类型中的多种组合。

（二）建设方案比选方法的类型

在建设方案研究和比选过程中，应结合各相关因素，开展多层次、多方案分析和比选，以全面优化项目建设方案。从不同的角度出发，建设方案比选的方法一般可有以下几种的基本类型：

1. 整体的和专项的方案比选（按范围）

按比选的范围分，建设方案比选可分为整体的和专项的研究与比选。整体的方案比选是按各备选方案所含（相同和不同）的因素进行定量和定性的全面的对比。专项的方案比选仅就备选方案的不同因素或部分重要因素进行局部对比。

专项的方案比选通常相对容易，操作简单，而且容易提高比选结果差异的显著性。但如果备选方案在许多方面都有差异性，为避免决策的复杂性，应采用整体方案比选方法。

2. 定性和定量的方案比选（按模型工具）

按比选所应用的模型工具分，项目（方案）可分为定性和定量的研究与比选。定性方法主要依靠经验及主观判断和分析能力，分析影响建设方案的各种因素的影响程度，或是通过比较建设方案与项目要求的比较，分析建设方案对项目目标的满足程度，满足程度较高，负面影响较小的方案即是较优的建设方案。定量的方法核心是提出建设方案优化的数学模型，在定量的基础上评价建设方案的经济效益、环境效益和社会效益。

定性比选较适合于方案比选的初级阶段，在一些比选因素较为直观且不复杂的情况下，定性比选简单易行。在较为复杂系统方案比选工作中，一般先经过定性分析，如果直观很难判断各个方案的优劣，再通过定量分析，论证其经济效益的大小，据以判别方案的优劣。有时，由于诸多因素如可靠性、社会环境、人文因素等很难量化，不能完全由技术经济指标来表达的，通常采用专家评议法，组织专家组进行定性和定量分析相结合的评议，采用加权或不加权的计分方法进行综合评价比选。

二、建设方案的技术比选方法

针对不同行业和不同专业的方案内容，建设方案的技术比选方法和侧重点各有不同。本节以下仅介绍两种简单方法。

1. 简单评分法

采用简单评分法时，首先确定技术方案的评价体系指标和标准，比如，可以根据项目的特点，采用技术先进性、适用性、可靠性、安全性和经济性等指标；其次，在根据这些指标的合格性标准剔除不符合要求的方案后，由专家对剩余的备选方案按选定的评价指标和标准评价打分，经汇总得到每个备选方案的评价总分；方案总分排列即为方案的优劣排序。

2. 加权评分法

在简单评分法的基础上，根据每个选定指标的重要程度的不同给予不同的权重，然后计算各备选方案的加权评价分，得出优劣排序。

三、建设方案的经济比选方法

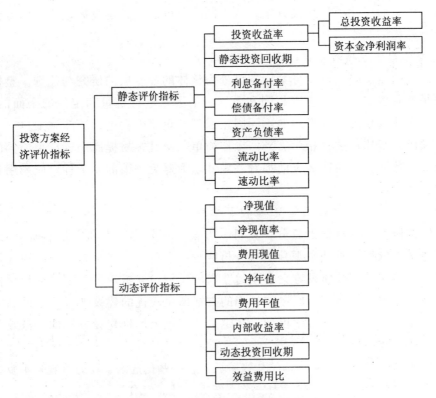

图7—2 方案经济评价指标体系

（一）方案的绝对经济效果分析

如前文所述，方案比选要经过两个阶段的工作，第一阶段的绝对效果分析的目的是遴选合格的备选方案，从经济比选的要求上考虑，备选方案只需满足选定的评价指标的评判标准即可。绝对效果分析所选用的评价指标体系见图7－2，这些指标中，净现值、费用现值、净年值和费用年值是价值型指标，静态和动态投资回收期是时间型指标，其余的是比率型指标。一般来说，方案评价主要考虑盈利能力、偿债能力和财务可持续性等方面，图7－2所列指标中，利息备付率、偿债备付率、资产负债率、流动比率和速动比率属于偿债能力分析指标，其他指标均为盈利能力分析指标，费用现值和费用年值主要用于方案间比选的相对经济效果分析，图7－2没有列出作为财务可持续性分析的净现金流量和累计净现金流量指标。下面的指标介绍仅限部分盈利能力分析指标。

1. 投资收益率

投资收益率是指投资方案在达到设计生产能力后的一个正常年份的年净收益或年均净收益与方案总投资的比率。其计算公式为：

$$投资收益率 R = \frac{年净收益或年均净收益}{总投资} \times 100\% \tag{7-7}$$

实务中使用的是总投资收益率和资本金净利润率两项指标。

（1）总投资收益率 ROI

总投资收益率是指投资方案达到设计生产能力后一个正常生产年份的年息税前利润或年均息税前利润与方案总投资的比率，它是从融资前的角度评价方案总投资盈利性的静态指标。

1）计算公式

$$总投资收益率 ROI = \frac{年息税前利润或年均息税前利润 EBIT}{总投资 I} \times 100\% \tag{7-8}$$

式中：息税前利润＝利润总额＋当期应计利息

2）评价准则。将计算出来的总投资收益率 ROI 与所确定的基准的总投资收益率 ROI_c 进行比较：

①$ROI \geqslant ROI_c$ 时，方案在经济上是可接受的。

②$ROI < ROI_c$ 时，方案在经济上不可接受。

（2）资本金净利润率 ROE

资本金净利润率是指投资方案达到设计生产能力后一个正常生产年份的年净利润或年均净利润与方案的资本金投资的比率，它是从融资后的角度评价方案资本金投资盈利性的静态指标。

1）计算公式

$$资本金净利润率 ROE = \frac{年净利润 NP}{资本金投资 EC} \times 100\% \tag{7-9}$$

式中：净利润＝利润总额－所得税

2）评价准则。将计算出来的资本金净利润率 ROE 与所确定的基准资本金净利

润率 ROE_c 进行比较：

①$ROE \geqslant ROE_c$ 时，方案在经济上是可接受的。

②$ROE < ROE_c$ 时，方案在经济上是不可接受。

3) 特点

总投资收益率和资本金净利润率两项指标的经济意义明确、直观，计算简便，在一定成都上反映了投资效果的优劣，可适用于各种投资规模；特别适用于数据准备不充分的决策早期的机会研究、项目建议书阶段；但这两项指标都没有考虑资金时间价值，因此多用于初步比选分析或作为辅助指标使用。

2. 投资回收期（P_t）

投资回收期是反映投资方案实施后回收初始投资并获取收益能力的重要指标，根据是否考虑资金的时间价值分为静态投资回收期和动态投资回收期。实务中采用的是静态投资回收期。

静态投资回收期是指在不考虑资金时间价值的条件下，以方案的净收益回收总投资所需要的时间。静态投资回收期可以从项目建设开始年算起，也可以从项目投产年开始算起，但应予以注明。

1) 计算公式

自建设开始年算起，静态投资回收期 P_t（以年表示）的计算公式如下：

$$\sum_{t=0}^{P_t} (CI_t - CO_t) = 0 \qquad (7-10)$$

式中：P_t——静态投资回收期；

CI_t——第 t 年的现金流入；

CO_t——第 t 年的现金流出；

静态投资回收期可借助现金流量表，根据净现金流量来计算，其计算公式为：

$$P_t = (\text{累计净现金流量出现正值的年份数} - 1) + \frac{\text{上一年累计净现金流量的绝对值}}{\text{出现正值年份的净现金流量}}$$

$$(7-11)$$

若方案只有初始投资 I（发生在第 1 年初），且计算期内各年的净现金流量 A 保持不变，则投资回收期 P_t 的计算公式可以表示为：

$$P_t = \frac{I}{A} \qquad (7-12)$$

2) 评价准则

将计算出的静态投资回收期 P_t 与所确定的基准投资回收期 P_c 进行比较：

①若 $P_t \leqslant P_c$，表明项目投资能在规定的时间内收回，则可以考虑接受方案；

②若 $P_t > P_c$，方案是不可接受的。

3) 特点

静态投资回收期指标容易理解，计算简便，该指标在一定程度上反映了资本的周转速度，资本周转速度愈快，回收期愈短，风险愈小，盈利愈多，对于那些技术上更新迅速的项目，或资金相当短缺的项目，或未来的情况很难预测而投资者又特别关心资金补偿的项目，适宜采用投资回收期指标进行分析；但静态投资回收期指标只考虑投资回收前的经济效果，没有全面考虑方案整个计算期内的现金流量，且该指标没有考虑资金的时间价值，因此只能作为辅助评价指标，或与其他评价方法结合应用。

3. 净现值（NPV）

净现值是反映投资方案在计算期内获利能力的动态评价指标，是直接用货币单位表示的绝对指标。投资方案的净现值是指用一个预定的基准收益率（或设定的折现率）i_c，分别把整个计算期间内各年所发生的净现金流量都折现到投资方案开始实施时（即方案计算期期初）的现值之和。

1）计算公式

$$NPV = \sum_{t=0}^{n} (CI_t - CO_t)(1 + i_c)^{-t} \qquad (7-13)$$

式中：NPV——净现值；

$CI_t - CO_t$——第 t 年的净现金流量；

i_c——基准收益率；

n——方案寿命期或计算期。

2）评价准则

①当 $NPV \geqslant 0$ 时，说明该方案在满足基准收益率要求的盈利之外，还能得到超额收益，故该方案可行；

②当 $NPV < 0$ 时，说明该方案不能满足基准收益率要求的盈利水平，故该方案不可行。

3）净现值函数

净现值可以看做是方案现金流量、方案计算期和折现率的函数，即：

$$NPV = f(NCF, n, i) \qquad (7-14)$$

式中 NCF 是方案的净现金流量。

根据式 7-14，影响 NPV 的各项因素中，方案的净现金流量和计算期可以看做是方案本身的技术经济条件所决定的；而因素 i，即基准收益率 i_c，是由无风险收益率和风险加成决定的，如果侧重考虑外部因素的影响，可以把 NPV 看做 i 的函数。

4）特点

净现值指标考虑了资金的时间价值，且全面考虑了项目在整个计算期内的经济状况；经济意义明确直观，能直接以货币额表示项目的超额盈利水平；判断直观。但该指标的计算必须首先确定一个符合经济现实的基准收益率 i_c，在项目决策过程中，由于环境因素变化和决策者及决策分析者的心理预期波动，基准收益率的确定是比较困难的。

从式 7—13 可以看出，净现值指标的计算要求方案的收益和费用都能定量化、货币化。实践中，有时方案的收益难以定量化，比如公益性、环境保护等方案的评价，此时，如果各方案能满足相同需求（即提供相同的功能或创造相同的收益），则只需比较这些方案的费用即可；还有的情况下，参与比选的方案都是为了满足项目中的某个特定环节的需求，此时，项目对该环节的功能性要求成为方案入选的及格条件，而方案的费用多少则是方案入选的决定性条件，各方案的收益是由项目统一限定的相同的收益，因此也就没必要具体计算方案的收益。例如一条生产线中的某个设备的选型问题，备选设备的入选条件是能满足该生产线的设计生产能力要求，无论最终选择哪种设备，设备产生的收益是相同的、是由生产线的生产能力决定的收益。上面这两种情况下可以采用的指标是费用现值指标，计算公式为：

$$PC = \sum_{t=0}^{n} CO_t \ (1+i_c)^{-t} \qquad (7-15)$$

式中，PC——费用现值

费用现值指标的计算不考虑方案的收益，但需考虑方案的投资和经营成本支出，还需考虑方案资产的余值回收。该指标不能用于判定单一方案的合格与否，只能用于多个方案间的比选，评价准则是 PC 越小越好。

4. 净年值（NAV）

与净现值一样，净年值也是反映投资方案在计算期内获利能力的动态评价指标，也是直接用货币单位表示的绝对指标，但与 NPV 是在项目计算期初的汇总项目超额收益的视角不同，NAV 是基于按年动态平均视角的年均超额收益。NAV 和 NPV 的关系见式（7—16）。NAV 的评价准则与 NPV 完全相同，但对于特定现金流量类型的方案评价和方案相对经济效果分析，NAV 有其特有的优势。

$$NAV = NPV \times (A/P, \ i_c, \ n) = NPV \times \frac{i_c \ (1+i_c)^n}{(1+i_c)^n - 1} \qquad (7-16)$$

对于计算期或寿命期无限长的方案：

$$NAV = NPV \times i_c \qquad (7-17)$$

与 NPV 和 PC 之间的关系一样，对应 NAV 的是费用年值 AC。同样有：

$$AC = PC \times (A/P, \ i_c, \ n) = PC \times \frac{i_c \ (1+i_c)^n}{(1+i_c)^n - 1} \qquad (7-18)$$

对于计算期或寿命期无限长的方案：

$$AC = PC \times i_c \qquad (7-19)$$

5. 内部收益率（IRR）

内部收益率是使投资方案在计算期内各年净现金流量的现值累计等于零时的折现率。内部收益率的经济含义是投资方案占用的尚未回收资金的获利能力，也可以看做是方案所能承受的最高贷款利率，与净现值指标依赖于方案"外部"的基准收益率不同，内部收益率指标的确定只取决于方案"内部"的现金流量和方案计算期。

1）计算公式

工程经济中把投资仅在前期发生，进入生产运营期后不再进行后续投资的项目称为常规现金流量项目，非常规现金流量项目可以视为若干常规现金流量项目的叠加，即可以分解为若干个常规现金流量项目。常规现金流量项目的净现值函数是折现率 i 的递减函数（图 7-3），净现值随折现率的增大而减小，净现值曲线会穿越横轴，该曲线与横轴的交点就是内部收益率 IRR。按照净现值的评价准则，NPV（i）$\geqslant 0$ 时，方案可接受，折现率 i 越高，方案被接受的可能性就越小。

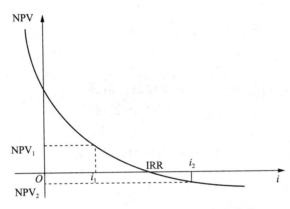

图 7-3　常规投资项目的净现值函数曲线

内部收益率的数学表达式为：

$$\sum_{t=0}^{n} (CI_t - CO_t)(1 + IRR)^{-t} = 0 \qquad (7-20)$$

式 7-20 中的内部收益率 IRR 无法通过求解一元 n 次方程得到解析解，实务中都是采用数值计算方式获得 IRR 的数值近似解。IRR 数值近似解可以通过 EXCEL 等电子表格软件计算，也可以通过手算试算确定，手算试算确定内部收益率的原理如图 7-4 所示，分别确定对应 $NPV_1 > 0$ 的 i_1 和对应 $NPV_2 < 0$ 的 i_2，然后用线性内插法可以计算出 IRR 的近似值，公式为：

$$IRR \approx i_1 + \frac{NPV_1}{NPV_1 + |NPV_2|}(i_2 - i_1) \qquad (7-21)$$

为保证 IRR 的计算精度，i_1 与 i_2 间的差距不应超过 2%。

2）评价准则

①IRR$\geqslant i_c$ 时，该方案可行；

②IRR$< i_c$ 时，该方案不可行。

对于单一方案的评价分析，采用 NPV 和 NAV 指标得到的结论与采用 IRR 指标得到的结论是一致的。

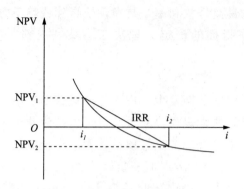

图7—4　线性内插法计算 IRR

3）特点

内部收益率指标考虑了资金的时间价值以及整个计算期内的经济状况；能直接衡量方案未收回投资的收益率；不需要事先确定一个基准收益率；但内部收益率仅适用于常规现金流量项目，且要求项目的现金流入、现金流出均可用货币计量。

【例题7—2】 某拟建项目的现金流量表见表7—14。若行业基准收益率为 $i_c=$ 10%，行业基准投资回收期4年。试对该项目进行分析评价。

表7—14　某项目现金流量表

单位：万元

计算期	0	1	2	3	4	5	6
净现金流量	−3500	1255	1255	1255	1255	1255	1255

【解答】

（1）应用静态投资回收期指标进行评价

可以根据公式7—12计算，即 $P_t=\dfrac{3500}{1255}=2.79$（年）

也可以根据公式（7—11）计算，此时应首先根据表7—14计算出累计净现金流量（见表7—15）：

表7—15　某项目现金流量表

单位：万元

计算期	0	1	2	3	4	5	6
累计净现金流量	−3500	−2245	−990	265	1520	2775	4030

$$P_t=3-1+\frac{990}{1255}=2.79（年）$$

$P_t=2.79$ 年$<P_c=4$ 年，表明投资能在基准投资回收期内收回，则该项目投资是可行的。

（2）应用净现值指标进行评价

$$NPV = -3500 + 1255 \times (P/A, i_c, n) = -3500 + 1255 \times (P/A, 10\%, 6)$$
$$= -3500 + 1255 \times \frac{(1+10\%)^6 - 1}{10\% (1+10\%)^6} = 1965.85(万元)$$

$NPV > 0$，表明该项目投资是可行的。

（3）应用净年值指标进行评价

$$NAV = -3500 \times (A/P, i_c, n) + 1255 = -3500 \times (A/P, 10\%, 6) + 1255$$
$$= -3500 \times \frac{10\% (1+10\%)^6}{(1+10\%)^6 - 1} + 1255 = 451.37(万元)$$

$NAV > 0$，表明该项目投资是可行的。

（4）应用内部收益率指标进行评价

$i_1 = 27\%$，$NPV_1 = 40.36$，$i_2 = 29\%$，$NPV_2 = -111.50$

$$IRR \approx i_1 + \frac{NPV_1}{NPV_1 + |NPV_2|} \times (i_2 - i_1) = 27\% + \frac{40.36}{40.36 + |-111.50|}$$
$$\times (29\% - 27\%) = 27.53\%$$

$IRR > i_c$，表明该项目是可行的。

（二）方案的相对经济效果分析

方案的相对经济效果分析是指在一组备选方案中，选择最优的方案组合的过程。方案的相对经济效果分析的方法很多，本节介绍的是计算过程和结果确定性较强的两种方法，适用于计算机计算分析的通用的万加特纳整数规划法和适用于手动计算的互斥方案组合法，前者是在建立线性规划优化模型的基础上，使用 LINGO/LINDO、MATLAB，甚至 EXCEL 等工具直接计算得到最优方案组合的方法，优点是能处理涉及复杂的混合关系，且数目庞大的方案组合，结果上侧重于获得明确的最优组合，但该方法决策刚性强，留给决策者的可选择性的决策依据，特别是次优方案的可选择性依据不清晰，因此要求决策的前提、依据和约束条件应完备、清晰；后者在得到最优组合的基础上，侧重给出已知决策依据和条件下的决策方案组合序列，方便决策者根据决策依据的调整变化选择最优或次优的方案组合。

1. 万加特纳整数规划法

1955 年，James. H. Lorie 和 Leonard. J. Savag 提出了在资金约束条件下，针对一组项目或方案，选择使投资收益最大化的项目或方案组合的问题，在工程经济中被称为罗瑞－萨维奇问题（Lorie－SavageProblem）；1963 年，H. Martin Weingartner 提出了解决该问题的万加特纳（Weingartner）整数规划法，该问题及其解法最初是面向资金约束问题，但实际应用中可以被扩展到其他可量化的约束类型问题。下面列出不同情况下的模型表达式，在后面的例题中给出了使用 MATLAB 工具的求解过程。

（1）目标函数

根据该算法，罗瑞－萨维奇问题的目标函数为：

$$\max \sum_{j=1}^{m} \sum_{t=0}^{n_j} (CI_{tj} - CO_{tj})(1 + i_c)^{-t} x_j = \max \sum_{j=1}^{m} NPV_j x_j \qquad (7-22)$$

式中，m——备选方案的数目；

n_j——第 j 个方案的寿命期或计算期；

$(CI_{tj} - CO_{tj})$——第 j 个方案在第 t 年的净现金流量；

x_j——决策变量，取值为 0 或 1，取值 1 表示接受对应的 j 方案，取值 0 表示拒绝对应的 j 方案。

（2）约束条件

1）资源约束条件

$$\sum_{j=1}^{m} R_{tj} x_j \leqslant R_t \qquad (7-23)$$

式中：R_{tj}——项目或方案在第 t 年消耗的资源 R 的数量；

R_t——资源 R 在第 t 年的可用量。

2）方案间关系的约束

①对应独立型关系，方案间没有相互约束，但如果限定方案组合的总投资限额为 I，则有约束条件：

$$\sum_{j=1}^{m} x_j I_j \leqslant I \qquad (7-24)$$

式中：I_j——第 j 个方案的投资额。

当然，备选方案的净现值≥0 也应作为约束条件。

②对应互斥型关系：

$$\sum_{j=1}^{m} x_j \leqslant 1 \qquad (7-25)$$

即对于所有互斥方案中可能接受其中的一个方案，也可能一个都不接受。如果将"所有方案都不接受"也考虑为互斥方案之一，则方案总数从 m 个变成 m＋1 个，式 7-25 变为：

$$\sum_{j=1}^{m+1} x_j = 1 \qquad (7-26)$$

③对应互补型关系，若 A 方案和 B 方案互补，则约束关系表示为：

$$x_A = x_B \qquad (7-27)$$

即：接受 A 方案（$x_A = 1$）意味着也接受 B 方案（$x_B = 1$），不接受 A 方案（$x_A = 0$），则 B 方案也被拒绝（$x_B = 0$）。

④对应从属型关系，若 B 方案从属于 A 方案，则约束关系表示为：

$$x_A \geqslant x_B \tag{7-28}$$

即：不接受 A 方案（$x_A = 0$），则 B 方案一定被拒绝（$x_B = 0$）；接受 A 方案（$x_A = 1$），则可能接受 B 方案（$x_B = 1$），也可能不接受 B（$x_B = 0$）。

【例题 7-3】 表 7-16 列出了备选的 6 个方案，方案间的关系为独立型关系。若投资限额为 35000 万元，基准收益率为 15%，试确定最佳方案组合。

表 7-16　备选方案初期投资和净现值

单位：万元

方案	初期投资	净现值
1	10000	1142
2	8000	1473
3	21000	1518
4	13000	49
5	6000	2200
6	15000	-1072

（注：上表中的初期投资假设在第 1 年年初发生，本节后面的例题中的初期投资均按此假设）

【解答】

方案 6 的净现值＜0，被直接淘汰。

剩下的方案，根据式 7-22，列出目标函数：

$$\max \sum_{j=1}^{5} NPV_j x_j = 1142x_1 + 1473x_2 + 1518x_3 + 49x_4 + 2200x_5$$

根据式 7-24，列出资源约束条件：

$$10000x_1 + 8000x_2 + 21000x_3 + 13000x_4 + 6000x_5 \leqslant 35000$$

在 MATLAB 中建立模型：

f=［-1142，-1473，-1518，-49，-2200］;

A=［10000 8000 21000 13000 6000］;

id=［1，2，3，4，5］;

b=［35000］;

lb=zeros（5，1）;

ub=ones（5，1）;

通过函数［x, fval, flag］=intlinprog（f, id, A, b, ［］, ［］, lb, ub）可得计算结果：

$x_1 = 0$，$x_2 = 1$，$x_3 = 1$，$x_4 = 0$，$x_5 = 1$；即方案 2、3、5 入选，方案组合的 NPV 值为 5191 万元。

【例题7-4】 表7-17列出了备选的10个方案，这10个方案归属于三个方案组，各个方案组之间为独立关系，各个方案组内的方案之间是是互斥关系。若基准收益率为10%，试确定投资限额为8000万元时的最佳方案组合。

表7-17　备选方案初期投资和净现值

单位：万元

方案组	方案	初期投资	净现值
一	1	1000	824.54
	2	2000	1216.96
	3	3000	1145.24
二	4	2000	2107.89
	5	3000	2414.95
	6	4000	3399.54
三	7	1000	−45.04
	8	2000	454.07
	9	3000	526.39
	10	4000	385.31

【解答】

方案7的净现值<0，被直接淘汰。

剩下的方案，根据式7-22，列出目标函数：

$$\max \sum_{j=1}^{9} NPV_j x_j = 824.54x_1 + 1216.96x_2 + 1145.24x_3 + 2107.89x_4 + 2414.95x_5$$
$$+ 3399.54x_6 + 454.07x_8 + 526.39x_9 + 385.31x_{10}$$

根据式7-24，列出投资约束条件：

$$1000x_1 + 2000x_2 + 3000x_3 + 2000x_4 + 3000x_5 + 4000x_6$$
$$+ 2000x_8 + 3000x_9 + 4000x_{10} \leqslant 6000$$

根据式7-25，列出方案间关系的约束条件：

$$x_1 + x_2 + x_3 \leqslant 1$$
$$x_4 + x_5 + x_6 \leqslant 1$$
$$x_8 + x_9 + x_{10} \leqslant 1$$

在MATLAB中建立模型：

$f = [−824.54, −1216.96, −1145.24, −2107.89, −2414.95, −3399.54,$
$−454.07, −526.39, −385.31];$

$A = [1000\ 2000\ 3000\ 2000\ 3000\ 4000\ 2000\ 3000\ 4000;\ 1\ 1\ 1\ 0\ 0\ 0\ 0\ 0\ 0;\ 0\ 0\ 0\ 1$

$1\ 1\ 0\ 0\ 0;\ 0\ 0\ 0\ 0\ 0\ 0\ 1\ 1\ 1]$;

$id=[1,\ 2,\ 3,\ 4,\ 5,\ 6,\ 7,\ 8,\ 9]$;

$b=[8000,\ 1,\ 1,\ 1]$;

$lb=zeros\ (9,\ 1)$;

$ub=ones\ (9,\ 1)$;

通过函数 $[x,\ fval,\ flag]=intlinprog\ (f,\ id,\ A,\ b,\ [],\ [],\ lb,\ ub)$ 可得计算结果

$x_1=0$，$x_2=1$，$x_3=0$，$x_4=0$，$x_5=0$，$x_6=1$，$x_7=1$，$x_8=0$，$x_9=0$；即方案 2、6、8 入选，方案组合的 NPV 值为 5070.6 万元，方案组合的投资额为 8000 万元。

注：方案 7 因净现值小于零已被淘汰，因此 x_7、x_8、x_9 对应的是方案 8、9、10。

2. 方案互斥组合排序法

方案互斥组合排序法是指将参与比选的所有方案，不论这些方案间是什么样的关系类型，都转换成互斥方案组合，即视为一组参与比选的互斥方案，统一采用互斥方案比选方法确定这些互斥方案组合的优选序列。

（1）互斥方案组合的构建

复杂关系类型下的互斥方案组合构建可以采用真值表的形式处理。

1）独立型关系

【例题 7—5】　现有 A、B、C 共 3 个方案参与比选，方案间为独立型关系，确定这些方案可以构成的互斥方案组合。

【解答】　互斥方案组合见表 7—18

表 7—18　互斥方案组合

序号	A	B	C	互斥方案组合
1	0	0	0	无
2	0	0	1	C
3	0	1	0	B
4	0	1	1	BC
5	1	0	0	A
6	1	0	1	AC
7	1	1	0	AB
8	1	1	1	ABC

表中数值取 0 的，表示对应行的方案组合中不包括对应列的方案，反之，方案组合包括对应列的方案。

由上表可知共有 8 个互斥方案组合。如果加入限制条件，比如方案组合投资额不得超过设定的投资限额或特定资源总量限制，则还需剔除上表方案组合中超出设

定投资限额或资源总量限制的方案组合。

2）互补型关系

【例题7-6】 现有方案 A 和 B，方案 A 和 B 间为互补关系，确定这些方案可以构成的互斥方案组合。

【解答】 互斥方案组合见表7-19

表7-19 互斥方案组合

序号	A	B	互斥方案组合
1	0	0	无
2	1	1	AB

根据上表可知共有2个互斥方案组合。

3）从属型关系

【例题7-7】 现有方案 A 和 B，方案 B 从属于方案 A，确定这些方案可以构成的互斥方案组合。

【解答】 互斥方案组合见表7-20

表7-20 互斥方案组合

序号	A	B	互斥方案组合
1	0	0	无
2	1	0	A
3	1	1	AB

根据上表可知共有3个互斥方案组合。

4）混合型关系

【例题7-8】 现有 A、B、C 共3个方案参与比选，A、B 方案间为独立型关系，C 方案从属于 B 方案，确定这些方案可以构成的互斥方案组合。

【解答】 互斥方案组合见表7-21

表7-21 互斥方案组合

序号	A	B	C	互斥方案组合
1	0	0	0	无
2	0	1	0	B
3	0	1	1	BC
4	1	0	0	A
5	1	1	0	AB
6	1	1	1	ABC

由上表可知，共有 6 种互斥方案组合。

【例题 7－9】　现有 A、B 两个项目，A 项目和 B 项目相互独立。A 项目中有 A_1 和 A_2 两个方案，两者是互斥型关系；B 项目中有 B_1、B_2、B_3 三个方案，其中 B_1 和 B_2 是互斥型关系，B_3 从属于 B_1。确定这些方案可以构成的互斥方案组合。

【解答】　互斥方案组合见表 7－22

表 7－22　互斥方案组合

序号	A_1	A_2	B_1	B_2	B_3	互斥方案组合
1	0	0	0	0	0	无
2	0	0	0	1	0	B_2
3	0	0	1	0	0	B_1
4	0	0	1	0	1	$B_1 B_3$
5	0	1	0	0	0	A_2
6	0	1	0	1	0	$A_2 B_2$
7	0	1	1	0	0	$A_2 B_1$
8	0	1	1	0	1	$A_2 B_1 B_3$
9	1	0	0	0	0	A_1
10	1	0	0	1	0	$A_1 B_2$
11	1	0	1	0	0	$A_1 B_1$
12	1	0	1	0	1	$A_1 B_1 B_3$

由上表可知共有 12 个互斥方案组合。

（2）互斥方案比选方法

互斥方案比选可以采用方案评价指标直接对比和增量指标分析两种方法。无论采用哪种方法，所有备选的互斥方案均应满足前述的包括寿命期（计算期）可比在内的可比条件。本节所述的互斥方案比选方法均假设备选方案的寿命期（或计算期）相同；如果不同，工程经济理论中推荐采用最小公倍数法（即取各备选方案寿命期或计算期的最小公倍数作为统一计算期）和研究期法（即各备选方案指定采用相同的寿命期或计算期作为统一计算期）两种方法，无论用哪种方法，均需满足统一计算期内各备选方案的技术经济参数保持基本稳定这一前提条件。实务中，由于技术进步和政治经济形势的千变万化，第一种方法很难保证满足假设条件，所以主要采用第二种方法，而且统一计算期的取值为各备选方案寿命期或计算期的最小值，第二种方式的缺点是难以准确确定那些寿命期大于统一计算期的方案的剩余资产价值。

1）评价指标直接对比法

评价指标直接对比法就是计算备选方案的评价指标，然后依据计算出的评价指标的优劣确定最优方案的方法。采用这种方法时所能使用的指标只有净现值、费用现值、净年值、费用年值、年折算费用和年综合费用等价值型指标。

①净现值指标

【例题7-10】 现有A、B两个互斥方案，两方案的现金流量见表7-23，方案寿命期均为8年，若基准收益率为10%，确定应选择哪个方案。

表7-23 A、B两方案的现金流量

单位：万元

方　　案	A	B
初期投资	150	200
各年净现金流量	60	80

【解答】

采用净现值指标计算：

$$NPV_A = -150 + 60 \times (P/A, 10\%, 8) = 170.10 \text{（万元）}$$
$$NPV_B = -200 + 80 \times (P/A, 10\%, 8) = 226.79 \text{（万元）}$$

因为 $NPV_B > NPV_A > 0$，所以B为最优方案。

采用净年值指标计算可得：$NAV_A = 31.88$（万元）；$NAV_B = 42.51$（万元），因此可以得到与净现值指标同样的结论。

②费用现值和费用年值指标

对效益相同或效益基本相同但难以具体估算的方案进行比选时，可采用费用现值指标和费用年值指标。

【例题7-11】 现有A、B两个互斥方案，两方案的收益相同（满足相同的需求），两方案的现金流出见表7-24，方案寿命期均为8年，若基准收益率为10%，确定应选择哪个方案。

表7-24 A、B两个互斥方案的现金流量

单位：万元

方案	A	B
初期投资	180	240
各年现金流出	60	50

【解答】

两方案的收益相同，因此只需比较费用项。

采用费用现值指标计算：

$$PC_A = 180 + 60 \times (P/A, 10\%, 8) = 500.10 \text{（万元）}$$
$$PC_B = 240 + 50 \times (P/A, 10\%, 8) = 506.75 \text{（万元）}$$

因为 $PC_A < PC_B$，所以A为最优方案。

【例题 7－12】　兴建一处设施有 A、B 两个方案，两方案的收益相同。A 方案一次投入 400 万元，可以永久使用，每年的运营费用 10 万元，每 10 年需投入 20 万元对设施进行修补；B 方案为每 10 年重建一次，每次投资 100 万元，10 年后可回收的资产余值 7 万元，每年的运营费用 24 万元；若基准收益率为 6％，确定应选择哪个方案。

【解答】

本例涉及寿命期无限的情况，只能采用费用现值指标。

采用费用现值指标计算：

$$AC_A = 400 \times 6\% + 10 + 20 \times (A/F, 6\%, 10) = 35.52 \text{（万元）}$$

$$AC_B = 100 \times (A/P, 6\%, 10) + 24 - 7 \times (A/F, 6\%, 10) = 37.06 \text{（万元）}$$

因为 $AC_A < AC_B$，所以 A 为最优方案。

③年折算费用和综合费用指标

年折算费用是指将投资方案的投资额用基准投资回收期分摊到各年，再与年经营成本相加的费用之和。年折算费用法是指通过计算互斥方案的年折算费用，判断互斥方案相对经济效果，据此选择最优方案的评价方法。计算公式为：

$$Z_j = \frac{I_j}{P_c} + C_j \qquad (7-29)$$

式中，Z_j——第 j 个方案的年折算费用；

　　　　I_j——第 j 个方案的总投资；

　　　　P_c——基准投资回收期；

　　　　C_j——第 j 个方案的年经营成本；

年折算费用最小的方案为最优方案。

综合总费用法是指方案的投资与基准投资回收期内年经营成本的总和。计算公式为：

$$S_j = I_j + P_c \times C_j \qquad (7-30)$$

式中，S_j 是第 j 方案的综合总费用，其他符号同前。

方案的综合总费用实际是基准投资回收期内年折算费用的总和。综合总费用最小的方案是最优方案。

评价指标直接对比法所选用的指标只能是价值型指标，选用其他类型的指标可能会导致错误的结论。

【例题 7－13】　两个互斥方案 A 和 B 的投资分别为 1000 万元和 2000 万元，两个方案的总投资收益率（ROI）分别为 40％和 30％，对应的年息税前利润（EBIT）分别为 400 万元和 600 万元，显然如果以 ROI 作为评价指标，A 方案成为最优方案，若以 EBIT 作为评价指标，B 为最优方案。对本例来说，如果可投入的资金是 2000 万元，选择 A 方案，意味着 2000 万元中的 1000 万元可以按照 40％的投资收益率产生收益，而剩余的 1000 万元在没有其他投资渠道的情况下只能假设为按基准投资收益率进行投资，在基准投资收益率不高于 20％的情况下直接以 ROI 作为评价指标选择的 A 方案所能获得的最大收益不会超过 400＋200＝600 万元，显然不如 B 方案 600 万元的收益。

2）增量指标分析法

增量指标分析法是互斥方案比选最常用的方法。"增量"指的是投资额较大的方案相对投资额较小的方案的，例题 7－13 中，B 方案的 2000 万元投资可以看做是在 A 方案 1000 万元投资的基础上叠加的了 1000 万元的增量投资，即 2000＝1000＋1000，对应这 1000 万元增量投资的增量现金流量所计算的总投资收益率就是增量总投资收益率指标，用符号 ΔROI_{B-A} 表示。

采用增量指标分析法的基本计算步骤为：

①将方案按照投资额从小到大的顺序排列；

②确定基础方案，即满足指标评判准则要求的投资额较小的方案，即临时最优方案，作为整个方案序列计算的基础；

③计算相邻两个方案的增量现金流量的评价指标，若满足评判准则的要求，则投资较大的方案优于投资较小的方案；若不满足，则投资较小的方案优于投资较大的方案，投资较大的方案被淘汰；以确定的较优方案为基础方案，重复计算步骤，

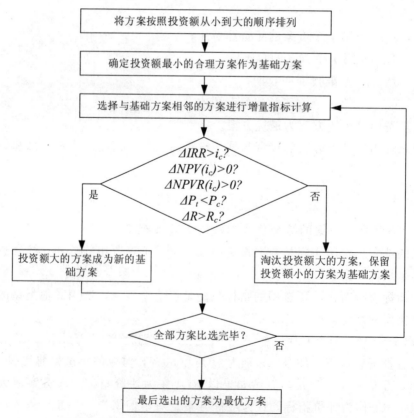

图 7－5　采用增量指标法进行互斥方案比选的基本步骤

直至所有方案都计算完毕；

④最后通过筛选的方案即为最优方案。

以上步骤用图形表示，见图7—5。

【例题7—14】 四个互斥方案A、B、C、D的初期投资和年净现金流量见表7—25，若四个方案的计算期均为10年，基准收益率为15%，基准投资回收期为5年，确定应该选择哪个方案。

表 7—25

单位：万元

方案	初期投资	各年净现金流量
A	1000	190
B	2000	430
C	3000	640
D	4000	820

（注：上表中的各年净现金流量在方案计算期内的各年年末发生，本节后面的例题均按此假设）

【解答】

表7—25已经按前述步骤完成了按投资排序的**第一步**。

第二步—1：将不选择任何方案作为初始方案，A方案可以看做是不选择任何方案基础上的增量投资方案A—0的现金流量，表示为表7—26。

表 7—26

单位：万元

增量投资方案	增量初期投资	各年增量净现金流量
A—0	1000—0＝1000	190—0＝190

①使用增量净现值指标

$\Delta NPV_{A-0} = -1000 + 190(P/A，15\%，10) = -46.43$（万元）$<0$，所以在不选择任何方案基础上投资的A方案不可行，A方案被淘汰。

②使用增量内部收益率指标

由 $-1000 + 190(P/A，\Delta IRR_{A-0}，10) = 0$ 可得 $\Delta IRR_{A-0} = 13.77\% < 15\%$，所以可以得到与 ΔNPV_{A-0} 指标相同的结论。

③使用增量静态投资回收期指标

根据表7—26和式7—12可得：$\Delta P_{t，A-0} = \dfrac{I}{A} = \dfrac{1000}{190} = 5.26$（年）$>5$，所以从静态投资回收期角度，在不选择任何方案基础上投资的A方案不可行，A方案被淘汰。

第二步—2：由于A被淘汰，所以B是当前备选方案中投资额最小的方案，在不选择任何方案基础上的增量投资方案 B—0 的现金流量，表示为表 7—27。

表 7—27

单位：万元

增量投资方案	增量初期投资	各年增量净现金流量
B—0	2000—0＝2000	430—0＝430

①使用增量净现值指标

$\Delta NPV_{B-0} = -2000 + 430(P/A，15\%，10) = 158.07$（万元）$>0$，所以在不选择任何方案基础上投资的 B 方案可行。

②使用增量内部收益率指标

由 $-2000 + 430(P/A，\Delta IRR_{B-0}，10) = 0$ 可得 $\Delta IRR_{B-0} = 17.04\% > 15\%$，所以可以得到与 ΔNPV_{B-0} 指标相同的结论。

③使用增量静态投资回收期指标

根据表 7—27 和式 7—12 可得：$\Delta P_{t，B-0} = \dfrac{I}{A} = \dfrac{2000}{430} = 4.65$（年）$<5$，从静态投资回收期角度，在不选择任何方案基础上投资的 B 方案是可接受的，B 方案成为计算的基础方案。

第三步—1：以 B 方案作为基础方案，构建增量现金流量 C—B，表示为表 7—28。

表 7—28

单位：万元

增量投资方案	增量初期投资	各年增量净现金流量
C—B	3000—2000＝1000	640—430＝210

①使用增量净现值指标

$\Delta NPV_{C-B} = -1000 + 210(P/A，15\%，10) = 53.94$（万元）$>0$，所以在 B 方案基础上投资的 C—B 方案可行，即投资额较大的 C 方案优于 B 方案。

②使用增量内部收益率指标

由 $-1000 + 210(P/A，\Delta IRR_{C-B}，10) = 0$ 可得 $\Delta IRR_{C-B} = 16.40\% > 15\%$，所以可以得到与 ΔNPV_{C-B} 指标相同的结论。

③使用增量静态投资回收期指标

根据表 7—28 和式 7—12 可得：$\Delta P_{t，C-B} = \dfrac{I}{A} = \dfrac{1000}{210} = 4.76$（年）$<5$，从静态投资回收期角度，增量投资方案 C—B 是可接受的，即投资额大的 C 方案优于 B 方案，C 方案成为新的基础方案。

第三步—2：以 C 方案为基础，构建增量现金流量 D—C，表示为表 7—29。

表 7—29

单位：万元

增量投资方案	增量初期投资	各年增量净现金流量
D—C	4000－3000＝1000	820－640＝180

①使用增量净现值指标

$\Delta NPV_{D-C} = -1000 + 180(P/A, 15\%, 10) = -96.62$（万元）$< 0$，所以在 C 方案基础上投资的 D—C 方案不可行，D 方案被淘汰。

②使用增量内部收益率指标

由 $-1000 + 180(P/A, \Delta IRR_{D-C}, 10) = 0$ 可得 $\Delta IRR_{D-C} = 12.41\% < 15\%$，所以可以得到与 ΔNPV_{D-C} 指标相同的结论。

③使用增量静态投资回收期指标

根据表 7—29 和式 7—12 可得：$\Delta P_{t, D-C} = \dfrac{I}{A} = \dfrac{1000}{180} = 5.56$（年）$> 5$，从静态投资回收期角度，不能接受增量投资方案 D—C，D 方案被淘汰。

第四步：最终的方案优选序列为 C、B，在资金充裕的条件下，最优方案是 C，A 和 D 被淘汰。

需要注意的是，C 为最优并不意味着 B 被淘汰，如果后期受融资限制无法募集更多的资金或考虑其他风险因素，则 B 方案可能成为最终选择的方案。

上述计算中，使用 ΔNPV 和 ΔIRR_{B-0} 得到的最终结论是完全一致的。此外，由于

$$
\begin{aligned}
\Delta NPV_{D-C} &= -1000 + 180(P/A, 15\%, 10)\\
&= (-1) \times (4000 - 3000) + (820 - 640) \times (P/A, 15\%, 10)\\
&= [-4000 + 820(P/A, 15\%, 10)] - [-3000 + 640(P/A, 15\%, 10)]\\
&= NPV_D - NPV_C
\end{aligned}
$$

即：$\Delta NPV_{D-C} < 0$ 与 $NPV_D < NPV_C$ 是等价的。

因此，对于净现值指标来说，增量分析法和评价指标直接对比法的结论是一致的，其他价值型指标也可以得到同样的结论。

例 7—12 中的方案既有收益，也有投资和费用支出。对于只有投资和费用支出，而收益相同的或基本相同但难以估算的方案，可以采用增量费用现值、增量费用年值、增量年折算费用等价值型指标，也可以使用增量投资收益率、增量投资回收期等指标。

①增量投资收益率

增量投资收益率是指增量投资所带来的经营成本的节约额与增量投资之比。计算公式为：

$$
\Delta R_{2-1} = \frac{C_1 - C_2}{I_2 - I_1} \times 100\% \tag{7-31}
$$

式中，ΔR_{2-1}——增量投资收益率；

I_1——投资额小的方案（设为方案1）的投资额；

I_2——投资额大的方案（设为方案2）的投资额；

C_1——方案1的经营成本；

C_2——方案2的经营成本。

若基准投资收益率为 Rc，$R_{2-1} \geqslant$ Rc，方案2优于方案1，反之，方案1优于方案2。

②增量投资回收期

适用于对于只有投资和费用支出，而收益相同的或基本相同但难以估算的方案的增量投资回收期指标的计算公式为：

$$\Delta P_{t,\,2-1} = \frac{I_2 - I_1}{C_1 - C_2} \qquad (7-32)$$

式中：$\Delta P_{t,\,2-1}$——增量投资回收期

计算出来的增量投资回收期应与基准投资回收期进行比较，若增量投资回收期小于基准投资回收期，则投资大的方案较优；反之，投资小的方案较优。

【例7-15】 两个方案的计算期相同，方案1投资为10000万元，年经营成本为4000万元，方案2投资为8000万元，年经营成本为5000万元。两个方案同时投入使用，效益相同，若基准投资收益率为20%，基准投资回收期为3年。试分别用增量投资收益率和增量投资回收期法选择较优的方案。

【解答】

①增量投资收益率

计算两个方案的增量投资收益率：

$$\Delta R_{2-1} = \frac{5000 - 4000}{10000 - 8000} \times 100\% = 50\% > 20\%$$

根据计算结果，增量投资所带来的经营成本节约大于20%的基准收益率要求，因此方案1为优选方案。

②增量投资回收期法

计算两个方案的增量投资回收期：

$$\Delta P_{t,\,2-1} = \frac{10000 - 8000}{5000 - 4000} = 2\,（年）< 3\,（年）$$

因此方案1为优选方案。

第八章　资源及环境可持续性评价

推进资源节约集约利用，是经济发展的永恒主题。在项目决策分析与评价过程中，应树立和弘扬新资源观，深刻认识资源现状，牢固树立节约集约、循环利用资源的原则，大力发展循环经济，全面推动能源、水资源、土地资源、矿产资源等节约集约利用，通过必要的程序和方法，科学协调资源开发与环境保护，优化项目建设条件，提高资源利用综合效率。本章主要介绍资源节约及综合利用评价，以及节能评价、项目用地、环境保护、安全评价等报建审批事项。

第一节　资源节约及综合利用评价

一、资源节约及综合利用评价概述

（一）综合概述

当前，我国资源及其利用面临的主要问题：

（1）资源禀赋不足。我国能源、土地、水、矿产等资源人均资源占有量偏低、质量总体不高。人均占有石油、天然气、铁矿石、铝土矿仅为世界平均水平的5.4%、7%、17%、11%，且大多分布在生态环境脆弱地区，开发利用代价较高。人均耕地不足世界平均水平的30%，质量不断下降。人均淡水资源为世界平均水平28%，600多个城市中有400多个缺水。

（2）资源利用效率不高。2017年，我国单位国内生产总值能耗是世界平均水平的1.5倍，远高于发达国家。2014年，燃煤工业锅炉能效水平和电机系统平均运行效率比世界先进水平低10个百分点以上。水资源产出率为世界平均水平的62%，约为英国和日本的15%。

（3）资源浪费和生态环境破坏严重。能源、矿产资源的无序开发造成资源浪费问题严重，非法开采、超计划生产、采富弃贫等问题屡禁不止，也造成了植被破坏、地表沉陷、水土流失，并引发泥石流、山体滑坡等次生灾害。政策法规执行不严、目标责任落实不力、标准建设滞后的情况仍然存在。

"十三五"时期是全面建成小康社会的决胜阶段，必须贯彻落实"创新、协调、绿色、开放、共享"五大发展理念，深化资源领域重大改革，推动资源利用方式的根本转变，大幅提高资源利用综合效益。

1. 牢固树立新资源观

国家"十三五规划纲要"明确要求，"树立节约集约循环利用的资源观，推动资源利用方式根本转变"，相较于传统资源观，主要体现在：一是对资源禀赋的认识。要充分认识到我国资源禀赋并不丰富，支撑经济社会发展能力不足，资源约束趋紧；二是对资源供给来源的认识。认识资源节约、废弃物循环利用也是增加资源供给的重要渠道，加大开发利用再生资源力度；三是充分认识环境也是资源，"绿水青山就是金山银山"；四是树立资源环境统筹协调的观念。环境问题归根到底是资源过度开发和粗放无序利用造成的，必须从转变资源利用方式、在提高资源利用效率上下功夫。

2. 全面推进能源节约

从节能角度，到 2020 年，我国能源消费总量要控制在 50 亿吨标准煤以内，单位生产总值能源消耗量比 2015 年降低 15%；工业能源利用效率和清洁化水平显著提高，规模以上工业企业单位增加值能耗比 2015 年降低 18% 以上，电力、钢铁、有色、建材、石油石化、化工等重点耗能行业能源利用效率达到或接近世界先进水平。从减排角度，到 2020 年，煤炭占能源消费总量比重下降到 58% 以下，电煤占煤炭消费量比重提高到 55% 以上，非化石能源占能源消费总量比重达到 15%，天然气消费比重提高到 10% 左右。

3. 加强水资源节约

到 2020 年，用水总量控制在 6700 亿立方米以内，万元国内生产总值用水量下降 23%。

4. 大力发展循环经济

实施循环发展引领计划，推进生产和生活系统循环链接，加快废弃物资源化利用。到 2020 年，资源产出率比 2015 年提高 15%，循环型产业体系基本形成，城镇循环发展体系基本建立；75% 的国家级和 50% 的省级园区开展循环化改造，长江经济带超过 90% 的省级以上（含省级）重化工园区实施循环化改造。

5. 强化土地节约集约利用

到 2020 年，新增建设用地总量要控制在 3256 万亩以内，单位国内生产总值建设用地规模下降 20%。

6. 促进矿产资源节约集约利用

实施矿产资源节约集约利用重大工程。加快绿色矿山建设，在全国布局 50 个绿色矿业发展示范区。实施矿产资源节约集约利用调查评价工程，重点对石油、天然气、铀矿等优质资源及非常规资源进行调查评价。

7. 大力发展节能环保产业

瞄准国际先进水平和国内迫切需求，以关键和共性技术为重点，研发、示范、推广一批节能环保先进技术装备。完善煤矸石、余热余压、垃圾和沼气等发电上网政策。

8. 倡导勤俭节约的生活方式

引导居民践行勤俭节约的生活方式，大力倡导绿色消费。深入开展反过度包装、反食品浪费、反过度消费行动，坚持绿色出行，节水、节电等生活习惯，实行垃圾分类、生活物品循环利用等，形成"节约光荣，浪费可耻"的社会氛围。

(二) 目的及依据

资源节约及综合利用评价是指在项目决策分析与评价过程中，依据循环经济的基本原则和国家的相关法律法规，采用定性与定量的方法，分析评价项目对资源节约及综合利用所做的贡献，并且提出相应的改进意见和建议。

1. 评价目的

资源节约及综合利用评价的目的，是把循环经济的要求纳入项目决策分析与评价，通过项目的选择、规划、设计和实施，促使增量资产实现最大限度的资源节约及综合利用，从而实现科学发展、转变经济增长方式，建设资源节约型和环境友好型社会。

2. 评价依据

项目资源节约及综合利用评价，主要依据是国家相关部门颁布的涉及资源节约及综合利用的法律法规、标准、规定以及强制性指标。

开展评价工作，首要的依据是国家法律法规、标准及相关规定，如《中华人民共和国矿产资源法》、《中华人民共和国土地管理法》、《中华人民共和国水法》等；其次，要依据行业法规、标准及相关规定。此外，还要满足项目所在地方的法律法规及相关规定要求。

(三) 评价原则

1. 大系统分析的原则

循环经济更全面、科学地分析投入与产出间的关系，在人口、资源、环境、经济、社会与科学技术的大系统中，遵循符合客观规律的循环经济原则，协调、均衡经济、社会和生态效益。

2. 生态成本总量控制的原则

把自然生态系统作为经济生产大系统的一部分，像传统工业经济考虑资本投入一样，考虑生态成本，即当经济生产给生态系统造成破坏后，再人为修复所需要的代价。生态成本应该有一个总量控制的概念。联合国教科文组织的研究表明，在温带半湿润地区，从河流中取水不应超过河流总水资源量的40%。也就是说，从整条河中取用总水资源量40%以下的水，不至于造成断流；在污水处理达标排放及污染物总量控制的情况下，可以保持河流的自净能力。

3. 资源循环经济的 3R 原则

循环经济是一种区别于传统的线性经济的生态型闭环经济，是把自然生态系统形成合理的封闭循环生态系统，要求在项目建设和运营中资源利用的各个环节做到合理利用资源，遵循 3R 原则，即：

(1) 实施资源利用的减量化（Reduce）。在投入端通过综合利用和循环使用，尽可能减少、节约自然资源量；(2) 产品的再使用（Reuse）。产品在尽可能多的场合下，用尽可能长的时间而不废弃。如产品标准化，可以不断更换配件；(3) 废弃物的回收利用再循环（Recycle）。从材料选材、产品设计、工艺流程、产品使用到废弃物处理的全过程，实行清洁生产，最大限度地减少废弃物排放，力争做到排放的无害化和资源化，实现再循环利用。

4. 尽可能利用可再生资源原则

自然界很多资源都是循环再生的，循环经济要求尽可能利用这类资源，替代不可再生资源，使生产循环与生态循环耦合，合理地依托在自然生态循环之上。如利用太阳能替代石油，利用地表水替代深层地下水等。

5. 尽可能利用高科技原则

提倡生产的"非物质化"，即尽可能以知识投入来替代物质投入。如利用互联网助力大量相应物质产品的生产，以"信息化带动工业化"。目前所称的高技术的信息技术、生物技术、新材料技术、新能源和可再生能源技术及管理科学技术等，其基本特征都是以大大减少物质和能量等自然资源的投入。

6. 建立绿色消费制度的原则

以税收和行政等手段，限制以不可再生资源为原料的一次性产品的生产与消费，如旅馆的一次性用品、餐馆的一次性餐具和豪华包装等。要推进一次性产品和包装容器的再利用，并鼓励使用可降解的一次性用具。

二、矿产资源的节约及综合利用评价

(一) 金属矿产资源开发项目资源利用评价

1. 评价内容

(1) 主金属资源开发利用方案分析评价

分析项目开发方案是否合理地开发利用了主金属矿产资源，尽量采用对比方法进行量化分析，将开发方案中的采矿回采率、选矿回收率等指标与国家有关标准、行业平均水平、国内外先进水平进行对比评价。

(2) 伴、共生有价金属资源综合利用方案分析评价

分析项目开发方案是否对伴、共生有价金属按元素的种类进行了合理的综合回收利用，主要采用定性分析评价。

(3) "三废"综合利用分析评价

采矿废石和选矿尾矿，其综合利用主要用于生产建筑材料和井下充填料。在技术可行、经济合理以及减少污染的前提下，分析评价开发方案是否合理利用了生产过程中产生的固体废弃物，主要采用定性分析评价。

对于废水，应分析项目建设方案是否对采矿、选矿产生的废水进行了循环利用，生产用水循环利用率以及选矿回水率指标是否符合行业有关要求，主要采用定量分析评价。

2. 评价指标

(1) 主金属资源开发利用评价指标

资源利用率指标为采矿回采率和选矿回收率。

(2) 伴、共生有价资源综合利用评价指标

经矿产资源储量报告评价的伴、共生有价金属，按元素种类应全部进行回收。

具体回收率指标应根据当时技术条件、经济条件以及选矿实验的评估结果，综合研究确定。

（3）固体废物的综合利用评价指标

采矿废石和选矿尾矿用于生产建筑材料或采空区充填料的具体利用指标，应根据当时技术条件、经济条件，综合研究评估确定。

（4）废水（液）的综合利用评价指标

主要为采矿废水（包括矿坑涌水）和选矿废水，主要评价指标为生产用水循环利用率、选矿回水率。

（二）油气资源开发项目资源综合利用评价

1. 综合利用主要措施

先进的开采工艺可以提高油气资源的采收率，同时油气产品生产与储运过程中有效地降低烃类放空损耗以及采取回收措施可以提高产品的收率。因此，项目采用先进合理的工艺技术及设备是提高油气资源综合利用水平的关键。

分析评价项目油气资源综合利用水平，应首先分析项目采取了哪些合利用措施，分别为：

（1）油气田开发项目

油气田开发采用先进的开发技术，提高难动用储量的开发利用程度，提高油气田最终采收率；开采工艺采用伴生气、轻烃回收利用技术；油气田地面集输工艺采用密闭集输流程，降低油气集输损耗；对各种放空气体进行回收和综合利用；含硫气田采用硫回收技术回收硫磺。

（2）输油管道项目

输油工艺采用密闭输油工艺，降低输送过程中的油气损耗；输油工艺如需采用加热输送工艺，选择经济合理的加热工艺，节省燃油消耗；输油管道输送泵的驱动方式采用经济合理的驱动方式，减少自用油气消耗量。

（3）输气管道项目

输气管道下游天然气用户选择，应符合"国家天然气利用政策"；输气管道天然气压缩机的驱动方式采用经济合理的驱动方式，节省燃气消耗；输气管道线路设置干线截断阀室减少事故和维修时的天然气放空量；输气工艺采用密闭不停气清管流程，降低清管损耗。

（4）液化天然气接收终端项目

项目下游天然气用户选择，应符合"国家天然气利用政策"；选择合理的气化工艺，降低天然气的消耗，提高油气的利用率；对生产过程产生的各种放空天然气进行回收利用。

（5）原油及各类油品储存设施项目

合理选择储罐型式，降低储存过程中的油气损耗；油品装（卸）车设置油气回收设施，回收装卸过程中排放的烃类气体。

2. 综合利用评价指标

（1）油气田开发项目评价指标

油气田的石油和天然气储量一般分地质储量和可采储量。地质储量指存在于地下油气藏中的原始油、气量；可采储量指油气藏中，在一定经济技术条件下可以采出的油、气量。一个油气藏中可采储量与地质储量的比值称为采收率。对于油气田开发项目，油气资源综合利用的重点在于采用先进的开采工艺，提高难动用储量的开发利用程度，其主要评价指标为：不同开发阶段油气田原油、天然气最终采收率。

另外，在原油、天然气开采过程中应回收轻烃及伴生气，尽量经济合理地降低生产自用油气量。对于含硫气田，还应回收提取硫磺，相应主要评价指标为：轻烃、伴生气回收及利用率；油气处理厂单位油气综合处理自用指标；油气田单位产品生产油气综合利用指标；含硫气田硫磺的回收率。

（2）输油、输气管道项目评价指标

对于输油、输气管道项目，油气资源综合利用的重点在于尽量经济合理地降低输送过程中的自用及损耗油气量，评价指标主要为：单位输油、输气量下的油气综合利用指标。

（3）石油储存设施项目评价指标

对于石油储存设施项目，油气资源综合利用的重点在于回收储存过程中排放的烃类物质，同时经济合理地降低自用油气量，主要评价指标包括：液化天然气接收终端气化过程中油气综合利用指标；石油储存设施油气回收及利用率；装（卸）车过程中排放轻烃回收及利用率。

三、水资源的节约及综合利用评价

（一）水资源基础评价

按照国家有关规定，建设项目要进行水资源论证。水资源基础评价主要是评价通过工程开发利用的、可更新的地表水和赋存在地下含水层中的地下水。新增水资源投资项目，应提供水行政主管部门的取水许可批件。

1. 基本要求

水资源基础评价主要包括：①权威部门发布的最新统计资料，补充的资料要符合有关规范的规定；②评价内容要全面，评价方法需采用有关规范的规定；③综合考虑河川径流特征、地下水开采条件、生态环境保护要求和技术经济等因素，估算流域当地地表水资源可利用量、地下水资源可开采量和水资源可利用总量。

2. 评价内容

水资源基础评价的目的是了解项目所在区的水资源量、水资源质量及其基本特性，主要包括以下评价内容：①项目区在所在水资源分区的自然概况，包括地形、气候、植被土壤、水文地质条件、河流水系、湖泊、冰川等；②主要水文要素降水、径流和蒸发的时空变化特征；③项目区和所在水资源分区内的降水总量、年径流量、水资源量的丰枯变化、地表水可利用量等内容；④项目区所在水资源分区内的地下水资源量和可开采量；⑤由地表水资源量，地下水资源量，以及扣除地表水和地下水的重复量计算的水资源总量；⑥水质分析内容包括水质分类和水污染现状等。对于水污染严重地区或投资项目对水质有明确要求时，要分析污染源和入河污染物的现状与近年来的变化情况。

（二）项目取水及用水合理性分析

1. 项目取水合理性分析

（1）分析建设项目所属行业、产品、规模、工艺、技术和当地水资源条件等是否符合国家的产业政策。

（2）投资项目取水应符合水资源规划、配置和管理的有关要求，应遵守经批准的水量分配方案（协议）或国际公约（协议），以及地下水超采区（禁采区、限采区）、水功能区的规定等。

（3）对取用当地水的投资项目，取水后必须保证当地居民基本生活、生产用水，并满足河道内最小生态需水量；在通航河道上要满足最小通航水深要求。对取用外地水的取水项目要以不影响引水水源地取用水安全为前提。

2. 项目用水合理性分析

（1）对于新建项目应分析其取水、用水、耗水及退水情况，并进行非正常工况和风险事故的可能性分析及应急措施。

（2）对于改、扩建项目，应按照"以新带旧"的原则，分析项目改、扩建前后的用水指标，提出对现有工程应采取的改进措施。

（3）需按国家标准《企业水平衡测试通则》（GB/T 12452—2008）的要求，绘制水平衡图和用水流程图，分析取水、用水、耗水、排水等过程。对于用水受季节影响较大的建设项目还需分析最大水量或绘制不同季节的水平衡图。

（4）应根据水平衡分析结果，计算相关用水指标。

3. 水资源的节约利用

（1）农业节水

农业节水主要内容包括：农业用水优化配置技术；高效输配水技术；田间节水灌溉技术；生物节水与农艺节水技术；降水和回归水利用技术；非常规水资源化技术；养殖业节水技术等。

（2）工业节水

工业节水的主要内容：工业用水的重复利用；冷却节水；热力和工艺系统节水；洗涤节水；工业给水和废水处理节水；非常规水资源的利用；工业输用水管网、设备防漏和快速堵漏修复等。

（3）城市生活节水

城市生活节水主要内容：节水型器具；城市再生水利用；城区雨水、海水、苦咸水利用；城市供水管网的检漏和防渗；公共供水企业自用水的节水；公共建筑的节水；市政环境的节水；城市节水信息技术应用。

(三) 水资源节约利用评价指标

1. 水资源利用评价指标

（1）可利用量

水资源可利用量由地表水资源可利用量和地下水资源可开采量组成。在评价中，一般可采取地表水资源可利用量与浅层地下水资源可开采量相加再扣除地表水资源可利用量与地下水资源可开采量两者之间重复计算量的方法。

一般而言，在我国北方广大地区水资源可利用量一般不应超过水资源总量的50％，其中松花江区、辽河区、海河区、淮河区、黄河区等一级区分别为49.5％、50.4％、63.5％、56％和55.6％；对西北地区，由于其地表水与地下水转化频繁，因此尽管其可利用量不到40％，但其取水量可占河道径流的70％；南方地区水资源可利用量一般不应超过当地水资源量的25％。

（2）开发利用程度

水资源开发利用程度定义为年取用水量占可获得的（可更新）淡水资源总量的百分率，我国有关机构一般定义水资源开发利用程度为水资源消耗量占可利用水资源量的比率。

指标的阈值或标准系根据经验确定：当水资源开发利用程度小于10％时为低水资源压力；当水资源开发利用程度大于10％、小于20％时为中低水资源压力；当水资源开发利用程度大于20％、小于40％时为中高水资源压力；当水资源开发利用程度大于40％为高水资源压力。

（3）人均用水量

人均用水量是表征区域人均总体用水水平的指标，采用总用水量除以总人口的方法进行计算。另外，表征人均用水情况的指标还有城镇人均用水量、农村人均用水量、人均耗水量等指标，其计算方法如表8-1所示。

表8-1　人均用水量表征指标

指标名称	计算方法
人均用水量	总用水量/总人口
用水模数	总用水量/用水总面积
城镇人均用水量	城镇用水量/城镇人口
农村人均用水量	农村用水量/农村人口
人均耗水量	总耗水量/总人口

2. 用水效率与效益指标体系

（1）灌溉水利用系数

灌溉水利用系数是指一定时期内灌区实际灌溉面积上有效利用的水量（不包括深层渗漏和田间流失）与渠首进水总量的比值，也可采用田间用水量占取水口取水量的比值来表征，或等于渠系水利用系数与田间水利用系数。

灌溉水利用系数是农业类投资项目水资源论证中需重点考虑的用水指标。灌溉水利用系数的一般规定是：大型灌区不应低于 0.50；中型灌区不应低于 0.60；小型灌区不应低于 0.70；井灌区不应低于 0.80；喷灌区、微喷灌区不应低于 0.85；滴灌区不应低于 0.90。

（2）万元工业增加值用水量

万元工业增加值用水量是表征地区工业用水水平和效率的综合指标，也称工业用水定额，指一定时期内一定区域的工业总用水量与工业总增加值的比值。

新建设投资类工业项目万元增加值用水量最低应以国际国内相同行业用水先进水平为参考，最高万元工业增加值用水量是不高于当地万元工业增加值用水量，即投资项目建成后，当地万元增加值用水量应有所降低。

（3）单方水 GDP 产出量

单方水 GDP 产出量是表征地区用水投入产出效益的综合指标，计算公式是：

$$单方水\ GDP\ 产出量＝GDP/总用水量（元/立方米） \qquad (8-1)$$

在投资项目水资源论证中要充分考虑投资项目对单方水 GDP 产出量的促进作用。

（4）单方水粮食产量

单方水粮食产量是衡量单方水粮食生产效益的综合指标，也是粮食生产型灌区投资项目必须论证的核心指标之一。目前，我国平均单方灌溉水粮食产量约为 1 公斤，而世界上先进水平的国家平均单方灌溉水粮食产量达到 2.5 至 3.0 公斤。

3. 水生态与环境评价指标

（1）生态用水占水资源量比率

随着社会经济系统的不断发展膨胀，人类对水系统以及以水为基础的生态系统扰动越来越强，社会经济系统挤占生态用水，社会经济用水占水资源总量的份额也越来越大，生态用水占水资源量的比例也相应越来越低。

在项目评价分析中，项目建设后生态用水占当地水资源量的比率不应低于建设前的比率，或者不低于当地生态系统生态需水量占水资源量的最低比率。该最低比率可根据有关规范、规划、规定合理确定。

生态用水占水资源量比率一定程度上反映了生态需水的满足程度，包括河道内生态需水满足程度和河道外生态需水满足程度。目前，国内外尚没有生态用水占水资源量比率合适标准的规定，但国际上公认通常情况下利用的水资源量不宜超过40%。根据我国相关研究，从我国水资源与生态状况总体分析，一般认为，对于西北干旱内陆地区的生态用水占其水资源总量的比率不得小于50%；对于黄淮海缺水地区，该比率可小于50%，但必须保障基本生态用水要求。

（2）污染入河量占纳污能力比率

污染物入河量是污染物产生并排放进入水体的污染物数量。

水功能区纳污能力，指对确定的水功能区，在满足水域功能要求的前提下，按给定的水功能区水质目标、设计水量、排污口位置及排污方式，功能区水体所能容纳的最大污染物量，表征的是河流水体的环境容量，以吨/年表示。

在项目分析评价中，一方面应对投资项目的污染物产生与排放量进行充分测算；另一方面其排放总量与排放浓度应满足相关部门和行业规定、规划要求。

（3）污水处理率

污水处理是当前维护水体健康的主要措施，指经污水处理厂集中处理的废污水量占废污水排放总量的比率。

最低污水处理率的确定，与地区所处的水功能区、相关部门确定的污染物排放标准以及当时产生的污染物量有关。污水处理率的确定，需重点考虑两方面：一是污水处理率应满足国家和区域相关标准、要求或规划；二是根据投资项目所在区的纳污能力、污染物产生量、排放量和入河情况进行科学确定。一般而言，排放量和纳污能力之差即是需削减的污染量，结合污水排放量即可确定污水处理率。

4. 水循环利用指标

（1）重复利用率

在一定的计量时间内，生产过程中使用的重复利用水量与总用水量之比，按下式计算：

$$R = V_r / V_t \times 100\% \tag{8-2}$$

式中：R——重复利用率，%；

V_r——重复利用水量，立方米；

V_t——生产过程中总用水量，为重复利用水量与生产过程中取用的新水量之和，立方米。

【例题 8-1】 重复利用率计算

某建设项目，总用水量 $301017\text{m}^3/\text{h}$，重复利用水量 $297093\text{m}^3/\text{h}$。计算水的重复利用率。

【解答】 根据 $R = V_r / V_t \times 100\%$

计算：

$$R = (297093/301017) \times 100\% = 98.7\%$$

（2）单位产品耗水量计算

每生产单位产品需要的新水量，按下式计算：

$$V_{uf} = V_{yf} / Q \tag{8-3}$$

式中：V_{uf}——单位产品新水量，立方米/单位产品；

V_{yf}——年生产用新水量总和，立方米；

Q——年产品总量。

（3）新水利用系数计算

在一定的计量时间内，生产过程中使用的新水量与外排水量之差同新水量之比，按下式计算：

$$K_f = (V_f - V_d) / V_f \times 100\% \qquad\qquad (8-4)$$

式中：K_f——新水利用系数；

　　　V_f——生产过程中取用的新水量，立方米；

　　　V_d——生产过程中外排水量，立方米。

【例题 8-2】 新水利用系数计算

某建设项目新水量为 $3924 m^3/h$，外排高含盐水量 $21 m^3/h$，计算新水利用系数。

【解答】 根据式 8-4 计算：

$$K_f = (3924 - 21) / 3924 \times 100\% = 99.5\%$$

四、资源价值评价方法及应用

（一）资源价值核算

资源核算是对一定时间和空间范围内的某类或若干类自然资源，在其真实统计和合理评价的基础上，从实物和价值两个方面，运用核算账户和比较分析，反映其总量和结构以及供需平衡状况的经济活动。对自然资源进行核算，必须首先做好三个方面的基础性工作。第一，必须先界定所要核算的自然资源。自然资源核算的对象是一定空间范围和时间跨度内的自然资源。因此，如果时间和空间发生变化，则自然资源的种类、数量、质量和利用状态等也都会随之发生变化。第二，必须具备有关自然资源数量、质量和利用情况的真实、可靠、连续的统计数据，否则，核算工作就不可能得出可信的结果。第三，必须对自然资源进行合理定价。自然资源定价是自然资源核算的主要组成部分之一，也是核算的主要难点之一，特别是在自然资源的价格存在扭曲的情况下，需要采用经济价格对市场价格进行调整。

自然资源核算的内容，包括自然资源实物量核算和自然资源价值量核算两部分。两者又各自由个量核算和总量核算两部分组成。个量核算又称分类核算，是指对某一类自然资源的数量和价值量的变化而进行的核算；总量核算又称综合核算，是指对一个地区或一个部门所有自然资源的价值的变化而进行的核算，个量核算或分类核算，是总量核算或综合核算的基础。不论是实物量核算还是价值量核算，都不仅仅是静态存量核算，还包括更为重要的动态流量核算，即进行连续时段的核算。

1. 自然资源实物量核算

自然资源实物量核算，是指在对自然资源及其利用情况进行真实、准确和连续统计的基础上，以账户等形式反映某类自然资源的存、流量和平衡状况，目的在于直观地反映一个区域、一个部门或一个企业所拥有的某类自然资源的数量及其变化情况。

自然资源实物量核算的一般程序包括：（1）界定待核算自然资源的空间范围和时间跨度；（2）在自然资源基础评价的基础上进行自然资源实物量统计，或者直接运用已有的自然资源实物量统计结果；（3）根据相关自然资源利用情况的数据资料，绘制自然资源利用流程图，说明资源的流向和流量；（4）根据自然资源利用流程图，用账户的形式核算自然资源的数量变化，既可采用 T 式账户，也可采用其他形式的账户；（5）分析实物量核算的结果，应特别关注各种用途的变化及其原因，从中找出平衡资源收支的可能途径。

自然资源实物量核算，只能是针对某类自然资源的核算，而价值核算则不同，既可针对一类资源，又可针对若干类资源；但是，资源实物量核算能直观反映某类自然资源的数量及其变化，更有助于揭示自然资源消长的直接原因，且核算结果不受价值因素的影响，更为实际工作者容易接受和掌握。

2. 自然资源价值量核算

自然资源价值量核算，是指在自然资源实物量核算的基础上，采用适当的价格对资源进行定价，然后，运用账户或比较分析方法，反映一定时空范围内自然资源价值总量及其收支或增减情况，目的在于以价值量形式，反映一个地区所有种类自然资源的总量水平及变化。此外，资源价值核算也是使自然资源总量及其变化在经济分析中得以反映的惟一方法。

自然资源价值核算能同时反映若干类自然资源的数量及其变化，并能使资源以价值形式纳入国民经济核算体系，从而使这一体系能够同时兼顾经济效率和资源效率，而讲求资源效率是科学发展观思想的中心内容之一。

资源价值应以资源不变价格（或基准价格）为基础，并同时兼顾市场价格。以不变价格计算的自然资源价值，只在各年度之间具有可比性，因而能比较客观地反映自然资源基础在各年度间的消长变化；而以市场价格计算自然资源价值量，更能反映当年或即时自然资源供求关系基础之上的自然资源总供给量及其变化。

自然资源价值核算，既可用账户方法，也可用费用效益法。采用用费用效益法时，费用的含义扩大为包括物质资本、人力资本、自然（资源）资本和环境资本；而效益不仅包括经济效益，也应包括资源节约效益和环境改善效益。

（二）自然资源定价方法的选用

资源定价是自然资源核算的重点和难点。自然资源定价的方法较多，主要有现值法、净价值法、再生产补偿费用法、机会成本法、替代市场价值法等，但是，资源定价方法应该以资源费用效益法、资源市场价值法和社会价值法为主要方法。

1. 主要资源定价方法

（1）费用效益法。资源费用即人们为了生产或获得资源而发生的支出，资源效益即资源对人们欲望的满足和人们福利的增加。假定人是理性的，在其他条件不变的情况下，理性人所做出的是资源净效益最大化的选择，或者说是资源净福利最大化的选择。这种用价值来衡量资源费用与资源效益关系所做出的选择方式，就是资源费用效益分析法。资源费用效益分析法也是资源定价的重要方法，因为它有助于确定资源费用并据此判断资源的增加值。

（2）市场价值法。资源市场价值法是参照完全市场价格来确定那些无市场或市场发育不完全的资源价格的方法。资源市场价值定价法主要有：

1）资源的重置成本法。当所研究的资源本身没有市场价格或其市场价格较低而被使用后，需要重新补偿已经消耗的资源，这种恢复、保护资源所进行的投入会带来一定的效益，因而可以使用重置的真实费用，即重置成本，来衡量或估计已消耗资源的价格。

2）资源的机会成本法。当所研究的资源没有市场价格时，资源使用的成本可以用所放弃的替代用途的效益来间接计算。如禁止开采的矿产资源的价值不是直接用保护该矿产资源所得到的收益来测量，而是间接采用为保护该矿产资源而牺牲的最大的替代选择的价值来衡量。与此相类似的情况有如退耕还林、退耕还湖、退耕还草、禁伐、禁牧、禁渔、禁猎等，均可以用这种可行的机会成本来确定资源的价格。

3）资源的替代成本法。当所研究的资源本身没有市场，因而也就没有市场价格时，可以寻找替代物的市场价格来间接衡量其价值。这需要在替代市场寻找到恰当的替代物，然后用替代物的市场价格来衡量没有市场价值的资源。如环境资源可以采用这种方法来确定其价格。

4）资源的虚拟市场法。当所研究的资源既没有直接市场，也没有替代市场时，可以先为其虚拟一个市场，然后，通过采用调查的形式，了解人们赋予资源环境质量变化价值的方法。对于许多缺乏市场交易条件或没有市场价格的环境服务，如难于找到可以利用的替代物市场的环境服务，虚拟市场类评价方法就成为评价其价值的可供使用方法。对于选择价值的评价，虚拟市场类方法是唯一可供使用的方法。

（3）社会价值法。当资源不存在市场价格或市场价格不能完全反映资源利用的社会成本时，市场是不能有效地配置资源的。为解决企业的资源配置决策不考虑或较少考虑社会成本，造成资源浪费和环境污染的问题，社会（政府）在作出资源配置决策时必须把资源利用的全部社会成本考虑进来，这种根据资源的社会成本确定资源价格的方法就是资源的社会价值定价法。资源的社会成本是整个社会进行资源配置时应付出的总的机会成本，它等于企业成本与外部成本之和。外部成本是企业活动对外部造成影响而没有承担的成本，它是社会成本的一部分，而环境成本又是外部成本的重要组成部分。一般来说，外部成本是正数，但也存在由于项目增进社会福利而使得外部成本是负数的情况。

2. 影响资源定价方法选择的因素

由于有多种资源定价方法存在，资源定价时必然要涉及各种方法间的选择问题。实际上，资源定价方法的选用，受诸多因素的影响，不同因素对定价方法选择的影响程度各不相同。

（1）资源存量及其空间分布。资源存量的大小（已探明或确定的资源总量小于其理论存量）是决定资源定价的物质基础，因为它是判定资源稀缺性的客观依据；同时，资源在各地区的空间分布状况，则是形成资源地区差价的重要原因。与此相联系的资源禀赋差异，即资源在量上的集中度和在质上的优劣差异，也是影响资源成本及其定价的客观因素。

（2）资源流量及其时间价值。选择资源定价方法是为了寻找最有效的资源配置途径，实现经济效益最大化。资源使用的规模和速度，决定着资源存量下降的程度；在现实经济生活中，资源的使用又受到时间因素的影响，从而出现资源在不同时间、不同代际之间的选择和优化配置问题，因而必须按一定的折现率来计算，将资源的未来价值折算为现在价值，即所谓现值。这说明，在确定资源成本和选择资源定价方法时，必须考虑资源流量及其时间价值的变化。

（3）资源市场及资源供求关系。资源的市场化程度，是影响资源定价方法选择的重要因素。资源市场化程度表现在两个方面：资源市场发育程度和资源市场供求状况。一般来说，主要的资源均已进入市场，具有其确定的价格，但也有一些资源，其市场尚未发育起来，或者根本没有市场，因而这些资源缺乏参照价格。就资源市场供求状况而言，资源的稀缺程度和资源的消费，分别影响资源的市场供求，形成资源的供给价格和需求价格，并最终决定资源的均衡价格。资源定价方法的选择，既要考虑资源市场发育程度，又要顾及资源市场供求状况，不可偏废任何一方。

（4）资源的国际贸易。在开放经济条件下，资源的国际贸易对国内资源定价的方法及资源价格构成也会产生影响。在国际资源市场上，资源产品价格因受诸多因素影响，处于不断波动变化之中。国际资源价格变化，会通过汇率价格传导机制影响资源进口成本，从而影响国内资源价格的构成及国内资源的替代成本和机会成本。如果一国的资源贸易条件发生变化，则该国资源进出口规模及结构也会随之发生变化，从而在客观上要求调整或重新选择资源定价方法。

（5）资源价格政策与法规。政府是资源定价的重要参与者，因为资源具有公共物品性质，存在着市场失灵的情况，市场在有效配置资源上的失灵，为政府参与或干预提供了机会和理由。政府参与或干预资源配置的重要途径，就是参与资源定价、界定资源产权，以此保护和管理资源。政府通过制定有关资源的政策（如森林政策、水资源政策、土地政策等）和法规（如矿产资源保护法、野生动物保护法、环境保护法等），参与资源价格的制定，如政府实行的资源税政策、排污费和排污许可权交易政策等，都会影响资源的成本价格，从而影响资源的价格构成；特别是对一些重要资源或战略资源，政府可能根据有关的资源法而实行不同程度的支持价格或限制价格，从而也会影响资源的定价方法。可见，资源价格政策和法规，是政府进行资源定价方法选择的主要途径，因而也成为影响资源定价方法选择的重要因素。

第二节　节能评价

一、节能评价的目的、范围和依据

按照国家有关规定，固定资产投资项目的可行性研究报告或项目申请报告必须包括节能分析篇章，咨询评估单位的评估报告中必须包括对节能分析篇章的评估意见。

（一）节能评价的目的

节约资源是我国的基本国策，国家实施节约与开发并重、把节约放在首位的能源发展战略。在固定资产投资领域加强节能工作，是深入贯彻科学发展观、落实节约资源基本国策、建设节约型社会的一项重要措施。

在项目决策分析与评价中加强节能评价工作，在项目规划、设计、施工以及运行等各阶段全面推进节能，以尽可能少的能源消耗来满足经济社会发展需要，有利于实现可持续发展。

（二）投资项目节能评价的原则

1. 发展循环经济的原则

在节能评价工作中必须从可持续的角度，统筹考虑投资项目建设中资源、能源的节约与综合利用以及生态环境承载力等因素，按照促进循环经济发展的原则开展节能评价。

2. 遵守国家规定并与国内外先进水平进行对比的原则

节能评价要遵守国家及行业法律法规、标准、规范、规定。同时，为进一步提高投资项目节能水平和效果，如有条件，还要与同类项目的国内外先进水平进行对比分析，找出差距和潜力，有针对性地提出相关改进方案及节能措施等建议。

3. 项目全过程、全方位节能的原则

为实现建设项目的全面系统节能，应涵盖建设期、运营期的项目周期全过程进行节能评价，对项目涉及的能源生产、加工、转换、输送、储存、使用等各个环节进行全方位的节能评价。

4. 宏观微观相结合、定性定量相结合的原则

在项目节能评价中，采用宏观微观相结合、定性定量相结合的评价原则，既有战略性、方向性的宏观展望，又有具体的能耗指标分析等具体测算；既有定性分析，又要尽可能开展定量分析评价。

（三）节能评价的依据

1. 国家法律法规、标准及相关规定

开展项目节能评价工作，首要的依据是国家法律法规、标准及相关规定，如《中华人民共和国节约能源法》、《节能中长期专项规划》、《固定资产投资项目节能审查办法》、《民用建筑节能条例》等。

2. 行业法律法规、标准、规范及相关规定

项目节能评价工作还要依据行业法律法规、标准、规范及相关规定，如钢铁产业发展政策，《工业建筑节能设计统一标准（GB51245－2017）》，《水泥工厂节能设计规范（GB50443－2016）》，铁路实施节约能源法细则，《水运工程设计节能规范（JTS150－2007）》等。

3. 地方法律法规及相关规定

项目节能评价工作还要满足项目所在地方的法律法规及相关规定要求。

二、节能评价的分析内容和评价指标

(一) 节能评价的分析内容

节能分析评价主要包括项目节能方案及措施分析评价、能耗水平分析评价、节能效果分析评价、节能优化建议等内容。

1. 项目节能方案及措施分析评价

项目节能方案是指项目建设方案中采用的工艺技术、设备、材料等在建设期和运营期合理利用能源、提高能源利用率的方案。在满足工艺要求和不降低环境质量、生活质量的前提下，分析项目的工艺技术流程是否合理，分析评价项目是否采取了技术上先进可行、经济上合理以及环境和社会上可以承受的节能方案及措施，从项目的能源生产、能源转化以及能源消费的各个环节，从建设期到运营期的项目周期全过程，降低能耗、减少损失、杜绝浪费、提高能源利用效率，实现有效、合理地利用能源。分析项目是否利用了国家鼓励的新能源和可再生能源。此外，还应对项目周期全过程的节能管理措施进行分析评价。

2. 项目能耗水平分析评价

项目能耗水平的分析评价是指对项目能源利用的合理性及能耗计算的依据、方法和过程的合理性进行分析评价，在此基础上分析评价项目的能耗水平和指标是否符合国家和行业有关规范、规定要求，如有条件还要与同类项目的国内外先进水平进行对比分析，提出项目能耗水平的评价意见。对于有强制性节能标准要求的项目（例如，有限制性要求的大型用能设备和工艺的项目，以及有明确能效标准要求的项目等），应严格按照强制性标准执行，对不符合强制性节能标准要求的项目，要明确提出项目不能建设的意见。

3. 项目节能效果分析评价

采用定性与定量相结合方式，对项目节能效果进行分析评价。除定性分析外，尽量采用对比方法进行量化分析，如建设前后对比、与标准规范要求指标对比、不同建设方案对比、与国内外先进水平对比等，通过对比分析得出项目节能效果的定量指标，如项目年节能××吨标煤（××GJ、××kWh）等，单位能耗指标降低××%等。

4. 节能优化建议

针对投资项目在节能方面存在的问题和不足之处，提出改进优化的意见和建议。

(二) 节能评价指标

原则上，可用单位产值能耗指标来评价投资项目的能耗和节能效果。由于各行业的能源消耗和节能具有不同特点，相应规定也不一致，单位产值能耗指标也难以涵盖所有的投资项目。因此，除单位产值能耗指标外，还需要分类（工业、交通运输业、建筑等）建立相应的节能指标评价体系。

1. **工业项目节能评价指标**

（1）单位产品能耗指标

对于工业项目，通用的节能评价指标是单位产品能耗，这个指标在同行业、同类项目中具有可比性，是工业项目能耗指标是否先进、节能效果是否显著的重要评价指标。

测算单位产品能耗指标应注意口径一致、横向可比，对不可比因素要注意甄别剔除或补充说明，以保证指标的一致性、可比性。除特殊情况外，单位产品能耗指标的单位为吨、千克、克标准煤（或 GJ、kWh 等）/单位产品。

（2）其他能耗指标

对于无法或难以测算单位产品能耗指标的项目，主要有：产品不是最终产品的项目，属生产过程中间环节的项目，辅助工序及辅助设施类项目，资源综合利用类项目，工业环境治理项目等，可以采用行业通用或认可的、具有一定可比性的其他能耗指标来代替单位产品能耗指标，如工序能耗指标（转炉炼钢工序能耗等），主要耗能指标（冶炼电耗、焦比等）等，比较的参照系一般是行业标准、规范、规定，以及同类项目的国内外先进水平。

（3）节能效果指标

如有可能，尽量对工业项目节能效果进行量化分析，分析测算项目年总能耗，并通过对比得出项目年节能的量化数据，例如，与项目建设前对比年节能×××吨（千克）标准煤、×××kWh 电等，与代替落后工艺相比节能××％等。可选择的对比方式包括：与国家、行业标准规范的指标数值对比，项目建设前后对比，不同建设方案对比，与国内外先进水平对比等。

2. **建筑节能评价指标**

分别对建筑节能设计前后计算单位面积消耗量，将前后计算结果相减得出可节省的单位面积消耗量。即：

能源种类的数量×折算系数/建筑面积＝单位面积消耗量；

建筑节能设计前—建筑节能设计后＝可节省的单位面积消耗量。

公共建筑节能评价指标折算如下表：

表 8－2　节能评价指标折算表

序号	能源种类	计量单位	数量	折算系数	折标煤（kg）	单位面积消耗量（kg/m²）
1	电力	$10^4\,kWh/a$		0.1229		
2	天然气	$10^4\,m^3/a$		12.143		
3	热力	$10^6\,kJ/a$		0.0341		
4	原煤	t/a		0.7143		
	合计					

三、工业项目的节能评价

工业项目节能评价要求及方法适用于除交通运输、农林水、社会事业以外的工业投资项目。工业系统是全社会最大的用能产业，同时，也生产各种能源供全社会使用。工业系统用能量大、面广，节能潜力较大，对全社会的节能减排具有重要意义。此外，工业系统固定资产投资占全社会固定资产投资的比重也比较大。因此，做好工业投资项目节能评价工作，有利于实现工业系统乃至全社会的节能减排目标，意义重大，效果显著。

（一）工业项目节能方案及措施分析评价

1. 项目是否符合产业结构调整方向，是否符合国家产业政策及有关规定中对节能的要求，主要耗能行业项目是否符合行业节能技术政策规定。

项目应符合国家产业结构调整方向和产业政策。国家鼓励发展低能耗、低污染的先进生产能力，控制高耗能、高污染行业过快增长。对落后的耗能过高的用能产品、设备和生产工艺实行淘汰制度。因此，投资项目节能评价应根据国家产业政策以及产业结构调整目录等有关规定，分析判断项目是否属于国家明令淘汰或不符合强制性能源效率标准的用能产品、设备和生产工艺，对属于国家明令淘汰范围的项目，要明确提出不能建设的评估意见。

主要耗能行业（电力、钢铁、有色金属、建材、石油化工、化工、煤炭等）项目要符合节能技术政策规定。工业产业节能技术规范主要包括六个主要方面，能源资源优化开发利用和配置技术，重点生产工艺节能技术，生产过程余热、余压、余能利用技术，高效节能设备，节能新技术，节能新材料。

2. 项目能源开发和使用结构是否合理、优化，能源转换是否必要以及高效合理，是否采用了国家鼓励支持利用的新能源和可再生能源（风能、太阳能、地热能、水电、沼气、生物质能等）。

3. 项目是否采用节能技术，特别是采用先进节能的工艺技术装备和材料。工业投资项目采用节能技术是指提高能源开发利用效率和效益、遏制能源资源浪费的技术，包括能源资源优化开发利用应用技术，单项节能改造技术与节能技术的系统集成，节能型的生产工艺和用能设备，可直接或间接减少能源消耗的新材料开发应用技术，以及节约能源、提高用能效率的管理技术等。

评价项目工艺流程是否优化，是否采用现代化、大型化、连续化、自动化的先进节能工艺装备淘汰落后工艺装备，是否采用了高效节能的设备（电动机、锅炉、窑炉、风机、泵类、照明器具等），是否采用了先进的用能监测和控制技术。项目禁止使用国家明令淘汰的用能设备和生产工艺等。

4. 评价项目是否应用循环经济理念实现资源能源的减量化和循环利用，是否采用了热电联产、余热余压利用、洁净煤、可燃气体回收利用等先进适用的节能技术和措施，余能回收利用是否充分等。

（二）工业投资项目能耗水平分析评价

1. 分析评价项目的能耗水平和指标是否符合有关标准规范的要求

分析评价项目是否符合国家产业政策、主要耗能行业节能技术政策等有关规定。

分析评价强制性的用能产品、设备是否符合国家规定的相关能源效率标准。分析生产过程中高耗能产品（如电解铝、铁合金、黄磷、水泥、烧碱、锌、电石等）项目的单位产品能耗是否符合国家和行业规定的单位能耗限额标准。对不符合标准的项目，要明确提出不能建设的评估意见。

2. 项目能耗水平与国内外先进水平对比

如有条件，尽可能将项目能耗水平与同类项目的国内外先进水平进行对比，如比较单位产品能耗指标、主要能耗指标等。通过比较，可以直观地反映出项目的能耗水平是否先进，是否还有进一步节能的潜力和改进的余地。

（三）工业投资项目节能效果分析评价

尽量采用对比方法对工业项目节能效果进行量化分析。例如，与国家、行业标准规范要求进行对比，项目建设前后对比，与国内外先进水平对比，等等。通过对比分析得出节能效果评价结论，与××相比，项目年节能××吨标准煤（或其他能源计量单位），或单位能耗降低××%，节能效果显著（较好、一般、不佳，等等）。

（四）工业投资项目节能优化建议

针对工业项目在能耗和节能方面存在的问题和不足之处，例如，用能结构不尽合理或不够优化，工艺技术不先进、不合理以及布局不合理导致多耗能，设备不够先进导致能耗高，没有采用高效节能设备和材料，余能回收利用不充分，等等，提出对项目节能的优化建议。

四、交通项目节能评价

交通运输投资项目节能评价适用于铁路、公路、水运、民航等交通运输业投资项目。

（一）交通运输业投资项目节能评价的原则

交通运输业是我国耗能的主要行业，依据国家及行业有关节能的政策法规，充分发挥铁路、公路、水运、民航及管道运输的优势，对提高交通运输能源利用的整体效率，建设我国节能型综合交通运输体系和经济社会的持续发展具有重要意义。

1. 铁路投资项目

铁路是高效低耗的绿色交通运输工具，应大力发展铁路运输，合理调整产业结构、产品结构和能源消费结构，优化生产力布局和牵引动力结构。大力发展电力牵引、合理发展内燃牵引，淘汰蒸汽牵引，提高铁路牵引的能源利用率；在确保铁路运输安全生产的前提下，优化列车运行图，组织直达运输，减少编组作业，实行长交路等，达到能源资源消耗合理配置和高效利用。

2. 公路投资项目

公路建设项目是低能耗、社会效益大的基础设施工程。道路等级提高、里程缩短可明显提高燃油的利用率，运营期间的车辆油耗的节约是道路工程节能的主要部分。应加快国家高速公路网的建设，增加高等级和等级公路比重；统筹考虑路车关系，研究路网布局、路面等级等对汽车行驶节油的影响，逐步提高我国公路网的路面技术等级；在公路建设及道路维护过程中节约能源。

3. 水运投资项目

水运是节能环保、节约土地等资源的绿色运输方式，应大力发展水路运输，提高航道等级，实现船舶大型化、标准化。鼓励发展煤炭、进口铁矿石、进口原油等大宗散货运输及其大型专业化码头建设，重点建设集装箱干线港，相应发展支线港和喂给港。新建工程项目杜绝选用能耗大、效率低的装卸设备，采用机械效率高的节能技术，优先选用以电能作为动力源的装卸设备，提倡采用轨道式龙门吊等高能效设备；照明、空调等采用节电的技术和设备。尽量采用可再生能源；主要工艺应进行节能方案比较和节能优化。

4. 民航投资项目

民航运输中应将加强节能工作和建设新一代民用航空运输系统的结合，降低机场能耗水平，提高航空公司燃油使用效率；推进新一代空管体系建设，逐步实现民航低耗能水平下的持续增长；航站楼建筑设计应以满足使用功能为主，尽量减少因空间过大和追求高通透效果造成能源的浪费等。

（二）交通运输业投资项目节能评价要求

交通运输投资项目的节能评价，针对不同运输方式的能耗特点，分别如下：

1. 铁路投资项目节能评价要求

根据铁路技术标准、牵引方式比选以及节能设计方案、节能措施等进行评价。对项目主要能耗点的分布及数量、能耗构成及能量平衡、能源消耗（单项能耗指标、综合能耗指标）、节能措施进行分析；对铁路工程建设施工和运营过程的节能、节电（牵引用电）、水资源节约和循环利用、废旧物资回收和再生利用、新能源和可再生能源应用等方案是否符合节能要求，所采取的节能措施是否合理，各项能耗指标是否符合要求，节能保障措施等是否可行进行评价。

2. 公路投资项目节能评价要求

建设标准是否满足国家规定的对车辆行驶耗能指标的要求；项目设计中采用的布线方案及线性指标是否合适，隧道桥梁照明及通风等用能设备是否采用了节能的设计方案；施工方案中应考虑提高施工机械和运输车辆的能效比，合理安排工序流程，采取有效的节能措施；运营期耗能及道路维修等的节能管理措施是否合理可行等。

在评价过程中，不仅应考虑拟建项目本身能耗的节约，还应从社会效益角度，分析由于项目建设使公路等级提高、车辆运营里程缩短、改善通行条件使通行车辆燃油节约的情况。

3. 水运投资项目节能评价要求

评价中应考虑能源结构、能源品种，耗能系统的分析是否全面；利用及装卸机械等主要耗能设备的选型是否合理；主要工艺流程是否优化、是否采用了现代化、大型化、连续化、自动化的先进节能工艺装备和节能的新技术、新工艺；电力变压器、电网谐波，辅助生产建筑是否采用了节能设计，是否有计算机系统管理节能的内容；是否采用了高效节能的空调、照明器具等设备；是否采用了先进的用能监测和控制技术；节能措施是否合理可行等。

4. 民航投资项目节能评价要求

在机场选址、总平面规划中是否优先采用能耗低的设计方案；航站楼等建筑设计在布局及材料上是否考虑了节能的要求。优化机场飞行区构型和和飞机地面运行流程设计，节约运行距离和时间，提高航空公司航油使用效率；制冷、制热等设施是否采用了低能耗、高能效的材料和设施设备；机场的电力系统、照明、空调系统、行李传送设备等是否采用了节电的设计方案和装置；在空管体系中，是否采用了优化航路、缩短飞行时间的新技术和新程序。

（三）交通运输业投资项目节能措施

1. 铁路投资项目的节能措施

优化铁路平纵断面设计，线路尽量取直、减缓坡度和采用较大的曲线半径；开发利用先进节能技术，大力发展电力牵引，改善铁路牵引能源消费结构，提高铁路牵引的能源利用率。发展大型、专用化车辆，提高轴重、减轻自重。发展重轨、超高强度的淬火钢轨和无缝线路，均衡提高轨道整体承载能力。推广机车节油、节电、节煤的综合节能技术等。

节能措施应根据项目总耗能水平、分专业能耗水平适当选取。能耗指标超过平均水平的要加强节能措施，不超过平均水平的可根据项目资金情况适当选取。

2. 公路投资项目的节能措施

加快国家高速公路网的建设，增加高等级和等级公路比重。按交通量大小进行公路技术改造，逐步提高我国公路网的路面技术等级，提高路面铺装率，杜绝超载车辆对公路的损害。推广道路沥青路面材料再生技术和乳化沥青铺路技术。统筹考虑路车关系，促进汽车运输节能，研究路网布局、路面等级、交通标志设置等与汽车行驶油耗的关系等。

3. 水运投资项目节能措施

加大航道整治力度，提高内河航道等级，形成支干直达运输网络。增加通航船舶吨位和航道距离，减少船舶过闸时间，实现航道通畅，提高运输效率；充分利用自然条件，有效减少航道疏浚、维护工作量。优化港口布局，鼓励发展煤炭、进口铁矿石、进口原油等大宗散货的大型、专业化码头，重点建设集装箱干线港，相应发展支线港和喂给港；推广有利于提高装卸设备机械效率的节能技术，逐步更新港、站、场装卸装备，优化装卸工艺，提倡采用轨道式龙门吊等高能效设备，加强营运期的节能管理措施。新建工程项目杜绝选用能耗大、效率低的装卸设备，优先选用以电能作为动力源的装卸设备。推广港口的照明及空调的节电改造。

4. 民航投资项目节能措施

民航项目的能耗主要是机场的采暖、空调、传送设备及飞机地面滑行等的动力消耗。在机场选址和设计中优先采用能耗低的设计方案，总平面规划用地应尽可能紧凑；优化机场飞行区设计，减少飞机地面滑行距离，提高航空公司航油使用效率；航站楼等建筑设计在布局及材料使用应考虑节能要求，减少制冷和制热方面的能源消耗。鼓励使用低损耗、高效能的材料和设施设备：在机场照明、空调系统中逐步推广节电装置；变配电室尽量靠近负荷中心；行李传送设备应设置自动控制、电气连锁装置，防止无功空运转造成的电能浪费；完善、提高地面信号的显示能力，改善空调的温度控制调节。鼓励使用太阳能等清洁可再生能源等。

（四）交通运输业投资项目节能效果及优化建议

1. 节能效果评价

（1）分析项目的主要耗能工艺和设备、能源消耗的种类、总能耗和单位产品（产值）能耗及主要工序能耗指标的分析及计算结果是否合理；单耗指标及主要工序能耗指标是否符合国家规定。

（2）分析项目的能耗水平是否达到了国家规定的标准；设备选型是否合理；节能措施是否合理、可行；是否有利于节能，是否还有进一步节能的潜力和改进的余地，并得出节能效果评价结论。

（3）可采用标准对照法、能源消耗量法、能量平衡表、综合能耗指标计算法等方法对项目的节能效果进行评价。

2. 节能优化建议

针对交通运输业项目在能耗和节能方面存在的问题和不足，如用能结构不尽合理或不够优化，工艺流程或布局不合理导致多耗能，技术装备不够先进导致能耗高，没有采用高效节能设备和材料，余能回收利用不充分等，提出对项目节能的优化建议。

五、民用建筑项目节能评价

（一）总体分析评价

1. 政策及规定的符合性分析

评价民用建筑投资项目首先是满足国家和建设行政主管部门的政策、规定、标准的要求；其次是要遵守地方政府节能法规、标准，并采用相应的规定、标准；再次是根据行业要求、专业知识和国内外新的科技成果判断节能措施是否正确、全面、有效。

2. 建筑物与室内设备先进性分析

应按单体建筑分类清单，评价主要建筑类设备，包括采暖用锅炉、热交换器；空调类设备、通风机（排烟风机）；变配电设备、照明灯具；水处理设备、各类水泵；电梯等是否先进。清单应包括规格、型号、安装功率、数量。

3. 建筑材料及淘汰落后产品的分析

应按单体建筑评价主要建筑材料，可分为围护结构、门窗、管材、五金、其他材料，是否采用了淘汰落后产品。

4. 可再生能源利用分析

评价投资项目是否利用了太阳能等可再生能源，从而减少了不可再生能源的使用，估算可再生能源利用比例达到总能耗的百分比。

（二）能耗水平分析评价

1. 建筑物（群）的墙体、楼面、屋面及门窗等围护系统能耗水平分析评价

对于公共建筑：

（1）建筑总平面布置应满足冬季日照要求，并有利于夏季通风。

（2）建筑体形系数应符合国家和地方节能设计标准的规定。当建筑的体形系数不能满足规定时，必须按照相应标准进行围护结构热工性能的权衡判断。

（3）建筑物围护结构的传热系数和遮阳系数应不大于国家和地方节能设计标准的规定。

（4）建筑物各个朝向的窗墙比应不大于国家和地方节能设计标准的规定。投资项目应说明建筑各个朝向的窗墙比，同时列出国家和地方节能设计标准规定的窗墙比要求。

（5）建筑物屋顶透明部分的面积占屋顶总面积的比例应不大于国家和地方节能设计标准的规定。

（6）建筑的自然通风设计应满足国家和地方节能设计标准的要求。如有中庭应说明中庭的通风降温措施。

对于住宅建筑：

（1）住宅建筑总平面布置应有利于人们冬季获取阳光。

（2）建筑体形系数应符合国家和地方节能设计标准的规定。当不能满足规定时，必须进行围护结构热工性能的综合判断。

（3）住宅建筑的外门窗、阳台透光及遮阳等部分不宜过大，以节省能源。

（4）住宅建筑应有利于夏季自然通风。投资项目应说明卧室、起居室（厅）、卫生间、厨房等房间的通风口有效面积与该房间地面面积比。

（5）住宅建筑应说明是否设置外遮阳，及外遮阳的位置、形式。

（6）外窗（包括阳台门）和透明幕墙的气密性应满足国家和地方节能设计标准的要求；还应说明外窗（包括阳台门）和透明幕墙的气密性能达到几级标准。

（7）住宅建筑的围护结构如拟采用其他节能措施，应在申报文件说明，如：通风屋面，浅色屋面，屋顶绿化，绿化墙面等。

2. 暖通空调、电梯、照明、泵房等电器、设备系统能耗水平分析评价

对于公共建筑：

（1）投资项目应说明主要功能房间的环境要求，并满足国家节能设计标准。建议一般公共建筑内设定的温湿度：夏季最低为 26℃～28℃，湿度小于 65％；冬季

最高为 16℃～20℃，湿度大于 35％。

（2）公共建筑的投资项目应明确主要功能房间的新风设计标准。新风量标准的确定既要满足室内人体的卫生需要，保持室内空气的新鲜和品质，也要避免无依据的加大新风量标准，造成新风能耗的增加。

（3）公共建筑的投资项目应明确暖通空调系统所使用的冷热源形式和总耗量。冷热源形式的确定应根据建筑物暖通空调系统的规模、用途、冷热负荷、所在地区的气象条件、能源结构、政策、环境保护要求等情况，经过综合论证和技术、经济比较分析确定。

（4）在电力供应紧张和具有明确分时电价政策的城市和地区，公共建筑投资项目经过经济技术分析比较认为合理时，应根据建筑物的具体情况和空调负荷的时间分布，有条件可采用水蓄冷或冰蓄冷空调冷源。

（5）公共建筑应说明冬季供暖或夏季制冷的主要系统形式。对于严寒地区的公共建筑，宜设置采暖系统，不宜采用空调调节系统；对于寒冷地区，应根据建筑物等级、采暖期天数、能源消耗量和运行费用等因素，经技术经济比较后确定采暖方式，一般宜设置集中热水供暖系统。

（6）公共建筑的投资项目还应说明暖通空调系统所采用的分室或分区环境温湿度调节、控制措施以提高采暖质量和空调质量，为暖通空调系统的节能运行提供前提条件，并保证人们的安全性和舒适性要求。

（7）公共建筑的投资项目应说明所采用锅炉、制冷机等冷热源设备的性能指标和效率等主要技术参数。设置集中供暖、集中空调系统的公共建筑，应合理确定供暖系统和空调水系统的服务半径，尽可能地减少空调冷热水的输送能耗。同时，还应说明采暖供热系统热水循环水泵的耗电输热比和空调冷热水系统循环水泵的输送能效比，并使之满足国家和地方节能标准的要求。

（8）对于公共建筑内的高大空间，由于室内温度梯度的关系等，宜采用置换通风、分层空调等系统方式。

（9）公共建筑的投资项目应说明是否采用了热回收系统。要结合当地的实际情况，明确在技术条件许可时优先考虑此方案。

（10）公共建筑投资项目所在当地市政电力供应非常充足，且市政电力能源有可再生能源组成成分时，应优先选择市政提供的电力资源。其中配电系统应对配电网进行无功补偿，通常采取集中、分散或就地相结合的方式设置电容器。设置就地电容器补偿以提高设备的运行功率因数，以减低线路的运行电流；三相电容自动补偿适用于三相负载平衡的供配电系统，对于三相不平衡及单相配电系统要采用分相电容自动补偿或自动分相无功补偿；电容器自动投切的方式可按母线电压的高低、无功功率的方向、功率因数大小、负载电流的大小、昼夜时间划分进行，具体选择要根据负荷用电特征来确定。

（11）大中型电气设备应选择节电型产品，减少开启次数。电气照明等设备也应选择节电效果良好的产品，灯具数量和负荷参数应满足国家《建筑照明设计标准》的要求；同时，配合建筑内装修可采用浅色调，增加二次反射光线，通过这些手段保证获得足够的室内光线，并达到一定的均匀度，节省能耗。

（12）应根据公共建筑的性质、楼层、服务对象和功能要求，进行电梯客流分析，复核电梯、扶梯、自动人行道的运送能力，优化设备型号、台数、配置方案、运行速度、信号控制和管理方案，提高运行效率。

对于住宅建筑：

（1）住宅建筑应合理选定变配电中心，设置在负荷集中处。住宅用电指标可根据不同户型平均每户按 3kW～8kW 估算；当户数不确定时可按建筑面积每平方米 15W～50W 估算。

（2）住宅建筑应说明冬季供暖或夏季空调和主要系统形式。一般住宅建筑建议室内设定的温湿度：夏季为 26℃左右，湿度小于 60%；冬季为 16℃以上，湿度大于 35%。住宅室内温湿度环境标准的确定还应满足国家和地方节能标准的要求。

（3）住宅建筑应具备采用自然通风的条件，在室外空气参数适宜的情况下，应优先采用通风的方式消除建筑的余热、余湿，减少空调系统的运行。

（4）住宅投资项目要正确选择节能的供暖锅炉、电梯等大中型设备及电气照明等小型设备，提高额定效率，减少各种热损失；不得采用电锅炉作为集中空调和集中采暖的热源。

（5）住宅投资项目采用集中供暖、空调系统的住宅，应按照分户计量的系统设计，并设置室温调节的设施。散热器设温控阀，空调末端设温度控制面板。

3. 太阳能、地热等可再生能源利用系统能耗水平分析评价

对于利用太阳能技术的建筑，特别是住宅建筑（群）可用于室内的洗浴、餐饮洗涤用水等，应尽可能利用太阳能系统。

如使用地源热泵、热源井方案等，需要有初勘资料、设计方案及技术经济分析，以保障方案可行、安全。

4. 项目能耗水平或与国内外先进水平差距评价

对于公共建筑、住宅建筑的投资项目，应根据项目的规模大小和重要程度分析评价项目国内所处的能耗水平或在国际上所处的能耗水平，以确定投资项目先进性程度或差距，提出节能的最终目标或分阶段建设目标。

（三）节能效果分析评价

按照节能方案和能耗计算，把项目的各项能耗（电力、天然气、热力、煤、油等）折算成标煤和单位建筑面积标煤耗量，同时对项目的用能管理、用能系统运营所采取的节能措施进行描述。对项目的节能方案和措施应做出合格或不合格的结论性意见。

（四）节能优化建议

1. 建筑物围护结构

（1）选用适宜的外保温体系或夹芯保温体系，确保达到外墙和屋面传热系数要求。

（2）采用措施加强屋面保温隔热性能。

（3）采取措施阻止热桥，避免结露。

（4）采用措施减少外窗热工损耗。

（5）采用遮阳措施。

（6）采取措施加强自然采光通风。

（7）有条件的咨询（设计）单位，采用计算机模拟技术辅助建筑节能设计。

2. 电气、设备系统

（1）条件许可情况下，暖通空调系统的能源宜优先选用可再生能源（直接或间接），如风能、太阳能等。邻近河流、湖泊的建筑，可考虑采用水源热泵（地表水）作为建筑的集中冷源。当公共建筑内区较大，冬季内区有稳定和足够的余热量时，宜采用水环热泵空调系统。通过定性计算或计算机模拟的手段，来优化冷、热源的容量、数量配制，并确定冷、热源的运行模式。

（2）推荐运用模拟软件对建筑室内风环境进行模拟以获得理想的自然通风效果。在自然通风的基础上，采取适当的改进措施，如：合理布置自然进风口（排风口）位置；自然进风的进风口设过滤措施；自然进风的进、出风口设调节及关断措施；以提高自然通风可控性能及效果。

（3）公共建筑的内区过热，在室外温度适宜时，应优先利用室外空气的通风消除。

（4）酒店、餐饮、医院等生活热水耗量较大的场所，在经济技术合理时，宜采用风冷冷凝器热回收型冷水机组，或其他节能方式。燃气锅炉宜充分利用烟气的余热，采用余热回收装置或冷凝式炉型，并宜选用配置比例调节燃烧机的炉型。

（5）全年需要供冷和供热的变制冷剂流量多联分体空调系统应采用热泵式机组。在建筑中同时有供冷和供热要求的，当其冷、热需求基本匹配时，宜并为同一系统并采用热回收型机组。

（6）公共建筑投资项目应根据建筑物的性质、楼层、服务对象和功能要求，进行电梯客流分析，合理确定电梯的型号、台数、配置方案、运行速度、信号控制和管理方案，提高运行效率。

（7）应选用高效照明光源、高效灯具及其节能附件，在符合标准的前提下，尽可能降低能耗。

3. 可再生能源利用系统

（1）建筑物（群）应尽可能使用太阳能。

（2）有条件的单位可以利用太阳能实现天然可调节采光，以节省背阴用房的电器照明等。

（3）建筑物（群）在有技术保证的前提下可使用地下水地源热泵热源井方案，用于调节室内温湿度等。重点是必须采用可靠的措施，防止回灌水的污染。

（4）冰蓄冷系统对于峰谷电价差别大的地区有应用价值，建议根据实际情况选择使用。

（5）太阳能光伏电源系统可用于公共建筑内的指示照明、调节温度等，室外的景观照明、交通指示等多种场合。

（6）在有条件的地方可以使用风力发电系统、海水源热泵系统等可再生能源利用系统，达到公共建筑室内外功能区内的有效节电、节能的目的。

六、项目节能审查

为加强投资项目节能管理，促进科学合理利用能源，从源头上杜绝能源浪费，提高能源利用效率，国家发展改革委 2016 年 44 号令发布了《固定资产投资项目节能审查办法》（2017 年 1 月 1 日起施行）。根据审查办法，固定资产投资项目节能审查意见是项目开工建设、竣工验收和运营管理的重要依据。政府投资项目，建设单位在报送项目可行性研究报告前，需取得节能审查机关出具的节能审查意见。企业投资项目，建设单位需在开工建设前取得节能审查机关出具的节能审查意见。未按本办法规定进行节能审查，或节能审查未通过的项目，建设单位不得开工建设，已经建成的不得投入生产、使用。

（1）项目节能审查的分类管理

国家发展改革委核报国务院审批以及国家发展改革委审批的政府投资项目，建设单位在报送项目可行性研究报告前，需取得省级节能审查机关出具的节能审查意见。国家发展改革委核报国务院核准以及国家发展改革委核准的企业投资项目，建设单位需在开工建设前取得省级节能审查机关出具的节能审查意见。

①年综合能源消费量 5000 吨标准煤以上（改扩建项目按照建成投产后年综合能源消费增量计算，电力折算系数按当量值）的固定资产投资项目，其节能审查由省级节能审查机关负责。其他固定资产投资项目，其节能审查管理权限由省级节能审查机关依据实际情况自行决定。

②年综合能源消费量不满 1000 吨标准煤，且年电力消费量不满 500 万千瓦时的固定资产投资项目，以及用能工艺简单、节能潜力小的行业（具体行业目录由国家发展改革委制定并公布）的固定资产投资项目应按照相关节能标准、规范建设，不再单独进行节能审查。

（2）项目节能报告的内容

建设单位应编制固定资产投资项目节能报告。项目节能报告应包括下列内容：分析评价依据；项目建设方案的节能分析和比选，包括总平面布置、生产工艺、用能工艺、用能设备和能源计量器具等方面；选取节能效果好、技术经济可行的节能技术和管理措施；项目能源消费量、能源消费结构、能源效率等方面的分析；对所在地完成能源消耗总量和强度目标、煤炭消费减量替代目标的影响等方面的分析评价。

（3）项目节能报告的的评审

1）评审内容

节能审查机关受理节能报告后，应委托有关机构进行评审，形成评审意见，作为节能审查的重要依据。节能审查应依据项目是否符合节能有关法律法规、标准规范、政策；项目用能分析是否客观准确，方法是否科学，结论是否准确；节能措施是否合理可行；项目的能源消费量和能效水平是否满足本地区能源消耗总量和强度"双控"管理要求等对项目节能报告进行审查。

2）评审时限

节能审查机关应在法律规定的时限内出具节能审查意见。节能审查意见自印发之日起 2 年内有效。通过节能审查的固定资产投资项目，建设内容、能效水平等发生重大变动的，建设单位应向节能审查机关提出变更申请。

3）评审结果跟踪

固定资产投资项目投入生产、使用前，应对其节能审查意见落实情况进行验收。

对未按审查办法规定进行节能审查，或节能审查未获通过，擅自开工建设或擅自投入生产、使用的固定资产投资项目，由节能审查机关责令停止建设或停止生产、使用，限期改造；不能改造或逾期不改造的生产性项目，由节能审查机关报请本级人民政府按照国务院规定的权限责令关闭；并依法追究有关责任人的责任。以拆分项目、提供虚假材料等不正当手段通过节能审查的固定资产投资项目，由节能审查机关撤销项目的节能审查意见。未落实节能审查意见要求的固定资产投资项目，节能审查机关责令建设单位限期整改。不能改正或逾期不改正的，节能审查机关按照法律法规的有关规定进行处罚。负责审批政府投资项目的工作人员，对未进行节能审查或节能审查未获通过的项目，违反本办法规定予以批准的，依法给予处分。

节能审查机关对建设单位、中介机构等的违法违规信息进行记录，将违法违规信息纳入全国信用信息共享平台和投资项目审批监管平台，在"信用中国"网站向社会公开。

4）评审费用

固定资产投资项目节能评审、业务培训、监督检查，以及标准指南编制等工作经费，按照国家有关规定纳入部门预算，并按照规定程序向同级财政部门申请。

第三节　项目占用土地及其合理性分析评价

一、土地资源利用分析评价的目的和依据

（一）分析评价的目的

合理利用土地和切实保护耕地是我国的基本国策。由于经济社会的快速发展和人类活动日益频繁，土地资源承受的压力加大，人地矛盾日益尖锐。土地资源综合利用评价有十分重要的现实性和紧迫性。对我国的土地资源综合利用进行评价可为国土整治、土地利用规划和土地利用制度制定等方面提供科学依据，有利于实现土地资源的高效利用，促进土地资源的可持续发展。

（二）分析评价的依据

主要包括：

1. 国家相关法律法规

（1）《宪法》第十条第五款规定："一切使用土地的组织和个人必须合理地利用土地"；

（2）《中华人民共和国土地管理法》（2004年8月28日修订并实施）；

（3）《中华人民共和国农村土地承包法》（2003年3月1日起施行）；

（4）《土地利用总体规划编制审批规定》（1997年10月28日颁布，1997年10月28日起实施）；

（5）《中华人民共和国城市房地产管理法》（1994年7月5日颁布，1995年1月1日起实施）等。

2. 国家有关标准、规范、规定

（1）《中华人民共和国农村土地承包经营权证管理办法》（2004年1月1日起施行）；

（2）《国家投资土地开发整理项目实施管理暂行办法》（2003年4月16日）；

（3）《中华人民共和国土地管理法实施条例》（2014年7月29日修订）；

（4）《自然保护区土地管理办法》（1995年7月24日实施）等。

3. 行业相关法律法规、标准、规范、规定和地方其他相关法律法规、标准、规范、规定等。

二、土地资源利用分析评价的基本内容和方法

按照国家有关规定，投资项目可行性研究报告或项目申请报告必须包括土地资源综合利用分析篇章，相应的评估报告中也必须对土地资源综合利用提出评估意见和建议。都应依据国家、行业以及地方的相关法律法规、标准、规范、规定，并适当参考同类项目的国内外先进水平，进行分析评价。

（一）项目土地资源综合利用评价的基本内容

土地资源综合利用分析评价主要包括项目土地资源综合利用方案及措施分析评价、项目环境效益分析评价、土地综合利用效果分析评价、土地资源优化配置建议等内容。

1. 项目土地资源综合利用方案及措施分析评价

分析项目是否采取了技术上先进可行、经济上合理以及环境和社会上可以承受的措施，从各个环节减少土地资源的滥用、提高土地资源的利用效率，实现有效、合理地利用土地资源。

2. 项目环境效益分析评价

分析评价项目的土地资源利用水平和指标是否符合国家有关规定要求，如有条件与同类项目的国内外先进水平进行对比分析。对于不符合强制性综合利用标准要求的项目，对土地资源中的生态环境以及水环境或者其他人类环境造成一定破坏

的，要明确提出项目不能建设的咨询评估意见。

3. 土地综合利用效果分析评价

采用定性定量相结合方式，对项目综合利用的效果进行分析评价。如有可能，尽量采用对比方法进行量化分析，如建设前后对比、与标准规范要求指标对比、与国内外先进水平对比等。

4. 土地资源优化配置建议

针对项目在土地综合利用方面存在的问题和不足，提出改进优化的意见和建议。

（二）农用地综合利用评价要求及方法

农用地综合利用评价要求及方法适用于所有直接用于农业生产的土地投资项目，包括耕地、园地、林地、牧草地及其他农用地。主要根据农用地自然属性和经济属性，对农用地的质量优劣进行综合评定，并划分等级。其评价可采用定量评价的方法，建立评价的数学模型，可使评价指标定量化，使评价方法更具科学性、实用性。

1. 农用地项目综合利用方案及措施分析评价

（1）项目是否符合土地资源结构调整方向，是否符合国家土地资源利用政策及有关规定对合理综合利用的要求。项目产品是否属于国家明令禁止生产或不符合强制性土地高效综合利用的农产品。

（2）项目是否符合国家节水高效农业的发展要求，是否采用了先进的、现代化的耕作方式及流程，是否采用了先进节能的耕作设备和材料。项目禁止使用国家明令淘汰的低效高能耗设备和生产工艺。

（3）项目是否应用构建节约型社会理念实现资源能源的节约和循环利用，是否采用了节水节能技术和措施。

2. 农用地项目环境效益分析评价

（1）项目是否符合国家生态环境健康指标的有关要求，是否符合整体景观布局要求。

（2）项目土地资源利用水平和指标是否符合国家有关规定要求，如有条件，与同类项目的国内外先进水平进行对比，如比较单位产品耗水指标等。通过比较，可以直观地反映出项目的耗水水平是否先进，是否还有进一步节水的潜力和改进的余地。

3. 农用地项目综合利用效果分析评价

尽量采用对比方法对农用地项目综合利用效果进行量化分析。如建设前后对比、与标准规范要求指标对比、与国内外先进水平对比等。通过对比分析得出综合利用效果评价结论，农用地综合利用能产生效果显著的环境和经济效益。

4. 农业地项目资源优化配置建议

针对项目在土地综合利用方面存在的问题和不足，如农业种植结构不合理或不够优化，土地政策和产业政策配合不力等，提出改进优化的意见和建议。

（三）建设用地评价要求及方法

建设用地评价要求及方法适用于居民点及独立工矿用地、交通用地和水利设施用地等建设用地投资项目。

建设用地现状评价可基于现状数据资料，采用科学合理的方法确立建设用地现状评价体系。利用该体系对建设用地进行定性和定量分析，找出制约建设用地利用的主要因素，明确建设用地利用的方向和重点，得出各地市的建设用地现状利用等级，提出相应的对策措施，为未来建设用地利用提出合理的方向。

1. 建设用地项目综合利用方案及措施分析评价

（1）项目是否符合土地资源结构调整方向，是否符合国家土地资源利用政策及有关规定对合理综合利用的要求。项目产品是否属于国家明令禁止生产或不符合强制性土地高效综合利用的产品。

（2）项目是否应用构建节约型社会理念实现资源能源的节约和循环利用，是否采用了低耗节能技术和措施。项目禁止使用国家明令淘汰的低效高能耗设备和生产工艺。

2. 建设用地项目环境效益分析评价

（1）项目是否符合国家建设用地环境评价标准的要求，是否符合整体景观布局要求。

（2）分析评价项目的土地资源利用水平和指标是否符合国家有关规定要求，如有条件，与同类项目的国内外先进水平进行对比，如比较单位产品能耗指标等。通过比较，可以直观地反映出项目的能耗水平是否先进，是否还有进一步节能的潜力和改进的余地。

3. 建设用地项目综合利用效果分析评价

尽量采用对比方法对建设用地项目综合利用效果进行量化分析。如建设前后对比、与标准规范要求指标对比、与国内外先进水平对比等。通过对比分析得出综合利用效果评价结论，建设用地综合利用能产生效果显著的环境和经济效益。

4. 建设用地项目资源优化配置建议

针对项目在土地综合利用方面存在的问题和不足之处，例如，建设用地规模不合理或不够优化，土地政策和产业政策配合不力等等，提出改进优化的意见和建议。

（四）土地生态环境质量评价

土地合理利用评价具有系统的复杂性、多因素关联性、实现机制的多元性，以及区域的差异性与特殊性，其土地合理利用指标体系和评价方法的理论架构是关键的科学技术问题。为此，以土地利用的目标——土地利用的方式——影响土地利用的要素——可持续利用的指标——诊断标准为主线，突出土地利用对生态经济社会过程的影响评价。土地资源作为人类基本需求——食物的根本来源，是人类生存最基本的自然资源，因此，土地资源承载力评价就成为土地合理利用中生态环境研究的重点。

（五）土地生态安全评价

土地生态安全评价通过项目的实施，研究区域生态系统中元素的地球化学分布分配规律及其空间分布特征；研究各类区域的地球化学问题的成因、从整体上对农业生态系统、城市生态系统、湿地生态系统等进行区域生态地球化学特征评价，在各层次的调查与评价的基础上，阐明区域性生态地球化学场的变化规律，提出区域性优质无公害农产品基地的选址方案，综合地质、水体、土壤和生物等生态因子特征，分层次对生态地球化学环境进行总体综合评价。

土地生态安全评价的基本思路是根据综合评价的目标，对客观事物的影响因素进行分解，以构造不同层次的统计指标体系，然后对这些指标进行指标赋值并确定其权重系数，最后采用综合评价模型进行综合，得到综合评价值，以此进行排序和评价。

（六）土地利用效率评价

对土地利用效率进行总体评价，再对影响土地利用效率的几类因素进行回归分析，最后根据各类因素的指标系数分析其对土地利用效率的影响程度。通过一组实际观测数据，分析系统变量之间的因果关系，建立数学模型，并用该模型预测系统的发展趋势，可为控制系统作出最优决策。

三、土地资源利用分析评价的要求和内容

（一）评价的基本要求

评价要具有合规性。任何单位、组织和社会团体从事城市房地产开发建设或其他项目建设，凡涉及征地拆迁和居民安置，必须遵守国家有关法律、法规和地方政府有关规定，符合土地利用总体规划，年度建设用地计划和城市规划、房地产开发年度计划的要求；按照国家有关规定需要经计划主管部门批准的，还应报计划主管部门批准，并纳入年度固定资产投资计划后方可进行征地拆迁和居民安置工作。

评价应具有适用性。符合城市总体规划要求，按照经济效益、社会效益、环境效益相统一原则，实行全面规划、合理布局、综合开发、配套建设方针，适用建设项目的需求和相关的技术规范、标准、指标，在土地利用总体规划前提下，要合理利用土地，改善生态环境，促进经济和社会可持续发展。

评价要兼顾和谐性。征地拆迁工作政策性强，涉及面广，影响重大，要严格依法办事，处理好各方利益，着力保障和改善民生，扩大公共服务，完善社会管理，促进社会公平正义，使人们学有所教，病有所医，老有所养，住有所居。按照构建和谐社会的要求，依法、合规进行征地和居民拆迁工作，本着"公开、公正、公平"原则处理好征地拆迁和居民安置工作，切实维护好征地拆迁当事人的合法权益，保证建设项目的顺利进行。

（二）评价内容

1. 拟征建设用地合规性的评价

（1）建设用地是否符合国家和地方政府及相关部门的法律法规和文件的规定。

（2）建设用地审批文件及竣工文件是否符合国家和地方政府及相关部门的法律法规和文件的规定。

（3）建设用地归档的文件、资料是否齐全、完整、规范，是否符合归档的要求。

（4）建设用地总图是否符合国务院或其行政主管部门的绘制要求。

（5）建设项目用地是否存在重复或漏征土地相关税费情况。

（6）依国家供地政策要求是否符合法定用地要求（划拨、有偿使用）。

（7）建设项目征地时，是否按照国家规定缴纳各种税费（如耕地占用税、土地使用税、土地增值税、土地登记费、新增建设用地有偿使用费等）。

（8）建设项目征地时，各相关财务归档手续是否合法、合规、齐全、完整。

（9）建设项目用地内建筑物、构筑物是否超出用地范围。

（10）建设项目用地内有无与设计范围以外的非交接的建筑物、构筑物、种植物等。

（11）建设项目临时用地及建筑、施工单位所签订的有关协议是否按协议履行。

（12）建设单位是否完成建设用地"国有土地使用证"领取手续。

总之，为确保建设项目用地资料的真实性，确保交接完整、准确、规范进行，必须达到权属合法、界址清楚、面积准确、资料齐全、手续完备标准。

2. 居民搬迁入户实物调查的评价

（1）受建设单位委托代办的地方土地行政主管部门所负责征地拆迁补偿款是否拨付到位（按时、足额）。

（2）受建设单位委托代办的地方劳动保障行政主管部门所负责转非劳动力就业和社会保险的安置落实情况。

（3）地方民政部门负责超转人员的管理安置落实情况。

（4）建设单位依据所在地人民政府的规定是否在补偿标准上执行了最低保护价格。

（5）建设单位拆迁非住宅房屋和其他建筑物、构筑物，是否按重置成新价格予以补偿。

（6）建设单位对公益公共设施需拆迁的，是否迁建。

（7）建设单位对拆迁经营性房屋造成停产停业经济损失，是否依规定给予一次性停产停业补偿费。

（8）建设单位对拆迁临时建筑物补偿标准掌握的标准原则是：未超批准期限应予补偿，超批准期限原则上不予补偿。

（9）建设单位对居民搬迁入户的相关合同书，是否依法、合规、有效，安置房是否按规定标准落实。

（10）对"拆迁结案原始资料"建设单位在完成拆迁后一个月内向区、县国土房管局移交拆迁档案等资料并办理有关手续工作是否落实。

（11）建设单位对"提前搬迁奖励费"的标准是否依区、县政府规定标准执行。

（12）建设单位对特殊群体的拆迁补偿标准可按地方政府的相关规定办理。

3. 征地拆迁符合性的评价

（1）对拆迁征地工作过程及结果处理意见的评价，是否依法、合规，居民回访满意率。

（2）对建设项目程序、内容、结论的评价，是否符合国家和地方人民政府相关政策要求。

（3）对拆迁实施方案的评价。主要包括以下内容：

1）项目基本情况

2）拆迁范围、拆迁方式、搬迁期限、委托拆迁和评价等内容

3）被拆除房屋及其附属物基本情况

4）补偿安置方式及其主要内容

5）拆迁补助办法

6）其他应当在拆迁实施方案中明确的内容

（4）提交的安置房屋证明评价，包括建设工程竣工验收备案表，土地使用权证明文件和房屋所有权证等。

（5）对委托拆迁单位的评价，包括拆迁资质、委托拆迁合同书、房屋征收决定及公告等证明材料。

（6）对委托拆迁评估结果评价，包括营业执照、资质证书、评估结果等。

（7）对拆迁安置房评估（原则为现房），具备合法审批手续，包括市政配套设施和生活服务配套设施应具备使用条件。

四、土地资源综合利用分析评价指标

土地资源综合利用是一个相当复杂的系统，根据科学性、系统性、可操作性和动态性等原则，主要从农用地、建设用地和生态环境等内容来构建土地资源综合利用评价指标体系。

（一）农用地综合利用评价指标

1. 内部效应指标

主要包括：农用地综合利用系统结构指数，其表观农用地在景观类型水平上的效应，是对农用地景观组成要素、格局及整体规模的响应的一种衡量，具体指标可选取：农用地总量平衡指数、破碎度、连接度、分维数等；农用地综合利用系统功能指数，景观功能就是景观元素之间的相互作用，各农用地斑块之间、农用地斑块与其他生态系统要素间的物流、能流等的流通从根本上决定了农用地对人类的服务效应，具体指标可选取：各功能流流量和速度；土壤条件指数，土壤条件指数是微观层面上的内部效应，是土壤维持或发挥其功能的能力，体现了农用地生态系统服务功能的基础，具体指标可选取：有效土层厚度、表层土壤质地、剖面构型、盐渍化程度、土壤污染状况、土壤有机质含量、土壤酸碱度（pH 值）、土壤障碍层次、排水条件、地形坡度、灌溉保证率、地表岩石露头状况、灌溉水源。

2. 外部效应指标

包括：社会效应指标，涉及文化、休闲娱乐和社会保障，具体可选取：生态旅游净收益、粮食保证率、农业就业劳动力比重等；经济指标，主要指产品提供，具体可选取：单位面积净产值、单位面积固定资产投入、农村居民人均纯收入等；生态环境指标，在气体、水及污染物的控制方面，指标包括单位面积农用地固碳量、释放 O_2 量、释放甲烷 CH_4 量、释放 SO_2 吸收量、滞尘量、农用地临近水源水质指数、水资源盈亏，在生物多样性的产生和维持方面，指标包括物种多样性指数、农用地综合利用结构多样性指数，在传粉方面，指标包括需动物传粉的作物种植比例。

(二) 建设用地主要评价指标

1. 建设用地开发利用程度评价指标

建设用地包括居民点及独立工矿用地、交通用地和水利设施用地，其开发利用程度的评价指标选择较为复杂。从土地利用层面、城市层面和开发区层面对建设用地开发利用程度进行指标选择。从土地利用层面来看，土地建设利用率、水库水面利用率、人均农村居民点用地面积、建制镇面积比例和土地闲置率是能反映开发程度的较好指标，而城市建筑密度、人均城市用地面积是反映城市开发利用程度的较好指标。对开发区而言，选择开发区土地开发率、开发区土地批租率、开发区土地建成率来反映开发区用地的开发利用程度。

2. 建设用地集约经营程度评价指标

建设用地的集约经营主要是指城市的集约经营和开发区的集约经营。而影响土地集约经营的主要因素有土地投入程度（包括固定资产投入和基础设施水平投入）、土地利用效果反映、土地利用强度和土地集约利用发展趋势，因此可以选择城镇化水平、城市土地利用系数（建成区内总建筑面积与建成区面积的比）、单位面积建设用地就业人数（非农人口/建设用地总面积）、单位面积建设用地固定资产投资、对外交通便利程度（每平方公里范围内的等级公路长度）、城市用地扩展系数（年均城市用地增长率/年均城市人口增长率）等指标来说明。

3. 建设用地效益评价指标

建设用地效益主要有资源效益、经济效益、社会效益和生态效益。从短期看，这四种效益间存在着一定的矛盾，如某建设用地经济效益最好时，其生态环境效益可能会最差，但从长远看，这些效益是统一的。

建设用地的经济效益可由同级别的土地基本地价水平、城市商业用地的比例、工业用地产出率、单位建设用地产值、非农产业占地系数、开发区土地产出指标、开发区土地收益指标来衡量；建设用地的社会效益主要由城市人均居住面积、社会人文环境（城市高校数量）、在岗职工人均工资、单位建设用地地从业人员（非农从业人员/建设用地）、城市基础设施条件、用地布局分散程度等指标来说明；建设用地的生态效益体现了公众对人居环境质量的追求，可用绿化率、单位面积工业废水量、单位面积废气排放量等指标来反映，这些指标从不同方面反映了建设用地利用对生态环境的干扰程度；建设用地的资源效益是指建设用地本身的资源特性和利用过程中资源配置的合理程度，比如，建设用地占用农用地水平、后备资源满足程度、重点项目、基础设施项目的用地保障程度和区位条件等评价指标。

（三）土地生态主要评价指标

单位农用地产值是农业总产值与农用地面积的比值。由统计资料中的农林牧渔业四部分产值之和近似反映农用地产值，并且通过该区单位面积的农用地产值，与全国平均的单位面积农用地产值相比较，评价该区农用地方面的收益水平。

粮食耕地年单产是指粮食总产量与粮食作物播种面积乘以复种指数的比值。主要反映了耕地的生产力，也间接反映了耕地的质量，具有普适性。

复种指数是一年内耕地上农用物播种面积与耕地面积之比。反映耕地复种程度的高低。

土地产出率是单位土地面积的 GDP。通过单位土地面积的 GDP，则反映剔除区域面积大小影响的相对水平和状况。

人均耕地面积反映了所评价区域耕地的人均占有水平，是从社会经济角度反映耕地资源丰富程度的指标。

森林覆盖率是反映森林资源总量的最重要指标之一，也是反映林地可持续合理利用的物质条件指标。根据区域自然－社会－经济复合系统的状况制定合理的森林覆盖率，森林覆盖率的标准为：主要林区的深山区应在 60％ 以上，低山区在 40％ 以上，丘陵区在 20％－30％ 左右，在非林区的深山区应在 50％ 以上，低山区在 40％ 左右，丘陵区在 20％ 左右，平原区 10％ 左右。

自然灾害受灾面积比率是受灾面积与土地总面积的比值。反映区域的用地安全状况，是直接关系到区域土地利用系统质量的重要指标。如果该指标过高，说明区域用地安全的保障程度低，土地质量受到自然灾害的限制，不利于合理利用；反之，如果该指标低，说明区域用地安全保障的程度高，土地质量没有受到限制，有利于合理利用。

单位播种面积化肥施用量是化肥施用量与播种总面积的比值。主要反映了单位播种面积上化肥的使用情况。在当前推行生态农业的背景下，它的采用主要考虑当前化肥对地下水和地表水的污染，对环境的影响日趋严重。

单位耕地农药施用量是指农药使用量与土地总面积的比值。主要反映了单位耕地面积上农药的使用情况。它的采用主要是考虑了农药的使用常常是破坏了自然界生物系统的平衡，对环境造成了极大的污染和破坏，也危害了人体健康。

养殖水面利用率是已养殖水面面积占水面总面积的比重。反映在土地利用系统中水面养殖情况，主要适用于水面较广的区域，如湖区等。

林业用地比例是林地面积占土地总面积的比重。反映林地资源总体格局的变化。同时它也是反映林地可持续合理利用的物质条件指标。

农村人口密度是农村人口占农村土地面积的比重。反映农村人口的密集程度以及土地的承载水平。

草地载畜量是指单位面积草地所能放养的牲畜头数。反映某一地区畜牧业的现有水平和对草地的开发利用程度。

水土协调度为本区占全省水资源量的比例与本区与全省耕地规模比率之比。

土地灌溉率是耕地中有效灌溉面积所占的比重。反映土地基础设施建设水平，集约化方式利用耕地和水资源的程度，以及土地利用向高投入农业转化的水平，主要适用于需要灌溉的地区。该指标的变化与水资源供应和土地对灌溉的适宜性有关。该指标越高，整个农业系统受干旱威胁越小。

土地垦殖率是耕地面积占土地面积的比重反映在土地利用结构中农用地被开发成耕地的数量以及粮食安全程度水平。

五、项目用地预审

项目建设需要占用土地，为有效抑制土地资源消耗过快增长，从源头上和总量上控制用地规模、保护耕地，实现经济的可持续发展，国家加大了项目审批（核准）时对项目用地的评估和审查力度，2016 年 11 月国土资源部令第 68 号颁发了《建设项目用地预审管理办法》（2017 年 1 月 1 日施行），成为审批项目可行性研究报告、核准项目申请报告的主要前置条件和必备文件。

（1）项目用地预审的申请和受理

建设项目用地预审是指国土资源主管部门在投资项目审批、核准、备案阶段，依法对建设项目涉及的土地利用事项进行的审查。

需审批的建设项目在可行性研究阶段，由建设用地单位提出预审申请；需核准的建设项目在项目申请报告核准前，由建设单位提出用地预审申请；需备案的建设项目在办理备案手续后，由建设单位提出用地预审申请。

由国土资源部预审的建设项目，国土资源部委托项目所在地的省级国土资源主管部门受理，但建设项目占用规划确定的城市建设用地范围内土地的，委托市级国土资源主管部门受理。受理后，提出初审意见，转报国土资源部。涉密军事项目和国务院批准的特殊建设项目用地，建设用地单位可直接向国土资源部提出预审申请。应当由国土资源部负责预审的输电线塔基、钻探井位、通讯基站等小面积零星分散建设项目用地，由省级国土资源主管部门预审，并报国土资源部备案。

（2）申请用地预审的项目建设单位应提交的材料

①建设项目用地预审申请表；

②建设项目用地预审申请报告，内容包括拟建项目的基本情况、拟选址占地情况、拟用地是否符合土地利用总体规划、拟用地面积是否符合土地使用标准、拟用地是否符合供地政策等；

③审批项目建议书的建设项目提供项目建议书批复文件，直接审批可行性研究报告或者需核准的建设项目提供建设项目列入相关规划或者产业政策的文件。

建设单位应当对单独选址建设项目是否位于地质灾害易发区、是否压覆重要矿产资源进行查询核实；位于地质灾害易发区或者压覆重要矿产资源的，应当依据相关法律法规的规定，在办理用地预审手续后，完成地质灾害危险性评估、压覆矿产资源登记等。

（3）项目用地预审的原则和内容

1）项目用地预审应遵循以下原则：

①符合土地利用总体规划；

②不能占用基本农田；

③节约和集约利用土地；

④符合国家供地政策。

2）项目用地预审的内容：

①建设项目用地是否符合国家供地政策和土地管理法律、法规规定的条件；

②建设项目选址是否符合土地利用总体规划，属《土地管理法》第二十六条规定情形，建设项目用地需修改土地利用总体规划的，规划修改方案是否符合法律、法规的规定；

③建设项目用地规模是否符合有关土地使用标准的规定；对国家和地方尚未颁布土地使用标准和建设标准的建设项目，以及确需突破土地使用标准确定的规模和功能分区的建设项目，是否已组织建设项目节地评价并出具评审论证意见。

占用基本农田或者其他耕地规模较大的建设项目，还应审查是否已经组织踏勘论证。

（4）项目用地预审实行分级管理

需审批或核准的建设项目，由所在地的国土资源主管部门预审；建设用地超过一定面积的，需要自然资源部预审；需备案的建设项目，由与备案机关同级的国土资源主管部门预审。

根据中共中央、国务院 2017 年 1 月 9 日印发的《关于加强耕地保护和改进占补平衡的意见》和《国务院关于深化改革严格土地管理的决定》（国发〔2004〕28 号）的要求：农用地转用和土地征收的审批权在国务院和省、自治区、直辖市人民政府，各省、自治区、直辖市人民政府不得违反法律和行政法规的规定下放土地审批权，同时明确了已经确定的耕地红线绝不能突破，已经划定的城市周边永久基本农田绝不能随便占用。

（5）项目用地预审的有效性

建设项目用地预审文件有效期为三年，自批准之日起计算。已经预审的项目，如需对土地用途、建设项目选址等进行重大调整的，应当重新申请预审。

未经预审或者预审未通过的，不得批复可行性研究报告、核准项目申请报告；不得批准农用地转用、土地征收，不得办理供地手续。

第四节 环境影响评价

环境影响评价，是指对规划和建设项目实施后可能造成的环境影响进行分析、预测和评估，提出预防或者减轻不良环境影响的对策和措施，进行跟踪监测的方法与制度。

为了防止建设项目产生新的污染、破坏生态环境，国家实行建设项目环境影响评价制度。尽管从建设项目管理程序上，环境影响评价的审批不再作为项目核准或备案的前置条件，但咨询与决策人员了解环境影响评价各阶段的内容和要求，将其贯彻到项目前期咨询成果中，这既是一种责任，也是落实项目前期咨询成果的环境可行性，避免环境评价与前期咨询成果的互相影响。

根据《规划环境影响评价条例》，规划编制机关应当在规划编制过程中对规划进行环境影响评价。规划审批机关在审批专项规划草案时，应当将环境影响报告书结论以及审查意见作为决策的重要依据。

一、建设项目环境保护的分类管理

国家根据建设项目对环境的影响程度，按照《建设项目环境保护管理条例》（2017年7月16日修订版）的规定对建设项目的环境保护实行分类管理：

（1）建设项目对环境可能造成重大影响的，应当编制环境影响报告书，对建设项目产生的污染和对环境的影响进行全面、详细的评价；

（2）建设项目对环境可能造成轻度影响的，应当编制环境影响报告表，对建设项目产生的污染和对环境的影响进行分析或者专项评价；

（3）建设项目对环境影响很小，不需要进行环境影响评价的，应当填报环境影响登记表。

具体分类名录见《建设项目环境影响评价分类管理名录》（2017年9月1日起施行）。

二、环境影响评价报告书的内容及要求

建设项目环境影响评价报告书一般包括概述、总则、建设项目工程分析、环境现状调查与评价、环境影响预测与评价、环境保护措施及其可行性论证、环境影响经济损益分析、环境管理与监测计划、环境影响评价结论和附录附件等内容。

（一）概述

概述可简要说明建设项目的特点、环境影响评价的工作过程、分析判定相关情况、关注的主要环境问题及环境影响、环境影响评价的主要结论等。

（二）总则

总则应包括编制依据、评价因子与评价标准、评价工作等级和评价范围、相关规划及环境功能区划、主要环境保护目标等。

1. 环境影响评价等级的划分

按建设项目的特点、所在地区的环境特征、相关法律法规、标准及规划、环境功能区划等划分各环境要素、各专题评价工作等级。具体由环境要素或专题环境影响评价技术导则规定。

2. 环境影响评价范围的确定

指建设项目整体实施后可能对环境造成的影响范围，具体根据环境要素和专题环境影响评价技术导则的要求确定。环境影响评价技术导则中未明确具体评价范围的，根据建设项目可能影响范围确定。

（三）工程分析

工程分析是环境影响评价中分析项目建设环境内在因素的重要环节，是决定环境影响评价工作质量好坏的关键，是把握项目环境影响特点的重要手段，在建设项目环境影响评价工作中占有举足轻重的地位。

1. 建设项目概况

包括主体工程、辅助工程、公用工程、环保工程、储运工程以及依托工程等。以污染影响为主的建设项目应明确项目组成、建设地点、原辅料、生产工艺、主要生产设备、产品（包括主产品和副产品）方案、平面布置、建设周期、总投资及环境保护投资等。

以生态影响为主的建设项目应明确项目组成、建设地点、占地规模、总平面及现场布置、施工方式、施工时序、建设周期和运行方式、总投资及环境保护投资等。

改扩建及异地搬迁建设项目还应包括现有工程的基本情况、污染物排放及达标情况、存在的环境保护问题及拟采取的整改方案等内容。

2. 影响因素分析

（1）污染影响因素分析

遵循清洁生产的理念，从工艺的环境友好性、工艺过程的主要产污节点以及末端治理措施的协同性等方面，选择可能对环境产生较大影响的主要因素进行深入分析。

绘制包含产污环节的生产工艺流程图；按照生产、装卸、储存、运输等环节分析包括常规污染物、特征污染物在内的污染物产生、排放情况（包括正常工况和开停工及维修等非正常工况），存在具有致癌、致畸、致突变的物质、持久性有机污染物或重金属的，应明确其来源、转移途径和流向；给出噪声、振动、放射性及电磁辐射等污染的来源、特性及强度等；说明各种源头防控、过程控制、末端治理、回收利用等环境影响减缓措施状况。

明确项目消耗的原料、辅料、燃料、水资源等种类、构成和数量，给出主要原辅材料其他物料的理化性质、毒理特征，产品及中间体的性质、数量等。

对建设阶段和生产运行期间，可能发生突发性事件或事故，引起有毒有害、易燃易爆等物质泄漏，对环境及人身造成影响和损害的建设项目，应开展建设和生产运行过程的风险因素识别。存在较大潜在人群健康风险的建设项目，应开展影响人群健康的潜在环境风险因识别。

（2）生态影响因素分析

结合建设项目特点和区域环境特征，分析建设项目建设和运行过程（包括施工方式、施工时序、运行方式、调度调节方式等）对生态环境的作用因素与影响源、影响方式、影响范围和影响程度。重点为影响程度大、范围广、历时长或涉及环境敏感区的作用因素和影响源，关注间接性影响、区域性影响、长期性影响以及累积性影响等特有生态影响因素的分析。

3. 污染源源强核算

根据污染物产生环节（包括生产、装卸、储存、运输）、产生方式和治理措施，核算建设项目有组织与无组织、正常工况与非正常工况下的污染物产生和排放强度，给出污染因子及其产生和排放的方式、浓度、数量等。

对改扩建项目的污染物排放量（包括有组织与无组织、正常工况与非正常工况）的统计，应分别按现有、在建、改扩建项目实施后等几种情形汇总污染物产生量、排放量及其变化量，核算改扩建项目建成后最终的污染物排放量。

污染源源强核算方法由污染源源强核算技术指南具体规定。现行为《污染源源强核算技术指南 准则》（HJ884－2018）及一些行业污染源核算技术指南，如纸浆造纸、水泥工业、火电、钢铁工业等。

污染源源强核算可采用实测法、物料衡算法、产污系数法、排污系数法、类比法、实验法等方法。

①物料衡算法：指根据质量守恒定律，利用物料数量或元素数量在输入端与输出端之间的平衡关系，计算确定污染物单位时间产生量或排放量的方法。

②类比法：指对比分析在原辅料及燃料成分、产品、工艺、规模、污染控制措施、管理水平等方面具有相同或类似特征的污染源，利用其相关资料，确定污染物浓度、废气量、废水量等相关参数进而核算污染物单位时间产生量或排放量，或者直接确定污染物单位时间产生量或排放量的方法。

③实测法：指通过现场测定得到的污染物产生或排放相关数据，进而核算出污染物单位时间产生量或排放量的方法，包括自动监测实测法和手工监测实测法。

④产污系数法：指根据不同的原辅料及燃料、产品、工艺、规模，选取相关行业污染源源强核算技术指南给定的产污系数，依据单位时间产品产量计算出污染物产生量，并结合所采用治理措施情况，核算污染物单位时间排放量的方法。

⑤排污系数法：指根据不同的原辅料及燃料、产品、工艺、规模和治理措施，选取相关行业污染源源强核算技术指南给定的排污系数，结合单位时间产品产量直接计算确定污染物单位时间排放量的方法。

⑥实验法：指模拟实验确定相关参数，核算污染物单位时间产生量或排放量的方法。

行业指南应分别明确各核算方法的适用对象、计算公式、参数意义以及核算要求。行业指南应针对不同污染源类型、污染物特性，区分新（改、扩）建工程污染源和现有工程污染源，分别确定污染源源强核算方法，并给出核算方法的优先级别。

核算方法优先级别的确定应遵循简便高效、科学准确、统一规范的原则。新

（改、扩）建工程污染源源强的核算，应依据污染源和污染物特性确定核算方法的优先级别，不断提高产污系数法、排污系数法的适用性和准确性。现有工程污染源源强的核算应优先采用实测法，各行业指南也可根据行业特点确定其他核算方法；采用实测法核算时，对于排污单位自行监测技术指南及排污许可证等要求采用自动监测的污染因子，仅可采用有效的自动监测数据进行核算；对于排污单位自行监测技术指南及排污许可证等未要求采用自动监测的污染因子，核算源强时优先采用自动监测数据，其次采用手工监测数据。行业指南应明确产污系数和排污系数的选取原则。

（四）环境现状调查与评价

对与建设项目有密切关系的环境要素应全面、详细调查，给出定量的数据并作出分析或评价。对于自然环境的现状调查，可根据建设项目情况进行必要说明。

充分收集和利用评价范围内各例行监测点、断面或站位的近三年环境监测资料或背景值调查资料，当现有资料不能满足要求时，应进行现场调查和测试，现状监测和观测网点应根据各环境要素环境影响评价技术导则要求布设，兼顾均布性和代表性原则。符合相关规划环境影响评价结论及审查意见的建设项目，可直接引用符合时效的相关规划环境影响评价的环境调查资料及有关结论。

1. 环境现状调查的方法

环境现状调查方法由环境要素环境影响评价技术导则具体规定，如《环境影响评价技术导则 大气环境》、《环境影响评价技术导则 地面水环境》、《环境影响评价技术导则 地下水环境》、《环境影响评价技术导则 声环境》、《环境影响评价技术导则 生态环境》等。

2. 环境现状调查与评价内容

根据环境影响因素识别结果，开展相应的现状调查与评价。

（1）自然环境现状调查与评价

包括地形地貌、气候与气象、地质、水文、大气、地表水、地下水、声、生态、土壤、海洋、放射性及辐射（如必要）等调查内容。根据环境要素和专题设置情况选择相应内容进行详细调查。

（2）环境保护目标调查

调查评价范围内的环境功能区划和主要的环境敏感区，详细了解环境保护目标的地理位置、服务功能、四至范围、保护对象和保护要求等。

（3）环境质量现状调查与评价

a）根据建设项目特点、可能产生的环境影响和当地环境特征选择环境要素进行调查与评价。

b）评价区域环境质量现状。说明环境质量的变化趋势，分析区域存在的环境问题及产生的原因。

（4）区域污染源调查

选择建设项目常规污染因子和特征污染因子、影响评价区环境质量的主要污染因子和特殊污染因子作为主要调查对象，注意不同污染源的分类调查。

（五）环境影响预测与评价

环境影响预测与评价的时段、内容及方法均应根据工程特点与环境特性、评价工作等级、当地的环境保护要求确定。

预测和评价的因子应包括反映建设项目特点的常规污染因子、特征污染因子和生态因子，以及反映区域环境质量状况的主要污染因子、特殊污染因子和生态因子。

须考虑环境质量背景与环境影响评价范围内在建项目同类污染物环境影响的叠加。

对于环境质量不符合环境功能要求或环境质量改善目标的，应结合区域限期达标规划对环境质量变化进行预测。

1. 环境影响预测与评价方法

预测与评价方法主要有数学模式法、物理模型法、类比调查法等，由各环境要素或专题环境影响评价技术导则具体规定。

（1）数学模式法

数学模式法能给出定量的预测结果，但需一定的计算条件和输入必要的参数、数据。选用数学模型时要注意模型的应用条件，如实际情况不能很好满足应用条件要求而又拟采用时，应对模型进行修正并验证。

（2）物理模型法

物理模型法定量化程度较高，再现性好，能反映比较复杂的环境特征，但需要有合适的试验条件和必要的基础数据，且制作复杂的环境模型需要较多的人力、物力和时间投入。在无法利用数学模式法预测而又要求预测结果定量精度较高时，应选用此方法。

（3）类比调查法

类比调查法的预测结果属于半定量性质。如由于评价工作要求时间较短等原因，无法取得足够的参数、数据，不能采用前述两种方法进行预测时，可选用此方法。

2. 环境影响预测与评价内容

应重点预测建设项目生产运行阶段正常工况和非正常工况等情况的环境影响。当建设阶段的大气、地表水、地下水、噪声、振动、生态以及土壤等影响程度较重、影响时间较长时，应进行建设阶段的环境影响预测和评价。可根据工程特点、规模、环境敏感程度、影响特征等选择开展建设项目服务期满后的环境影响预测和评价。

当建设项目排放污染物对环境存在累积影响时，应明确累积影响的影响源，分析项目实施可能发生累积影响的条件、方式和途径，预测项目实施在时间和空间上的累积环境影响。

对以生态影响为主的建设项目，应预测生态系统组成和服务功能的变化趋势，重点分析项目建设和生产运行对环境保护目标的影响。

对存在环境风险的建设项目,应分析环境风险源项,计算环境风险后果,开展环境风险评价。对存在较大潜在人群健康风险的建设项目,应分析人群主要暴露途径。

(六)环境保护措施及其可行性论证

明确提出建设项目建设阶段、生产运行阶段和服务期满后(可根据项目情况选择)拟采取的具体污染防治、生态保护、环境风险防范等环境保护措施;分析论证拟采取措施的技术可行性、经济合理性、长期稳定运行和达标排放的可靠性、满足环境质量改善和排污许可要求的可行性、生态保护和恢复效果的可达性。

各类措施的有效性判定应以同类或相同措施的实际运行效果为依据,没有实际运行经验的,可提供工程化实验数据。

环境质量不达标的区域,应采取国内外先进可行的环境保护措施,结合区域限期达标规划及实施情况,分析建设项目实施对区域环境质量改善目标的贡献和影响。

给出各项污染防治、生态保护等环境保护措施和环境风险防范措施的具体内容、责任主体、实施时段,估算环境保护投入,明确资金来源。

环境保护投入应包括为预防和减缓建设项目不利环境影响而采取的各项环境保护措施和设施的建设费用、运行维护费用,直接为建设项目服务的环境管理与监测费用以及相关科研费用。

(七)环境影响经济损益分析

以建设项目实施后的环境影响预测与环境质量现状进行比较,从环境影响的正负两方面,以定性与定量相结合的方式,对建设项目的环境影响后果(包括直接和间接影响、不利和有利影响)进行货币化经济损益核算,估算建设项目环境影响的经济价值。

(八)环境管理与监测计划

按建设项目建设阶段、生产运行、服务期满后(可根据项目情况选择)等不同阶段,针对不同工况、不同环境影响和环境风险特征,提出具体环境管理要求。

给出污染物排放清单,明确污染物排放的管理要求。包括工程组成及原辅材料组分要求,建设项目拟采取的环境保护措施及主要运行参数,排放的污染物种类、排放浓度和总量指标,污染物排放的分时段要求,排污口信息,执行的环境标准,环境风险防范措施以及环境监测等。提出应向社会公开的信息内容。

提出建立日常环境管理制度、组织机构和环境管理台账相关要求,明确各项环境保护设施和措施的建设、运行及维护费用保障计划。

环境监测计划应包括污染源监测计划和环境质量监测计划,内容包括监测因子、监测网点布设、监测频次、监测数据采集与处理、采样分析方法等,明确自行监测计划内容。

a)污染源监测包括对污染源(包括废气、废水、噪声、固体废物等)以及各类污染治理设施的运转进行定期或不定期监测,明确在线监测设备的布设和监测因子。

b) 根据建设项目环境影响特征、影响范围和影响程度,结合环境保护目标分布,制定环境质量定点监测或定期跟踪监测方案。

c) 对以生态影响为主的建设项目应提出生态监测方案。

d) 对存在较大潜在人群健康风险的建设项目,应提出环境跟踪监测计划。

(九)环境影响评价结论

对建设项目的建设概况、环境质量现状、污染物排放情况、主要环境影响、公众意见采纳情况、环境保护措施、环境影响经济损益分析、环境管理与监测计划等内容进行概括总结,结合环境质量目标要求,明确给出建设项目的环境影响可行性结论。

对存在重大环境制约因素、环境影响不可接受或环境风险不可控、环境保护措施经济技术不满足长期稳定达标及生态保护要求、区域环境问题突出且整治计划不落实或不能满足环境质量改善目标的建设项目,应提出环境影响不可行的结论。

三、环境影响报告表的内容

《建设项目环境影响报告表(试行)》必须由具有环评资质的环评机构填写。其填报内容主要有:建设项目基本情况、建设项目所在地自然环境社会环境简况、环境质量状况、主要环境保护目标、评价适用标准、工程内容及规模、与本项目有关的原有污染情况及主要环境问题、建设项目工程分析、项目主要污染物产生及预计排放情况、环境影响分析、建设项目拟采取的防治措施及预期治理效果、结论与建议等。需要注意,环境影响报告表如不能说明项目产生的污染及对环境造成的影响,应根据建设项目的特点和当地环境特征,选择1-2项进行专项评价,专项评价按照环境影响评价技术导则中有关要求进行。

四、环境影响登记表的内容

《建设项目环境影响登记表》一般由建设单位自行填写,不要求具备环评资质。其填报内容包括四个表:表一为项目基本情况;表二为项目地理位置示意图和平面布置示意图;表三为周围环境概况和工艺流程与污染流程;表四为项目排污情况及环境措施简述。

五、规划环境影响评价

为全面实施可持续发展战略,从规划决策源头防治环境污染和生态破坏,2003年实施2016年修订的《中华人民共和国环境影响评价法》将环境影响评价从建设项目拓展到规划领域,并通过制定行政法规《规划环境影响评价条例》(2009年10月1日起施行)及行业规范《规划环境影响评价技术导则 总纲》(HJ130-2014)对规划环境影响评价做出了具体规定。

（一）规划环境影响评价的适用范围和责任主体

1. 规划环境影响评价的适用范围

国务院有关部门、设区的市级以上地方人民政府及其有关部门，对其组织编制的土地利用的有关规划和区域、流域、海域的建设、开发利用规划（以下称综合性规划），以及工业、农业、畜牧业、林业、能源、水利、交通、城市建设、旅游、自然资源开发的有关专项规划（以下称专项规划），应当进行环境影响评价。

编制综合性规划，应当根据规划实施后可能对环境造成的影响，编写环境影响篇章或者说明。编制专项规划，应当在规划草案报送审批前编制环境影响报告书。编制专项规划中的指导性规划，应当编写环境影响篇章或者说明。

2. 规划环境影响评价的责任主体

规划环境影响篇章或者说明、规划环境影响报告书，由规划编制机关编制或者组织规划环境影响评价技术机构编制。规划编制机关应当对环境影响评价文件的质量负责。

（二）规划环境影响评价的技术依据和内容

1. 规划环境影响评价的技术依据

《规划进行环境影响评价技术导则 总纲》（HJ130－2014），规定了开展规划环境影响评价一般性原则、内容、工作程序、方法和要求。

2. 评价原则

全程互动、一致性、整体性、层次性、科学性原则。

3. 评价范围

时间跨度上包括整个规划周期；空间跨度上包括规划区域、规划实施影响的周边地域，特别应当将规划实施可能影响环境敏感区、重点生态功能区等重要区域整体划入评价范围。

4. 评价工作流程

规划纲要编制阶段，通过对规划可能涉及内容分析，分析提出规划实施的资源和环境制约因素，反馈给规划编制机关；规划研究阶段，对不同规划方案实施的资源、环境、影响进行分析、预测、评估，综合不同规划方案的合理性，提出优化调整建议，反馈给规划编制机关，供其在不同规划方案的比选中参考利用；规划编制阶段应针对环境影响评价推荐的环境可行的规划方案，从战略和政策层面提出环境影响减缓措施，如果规划选址的方案资源环境无法承受、可能造成重大环境影响且无法提出可行的预防和减缓对策和措施，应提出放弃规划方案的建议，反馈给规划编制机关。规划上报审批前，应完成规划环境影响报告书（规划环境影响篇章或说明）的编写与审查，并提交给规划编制机关。

5. 规划环境影响评价的内容

（1）规划概述：简要介绍规划编制背景和定位，说明规划的空间范围和空间布局，不同规划期的目标、规模、结构、建设时序、配套设施等内容，介绍规划的环保设施建设以及生态保护等内容；分析规划依托的资源与环境条件。

（2）规划协调性分析：分析规划在所属规划体系中的位置，给出规划的层级、功能属性、时间属性；分析本规划与相关规划的符合性；分析规划目标、规模、结构等各规划要素与上层位的符合性，重点分析规划之间的资源保护与利用、环境保护、生态保护等方面的冲突和矛盾；分析规划与国家级、省级主体功能区规划在功能定位、开发原则和环境政策要求等方面的符合性；筛选出在评价范围内与本规划所依托的资源和环境条件相同的同层位规划，并在考虑累积环境影响的基础上，逐项分析规划要素与同层位规划在环境目标、资源利用、环境容量与承载力等方面的一致性和协调性，重点分析规划与同层位的环境保护、生态建设、资源保护与利用等规划之间的冲突和矛盾；分析规划方案的规模、布局、结构、建设时序等与规划发展目标、定位的协调性；通过上述协调性分析，从多个规划方案中筛选出与各项要求较为协调的规划方案作为备选方案，或综合规划协调性分析结果，提出与环保法规、各项要求相符合的规划调整方案作为备选方案。

（3）现状调查与评价：现状调查与评价一般包括自然环境状况、社会经济概况、资源赋存与利用状况、环境质量和生态状况等内容。基于现状评价和规划分析结果，结合环境影响回顾与环境变化趋势分析结论，重点分析评价区域环境现状和环境质量、生态功能与环境保护目标间的差距，明确提出规划实施的资源与环境制约因素。

（4）环境影响识别与评价指标体系构建：按照一致性、整体性和层次性原则，识别规划实施可能影响的资源与环境要素，建立规划要素与资源、环境要素之间的关系，初步判断影响的性质、范围和程度，确定评价重点。并根据环境目标，结合现状调查与评价的结果，以及确定的评价重点，建立评价的指标体系。环境目标是开展规划环境影响评价的依据。规划在不同规划时段应满足的环境目标可根据国家和区域确定的可持续发展战略、环境保护的政策与法规、资源利用的政策与法规、产业政策、上层位规划，规划区域、规划实施直接影响的周边地域的生态功能区划和环境保护规划、生态建设规划确定的目标，环境保护行政主管部门以及区域、行业的其他环境保护管理要求确定。评价指标是量化了的环境目标。

（5）环境影响预测与评价：系统分析规划实施全过程对可能受影响的所有资源、环境要素的影响类型和途径，针对环境影响识别确定的评价重点内容和各项具体评价指标，按照规划不确定性分析给出的不同发展情景，进行同等深度的影响预测与评价，明确给出规划实施对评价区域资源、环境要素的影响性质、程度和范围，为提出评价推荐的环境可行的规划方案和优化调整建议提供支撑。

环境影响预测与评价一般包括规划开发强度的分析，水环境（包括地表水、地下水、海水）、大气环境、土壤环境、声环境的影响，对生态系统完整性及景观生态格局的影响，对环境敏感区和重点生态功能区的影响，资源与环境承载能力的评估等内容。环境影响预测应充分考虑规划的层级和属性，依据不同层级和属性规划的决策需求，采用定性、半定量、定量相结合的方式进行。对环境质量影响较大、与节能减排关系密切的工业、能源、城市建设、区域建设与开发利用、自然资源开发等专项规划，应进行定量或半定量环境影响预测与评价。对于资源和水环境、大气环境、土壤环境、海洋环境、声环境指标的预测与评价，一般应采用定量的方式进行。

（6）规划方案综合论证和优化调整建议：依据环境影响识别后建立的规划要素与资源、环境要素之间的动态响应关系，综合各种资源与环境要素的影响预测和分析、评价结果，论证规划的目标、规模、布局、结构等规划要素的合理性以及环境目标的可达性，动态判定不同规划时段、不同发展情景下规划实施有无重大资源、生态、环境制约因素，详细说明制约的程度、范围、方式等，进而提出规划方案的优化调整建议和评价推荐的规划方案。规划方案的综合论证包括环境合理性论证和可持续发展论证两部分内容。

（7）环境影响减缓对策和措施：是对规划方案中配套建设的环境污染防治、生态保护和提高资源能源利用效率措施进行评估后，针对环境影响评价推荐的规划方案实施后所产生的不良环境影响，提出的政策、管理或者技术等方面的建议。

此外规划环境影响评价内容还应包括确定跟踪评价、公众参与等内容。

（三）规划环境影响评价的公众参与

任何单位和个人对违反《规划环境影响评价条例》规定的行为或者对规划实施过程中产生的重大不良环境影响，有权向规划审批机关、规划编制单位或者环境保护主管部门举报。有关部门接到举报后，应当依法调查处理。

对可能造成不良环境影响并直接涉及公众环境权益的专项规划，应当公开征求有关单位、专家和公众对规划环境影响报告书的意见。依法需要保密的除外。公开的环境影响报告书的主要内容包括：规划概况、规划的主要环境影响、规划的优化调整建议和预防或者减轻不良环境影响的对策与措施、评价结论。

公众参与可采取调查问卷、座谈会、论证会、听证会等形式进行。对于政策性、宏观性较强的规划，参与的人员可以规划涉及的部门代表和专家为主；对于内容较为具体的开发建设类规划，参与的人员还应包括直接环境利益相关群体的代表。处理公众参与的意见和建议时，对于已采纳的，应在环境影响报告书中明确说明修改的具体内容；对于不采纳的，应说明理由。

规划编制单位对规划环境影响进行跟踪评价，应当采取调查问卷、现场走访、座谈会等形式征求有关单位、专家和公众的意见。

（四）规划环境影响评价的审查

1. 规划环境影响评价文件的报审

规划编制单位在报送审批综合性规划草案和专项规划中的指导性规划草案时，应当将环境影响篇章或者说明作为规划草案的组成部分一并报送规划审批机关。未编写环境影响篇章或者说明的，规划审批机关应当要求其补充；未补充的，规划审批机关不予审批。

规划编制单位在报送审批专项规划草案时，应当将环境影响报告书一并附送规划审批机关审查；未附送环境影响报告书的，规划审批机关应当要求其补充；未补充的，规划审批机关不予审批。

2. 规划环境影响报告书的审查内容

审查意见应当包括下列内容：

（1）基础资料、数据的真实性；

（2）评价方法的适当性；

（3）环境影响分析、预测和评估的可靠性；

（4）优化调整建议及预防或者减轻不良环境影响的对策和措施的合理性和有效性；

（5）公众意见采纳与不采纳情况及其理由的说明的合理性；

（6）环境影响评价结论的科学性。

发现规划存在重大环境问题的，审查小组应当提出不予通过环境影响报告书的意见；发现规划环境影响报告书质量存在重大问题的，审查小组应当提出对环境影响报告书进行修改并重新审查的意见。

3. 规划环境影响报告书的审查效力

规划审批机关在审批专项规划草案时，应当将环境影响报告书结论以及审查意见作为决策的重要依据。规划审批机关对环境影响报告书结论以及审查意见不予采纳的，应当逐项就不予采纳的理由作出书面说明，并存档备查。有关单位、专家和公众可以申请查阅，但是，依法需要保密的除外。

已经进行环境影响评价的规划包含具体建设项目的，规划的环境影响评价结论应当作为建设项目环境影响评价的重要依据，建设项目环境影响评价的内容可以根据规划环境影响评价的分析论证情况予以简化。

（五）规划环境影响的跟踪评价

对环境有重大影响的规划实施后，规划编制单位应当及时组织规划环境影响的跟踪评价，将评价结果报告规划审批机关，并通报环境保护等有关部门。

规划环境影响的跟踪评价应当包括下列内容：

（1）规划实施后实际产生的环境影响与环境影响评价文件预测可能产生的环境影响之间的比较分析和评估；

（2）规划实施中所采取的预防或者减轻不良环境影响的对策和措施有效性的分析和评估；

（3）公众对规划实施所产生的环境影响的意见；

（4）跟踪评价的结论。

规划实施过程中产生重大不良环境影响的，规划编制机关应当及时提出改进措施，向规划审批机关报告，并通报环境保护等有关部门。环境保护主管部门发现规划实施过程中产生重大不良环境影响的，应当及时进行核查。经核查属实的，向规划审批机关提出采取改进措施或者修订规划的建议。规划审批机关在接到规划编制机关的报告或者环境保护主管部门的建议后，应当及时组织论证，并根据论证结果采取改进措施或者对规划进行修订。

六、水土保持方案评价与审批

为了预防和治理水土流失，保护和合理利用水土资源，减轻水、旱、风沙灾害，改善生态环境，保障经济社会可持续发展，国家颁发第 39 号主席令《中华人民共和国水土保持法》（修订版自 2011 年 3 月 1 日起施行），明确规定对可能造成水土流失的建设项目开展水土保持方案评价。

（一）水土保持方案评价的作用

水土保持是指自然因素和人类活动造成水土流失所采取的预防和治理措施。项目水土保持方案评价，主要有三个方面的作用：

（1）实现合理利用水土资源，预防和治理水土流失、改善生态环境

我国生态类型多样，但生态环境比较脆弱。由于全球气候变化及一些地区不顾资源环境承载能力的肆意开发，导致部分地区森林破坏、湿地萎缩、河湖干涸，水土流失、沙漠化、石漠化和草原退化，自然地质灾害频发。目前我国水土流失面积达 356 万平方公里，沙化土地 174 万平方公里，石漠化 12.96 万平方公里。为此，对山区、丘陵地区、风沙区及水土保持规划确定的容易发生水土流失的其他区域，因项目建设可能造成水土流失的，根据项目所在地区的水土保持规划，开展项目水土保持方案评价，编制水土保持方案报告（表），研究论证预防和治理水土流失，改善生态环境措施，保障地区经济社会的可持续发展。

（2）项目可行性研究报告审批或项目核准、备案重要的报建条件

凡从事有可能造成水土流失的项目，建设单位必须编报水土保持方案。其中，审批制项目，在报送可行性研究报告前完成水土保持方案报批手续；核准制项目，在提交项目申请报告前完成水土保持报批手续；备案制项目，在办理备案手续后、项目开工前完成水土保持方案报批手续。

组织开展水土保持方案评价，编制项目水土保持方案报告（表），既是水行政主管部门审查批准项目水土保持方案的依据，又是投资主管部门项目可行性研究报告审批或项目申请报告、核准的重要前置条件。

（3）项目优化场址（线位）方案的重要条件之一

在建设项目选址、选线时，应当避让水土流失重点预防区和重点治理区；无法避让的，应当提高防治标准，优化施工工艺，减少地表扰动和植被损坏范围，有效控制可能造成的水土流失。特别对铁路、公路交通项目，在通过山区、丘陵区、风沙区时，应将水土保持作为路线方案比选的重要条件之一，分别对不同方案中的隧道、桥梁、高填、深挖路段及通过水库、不良地质路段提出水土保持方案及估算投资，进行技术经济比较，择优确定。

（二）水土保持方案评价的主要内容

（1）水土保持方案评价的范围

水土保持方案分为水土保持方案报告书和水土保持方案报告表（统称水土保持方案评价文件）。凡征占地面积在一公顷以上或者挖填土石方总量在一万立方米以

上开发建设项目，应当编报水土保持方案报告书；其他开发建设项目应当编报水土保持方案报告表。

建设项目的初步设计，应当依据水土保持技术标准和经批准的水土保持方案，编制水土保持篇章，落实水土流失防治措施和投资概算。

（2）水土保持方案报告书的编制

编制水土保持方案报告书的主要内容：

1）方案编制总则

①结合开发建设项目的特点阐述编制水土保持方案的目的和意义。

②编制依据。主要包括项目建议书、可行性研究报告等；环境影响评价大纲及报告书；水土保持方案编制大纲及审查意见；水土保持方案编制委托书（合同）或任务书。

③采用技术标准。包括有关水土保持的国家标准、地方标准、行业标准等。

2）建设项目地区概况

①建设项目名称、位置（应附平面位置图）、建设性质、总投资等主要技术经济指标。

②建设规模、防治责任范围、工程布局（应附平面图）。

③项目区地形、地貌、地质、土壤、地面物质、植被等。

④项目区及其周边地区气象、水文、河流及泥沙等。

⑤项目区及其周边地区人口、土地利用、经济发展方向和水平等社会经济状况。

⑥项目区发展规划。

⑦建设项目施工工艺、采挖及排弃固体废弃物等特点等。

⑧项目区水土流失现状及防治情况。

3）生产建设过程中水土流预测

①水土流失时段的划分。

②预测的内容和方法。包括扰动原地貌、损坏土地和植被的面积；弃土、弃石、弃渣量；损坏水土保持设施的面积和数量；可能造成水土流失的面积及流失总量；可能造成的水土流失危害；预测结果及综合分析。

4）水土流失防治方案

①方案编制的原则和目标。

②建设项目的防治责任范围（应附图说明）、本方案的设计深度。

③水土流失防治分区及水土保持措施总体布局（应附平面布置图）。

④分区防治措施布局（大型建设项目还应另行编制分区防治附件）。

⑤方案实施进度安排及其工程量（应列表说明）。

⑥水土流失监测。

5）水土保持投资估（概）算及效益分析

①水土保持投资估（概）算。包括编制依据；编制方法；总投资及年度安排

（应列表说明）。

②效益分析。主要分析和预测方案实施后，控制水土流失、恢复和改善生态环境、恢复土地生产力、保障建设项目安全、促进地区经济发展的作用和效益。

6）方案实施和保证措施

包括组织领导和管理措施；技术保证措施；资金来源及管理使用方法。

编制水土保持方案所需费用应当根据编制工作量确定，并纳入项目前期费用。

（三）水土保持方案评价文件的审批

有审批权的水行政主管部门受理申请后，应当依据有关法律、法规和技术规范组织审查，或者委托有关机构进行技术评审。在规定的受理期内做出审查决定。

水土保持方案必须先经水行政主管部门审查和批准，开发建设单位或者个人方可办理土地使用、环境影响评价审批、项目立项审批或者核准（备案）等其他有关手续。

项目单位必须严格按照水行政主管部门批准的水土保持方案进行设计、施工。项目工程竣工验收时，必须由水行政主管部门同时验收水土保持设施。水土保持设施验收不合格的，项目工程不得投产使用。

第五节　安全预评价

建设项目应按规定进行安全预评价，安全预评价是项目安全评价工作中的重要一环。构建和谐社会、美好生活，保障建设项目从建设到生产的本征安全和过程安全以及建立安全防范体系，是建设项目决策与分析的一项重要内容，也是工程咨询人员的一项重要责任。

尽管从建设项目管理程序上，安全预评价已经不再作为项目审批的前置条件（改为部门间征求意见），但咨询与决策人员了解安全预评价内容和要求，将其贯彻到项目前期咨询成果中，这既是一种责任，也是落实项目前期咨询成果间的安全符合性。

一、安全评价的概念和分类

当前我国正处在工业化、城镇化持续推进过程中，生产经营规模不断扩大，传统和新型生产经营方式并存，各类事故隐患和安全风险交织叠加，安全生产基础薄弱、监管体制机制和法律制度不完善、企业主体责任落实不力等问题依然突出，生产安全事故易发多发，尤其是重特大安全事故频发势头尚未得到有效遏制，一些事故发生呈现由高危行业领域向其他行业领域蔓延趋势，直接危及生产安全和公共安全。

为进一步加强安全生产工作，2016年12月9日，国务院发布《中共中央 国务院关于推进安全生产领域改革发展的意见》再次体现了党中央、国务院对安全生产工作的高度重视。根据国家有关规定进行安全条件论证和安全评价，是严格安全生产准入的前置条件。安全评价是落实"安全第一，预防为主，综合治理"方针的重要技术保障，是安全生产监督管理的重要手段。

例如：《中华人民共和国安全生产法》（2014 年修订）第二十九条 矿山、金属冶炼建设项目和用于生产、储存、装卸危险物品的建设项目，应当按照国家有关规定进行安全评价。《危险化学品建设项目安全监督管理办法》第九条 建设单位应当在建设项目的可行性研究阶段，委托具备相应资质的安全评价机构对建设项目进行安全评价。

（一）安全评价的内涵

安全评价是以实现安全为目的，应用安全系统工程原理和方法，辨识与分析工程、系统、生产经营活动中的危险、有害因素，预测发生事故或造成职业危害的可能性及其严重程度，提出科学、合理、可行的安全对策措施建议，做出评价结论的活动。安全评价可针对一个特定的对象，也可针对一定区域范围。

安全评价的原理可归纳为四个基本原理：即相关性原理、类推原理、惯性原理和量变到质变原理。

安全评价应由具备国家规定资质的安全评价机构科学、公正和合法地自主开展安全评价工作。

（二）安全评价的内容和分类

2010 年 12 月 14 日，国家安全生产监督管理总局发布第 36 号令（2015 年修订），第 4 条规定建设项目安全设施必须与主体工程"同时设计、同时施工、同时投入生产和使用"。安全设施要包括安全监控设施和防瓦斯等有害气体、防尘、排水、防火、防曝等设施。安全设施投资应当纳入建设项目概算。并规定在进行建设项目可行性研究时，应当分别对其安全生产条件进行论证并进行安全预评价。

安全评价按照实施阶段的不同分为三类：安全预评价、安全验收评价、安全现状评价。

（1）安全预评价

在建设项目可行性研究阶段、工业园区规划阶段或生产经营活动组织实施之前，根据相关的基础资料，辨识与分析建设项目、工业园区、生产经营活动潜在的危险、有害因素，确定其与安全生产法律法规、规章、标准、规范的符合性、预测发生事故的可能性及其严重程度，提出科学、合理、可行的安全对策措施建议，做出安全评价结论的活动。

（2）安全验收评价

在建设项目竣工后正式生产运行前或工业园区建设完成后，通过检查建设项目安全设施与主体工程同时设计、同时施工、同时投入生产和使用的情况或工业园区内的安全设施、设备、装置投入生产和使用的情况，检查安全生产管理措施到位情况，检查安全生产规章制度健全情况，检查事故应急救援预案建立情况，审查确定建设项目、工业园区建设满足安全生产法律法规、规章、标准、规范要求的符合性。从整体上确定建设项目、工业园区的运行状况和安全管理情况，做出安全验收评价结论的活动。

（3）安全现状评价

针对生产经营活动中、工业园区内的事故风险、安全管理等情况，辨识与分析其存在的危险、有害因素，审查确定其与安全生产法律法规、规章、标准、规范要求的符合性，预测发生事故或造成职业危害的可能性及其严重程度，提出科学、合理、可行的安全对策措施建议，做出安全现状评价结论的活动。安全现状评价既适用于对一个生产经营单位或一个工业园区的评价，也适用于某一特定的生产方式、生产工艺、生产装置或作业场所的评价。

二、安全预评价的程序和内容

安全预评价对落实建设项目安全生产"三同时"制订工业园区建设安全生产规划、降低生产经营活动事故风险提供技术支撑。本标准对安全预评价的程序、内容、报告格式等基本要求做出明确规定，对确保安全预评价工作的有效实施具有重要意义。

通过安全预评价形成的安全预评价报告，作为项目前期报批或备案的文件之一，向政府安全管理部门提供的同时，也提供给建设单位、设计单位、业主，作为项目最终设计的重要依据文件之一。

（一）安全预评价的适用范围

按照国家安全生产监督管理总局第 36 号令（2015 年）第七条规定，在可行性研究时应进行安全预评价的建设项目有：

1. 非煤矿矿山的建设项目（注：对煤矿建设项目有单独特别规定）；
2. 生产、储存危险化学品（包括使用长输管道输送危险化学品）的建设项目；
3. 生产、储存烟花爆竹的建设项目；
4. 化工、冶金、有色、建材、机械、轻工、纺织、烟草、商贸、军工、公路、水运、轨道交通、电力等行业的国家和省级重点建设项目；
5. 法律、行政法规和国务院规定的其他建设项目。

（二）安全预评价程序

安全预评价程序为：前期准备；辨识与分析危险、有害因素；划分评价单元；定性、定量评价；提出安全对策措施建议；做出评价结论；编制安全预评价报告等。安全预评价程序如图 8—1 所示。

（三）安全预评价内容

1. 前期准备工作，包括：明确评价对象和评价范围；组建评价组；收集国内外相关法律法规、规章、标准、规范；收集并分析评价对象的基础资料、相关事故案例；对类比工程进行实地调查等内容。

安全预评价应获取的资料如下：

（1）综合性资料

1）概况

2）总平面图、工业园区规划图

3）气象条件、与周边环境关系位置图

4）工艺流程

5）人员分布

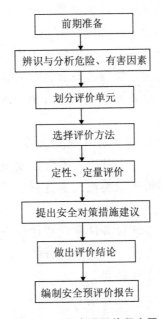

图 8—1 安全预评价程序图

（2）设立依据

1）项目申请书、项目建议书、立项批准文件

2）地质、水文资料

3）其他有关资料

（3）设施、设备、装置

1）工艺过程描述与说明、工业园区规划说明、活动过程介绍

2）安全设施、设备、装置描述与说明

（4）安全管理机构设置及人员配置

（5）安全投入

（6）相关安全生产法律、法规及标准

（7）相关类比资料

1）类比工程资料

2）相关事故案例

（8）其他可用于安全预评价的资料

2.辨识和分析评价对象可能存在的各种危险、有害因素；分析危险、有害因

素发生作用的途径及其变化规律。

3. 评价单元划分应考虑安全预评价的特点，以自然条件、基本工艺条件、危险、有害因素分布及状况、便于实施评价为原则进行。

4. 根据评价的目的、要求和评价对象的特点、工艺、功能或活动分布，选择科学、合理、适用的定性、定量评价方法对危险、有害因素导致事故发生的可能性及其严重程度进行评价。

对于不同的评价单元，可根据评价的需要和单元特征选择不同的评价方法。

5. 为保障评价对象建成或实施后能安全运行，应从评价对象的总图布置、功能分布、工艺流程、设施、设备、装置等方面提出安全技术对策措施；从评价对象的组织机构设置、人员管理、物料管理、应急救援管理等方面提出安全管理对策措施；从保证评价对象安全运行的需要提出其他安全对策措施。

6. 评价结论

应概括评价结果，给出评价对象在评价时的条件下与国家有关法律法规、标准、规章、规范的符合性结论，给出危险、有害因素引发各类事故的可能性及其严重程度的预测性结论，明确评价对象建成或实施后能否安全运行的结论。

（四）安全预评价方法

安全预评价方法可分为定性评价方法和定量评价方法。

定性评价方法有：安全检查表、预先危险分析、故障类型和影响分析、作业条件危险性评价法、危险和可操作性研究等。

定量安全评价方法有：危险度评价法，道化学火灾、爆炸指数评价法，泄漏、火灾、爆炸、中毒评价模型等。

另外，故障树分析（FTA）和日本劳动省六阶段安全评价方法可用于定性、定量评价。

三、安全预评价报告的基本内容

1. 结合评价对象的特点，阐述编制安全预评价报告的目的。

2. 列出有关的法律法规、规章、标准、规范和评价对象被批准设立的相关文件及其他有关参考资料等安全预评价的依据。

3. 介绍评价对象的选址、总图布置、水文情况、地质条件、工业园区规划、生产规模、工艺流程、功能分布、主要设施、设备、装置、主要原材料、产品（中间产品）、经济技术指标、公用工程及辅助设施、人流、物流等概况。

4. 列出辨识与分析危险、有害因素的依据，阐述辨识与分析危险、有害因素的过程。

5. 阐述划分评价单元的原则、分析过程等。

6. 列出选定的评价方法，并做简单介绍。阐述选定此方法的原因。详细列出定性、定量评价过程。明确重大危险源的分布、监控情况以及预防事故扩大的应急预案内容，给出相关的评价结果，并对得出的评价结果进行分析。

7. 列出安全对策措施建议的依据、原则、内容。

8. 给出评价结论。

安全预评价结论应简要列出主要危险、有害因素评价结果，指出评价对象应重点防范的重大危险有害因素，明确应重视的安全对策措施建议，明确评价对象潜在的危险、有害因素在采取安全对策措施后，能否得到控制以及受控的程度如何。从安全生产角度给出评价对象是否符合国家有关法律法规、标准、规章、规范要求的结论。

例：某危险化学品建设项目安全预评价报告（目录）：

1　评价主要过程

1.1　评价目的

1.2　评价原则

1.3　评价范围

1.4　评价程序

1.5　与建设单位交换意见

2　建设项目概况

2.1　建设单位简介

2.2　建设项目概况

2.2.1　产品方案及规格

2.2.2　原辅材料消耗及来源

2.2.3　公用工程消耗及来源

2.2.4　工程组成和主要设备

2.3　场（厂）址及建厂条件

2.3.1　场（厂）址选择

2.3.2　地理条件

2.3.3　气象条件

2.3.4　交通运输条件

2.4　总图布置

2.4.1　总平面布置

2.4.2　竖向布置

2.5　工艺流程描述

2.5.1　□□□□生产装置

2.5.2　□□□□生产装置

2.5.3　HCl 催化氧化装置

2.5.4　□□□□精制装置

2.5.5　生产装置工艺流程图

2.6　公用工程及辅助设施

2.6.1　物流运输

第九章 社会评价

社会评价强调人的参与在发展中的重要性，通过调查、收集与项目相关的社会信息，系统分析各种社会因素，研究项目实施可能导致的各种社会问题，在社会影响、社会互适性、社会风险、社会可持续性等分析的基础上，提出社会管理措施方案，以保证项目顺利实施并持续发挥社会效益。本章主要介绍社会评价的概念和特点，评价的目的和作用，社会评价的内容和方法，社会评价的组织实施和报告编写，以及项目的社会稳定风险分析等。

第一节 社会评价概述

一、社会评价的概念和特点

（一）社会评价的概念

社会评价是对建设项目中的社会因素、社会事项及其产生的影响进行评价的一种方法。要求应用社会学、人类学、项目评估学的理论和方法，通过系统地调查、收集与项目相关的社会资料和数据，识别项目实施过程中的各种社会因素、利益相关者和可能出现的各种社会事项，分析项目可能产生的社会影响、社会问题和社会风险，提出尽可能扩大正面社会效果、减少或避免项目负面社会影响的措施，编制社会管理措施方案，并在项目实施过程中监测和评估项目社会效果的实现程度，保证项目顺利实施并使项目效果持续发挥。

（二）社会评价的特点

1. 评价的宏观性和长期性

投资项目社会评价所依据的社会发展目标，包括经济增长目标、国家安全目标、人口控制目标、减少失业和贫困目标、环境保护目标等，涉及经济、社会、生活等方面，需要依据国家和地区的宏观经济与社会发展的需要制定，在投资项目社会评价时，要认真考察与项目建设可能发生的各种影响因素，无论是正面影响还是负面影响，直接影响还是间接影响。这种分析和考察应该是全面的、宏观的。因此，社会评价应着眼大局，整体把握，权衡社会影响利弊。

同时，投资项目的社会影响具有长期性。社会评价通常要考虑国家或地区的中期和远期发展规划及要求，有些领域的影响可能涉及几十年、上百年，甚至是关乎几代人。如建设三峡工程这样的投资项目，在考察项目对生态环境、人民生活、社会发展的影响时，考察的时间跨度可能涉及几代人。

2. 评价目标的多重性和复杂性

财务分析和经济分析的目标通常比较单一，主要衡量企业的财务盈利能力及资源配置的经济效率；而社会评价的目标则呈现多重性和复杂性。首先是层次的多重性，需要从国家、地方、社区等不同层面进行分析，分别以各自的社会政策为基础，做到宏观与微观分析相结合。低层次的社会目标通常是依据高层次的社会目标制定的，但各层次在就业、扶贫、妇女地位、文化、教育、卫生保健等各个领域可能存在不同要求，其重点也各不相同。社会目标层次的多重性，需要从各个层面、多个领域、不同角度综合考察社会生活与项目之间的相互关系和影响，因此，通常需要采用多目标综合评价的方法，分析多种社会发展目标、多种社会政策、多种社会影响和多样的人文环境因素，综合考察项目的社会可行性。

3. 评价标准的差异性

投资项目的环境、技术和经济分析，一般都有明确的指标和判断标准。社会评价由于涉及的社会环境多种多样，影响因素比较复杂，社会目标多元化和社会效益的多样性难以使用统一的量纲、指标和标准来计算、比较社会影响效果，导致不同行业和不同地区项目的社会评价差异较为明显；同时，社会评价的各个影响因素，有的可以定量，如就业、收入分配等，但更多的社会因素难以定量，如项目对当地文化的影响，对社会稳定的影响，以及当地居民对项目的支持程度等，都难以量化，通常使用定性分析方法。社会评价的差异性，要求充分发挥评价人员的能动性和积极性。

二、社会评价的目的、作用和适用范围

（一）社会评价的目的

社会评价的目的是判断投资项目社会发展目标实现的可行性，评价项目建设和运营活动对社会发展目标所做出的贡献和影响。由于社会发展目标包括提高人们的教育水平、知识和技能，增进人们的健康，促进社会福利增长，以及公平分配等问题，这就决定了项目社会评价的目的具有多重性。

1. 在宏观层面上，项目社会评价的目的主要包括：

（1）满足人们的基本社会需求；

（2）充分利用地方资源、人力、技术和知识，增强地方的参与程度；

（3）实现经济和社会的稳定、持续和协调发展；

（4）减少或避免项目建设和运行可能引发的社会问题等；

（5）促进不同地区之间的公平协调发展等。

2. 在项目层面上，项目社会评价的目的主要包括：

（1）制定一个能够切实完成项目目标的机制和组织模式；

（2）保证项目收益在项目所在地区不同利益相关者之间的公平分配；

（3）预测潜在风险并分析减少不良社会后果和影响的对策措施，防止或尽量减少项目对地区社会环境造成负面影响；

（4）提出为实现各种社会目标而需要对项目设计方案进行改进的建议；

（5）通过参与式方法的运用，增强项目所在地区民众有效参与项目建设和管理，以维持项目效果可持续性的途径等。

（二）社会评价的作用

社会评价的作用，主要体现在以下三个方面：

1. 有利于经济发展目标与社会发展目标的协调一致，防止单纯追求项目经济效益。如果缺乏对拟建项目的社会评价，项目对社会、环境等问题的影响未能在实施前得以解决，将会阻碍项目预期目标的实现。有些项目具有很好的经济效益，但可能造成严重的生态环境污染，损害当地居民的利益，并引发社会矛盾，将不利于项目的顺利实施；有些项目在少数民族地区建设，没有充分了解当地的风俗习惯，导致当地居民和有关部门的不配合；有些项目由于移民安置解决不好，导致人们生活水平下降等等，不利于经济社会的协调发展。实践证明，项目建设与社会发展的协调配合，是促进经济发展目标和社会目标实现的前提，是建设和谐社会的基本要求。

2. 有利于项目所在地区利益协调一致，减少社会矛盾和纠纷，促进社会稳定。投资项目在客观上一般都存在对所在地区的有利影响和不利影响。有利影响与所在地区利益相协调，对地区社会发展和人们生活水平起到促进和推动作用，不利影响则会对地区的局部利益或社会环境带来一定的损害。通过分析有利影响和不利影响的大小，判断有利影响和不利影响在项目投资效果中的分布情况，是社会评价中判断一个项目好坏的重要尺度之一。如一个水利工程项目，有利影响包括防洪防涝、发电、灌溉和水产养殖，不利影响主要由于库区建设而导致的人口迁移。如果库区迁移人口安置不当，致使当地人群生活水平下降，生活习惯改变，难以适应新的生活环境，可能引起移民的不满或过激行为，对当地社会稳定和项目的顺利实施都会产生不利的后果。因此，社会评价中应该始终把项目建设同当地人群的生活和发展联系起来，充分估计到项目建设和运营过程中可能造成的不利影响，预先采取适当的措施，把由项目建设引起的社会不利影响降至最低。

3. 有利于避免或减少项目建设和运营的社会风险，提高投资效益。项目建设和运营的社会风险是指由于项目在前期策划和决策阶段忽视社会评价工作，致使在项目的建设和运营过程中与当地公众发生种种矛盾，长期得不到解决，导致工期拖延、投资加大，经济效益低下，偏离当初拟定的项目预期目标。这就要求在进行社会评价时分析项目是否适合当地人群的文化生活需要，包括文化教育、卫生健康、宗教信仰、风俗习惯等；考察当地相关利益人群的需求，对项目的态度，是支持还是反对。分析要广泛、深入、实际，并提出合理的针对性建议，以减少项目的社会风险。只有消除了项目的不利影响，避免了社会风险，使项目与当地人群的需求相一致，才能保证项目的顺利实施，持续发挥项目的投资效益。

（三）社会评价的适用范围

由于社会评价涉及的社会因素较多，评价目标的多重性和复杂性，工作量大、要求高，并且需要一定的资金和时间投入，因此并不要求所有项目都进行社会评价。一般而言，主要是针对那些社会因素复杂、社会影响久远（具有重大的负面社会影响或显著的社会效益）、社会矛盾突出、社会风险较大、社会问题较多的项目进行社会评价。这类项目包括引发大规模移民征地的项目，如交通、供水、采矿和油田项目，以及具有明显社会发展目标的项目，如扶贫项目、区域性发展项目和社会服务项目（如教育、文化和公共卫生项目等）。

第二节　社会评价的内容

一、社会评价的主要内容

社会评价是一项系统性分析评价工作，可以归结为社会调查、社会分析、社会管理方案制定三项主要内容。

（一）社会调查

社会调查是项目社会评价的重要环节。项目社会评价过程，实质上是以所收集到的社会信息为基础，对相关信息资料的调查、整理和分析的过程。

社会评价所需要的社会信息，包括人口统计资料、收入分配、社会服务、宗教信仰、利益相关者对项目的意见和态度等信息。由于项目不同阶段社会评价重点的不同，所需的社会信息资料也有所不同。

不同阶段社会评价所需社会信息，可分为如下四类：

A类：项目方案设计所需的一般统计信息；

B类：为制定项目目标及实施方案所需要的有关因果关系及动态趋势的信息；

C类：项目监督与评价所需的受项目影响人群信息；

D类：项目社会影响评价所需的基线（Baseline）信息。

按照世界银行项目管理要求，项目周期中不同阶段的社会评价投入及所需信息，如下表9-1：

表9-1　项目不同阶段的社会评价投入及所需信息

项目周期不同阶段	社会评价工作内容	所需主要信息
项目立项	识别项目目标群体、确定项目影响范围	A类、B类
项目方案制定与评估阶段	设计参与机制、进行社会可行性分析	A类、B类
项目实施及监测评价阶段	受益者分析、社区参与	C类
项目后评价	社会影响评价	D类

（二）社会分析

社会分析是应从社会发展的角度，研究项目的实施目标及影响，通过人口因素、社会经济因素、社会组织、社会政治背景和利益相关者需求的系统调查，分析评价社会影响和风险，消除或缓解不利社会影响。

一般而言，社会分析的内容包括项目的社会影响分析、社会互适性分析、社会风险分析和社会可持续性分析等方面。

1. 社会影响分析

项目社会影响分析包括经济层面的社会影响分析和社会层面的社会影响分析。经济层面的社会影响分析主要分析预测项目在收入及其分配、支出及其支付意愿、就业、消费、服务替代效应等经济方面可能产生的正面影响和负面影响；社会层面的社会影响分析重点关注项目对于文化、教育、卫生等社会环境、条件以及文化遗产、宗教设施、城市风貌（如街区、建筑、风景区、园林）等方面的影响分析。分析内容包括：

（1）项目对所在地居民收入及其收入分配的影响。主要分析预测由于项目实施可能造成当地居民收入增加或者减少的范围、程度及其原因；收入分配是否公平，是否扩大贫富差距，并提出促进收入公平分配的措施建议。对扶贫项目，应着重分析项目实施后，能在多大程度上减轻当地居民的贫困和帮助多少贫困人口脱贫。

（2）项目对所在地区居民生活水平和生活质量的影响。分析预测项目实施后居民居住水平、消费水平、消费结构、人均寿命等的变化及其原因。

（3）项目对所在地区居民就业的影响。分析预测项目的建设、运营对当地居民就业结构和就业机会的正面与负面影响。其中正面影响是指可能增加就业机会和就业人数；负面影响是指可能减少原有就业机会及就业人数，以及由此引发的社会矛盾。

（4）项目对所在地区不同利益相关者的影响。分析预测项目的建设和运营使哪些人受益或受损，以及对受损群体的补偿措施和途径。如兴建露天矿、水利枢纽工程、交通运输工程、城市基础设施等一般都会引起非自愿移民，应特别加强这项内容的分析。

（5）项目对所在地区弱势群体利益的影响。分析预测项目的建设和运营对当地妇女、儿童、残疾人员利益的正面或负面影响。

（6）项目对当地基础设施、社会服务容量和城市化进程等的影响。分析预测项目的建设和运营期间，是否可能增加或者占用当地的基础设施，包括道路、桥梁、供电、给排水、供汽、服务网点，以及产生的影响。

（7）项目对所在地区文化、教育、卫生的影响。分析预测项目的建设和运营期间是否可能引起当地文化教育水平、卫生健康程度的变化以及对当地人文环境的影响，提出减少不利影响的措施建议。公益性项目要特别加强这项内容的分析。

（8）项目对所在地区少数民族风俗习惯和宗教的影响。分析预测项目建设和运营是否符合国家的民族和宗教政策，是否充分考虑了当地民族的风俗习惯、生活方式或者当地居民的宗教信仰，是否会引发民族矛盾、宗教纠纷，影响当地社会安定。

（9）项目对所在地区文化遗产产生的影响。调查项目所在地的文化遗产状况（包括物质和非物质文化遗产），识别项目是否对文化遗产产生影响。如果项目对文化遗产产生影响的，应提出保护和寻求避免彻底毁坏文化遗产方面的措施。

通过以上分析，编制项目社会影响分析表，对项目的社会影响做出评价，如下表9－2：

表9－2 项目社会影响分析表

序号	社会因素	影响的范围、程度	可能出现的后果	措施建议
1	对居民收入的影响			
2	对居民生活水平与生活质量的影响			
3	对居民就业的影响			
4	对不同利益相关者的影响			
5	对脆弱群体的影响			
6	对地区文化、教育、卫生的影响			
7	对地区基础设施、社会服务容量和城市化进程的影响			
8	对少数民族风俗习惯和宗教的影响			
9	对所在地区文化遗产的影响			

2. 社会互适性分析

社会互适性分析主要是分析预测项目能否为当地的社会环境、人文条件所接纳，以及当地政府、居民支持项目存在和发展的程度，考察项目与当地社会环境的相互适应关系。主要分析内容包括：

（1）分析预测与项目直接相关的不同利益相关者对项目建设和运营的态度及参与程度，选择可以促使项目成功的各利益相关者的参与方式，对可能阻碍项目存在与发展的因素提出防范措施。分析内容包括：项目所在地区中不同利益相关者参与项目活动的重要性，对当地人群的参与有影响的关键的社会因素，在项目社区中是否有一些群体被排斥在项目设计方案之外或在项目方案中没有发表意见的机会，找出项目地区的人群参与项目设计、准备和实施的恰当的形式和方法。

（2）分析预测项目所在地区的社会组织对项目建设和运营的态度，可能在哪些方面、在多大程度上对项目予以支持和配合。首先分析当地政府对项目的态度及协作支持的力度。尤其是大型项目，在后勤保障等一系列问题上更离不开社会支撑系统。应当认真考察需要由当地提供交通、电力、通信、供水等基础设施条件，医疗、教育等社会福利及生活条件，当地是否能够提供保障。其次分析当地群众对项目的态度以及群众参与的程度。一个项目，只有造福于桑梓、取信于民众，使群众以各种方式参与到项目的设计、决策、建设、运营和管理中来，才能得到群众的拥护和支持。通过分析项目的受益者及受益面的大小、受损者及其受损程度和补偿方案，寻找共赢方案。

（3）分析预测项目所在地区社会环境、文化状况能否适应项目建设和发展需要。对于主要为发展地方经济、改善当地居民生产生活条件兴建的水利项目、交通运输项目、扶贫开发项目，应分析当地居民的教育水平能否适应项目要求的社会环境条件，能否保证实现项目既定目标。

通过项目与所在地的互适性分析，编制社会对项目的适应性和可接受程度分析表，评价当地社会对项目适应性和可接受程度。如下表9—3：

表9—3　社会对项目的适应性和可接受程度分析表

序号	社会因素	适应程度	可能出现的问题	措施建议
1	不同利益相关者的态度			
2	当地社会组织的态度			
3	当地社会环境条件			

3. 社会风险分析

项目社会风险分析是对可能影响项目的各种社会因素进行识别和排序，选择影响面大、持续时间长，并容易导致较大矛盾的社会因素进行预测，分析可能出现这种风险的社会环境和条件。如大型水利枢纽工程的建设，需要分析移民安置和受损补偿问题。如果移民群众的生活得不到有效保障或生活水平大幅降低，受损补偿又不尽合理，群众抵触情绪就会滋生，从而会直接导致项目工期的推延，影响项目预期社会效益的实现。

通过分析社会风险因素，编制项目社会风险分析表，如下表9—4：

表9—4　社会风险分析表

序号	社会风险因素	持续时间	可能导致的后果	措施建议
1	移民安置问题			
2	民族矛盾、宗教问题			
3	弱势群体支持问题			
4	受损补偿问题			

4. 社会可持续性分析

项目社会可持续性分析是对项目生命周期的总体发展分析。包括：

（1）项目社会效果可持续性分析

项目社会效果可持续性分析主要分析项目社会效果的可持续程度，以及实现项目社会效果可持续的必要条件。

项目社会效果包括减缓贫困、促进社会公平、促进社会性别公平、促进少数民族发展、促进文化遗产保护、提高弱势群体社会保障与社会福利水平等。

（2）项目受益者对项目社会可持续性的影响分析

项目社会可持续性分析应分析项目受益者支付能力的动态变化趋势及其对项目建设运营的持续性影响，特别是可能导致项目工期延误、成本增加、效率降低等使项目的社会可持续性所受到的影响。

（3）项目受损者对项目社会可持续性的影响分析

项目社会可持续性分析应分析项目受损者受项目影响的程度，导致项目的社会可持续性所受到的影响。

（三）社会管理方案制定

社会管理方案是社会评价的重要成果，是对项目实施阶段的社会行动、措施及其保障条件的总体性安排。社会管理方案的制定是在社会影响分析、社会互适性分析、社会风险分析和社会可持续性分析等的基础上，结合所研究项目的社会环境与条件进行编制，目的是强化项目的正面社会影响，化解项目的负面社会影响，使项目社会效果可持续，社会风险可控。社会管理方案包括利益加强计划、负面影响减缓计划、利益相关者参与计划和社会监测评估计划。

1. 利益加强计划

对于项目产生的正面效果，应采取积极鼓励、强化的具体措施予以促进，并尽可能加以扩大和促进效果的持续发挥。

2. 负面影响减缓计划

对于项目产生的负面影响，应尽可能首先通过工程方案优化减少项目负面影响，之后从政策、制度、机制、机构、资金、程序、人员等方面予以妥善安排，以减少、缓解负面影响，控制社会风险。

按照我国社会稳定风险分析（评估）的要求，在识别出社会风险并进行风险估计后，要针对主要风险因素，阐述采用的风险防范、化解措施策略，明确风险防范、化解的目标，提出落实措施的责任主体、协助单位、防范责任和具体工作内容，明确风险控制的节点和时间，真正把项目社会稳定风险化解在萌芽状态，最大限度减少不和谐因素。

3. 利益相关者参与计划

参与计划应分析各利益相关者，明确不同利益相关者之间的关系。应重点关注主要利益相关者以及对主要利益相关者参与有影响的关键社会因素，提出参与项目规划、设计、准备、实施、监测、评估的适当形式和方法，参与计划包括：

（1）在项目规划、设计、建设、运营阶段，不同利益相关者参与项目活动的计划，具体包括：活动主题、预期目的、主要内容、形式、负责和参与的机构及人员、时间、地点、预算等。

（2）项目信息公开计划与沟通、反馈机制。

（3）抱怨与申诉机制。包括抱怨与申诉的程序，处理抱怨与申诉的原则等。

信息公开、沟通、申诉和反馈渠道能切实维护受项目不利影响者的合法权益，及时披露项目的信息和收集项目受影响者的信息，促进政府、项目单位、实施机构与项目受影响者之间的信息交流，有利于扩大项目的正面影响，减轻负面影响。

4. 社会监测评估计划

为了保证社会管理方案在项目实施过程中得到认真执行，以实现项目的社会、经济发展目标，社会管理方案中还应包括社会监测评估计划，对社会管理方案执行情况的跟踪监测与评估做出安排。

社会监测评估计划的内容包括：

（1）监测与评估程序，尤其要确保在各类负面影响减缓方案中建立监测与评价程序，从而及时提出消除项目社会目标实现障碍的措施，必要时可提出调整方案。

（2）跟踪监测与评估指标体系。监测与评估指标可以用来衡量项目实际产生的社会影响，评估项目满足目标群体需求的程度。监测与评估指标可以是居民对项目建设影响的投诉数量和内容，业务能力培训人次，年度主要环境指标等。

（3）监测方案。明确监测方法，实施监测的机构及具体职责，拟定监测内容、监测时间，明确监测与评估的主要责任机构。

（4）突发事件应急预案。为预防项目实施过程中，因项目外部或内部条件发生重大变化时，导致重大社会事件，应制定突发事件应急预案，以及时控制，消除隐患。

（5）社会监测评估的报告制度。实施期间，提交社会监测评估报告的方式、时间安排等。

二、项目不同阶段社会评价的工作重点

社会评价适用于项目周期的各个阶段。在项目周期的不同阶段，项目实施前后所面临的社会环境和条件会发生变化，其工作内容和重点应有不同要求。

1. 项目前期阶段的社会评价重点

（1）项目建议书阶段的社会评价

此阶段进行的社会评价，大致了解项目所在地区社会环境的基本情况，识别主要影响因素，并主要着眼于分析判断负面的社会因素，粗略地预测可能出现的情况及其对项目的影响程度，判断项目社会可行性和可能面临的社会风险。该阶段的社会评价一般以定性描述和分析为主。

根据社会评价的结果，判断是否需要进行详细社会评价。需要进行详细社会分析的项目通常具有以下特征：①项目地区的居民无法从以往的发展项目中受益或历来处于不利地位；②项目地区存在比较严重的社会、经济不公平等现象；③项目地区存在比较严重社会问题；④项目地区面临大规模企业结构调整，并可能引发大规模的失业人口；⑤可以预见到项目会产生重大的负面影响，如非自愿移民、文物古迹的严重破坏；⑥项目活动会改变当地人口的行为方式和价值观念；⑦公众参与对项目效果可持续性和成功实施十分重要；⑧项目评价人员对项目影响群体和目标群体的需求及项目地区发展的制约因素缺乏足够的了解。

（2）项目可行性研究（项目申请报告）阶段的社会评价

项目可行性研究（项目申请报告）阶段社会评价的任务主要是全面深入地分析项目的社会效益与影响，以及项目与社会的相互适应性，以增强项目的有利影响，减轻不利影响，规避社会风险。该阶段采用定量和定性分析相结合的方法，结合项目的工程技术方案，进一步研究与项目相关的社会因素和社会影响程度，详细论证

风险程度，从社会层面论证项目的可行性，编制社会管理方案。

2. 项目准备阶段的社会评价重点

项目准备阶段社会评价以项目前期阶段完成的社会评价为基础，在分析项目社会环境和条件变化的基础上，结合项目建设的准备情况，对前期阶段完成的评价结论做进一步的分析和修正。

3. 项目实施阶段的社会评价重点

项目进入实施阶段后，对项目产生的社会影响逐步显现，受影响利益群体对项目的反应已开始出现并产生作用，社会评价的重点是对已经发生的影响和相关反应做出分析，并对未来的变化进行预测。

4. 项目运营阶段的社会评价重点

项目进入运营阶段，项目已经建成并开始发挥效益和影响。社会评价的重点是对实际发生的影响进行分析，了解掌握项目对当地社区、人口、主要利益相关者造成的实际影响及发展趋势，判断受影响群体对项目的真实反应。

运营阶段的社会评价，是项目后评价的重要组成部分，评价的结果应成为后续类似项目决策的参考依据。

三、社会评价中特殊关注的弱势群体分析

在项目社会评价中，需要特殊关注的弱势群体有贫困人口、女性、少数民族和非自愿移民等，对这些群体的分析应有不同的侧重点。

1. 贫困分析

贫困分析应分析项目可能产生的缓解贫困效果和可能因项目建设与运营导致的次生贫困影响，包括：

（1）识别受项目影响的贫困群体，了解贫困群体的需求和困难，分析项目给贫困群体带来的影响和社会风险；

（2）建立参与协商机制，在项目方案设计中尽可能避免或减少因项目实施而给贫困群体带来的社会风险，降低他们受项目不利影响的程度；

（3）建立必要的沟通、协商、对话、抱怨申诉机制，保证不同群体都能有机会平等地表达自己的意愿和诉求，平等地参与各项重大问题的决策过程，提高他们通过参与项目获得发展机会的可能性。

2. 性别分析

性别分析应以促进性别平等为宗旨，从社会性别视角进行不同性别群体的社会角色分工、影响、需求的差异性分析，利用性别分析清单和性别分析工具分析男性和女性对项目的不同作用和需求，分析项目对男性和女性可能产生的不同影响。根据性别分析结果，确定项目目标体系中的社会性别目标；确定参与式战略，优化项目设计方案，进行社会性别规划；提出在项目实施中建立性别敏感的监测指标的建议。

3. 少数民族分析

少数民族分析应以促进民族团结、共同发展为宗旨，以保证少数民族的传统文

化不被项目破坏为基本原则，重点关注项目对当地少数民族风俗习惯和宗教的影响，分析预测项目建设和运营是否符合国家的民族政策，是否充分考虑了少数民族地区的风俗习惯、生活方式、宗教信仰，是否会引起民族矛盾，诱发民族纠纷，影响当地社会的安定团结；分析项目对不同民族或族群产生的影响，在项目方案设计中制定关于少数民族发展的政策，提出减缓项目对少数民族负面影响和扩大正面影响的措施，提出使少数民族参与项目并从中受益的方案。

4. 非自愿移民分析

非自愿移民分析应重点关注农村集体土地征收、国有土地使用权收回、城市国有土地上房屋征收与非自愿移民安置导致的社会影响，分析征收行为可能导致非自愿移民土地资源的丧失、劳动生产和管理技能的贬值、社会网络的破坏、社会资本的损失、征收补偿安置过程中的社会矛盾、社区参与和使用公共财产的途径、次生贫困群体和脆弱群体的产生、社会公平、社会性别等的社会影响，提出有针对性的社会管理措施建议，在制定征收补偿方案和实施中予以考虑。

四、不同行业项目社会评价的特点

不同行业、不同类型的项目，社会评价的内容及重点明显不同，应重视不同行业项目社会评价的特点。

1. 城市交通项目

重点关注项目实施可能为物流和人员往来提供便捷服务，刺激经济增长，扩大提供进入市场、获取社会服务的渠道，促进就业，推动居住区的扩大、人口及居住环境的改善；同时，还应关注项目建设引起的征地拆迁社会风险，由于物流格局的改变可能使某些原有经济活动萎缩及其有关收入损失的问题，以及涉及交通安全和空气及噪音污染等公共健康方面的不利影响；由于土地升值和租金上涨，可能导致处于弱势地位的贫困家庭处境更加困难所引起的社会风险问题等。

2. 城市环境项目

主要包括供水、集中供热、污水处理、固体废物收集与处理、城市环境卫生，文物保护及旧城改造等项目，在社会评价中应重点关注：①分析通过解决因空气、土地或水污染带来的环境问题，对改善项目地区的环境卫生状况、提高目标人群生活质量的影响；②分析城市环境项目的建设施工可能为居民创造的非农业就业机会，以及对土地被征用和搬迁的农村家庭及其它受项目影响的人群就业的影响，对城市企业因搬迁而带来的就业压力；③项目实施可能引起的环境政策的严格执行和社会服务政策或公共产品价格政策的调整，从而导致既得利益者受损的情况；④由于房屋拆迁而导致居民区内原有商业网络的破坏，使得那些以此为生的人群的生计出现困难；⑤由于环境收费政策的调整使得一些处于最低生活保障线边缘的人口陷入贫困，以及由于环保政策的调整对某些行业提出新的限制而使某些人员丧失收入来源等；⑥地方政府、土地管理部门、拆迁机构，以及项目的计划、决策、设计和实施等机构对项目的影响程度等。

3. 能源项目

包括水电、火电、太阳能、风力发电以及输变电线路建设等，在使项目所在地区受益的同时，也可能发生土地征用、人口迁移或引起当地市场能源价格变化等，从而引起相关的负面社会影响。在社会评价中，应着重分析因能源开发所造成的潜在社会风险，制定避免、消除或减缓负面影响的措施，同时要为当地受项目影响的居民提供更多的分享项目效益的机会，为受影响的人群创造知情参与的机会，并根据他们的愿望和要求拟定项目应达到的社会目标。通过与受影响人群进行双向沟通协商（如通过社区对话、公众听证、个人专访、专题小组讨论、公民投票以及多方谈判等形式进行沟通协商），以尽可能减少项目的不利影响，使尽可能多的人群受益。

4. 农村发展项目

涉及农业生产、家畜饲养、林业种植、畜牧养殖和水产品开发等的农村发展项目，应保证目标人群即广大农民、特别是低收入和贫困农民受益，关注项目可能对农民造成的负面影响，并制定减缓负面影响的方案。

5. 水利项目

包括水利灌溉和水资源开发利用项目，其社会评价应重点关注：①由于征地占地所引起的负面影响，通过制定和实施"移民行动计划"以减轻各种负面影响；②对于农村水利项目，应把农民用水者参与管理作为项目发展的社会目标，通过调查项目区农民用水户情况，了解他们参与灌溉管理的需求和能力，以及他们为改善灌溉系统而承担建设成本的愿望，提出改善灌溉系统，完善参与式灌溉和排水管理等方面的对策建议；③分析贫困和弱势群体参与项目活动的机会，特别是那些居住在下游地区的群体。合理制定灌溉项目水渠走向和灌溉系统的布局情况，研究水的计量和收费方式。分析项目实施方案对相关群体的影响，研究提出减缓项目可能的不利影响和社会风险的对策建议。

6. 自然资源保护项目

包括恢复坡地林木，修复草场，保护生物多样性，阻止沙化以及建立自然保护区等项目。这些项目的实施往往会对当地人口特别是贫困人口造成不利影响，使其传统食物或经济来源受到限制，如在森林里采集、狩猎和伐木等，因而影响到他们的生产生活方式；另外，自然保护区的建立还可能引起移民搬迁问题。社会评价应通过调查项目建设与当地人们生产生活可能出现的矛盾冲突及其原因，分析制定包括贫困人口在内的有针对性的措施，将自然资源保护与当地的经济发展及摆脱贫困等目标进行有机结合，实现人与自然的和谐发展。

第三节　社会评价的主要方法

一、社会评价方法类型

社会评价方法多种多样，按是否量化分为定性分析方法和定量分析方法，按应用领域分为通用方法和专用方法。

（一）定性分析与定量分析

1.定性分析方法

定性分析方法主要采用文字描述，强调对事物发展变化过程的描述、分析和预测，重点关注事物发展变化的因果关系和逻辑关系。通过前因后果关系和逻辑关系的分析，对项目产生的影响及其后果进行过程分析评价。

定性分析应尽量引用直接或间接的数据，以便更准确地说明问题的性质和影响程度。如分析项目对所在地区的文化教育的影响，就可以采用一些统计数据，如项目建设前后所在地区的小学生入学率、人均拥有的大学毕业生人数、大专院校科研人员人数、人均科技图书拥有量等进行定性分析，应尽可能地对分析对象选定对比的基准，在可比的基础上按照有无对比的原则进行指标对比分析。

2.定量分析方法

定量分析是通过一定的数学公式或模型，在调查分析得到的原始数据基础上，计算出结果并结合一定的标准所进行的分析评价。定量分析一般要有统一的量纲，一定的计算公式和判别标准。定量分析通过量化指标衡量事物的发展变化，强调数量的变化。

在社会评价中，评价人员通常面对大量不能精确量化计算的因素，如理念、意识、心理等，只能采用定性分析方法；而定量的指标往往不能准确描述事物变化过程中内在因素发生的细致变化，单纯依靠定量分析方法并不能完成社会评价，因此，定性分析方法和定量分析方法通常相辅相成、共同使用。

（二）通用方法和专用方法

1.通用方法

通用方法指除了运用于社会评价，同时也广泛用于项目决策分析与评价中的其他评价。如社会评价中采用的对比分析法，是项目决策分析与评价中的重要方法，在技术分析、财务分析和经济分析中都得到广泛运用；社会调查中用到的文献调查、问卷调查等方法也同时可以用于市场调查；逻辑框架法既是重要的社会评价方法，也同时可以用于项目规划研究、项目后评价。

2.专用方法

社会评价的专用方法是相对的，是相比于项目决策分析与评价的其他方面，主要在社会评价中应用，如利益相关者分析方法、参与式方法等。

社会调查中用到的通用方法此处不再赘述，参考教材《现代咨询方法与实务》相关内容。

二、利益相关者分析方法

利益相关者是指与项目有直接或间接利害关系，并对项目成功与否有直接或间接影响的有关个人、群体或组织机构。

利益相关者分析贯穿社会评价全过程。体现在：①通过识别项目利益相关者，确定社会调查的主要调查对象，收集利益相关者对项目的看法和诉求；②通过分析和判断与项目有直接和间接利益关系的群体在项目中受到的影响、对项目的反应以及对项目的影响力来评价不同的利益群体在项目建设过程中的地位与作用，并据此判断项目与受影响利益群体之间的相互关系和适应性，利益相关者对待项目的态度是否构成项目所面临的风险，项目利益相关者对项目社会可持续性有何影响，即利益相关者是社会影响分析、社会互适性分析、社会风险分析和社会可持续分析中的主要分析对象；③利益相关者参与方案是社会管理方案的重要组成部分，不同利益相关者平等参与项目是社会管理方案制定的目标之一。

利益相关者分析一般采取以下四个步骤进行。

1. 识别利益相关者

项目利益相关者一般划分为：①项目受益人；②项目受害人；③项目受影响人；④其他利益相关者，包括项目的建设单位、设计单位、咨询单位、与项目有关的政府部门与非政府组织。他们可能会对项目产生重大的影响，或者对项目能否达到预定目标起着十分重要的作用。

2. 分析利益相关者的利益构成

在对项目的利益相关者进行识别之后，还需要对他们从项目实施中可能获得的利益以及可能对项目产生的影响进行分析。应重点分析以下问题：①利益相关者对项目有什么期望？②项目将为他们带来什么样的益处？③项目是否会对他们产生不利影响？④利益相关者拥有什么资源以及他们是否愿意和能够动员这些资源来支持项目的建设？⑤利益相关者有没有与项目预期目标相冲突的任何利害关系？

在许多情况下，一个项目对相关机构的影响程度可以通过分析二手数据来获得答案，而对于有些群体和当地的群众则可能需要进行实地访谈调查，才能获得答案。

3. 分析利益相关者的重要性和影响力

利益相关者按其重要程度分为以下几类：主要利益相关者，是指项目的直接受益者或直接受到损害的人；次要利益相关者，是指与项目的方案规划设计、具体实施等相关的人员或机构，如银行机构、政府部门、非政府组织等等。对利益相关者从以下几个方面分析其影响力及其重要程度：①权利和地位的拥有程度；②组织机构的级别；③对战略资源的控制力；④其他非正式的影响力；⑤与其他利益相关者的权利关系；⑥对项目取得成功的重要程度。

4. 制订主要利益相关者参与方案

在已获得利益相关者的相关信息、明晰了不同利益群体之间的关系之后，重点关注主要利益相关者，制订主要利益相关者参与项目方案制定、实施及管理等的方案。

【例 9—1】 K 市轨道交通 C 号线项目社会评价中的利益相关者分析。

K 市轨道交通 C 号线项目社会评价中的利益相关者分析见表 9—5。

表 9—5 K 市轨道交通 C 号线利益相关者分析表

	主要利益相关者	主要利益相关者的诉求	项目对利益相关者的影响	利益相关者对项目的影响	利益相关者的态度	利益相关者的意愿	措施
受益者	K 市市民（直接受益者）	要求项目实施不要造成沿线环境污染、线路与站点设置更为合理，站点与公交接驳更为合理，施工期间交通不受影响，运营期间安全有保障，票价更为合理，希望尽快建成	交通更加方便；工作和生活水平将获得提高；便利工作和生活	小	积极	非常支持，希望尽快实施	考虑市民需求，对线路、站点、环境，交通进行合理规划，降低负面影响
	沿线各区政府（直接受益者）	希望项目实施中有更好的政策与资金支持，减轻本区内的拆迁阻力，更好地完成征地拆迁任务	本区交通基础得到提高；促进本区经济和社会发展；市民生活水平得到提高；税收有所增长	中	积极	非常支持，积极协助工作	实施项目
	设计施工单位（直接受益者）	希望尽快实施	锻炼队伍；为单位创收	大	积极	非常支持	实施项目
受损者	K 市公交系统（直接受损者）	希望获得适当补贴	地铁建成将分流公交客流	小	理解、担心	有条件支持项目实施	制定相关补贴政策
	受拆迁影响居民（直接受损者）	要求拆迁尽可能不影响工作和生活，希望补偿更为合理，希望实施后生活水平有所提高	地铁建设使他们举家迁移，对工作和生活造成不良影响；搬迁获得较好补偿安排；享受地铁带来的方便	大	支持、担心	有条件支持项目实施	做好宣传、咨询工作，严格执行拆迁补偿政策
既受益又受损者	受征地拆迁影响的商铺、企事业单位（直接受影响者）	要求拆迁尽可能不影响生产经营，希望补偿更为合理，企业与商铺等方面有一定的优惠。给予将来地铁商铺租用的优先权	商铺获得较好的补偿，地铁建成后他们同时又是受益者；征地拆迁使企事业单位生产经营活动受到影响，征地拆迁使他们可以重新寻找更合适的地点或者获得较好补偿，所以他们又是受益者	大	支持、担心	有条件支持项目实施	做好宣传、咨询工作，严格执行拆迁补偿政策

主要利益相关者	主要利益相关者的诉求	项目对利益相关者的影响	利益相关者对项目的影响	利益相关者的态度	利益相关者的意愿	措施
既受益又受损者	受围挡影响的商铺、企事业单位（同时直接受影响者）	希望施工尽可能减少对商铺的干扰，围挡时间应该尽可能减少	受噪声等环境污染的影响，部分商铺客流减少甚至停业，但是一旦地铁施工完成，这部分在地铁口附近的商铺将明显受益，因此他们也是受益者	中	支持、担心	希望确定工期、尽快完成	公众参与、听取意见，合理施工
其他利益相关者（项目执行者）	K市人民政府（直接受益者）	希望项目尽快获得审批和实施	代表地区最高行政管理机构，直接管理和领导K市轨道公司的建设，全面领导C号线工程的总体实施，直接决定项目成败，项目成败也影响政府总体规划的完成	大	非常支持、要求尽快实施	积极	实施项目
	K市轨道交通有限公司（直接受益者）	希望项目尽快获得审批和实施	项目成败直接影响公司的发展，公司运营直接影响项目能否顺利进行	大	非常支持、要求尽快实施	积极	实施项目
弱势群体	包括妇女、儿童、残疾人员、鳏寡孤独者、贫困人口和失业下岗职工等（直接受影响者）	弱势群体中，贫困人口希望票价更为合理，能够有支付能力；望残疾人士乘坐地铁通行方便、完善地铁残疾人士的无障碍设施；妇女、儿童的需要，提供必要的服务设施，如洗手间等	部分贫困人口的支付能力存在问题。另外，如何保障残疾人员的乘车权利、完善针对残疾人士的无障碍设施和标识、便利他们出行，也是需要重点考虑的问题	小	支持	支持、担心	制定针对贫困人群的优惠政策、完善针对残疾人士、妇女、儿童等弱势群体的各项设施和标识

三、参与式方法

（一）参与式方法的概念

参与式方法是通过一系列的方法或措施，促使项目的相关群体积极、全面地介入项目决策、实施、管理和利益分享等过程的一种方法。通过这些措施，使当地人（农村的和城市的）和外来者（专家、政府工作人员等）一起对当地的社会、经济、文化、自然资源进行分析评价，对所面临的问题和机遇进行分析，从而做出计划、制定行动方案并使方案付诸实施，对计划和行动做出监测评价，最终使当地人从项目的实施中得到收益。

参与式方法包括参与式评价和参与式行动两个方面。

1. 参与式评价

参与式评价是指受影响利益相关者参与项目评价。参与式评价主要强调乡土知识对专家知识的补充和完善，侧重于应用参与式的工具来进行数据的收集、分析和评价，以弥补专家知识的不足。参与式评价包括通过参与式方法来收集主要利益相关者的信息，特别是那些受项目消极影响的人的信息，从而根据这些信息资料制定出能够为他们所接受的项目方案，以便最大程度地优化项目实施方案，扩大项目的实施效果。参与式评价应贯穿于项目全过程。

2. 参与式行动

参与式行动指受影响利益相关者参与项目设计与建设工作，促进各个利益相关者与项目之间的沟通和理解，减缓相互之间的矛盾和冲突，协调各方利益关系，进一步促进受益群体的行动和改善项目建设，使受损群体的利益损失得到更加合理的补偿。

参与式行动与参与式评价最主要的区别在于，参与式行动更偏重于让项目的利益相关者在决策和项目实施上发挥作用。

（二）制定利益相关者的参与机制

制定利益相关者的参与机制要把握三个环节：

1. 信息交流

信息交流属于单向信息流动，包括向各利益相关方披露有关项目的信息，或者收集项目受益者或受项目影响群体的数据。如果利益相关者不能充分了解一个项目的目的和预期效果，他们就不可能真正地参与该项目。因此，信息交流对利益相关者真正参与项目有十分重要的作用。

2. 磋商

磋商是利益相关者之间的双向信息交流，包括政府和受益者或者受项目影响群体之间的信息交流。虽然决策者通常就是政府，但利益相关者可以对决策或者规划的项目提出意见。通过磋商收集到的信息和反馈意见，必须在项目的规划和实施过程中有所体现，从而使磋商真诚有效。社会评价中的参与机制强调信息分享的重要性，如果磋商包含减轻负面影响的建议，则磋商机制就会显得非常重要。

3. 参与过程

参与是一个过程。在这个过程中，利益相关者可共同设定目标、寻找出问题，并商讨问题解决方案、提出优化建议等，参与实际上是分享决策控制权的一个途径。共同参与社会评价、共同做出改善决策和建设方案，参与项目实施过程中通力合作，都是参与过程的应有之意。

（三）公众参与的主要形式

公众参与的广度和深度，往往直接影响工程项目的实施效果。正当的或适度的公众参与能推动项目的建设实施；不当的或过度的公众参与会阻碍项目的顺利实施，甚至破坏社会秩序，影响社会正常生活。公众参与项目的主要形式可分类如下：

1. 自主性参与和动员性参与

自主性参与是指在项目计划和实施过程中参与者主动地、自发地进行的参与；而动员性参与则是指在项目计划和实施过程中参与者在其他参与者动员或胁迫下进行的参与。自主性参与一般更能反映参与者的参与意识和民主程度，但在实际中，自主性参与和动员性参与之间的界限并不明显，很多参与都是自主性参与和动员性参与的混合。如部分利益相关者不愿意参与，但经有关领导和群众的劝说动员后就有可能主动地参与，配合有关组织做好有关项目的实施工作。最初的自主性参与在某些情况下可能被操纵为动员性参与，原来的动员性参与也可能逐渐变为主动地参与，二者也会相互转化。

2. 组织化参与和个体化参与

组织化参与是指利益相关者以一定的组织形式进行的参与，个体化参与是指以个人方式进行的参与。在项目的实施过程中，组织化参与比个体化参与往往更加富有成效。首先，工程项目的建设实施，尤其是重大项目，人力、财力上的消耗很大，仅靠个人无力承担，每一阶段的顺利推进都离不开强有力的政府组织；其次，个人参与往往缺乏足够分量，难以引起重视。个体化参与往往只重视眼前利益，看不到影响社区全体利益相关者的整体利益。有组织的参与由于精英人物的领导，往往能看到那些影响公众长远利益、整体利益的深层次因素。因此，有组织的参与才能更好地维护和促进社会公众的共同长远利益，效果更加明显。

3. 目标性参与和手段性参与

目标性参与是指参与具有明确的目标。这类参与是为了在参与中实现相应的目标。在项目计划和实施过程中，目标性参与更多地表现为广大群众服从整体利益的需要，主动地投入到项目计划和实施工作中来，通过勤奋工作，把项目计划和实施工作作为自身的追求和目标；而手段性参与则不然，参与者主要把它作为实现其政治、经济及其他目标的手段，参与本身不是目的。一般来说，目标性参与反映了参与者具有更多更强的参与意识，而对于手段性参与，如果假定的参与者能通过其它途径实现自己的目标，他就有可能不进入参与。但在项目计划和实施过程中，往往很难清楚地区分参与的目标性和手段性，很多参与既是目标性参与又是手段性参与。

4. 支持性参与和非理性参与

支持性参与是指利益相关者为了表示对项目的支持和拥护而进行的参与，至少不是持反对态度的参与；非理性参与主要是指利益相关者为了表示自己的不满而进行的参与，是一种反对态度的参与。

5. 制度化参与和非制度化参与

制度化参与是指利益相关者按照制度规定的要求所进行的参与活动，制度化参与寓于合法参与之中；非制度化参与则是指参与者不按制度规定的程序或要求而进行的参与活动。大量非制度化参与都是非法参与，但并非全部如此。制度化参与除了强调参与行为必须符合法律规定之外，同时也强调必须符合法律、制度规定的有关程序和步骤。合法参与未必完全是制度化参与。如民众越级反映情况的现象，并不违反法律，但是不符合正当程序，因此是合法参与，但同时是非制度化参与。

【例 9－2】　K 市轨道交通 C 号线项目社会评价中的参与式方法运用。

项目社会评价过程中，参与式方法运用的主要形式有：

1. 信息公开。　持续不间断地在各类报刊、电视台、广播电台发布轨道交通项目建设信息，唤起市民的关注和参与热情，使得市民对项目有初步了解，并最大限度取得市民的理解和支持。通过网络论坛、公众信箱、热线电话等方式，方便市民反馈信息。建立项目信息定期公开制度，将与主要利益相关者密切相关的项目信息定期在受影响社区公共场所张榜公布。

2. 组织大规模的封闭式问卷调查。　在 C 号线沿线地区随机选择普通市民和流动人口进行问卷调查，针对市民的交通出行模式、对 C 号线建设的意见和建议收集第一手资料，最终获得有效问卷 998 份。

3. 组织个人访谈和座谈。　在轨道交通公司和沿线各区、街道相关部门的协调和帮助下，深入沿线的 17 个社区，共计组织 15 个中心小组座谈。组织沿线企业、事业单位有关人员和残疾人、妇女代表举行 5 次座谈，参与个人访谈和座谈的人员共计 400 人次。

4. 优化项目设计和项目实施管理。　对收集的相关信息进行归纳和分析，提供给项目业主单位和设计部门以及其他相关部门，优化项目设计和项目实施管理，并将各种优化措施向社会公众公开反馈，通过持续的公众参与和信息交流沟通实现项目准备和设计的最优化。

5. 寻求合理解决问题的途径。　项目建设过程中，通过公众参与，动态收集项目实施阶段各利益相关群体的抱怨、意见和建议，发现潜在的问题，找到合理地解决问题的途径，保证项目建设的顺利实施，实现项目社会价值的最大化。

6. 吸收主要利益相关者参与项目建设。　优先考虑雇佣主要利益相关者为项目提供有偿的投工投劳，允许他们为项目的施工建设提供后勤服务。

7. 关注社区干部及社区力量在项目实施过程中作用。　项目在宣传、培训、动员、反映市民的需求、发现项目实施中存在的问题、协调矛盾、后续管理等方面都需要社区干部的参与。

四、逻辑框架法

逻辑框架法是项目分析中极其重要的分析方法，是社会评价中对项目进行全过程和全方位分析的重要工具。借助逻辑框架图中关于项目不同层次、不同阶段的描述和分析，社会评价人员可以判断项目全过程中各种因果关系和逻辑关系，并进一步判断项目面临的社会风险。

在逻辑框架图中，重要外部条件是项目实现每一个阶段的必要条件。如果外部条件不能实现或者满足，则项目将面临风险。在社会评价中，外部条件除了物质性的条件外，受影响利益群体对项目的看法、反应、要求等构成项目能否顺利实施、能否降低社会风险、能否与当地社会相适应的必要条件，是分析评价的重点。

逻辑框架法作为咨询工作常用方法在参考教材《现代咨询方法与实务》具体介绍。

第四节　社会评价的组织实施和报告编写

一、社会评价的实施主体

社会评价工作通常由项目单位委托工程咨询机构或有经验的其他机构组织专家和相关人员编制。社会评价人员应由具备社会学、经济学和相关专业等多种学科专业知识的人员组成。

二、社会评价的工作程序

社会评价的工程程序一般包括：工作委托、实施评价、提交评价报告、报告审查等。

1. **工作委托。** 项目单位应委托有资质的工程咨询机构开展项目社会评价，委托方与受托方应签订的合同明确评价任务、报告要求及提交形式等。

2. **实施评价。** 应根据项目周期各个阶段的特点开展社会评价。在项目前期工作阶段，一般作为项目可行性研究报告或项目申请报告的一个独立篇章进行社会评价；对社会影响重大的项目，应单独提交社会评价报告。

3. **提交评价报告。** 对于重大投资项目以单独报告的形式提交的，除了提交报告正文，还应提交有价值的案例、访谈记录、会议记录等附件。

4. **报告审查。** 前期阶段的社会评价报告可以作为可行性研究报告、项目申请报告的一部分，一并按规定要求进行审查，也可以单独审查。

三、社会评价的实施步骤

社会评价的实施步骤一般为：调查社会资料、识别社会因素、进行社会分析、制定社会管理方案、编写社会评价报告等。

1. 调查社会资料

收集与项目有关的资料、文献，调查了解项目所在地区的社会环境等方面的资料，包括项目所在地区和受影响的社区基本社会经济情况，以及项目影响时限内可能的变化。社会调查可采用多种调查方法，如查阅历史文献、统计资料、问卷调查、现场访问与观察、开座谈会等。

2. 识别社会因素

分析社会调查获得的资料，对项目涉及的各种社会因素分类。一般可分成三类：

（1）影响人类生活和行为的因素。如对就业、收入分配、社区发展和城市建设、居民身心健康、文化教育事业、社区福利和社会保障等的影响因素。

（2）影响社会环境变迁的因素。如对自然和生态环境、资源综合开发利用、能源节约、耕地和水资源等的影响因素，以及由此对社会环境的影响。

（3）影响社会稳定与发展的因素。如对人们风俗习惯、宗教信仰、民族团结的影响，对社区组织结构和地方管理机构的影响，对国家安全和地区发展的影响等等。

从这些因素中，识别与选择影响项目实施和项目成功的主要社会因素，作为后续分析与评价的重点。

3. 社会分析

对拟定的项目建设地点、技术方案和工程方案中涉及的主要社会影响、互适性、社会风险、社会可持续性进行定性、定量分析。对能够定量计算的指标，依据调查和预测资料进行测算，并根据评价标准判断其优劣。对不能定量计算的社会因素进行定性分析，判断各种社会因素对项目的影响程度，揭示项目可能存在的社会风险。

4. 制定社会管理方案

在社会分析的基础上，结合项目的社会环境与条件制定社会管理方案，强化项目的正面社会影响，化解或减轻项目的负面社会影响，使项目社会效果可持续，社会风险可控。

5. 编写社会评价报告

在对社会评价工作成果汇总分析的基础上，形成社会评价报告。应包括评价目标、评价方法、评价内容、评价结论、主要建议以及社会管理方案。项目实施阶段的社会评价报告还应当包括监测评估建议。

四、社会评价报告的编写

（一）编写要求

社会评价报告是承担单位向其委托单位提交的工作成果，是政府投资主管部门对有关建设项目作为评价体系的一个重要内容进行总体审批、核准的重要依据之一。

社会评价报告总体上应做到内容全面，重点突出，实用性强，全面回答有关各方所关注的社会问题，社会评价报告的编写要求主要是：

1. **所采用的基础数据应真实可靠。** 基础数据是评价的基础。基础数据有错误，特别是社会经济调查的资料有错误，不管选用的分析评价指标多么正确，也难以得出正确的评价结论。因此，社会评价十分重视社会经济调查工作，尽可能全面了解项目影响区域的社会经济真实情况。项目背景及定性分析需要引用的数据资料，应确保资料引用来源可靠，要选用最能支持和说明观点的关键指标和最新、权威的数据资料，并明确指出数据的来源渠道。

2. **分析方法的选择要合理。** 应根据项目所在地区的实际情况，通过定性分析与定量分析相结合的方法，对未来可能的社会影响后果进行分析预测。

3. **结论观点明确，客观可信。** 结论中必须对建设项目可能造成的社会影响、所采用的减轻负面社会影响措施的可行性、合理性做出明确回答，不能模棱两可。结论必须以严谨客观的分析论证为依据，不能带有感情色彩。

4. **报告格式应规范。** 应强调社会评价报告的客观性、科学性、逻辑性和可读性。报告写作应合理采用图表等形式，使报告的论证分析过程直观明了，版面图文并茂，简化不必要的文字叙述。语言表达要准确、简明、朴实、严谨，行文不加夸饰和渲染。凡带有综合性、结论性的图表应放到报告正文之中，对于有参考价值的图表应放到报告的附件中，以减少正文篇幅。

（二）编写要点

目前我国的社会评价工作尚属起步阶段，还没有一个被普遍接受的社会评价报告编写标准格式，报告的章节设置、表达方式存在很大差别。本节以市政项目为例，阐述项目前期和准备阶段社会评价报告的编写要点。

1. **前言**

阐述项目概况、项目社会评价的任务与目标、社会评价依据、工作范围与主要内容，对社会调查过程与调查方法、拟采用的社会评价方法、社会评价的工作步骤以及社会评价机构等进行说明。

2. **社会经济基本情况与项目背景**

阐述项目区社会经济基本情况，包括经济、人口、资源、基础设施、机构组织等。对特殊群体包括妇女儿童、流动人口、贫困人口和少数民族等的基本情况进行说明。项目背景应阐述项目组成、项目受益区、影响区等，阐述城市发展规划和相关政策对项目的作用和影响。

3. **社会影响分析**

分析项目产生的经济层面影响和社会层面影响。经济层面影响包括项目对区域经济、产业发展、居民收入与分配、居民就业、居民生活水平和质量、城市基础设施与社会服务等的影响；社会层面影响包括项目对社会环境与条件、文化遗产、宗教设施等的影响。分析内容从国家、地区、社区三个层面展开，包括正面影响和负面影响。

4. 利益相关者分析

识别主要的利益相关者，分析主要利益相关者的诉求，对各利益相关者所受项目影响及对项目的影响力进行分析评价。通常还应结合项目的具体情况，对贫困人群、妇女群体、少数民族群体和非自愿移民群体等特定利益相关者进行重点专题分析评价。

5. 社会互适性分析

在社会影响分析和利益相关者分析的基础上，分析项目与社会的相互适应性，包括不同利益相关者与项目的相互适应性，项目与当地组织、社会结构的相互适用性，以及项目与当地技术、文化条件等的相互适用性。

6. 社会风险分析

根据项目所处阶段，识别项目的社会风险因素。在对主要社会风险分析的基础上，提出社会风险规避的措施与方案。

7. 社会可持续性分析

分析项目社会效果的可持续性，是否可持续及可持续程度，分析项目的受益者和受损者对项目可持续性产生的影响。

8. 政府公共职能评价

对于市政供水、排水、供热、燃气、生活垃圾处理、城市轨道交通、城市道路与桥梁、城市园林绿化等市政类项目而言，政府是责任主体，在市政项目建设上具有双重地位和作用，因此还需要对政府的公共管理职能及政府公共投资职能进行评价。

9. 社会管理计划及其实施

在前述社会分析的基础上，制定社会管理措施方案，提出利益增加措施、减缓项目负面社会影响的措施、利益相关者参与计划与社会管理措施本身实施的计划。

10. 社会管理计划实施的监测评估

社会评价重视对项目的实施效果及社会风险规避措施的监测评价。项目业主应根据项目的具体情况，建立内部监测评价的框架机制。对于存在社会风险的可能性较大的项目，还应委托外部机构和专家建立相应的外部监测评价制度。在项目前期论证的社会评价报告中，应对监测评价方案提出明确要求，包括监测机构、监测步骤、监测内容、监测指标和监测报告机制等。

11. 主要结论及建议

社会评价报告应给出项目社会可行性的基本建议，并提出项目优化的合理化建议。

12. 附件、附图及参考文献

社会评价报告应结合项目的具体情况，在报告正文之后提供有关的附件、附图及参考文献等。附件可能包括项目建议书、可行性研究报告、项目申请报告等项目前期论证报告及其审批、核准的文件，社会评价调查大纲、访谈记录等。可以根据项目情况，提供有关地图、反映当地社会经济特征的图表等资料。参考文献应给出作者、文献名称、出版单位、版次、出版日期等相关信息。

第五节 社会稳定风险分析

一、社会评价与社会稳定风险分析的关系

自 2012 年以来，我国先后颁发了中共中央《关于建立健全重大决策社会稳定风险评估机制的指导意见（试行）》（中办发 [2012] 2 号）、国家发展改革委《重大固定资产投资项目社会稳定风险评估暂行办法》（发改投资 [2012] 2492 号）、《固定资产投资项目社会稳定风险分析篇章编制大纲》（发改办投资 [2013] 428 号）以及相应的政策规定和说明。

按照我国基本建立的社会稳定风险分析（评估）制度，凡与人民群众切身利益密切相关、牵涉面广、影响深远、易引发矛盾纠纷或有可能影响社会稳定的重大事项（包括重大项目决策、重大改革、重大活动和重点工作领域等），在投资项目实施前，都要开展社会稳定风险分析（评估）。重大固定资产投资项目的可行性研究报告或项目申请报告中要求对社会稳定风险分析设独立篇章，对特别重大和敏感的项目可单独编制社会稳定风险分析报告。

社会评价与社会稳定风险分析两者关系密切，但也存在一定的差异。

（一）社会评价与社会稳定风险分析关系密切

主要体现在以下三个方面：

1. 理论体系相同。两者均以社会学、人类学和项目学的理论和方法，通过调查、收集与项目相关的社会信息、系统分析各种社会因素，对项目建设的合理性、合法性、可行性和风险可控性进行分析论证。评价和分析的理论基础和原则基本一致。

2. 分析方法一致。两者都需要采用参与式方式调查、收集信息，都要运用利益相关者分析法，参与式方法，识别利益相关者及其社会风险因素。

3. 工作过程和内容相似。两者的工作过程，均需经历社会调查、社会分析和社会管理方案制定的过程。其工作内容均涉及识别项目的社会风险因素，分析社会风险产生的原因、发生的可能性，提出可能的解决措施和方案等，过程和内容基本相似。

（二）社会评价与社会稳定风险分析的差异

社会评价是对建设项目中的社会因素、社会事项及其产生的影响等进行的系统分析评价，其中社会影响分析用于预测和评价由于建设项目所引起的或将会引起的社会变动及影响，包括可能产生的正面影响和负面影响；而社会稳定风险分析，仅作为社会评价的一个方面，在社会影响分析和社会风险分析的基础上，主要针对利益相关者对项目态度为非支持时，分析项目可能存在的负面社会风险，从而存在较大的差异，主要是：

1. 社会分析角度的差异。两者均以社会调查、社会影响分析和社会风险分析

为基础，但项目社会评价中的社会影响分析比较全面，既要分析评价项目建设和运营对社会变动的正面影响，又要分析可能引起的负面影响；而项目社会稳定风险分析是在围绕项目建设的合法性、合理性、可行性，结合建设方案，在充分调查、识别利益相关者诉求的基础上，从项目实施可能对当地自然、经济、人文、社会发展的负面影响角度，列出社会稳定风险因素负面清单后进行社会影响分析评价。

2. 功能管理的差异。社会评价主要作为项目可行性研究、项目申请报告中评价体系的一个组成部分，与其他评价体系并列进行综合考察评价，政府和投资主管部门对项目管理功能无强制性要求；而社会稳定风险分析既需要利用社会学的理论和方法进行社会因素的分析，重点针对识别出的社会因素，运用风险分析的理论和方法，包括对风险因素发生概率、风险事件结果影响程度、风险等级等进行分析评判，并明确规定对存在高风险或者中风险的项目，国家投资主管部门不予审批、核准；存在低风险但有可靠防控措施的，才可审批、核准。同时，明确规定对投资主管审批部门、实施（评估）主体不按规定程序和要求进行分析（评估）导致决策失误，或者造成较大或者重大损失等后果的，依法追究有关责任人的责任。因此，社会稳定风险分析（评估）制度的建立，更加强调社会管理功能，不仅满足了项目管理的要求，而且也满足了社会管理功能的需要。通过强调社会风险的化解和防范，目的是避免社会矛盾和社会冲突，促进社会稳定和谐发展。

3. 报告编写的差异。在投资项目可行性研究、项目申请报告中，都要求分别编制社会评价和社会稳定风险分析（评估），以独立的研究报告或作为独立的篇章的形式分别进行分析、评价，在其咨询评估报告中也要求作为独立的内容分别进行评估。但相比较而言，目前项目社会评价由于缺乏明确的制度性要求、政策性规定、规范性标准，其评审程序尚未定制，评价内容较为宽泛，指标体系也不规范；而项目社会稳定风险分析（评估）制度基本完善，政策依据较为明确，风险调查、风险因素识别、判据和社会风险防范化解措施、应急预案等过程清晰，相应指标体系基本完善。

二、社会稳定风险分析的主要内容

社会稳定风险分析的主要内容包括风险调查、风险识别、风险估计、风险防范与化解措施制定、落实风险防范措施后的风险等级判断等五项。

1. 风险调查

社会稳定风险调查应围绕拟建项目建设实施的合法性、合理性、可行性、可控性等方面展开，调查范围应覆盖所涉及地区的利益相关者，充分听取、全面收集群众和各利益相关者的意见，包括合理和不合理、现实和潜在的诉求等。

（1）合法性。主要分析拟建项目建设实施是否符合现行相关法律、法规、规范以及国家有关政策；是否符合国家与地区国民经济和社会发展规划、产业政策等；拟建项目相关审批部门是否有相应的项目审批权并在权限范围内进行审批；决策程序是否符合国家法律、法规、规章等有关规定。

（2）合理性。主要分析拟建项目的实施是否符合科学发展观要求，是否符合经济社会发展规律，是否符合社会公共利益、人民群众的现实利益和长远利益，是否兼顾了不同利益群体的诉求，是否可能引发地区、行业、群体之间的盲目攀比；依法应给予相关群众的补偿和其他救济是否充分、合理、公平、公正；拟采取的措施和手段是否必要、适当，是否维护了相关群众的合法权益等。

（3）可行性。主要分析拟建项目的建设时机和条件是否成熟，是否有具体、详实的方案和完善的配套措施；拟建项目实施是否与本地区经济社会发展水平相适应，是否超越本地区财力，是否超越大多数群众的承受能力，是否能得到大多数群众的支持和认可等。

（4）可控性。主要分析拟建项目的建设实施是否存在公共安全隐患，是否会引发群众性事件、集体上访，是否会引发社会负面舆论、恶意炒作以及其他影响社会稳定的问题；对拟建项目可能引发的社会稳定风险是否可控；对可能出现的社会稳定风险是否有相应的防范、化解措施，措施是否可行、有效；宣传解释和舆论引导措施是否充分等。

2. 风险识别

风险识别是在风险调查的基础上，针对利益相关者不理解、不认同、不满意、不支持的方面，或在日后可能引发不稳定事件的情形，全面、全程查找并分析可能引发社会稳定风险的各种风险因素。

风险因素包括工程风险因素和项目与社会互适性风险因素。其中：工程风险因素可按政策、规划和审批程序，土地房屋征收及补偿，技术经济，环境影响，项目管理，安全和治安等方面分类。项目与社会互适性风险因素指项目能否为当地的社会环境、人文条件所接纳，以及当地政府、组织、社会团体、群众支持项目的程度，项目与当地社会环境的相互适应关系方面所面临的风险因素。

在全面分析确定项目风险因素后，根据项目风险因素的类型、发生阶段等，对风险因素进行分类归纳整理，建立投资项目社会稳定风险识别体系，识别项目社会稳定风险的主要风险类型、发生阶段及其风险因素，如下表9—6。

表9—6 主要风险因素识别表

序号	风险类型	发生阶段	风险因素	备注

注：风险发生阶段可包括项目前期决策、准备、实施、运营四个阶段。备注可标注风险的特征（例如长期影响还是短期影响、持久性影响还是间断影响等）和其它需要说明的情况。

3. 风险估计

根据各项风险因素的成因、影响表现、风险分布、影响程度、发生可能性，找出主要风险因素，剖析引发风险的直接和间接原因，采用定性与定量相结合的方法估计出主要风险因素的风险程度，预测和估计可能引发的风险事件及其发生概率。

对项目风险的可能性、后果和程度按大小高低分为不同的档级。具体赋值需要根据项目性质、评估要求和风险偏好等事先研究确定。根据项目实际涉及的主要风险因素，编制拟建项目的主要风险因素程度表（表9-7）。其中影响程度是指风险可能引发群体性事件的参加人数、行为表现、影响范围和持续时间等特性。

表9-7　主要风险因素及其风险程度表

序号	风险类型	发生阶段	风险因素	风险概率	影响程度	风险程度
1						
2						
3						
…						

4. 风险防范与化解措施制定

为了从源头上防范、化解拟建项目实施可能引发的风险，应根据拟建项目的特点，针对主要风险因素，阐述采用的风险防范、化解措施策略；阐述提出的综合性和专项性的风险防范、化解措施，明确风险防范、化解的目标，提出落实措施的责任主体、协助单位、防范责任和具体工作内容，明确风险控制的节点和时间，真正把项目社会稳定风险化解在萌芽状态，最大限度减少不和谐因素。编制并形成风险防范、化解措施汇总表（表9-8）。

表9-8　风险防范和化解措施汇总表

序号	风险发生阶段	风险因素	主要防范、化解措施	实施时间和要求	责任主体	协助单位
1						
2						
3						
…						

5. 落实风险防范措施后的风险等级判断

对研究提出的风险防范、化解措施的合法性、可行性、有效性和可控性进行分析，根据分析结果预测各主要风险因素可能变化的趋势和结果，结合预期可能引发的风险事件和造成负面影响的程度等，综合判断项目落实风险防范、化解措施后的风险等级。拟建项目的社会稳定风险等级可分为高、中、低等级。

根据国家规定，经风险等级分析结果，项目存在高风险或者中风险的，国家投资主管部门不予审批、核准和核报；存在低风险但有可靠防控措施的，可以审批、核准或者向上级主管部门报送审批、核准。如果项目风险程度根本无望降至可接受水平，则必须明确提出终止或放弃项目建设的建议。

三、社会稳定风险分析报告（独立篇章）的编写

（一）编写要求

1. 社会稳定风险分析报告（独立篇章）的编制项目，应当立足国情，实事求是，从拟建项目直接关系人民群众切身利益且涉及面广、容易引发的社会稳定问题出发，在合法性、合理性、可行性和可控性等方面进行重点分析，做到客观公正、方法适用、分析全面、措施可行、结论可信，确保取得实效。

2. 社会稳定风险分析报告（独立篇章）的编制，应当遵循社会稳定风险分析程序，开展风险调查、风险因素识别、风险估计和初始风险等级判断，研究提出风险防范和化解的措施，估计落实措施后的预期风险等级，明确提出作为开展拟建项目社会稳定风险评估以下重要依据的分析结论。对于情况背景简单、外部性影响非常小、社会稳定风险非常低的项目可以从简分析，特别重大和敏感的项目，可形成单独的社会稳定风险分析报告。

3. 各地方政府或其有关部门，可根据《国家发展改革委重大固定资产投资项目社会稳定风险评估暂行办法》及相关法律法规要求，结合地方经济社会发展的状况，编制适合本地固定资产投资项目社会稳定风险分析的指标体系、评判标准等。各行业管理部门可结合行业特点，制定相应的分析篇章编制大纲。

（二）编写要点

为切实规范和全面推进重大固定资产投资项目社会稳定风险分析和评估工作，对于需要开展稳评的投资项目，项目单位在组织编制项目可行性研究报告、项目申请报告中设独立篇章或者单独编制社会稳定风险分析报告。

社会稳定风险分析报告（独立篇章）一般包括以下内容：

1. 项目概况

简述项目基本情况，主要包括：项目单位、拟建地点、建设必要性、建设方案、建设期、主要技术经济指标、环境影响、资源利用、征地搬迁及移民安置、社会环境概况（含当地经济发展及社会治安、群体性事件、信访等情况）、投资及资金筹措等内容。

2. 编制依据

编制依据主要包括：①相关法律、法规、规章和其他政策性文件等；②项目单位的委托合同；③项目单位提供的拟建项目基本情况和风险分析所需的必要资料，主要包括投资项目报建的有关项目选址、用地预审、环境保护等行政许可审批文件等；④国家出台的区域经济社会发展规划、国务院及有关部门批准的相关规划；⑤其他依据。

3. 风险调查

社会稳定风险调查重点围绕拟建项目建设实施的合法性、合理性、可行性和可控性等方面开展。调查范围应覆盖所涉及地区的利益相关者，充分听取、全面收集群众和各利益相关者的意见，包括合理和不合理、现实和潜在的诉求等。

结合拟建项目特点，重点阐述以下部分或全部方面：调查的内容和范围、方式和方法；拟建项目的合法性；拟建项目自然和社会环境状况；利益相关者的意见和诉求、公众参与情况；基层组织态度、媒体舆论导向，以及公开报道过的同类项目风险情况。

4. 风险识别

在风险调查的基础上，针对利益相关者不理解、不认同、不满意、不支持的方面，或在日后可能引发不稳定事件的情形，全面、全程查找并分析可能引发社会稳定风险的各种风险因素。

重点阐述在政策规划和审批程序、土地房屋征收方案、技术和经济方案、生态环境影响、项目建设管理、当地经济社会影响、质量安全和社会治安、媒体舆论导向等方面重点分析查找各风险因素。

5. 风险估计

根据各项风险因素的成因、影响表现、风险分布、影响程度、发生可能性，找出主要风险因素，估计主要风险因素的风险程度；分析主要因素之间是否相互影响。

重点阐述按照风险可能发生的项目阶段（决策、准备、实施、运行），结合当地经济社会与拟建项目的相互适应性，从初步识别的各类风险因素中筛选、归纳出主要风险因素。对每一个主要风险因素进行分析、估计，两个或多个风险因素相互作用的影响，包括可能引发风险事件的原因、时间和形式，风险事件的发生概率、影响程度和风险程度。

6. 风险防范和化解措施

根据风险识别和风险估计的结果，研究提出风险防范化解措施。

重点阐述针对主要风险因素研究提出各项综合和各项的风险防范、化解措施，提出落实各项措施的责任主体和协助单位、防范责任、具体工作内容、风险控制节点、实施时间和要求的建议。

7. 采取风险防范和化解措施后的风险等级

分析各项风险防范、化解措施落实的可行性和有效性，预测落实措施后每一个主要风险因素可能引发风险的变化趋势，包括发生概率、影响程度、风险程度等，综合判断拟建项目落实风险防范、化解措施后的风险等级。

重点阐述预测各主要风险因素变化趋势及结果，综合判断落实措施后风险等级。

8. 风险分析结论

阐述拟建项目社会稳定风险分析的主要结论，包括：

（1）拟建项目主要的风险因素；

（2）主要的风险防范、化解措施；

（3）拟建项目风险等级；

（4）落实风险防范、化解措施的有关建议。

（5）项目稳定风险应急预案、风险管理联动机制等建议。

第十章　不确定性分析与风险分析

由于投资项目是一个开放的系统，该系统的外部环境和内部构成要素均存在不确定性，因此造成系统运行状态和结果具有不确定性，这种不确定性就有可能给投资项目带来风险。在项目决策分析与评价中应深入开展不确定性与风险分析，找出主要的不确定因素和风险因素，并分析其影响，制订有效对策，合理应对其不利影响。本章主要介绍不确定性与风险的概念、特征和分类，阐述风险分析的基本程序、内容和主要方法以及不确定性分析方法。

第一节　概　述

一、不确定性与风险的概念

1. 风险

一般意义上的风险是指某一事件发生的概率和其后果的组合。这种事件有可能是有害的和不利的，将给项目带来威胁；也可能是有利的和可以利用的，将给项目带来机会。在现实中，由于决策者更关注意外事件带来的与目标相悖的潜在损失，因此投资项目决策分析与评价中主要侧重于分析、评价风险带来的不利影响。

2. 不确定性

不确定性是与确定性相对的一个概念，不确定性是指事前不知道所有可能后果，或者知道后果但无法测定其发生的概率。

3. 不确定性与风险的区别

不确定性与风险密切相关，但二者是有区别的，区别主要体现在以下四个方面：

（1）可否量化。风险是可以量化的，即其发生概率是已知的或通过努力可以知道的；不确定性则是不可能量化的。因而，风险分析可以采用概率分析方法，分析各种情况发生的概率及其影响；而不确定性分析只能进行假设分析，假定某些情况发生后，分析不确定因素对项目的影响。

（2）可否保险。有些风险是可以保险的，而不确定性是不可以保险的。由于风险概率是可以知道的，理论上保险公司就可以计算确定的保险收益，从而提供有关保险产品。

（3）概率可获得性。不确定性的发生概率未知；而风险的发生概率是可知的，或是可以测定的，可以用概率分布来描述。

（4）影响大小。不确定性代表不可知事件，因而有更大的影响，而如果同样事件可以量化风险，其影响则可以防范并得到有效降低。

二、风险的性质和分类

1. 风险的性质

（1）客观性。风险是客观存在的，无论是自然现象中地震、洪水，还是现实社会中的矛盾、冲突等，不可能根除，只能采取措施降低其对工程项目的不利影响。随着社会发展和科技进步，人们对自然界和社会的认识逐步加深，对风险的认识也逐步提高，但仍然存在大量的风险。

（2）可变性。风险可能发生，造成损失甚至重大损失，也可能不发生。风险是否发生，风险事件的后果如何都是难以确定的。但是可以通过历史数据和经验，对风险发生的可能性和后果进行一定的分析预测。

（3）阶段性。建设项目的不同阶段存在的主要风险有所不同，投资决策阶段的风险主要包括政策风险、融资风险等，项目实施阶段的主要风险可能是工程风险和建设风险等，而在项目运营阶段的主要风险可能是市场风险、管理风险等。因此，风险对策是因时而变的。

（4）多样性。依行业和项目不同具有特殊性，不同的行业和不同的项目具有不同的风险，如高新技术行业投资项目的主要风险可能是技术风险和市场风险，而基础设施行业投资项目的主要风险可能是工程风险和政策风险，必须结合行业特征和不同项目的情况来识别风险。

（5）相对性。对于项目的不同的风险管理主体可能会有不同的风险，而且对于同一风险因素，对不同主体的影响是不同的甚至是截然相反的；如工程风险对业主而言可能产生不利后果，而对于保险公司而言，正是由于工程风险的存在，才使得保险公司有了通过工程保险而获利的机会。

2. 风险的分类

基于不同的分类标准，风险可以有多种划分，本书只列举与投资项目风险分析最为相关的五种分类方法，见表10−1。

表10−1　投资项目风险分类

分类方法	风险类型	特　　点
按照风险的性质分	纯风险	只会造成损失，不能带来利益
	投机风险	可能带来损失，也可能产生利益
按照风险来源分	自然风险	由于自然灾害等物理客观因素，而导致损失的风险
	非自然风险（或人为风险）	由于人为因素而造成的人员、财产伤害或损失，包括政策风险、经济风险、社会风险等
按照技术因素分	技术风险	由于技术原因而造成的风险，如技术进步使得原有的产品寿命周期缩短，选择的技术不成熟而影响生产等
	非技术风险	非技术原因带来的风险，如社会风险、经济风险、管理风险等

续表

分类方法	风险类型	特 点
按照风险的可管理性分	可管理风险（可保风险）	即可以通过购买保险等方式来控制风险的影响
	不可管理风险（不可保风险）	不能通过保险等方式来控制风险的影响
按照风险的边界划分	内部风险	风险发生在风险事件主体的组织内部，如生产风险、管理风险等
	外部风险	风险发生在风险事件主体的组织外部，只能被动接受，如政策风险、自然风险等

三、不确定性分析与风险分析的作用、区别和联系

不确定性分析是对影响项目的不确定性因素进行分析，测算它们的增减变化对项目效益的影响，找出最主要的敏感因素及其临界点的过程；风险分析则是识别风险因素、估计风险概率、评价风险影响并制定风险对策的过程。

（一）不确定性分析与风险分析的作用

由于投资项目一般具有投资规模大、建设周期长、一次性的特点，一旦建成，难于更改。因此，在项目决策分析阶段应特别关注不确定性分析与风险分析。

投资决策时充分考虑不确定性分析和风险分析的结果，有助于在可行性研究的过程中，通过信息反馈，改进或优化项目研究方案，直接起到降低项目风险的作用，避免因在决策中忽视风险的存在而蒙受损失。同时，充分利用风险分析的成果，建立风险管理系统，有助于为项目全过程风险管理打下基础，防范和规避项目实施和经营中的风险。

（二）不确定性分析与风险分析的区别与联系

两者的目的是共同的，都是识别、分析、评价影响投资项目的主要因素，以防范不利影响，从而提高项目成功的可能性。两者的主要区别在于分析内容和方法的不同，不确定性分析是对投资项目受不确定因素的影响进行分析，并粗略地了解项目的抗风险能力；而风险分析则要对投资项目的风险因素和风险程度进行识别和判断。两者使用的方法有所不同。

不确定性分析与风险分析之间也有一定的联系。由敏感性分析可以得知影响项目效益的敏感因素和敏感程度，但不知这种影响发生的可能性，如需得知可能性，就必须借助于概率分析。而敏感性分析所找出的敏感因素又可以作为概率分析风险因素的确定依据。

第二节 不确定性分析方法

一、敏感性分析

(一) 敏感性分析的作用与内容

敏感性分析用以考察项目涉及的各种不确定因素对项目基本方案经济评价指标的影响，找出敏感因素，估计项目效益对它们的敏感程度，粗略预测项目可能承担的风险，为进一步的风险分析打下基础。

敏感性分析通常是改变一种或多种不确定因素的数值，计算其对项目效益指标的影响，通过计算敏感度系数和临界点，估计项目效益指标对它们的敏感程度，进而确定关键的敏感因素。通常将敏感性分析的结果汇总于敏感性分析表，也可通过绘制敏感性分析图显示各种因素的敏感程度并求得临界点。最后对敏感性分析的结果进行分析并提出减轻不确定因素影响的措施。

敏感性分析包括单因素敏感性分析和多因素敏感性分析。单因素敏感性分析是指每次只改变一个因素的数值来进行分析，估算单个因素的变化对项目效益产生的影响；多因素分析则是同时改变两个或两个以上因素进行分析，估算多因素同时发生变化的影响。为了找出关键的敏感因素，通常多进行单因素敏感性分析。必要时，可以同时进行单因素敏感性分析和多因素敏感性分析。

敏感性分析方法对项目财务分析和经济分析同样适用。

(二) 敏感性分析的方法与步骤

敏感性分析的方法与步骤如下：

1. 选取不确定因素

进行敏感性分析首先要选定不确定因素并确定其偏离基本情况的程度。不确定因素系指那些在项目决策分析与评价过程中涉及的对项目效益有一定影响的基本因素。敏感性分析不可能也不需要对项目涉及的全部因素都进行分析，而只是对那些可能对项目效益影响较大的重要的不确定因素进行分析。不确定因素通常根据行业和项目的特点，参考类似项目的经验特别是项目后评价的经验进行选择和确定。

经验表明，通常应予进行敏感性分析的因素包括建设投资、产出物价格、主要投入物价格或可变成本、运营负荷、建设期以及外汇汇率等，根据项目的具体情况也可选择其他因素。

2. 确定不确定因素变化程度

敏感性分析通常是同时针对不确定因素的不利变化和有利变化进行，以便观察各种变化对效益指标的影响，并编制敏感性分析表或绘制敏感性分析图。

一般是选择不确定因素变化的百分率，为了作图的需要可分别选取 $\pm 5\%$、$\pm 10\%$、$\pm 15\%$、$\pm 20\%$ 等。对于那些不便用百分数表示的因素，例如建设期，可采用延长一段时间表示，例如延长一年。

百分数的取值其实并不重要，因为敏感性分析的目的并不在于考察项目效益在某个具体的百分数变化下发生变化的具体数值，而只是借助它进一步计算敏感性分析指标，即敏感度系数和临界点。

3. 选取分析指标

建设项目经济评价有一整套指标体系，敏感性分析可选定其中一个或几个主要指标进行。最基本的分析指标是内部收益率或净现值，根据项目的实际情况也可选择投资回收期等其它评价指标，必要时可同时针对两个或两个以上的指标进行敏感性分析。

通常财务分析的敏感性分析中必选的分析指标是项目投资财务内部收益率；经济分析中必选的分析指标是经济净现值或经济内部收益率。

4. 计算敏感性分析指标

(1) 敏感度系数

敏感度系数是项目效益指标变化的百分率与不确定因素变化的百分率之比。敏感度系数高，表示项目效益对该不确定因素敏感程度高，提示应重视该不确定因素对项目效益的影响。敏感度系数计算公式如下：

$$E = (\triangle A / A) / (\triangle F / F) \qquad (10-1)$$

式中：E——评价指标 A 对于不确定因素 F 的敏感度系数；

$\quad\quad\quad\triangle A / A$——不确定因素 F 发生$\triangle F / F$变化时，评价指标 A 的相应变化率（%）；

$\quad\quad\quad\triangle F / F$——不确定因素 F 的变化率（%）。

E＞0，表示评价指标与不确定因素同方向变化；E＜0，表示评价指标与不确定因素反方向变化。E 的绝对值越大，对应的不确定因素的敏感度越高。

敏感度系数的计算结果可能受到不确定因素变化率取值不同的影响，敏感度系数的数值会有所变化。但其数值大小并不是计算该项指标的目的，重要的是各不确定因素敏感度系数的相对值，借此了解各不确定因素的相对影响程度，以选出敏感度较大的不确定因素。因此虽然敏感度系数有以上缺陷，但在判断各不确定因素对项目效益的相对影响程度上仍然具有一定的作用。

(2) 临界点

临界点是指不确定因素的极限变化，即不确定因素的变化使项目由可行变为不可行的临界数值，也可以说是该不确定因素使内部收益率等于基准收益率或净现值变为零时的变化率，当该不确定因素为费用科目时，为其增加的百分率；当该不确定因素为效益科目时为其降低的百分率。临界点也可用该百分率对应的具体数值（转换值）表示。当不确定因素的变化超过了临界点所表示的不确定因素的极限变化时，项目效益指标将会转而低于基准值，表明项目将由可行变为不可行。

临界点的高低与设定的基准收益率有关，对于同一个投资项目，随着设定基准收益率的提高，临界点就会变低（即临界点表示的不确定因素的极限变化变小）；而在一定的基准收益率下，临界点越低，说明该因素对项目效益指标影响越大，项目对该因素就越敏感。

可以通过敏感性分析图求得临界点的近似值，但由于项目效益指标的变化与不确定因素变化之间不完全是直线关系，有时误差较大，因此最好采用试算法或函数求解。

5. 敏感性分析结果表述

（1）编制敏感性分析表

将敏感性分析的结果汇总于敏感性分析表，在敏感性分析表中应同时给出基本方案的指标数值、所考虑的不确定因素及其变化、在这些不确定因素变化的情况下项目效益指标的计算数值，并据此编制各不确定因素的敏感度系数与临界点分析表，也可将其与敏感性分析表合并成一张表，如表 10－2 所示。

【例 10－1】　某项目敏感性分析表见表 10－2。

表 10－2　敏感性分析表

序号	不确定因素	不确定因素变化率（%）	财务内部收益率	敏感度系数	临界点
	基本方案		15.3%		
1	建设投资变化	10%	12.6%	－1.76	12.3%
		－10%	18.4%	－2.03	
2	销售价格变化	10%	19.6%	2.81	－7.1%
		－10%	10.6%	3.07	
3	原材料价格变化	10%	13.8%	－0.98	22.4%
		－10%	16.7%	－0.92	
4	汇率变化	10%	14.2%	－0.72	32.2%
		－10%	16.4%	－0.72	
5	负荷变化	10%	17.9%	1.70	－11.2%
		－10%	12.4%	1.90	

说明：①表中的基本方案是指项目财务分析中按所选定投入和产出的相关数值计算的指标。

②求临界点的基准收益率为 12%。

③表中临界点系采用函数计算的结果。临界点为正，表示允许该不确定因素升高的比率；临界点为负，表示允许该不确定因素降低的比率。

④表中敏感度系数为负，说明效益指标变化方向与不确定因素变化方向相反；敏感度系数为正，说明效益指标变化方向与不确定因素变化方向相同。

⑤表中仅列出不确定因素变化率为±10%的情况。为了绘制敏感性分析图，还测算了变化率为±20%和±30%的情况。

⑥以建设投资增加 10%和销售价格降低 10%为例，说明表 10－2 中敏感度系

数的计算。

建设投资增加 10％时：

$$\triangle A/A＝（0.126－0.153）/0.153＝－0.176$$
$$E_{建}＝－0.176/0.1＝－1.76$$

式中：$E_{建}$——效益指标对建设投资的敏感度系数

敏感度系数为负，说明建设投资增加导致内部收益率降低。

销售价格降低 10％时：

$$\triangle A/A＝（0.106－0.153）/0.153＝－0.307$$
$$E_{销}＝－0.307/（－0.1）＝3.07$$

式中：$E_{销}$——效益指标对销售价格的敏感度系数

敏感度系数为正，说明销售价格降低导致内部收益率降低。

比较上边两个敏感度系数的绝对值，可以看出 $E_{销}$ 大于 $E_{建}$，说明销售价格比建设投资对项目效益指标的影响程度相对较大，也即项目效益指标对销售价格敏感程度高于对建设投资的敏感程度。

（2）绘制敏感性分析图

根据敏感性分析表中的数值可以绘制敏感性分析图，横轴为不确定因素变化率，纵轴为项目效益指标。图中曲线可以明确表明项目效益指标变化受不确定因素变化的影响趋势，并由此求出临界点。图 10－1 是典型的敏感性分析图。

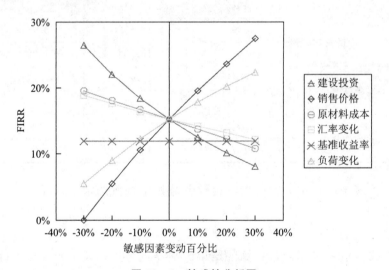

图 10－1　敏感性分析图

图 10－1 系根据表 10－2 以及相关数据绘制。横轴为不确定因素的变化率，纵轴为内部收益率的数值。图中共有四条内部收益率随不确定因素的变化曲线，还有一条基准收益率线。

以销售价格为例，当销售价格提高时，内部收益率随之提高，而销售价格降低时，内部收益率随之降低。内部收益率随销售价格的变化曲线与基准收益率线相交的交点，就是销售价格变化的临界点，用该点对应的不确定因素的变化率表示。用该变化率换算的不确定因素的变化数值就称为临界值。可以看出，销售价格降低的临界点约为 7%，说明在基准收益率为 12%时允许销售价格降低的极限是 7%。

6. 对敏感性分析结果进行分析

应对敏感性分析表和敏感性分析图显示的结果进行文字说明，将不确定因素变化后计算的经济评价指标与基本方案评价指标进行对比分析，分析中应注重以下三个方面：

（1）结合敏感度系数及临界点的计算结果，按不确定因素的敏感程度进行排序，找出哪些因素是较为敏感的不确定因素。可通过直观检测得知或观其敏感度系数和临界点，敏感度系数较高者或临界点较低者为较为敏感的因素。

（2）定性分析临界点所表示的不确定因素变化发生的可能性。以可行性研究报告前几章的分析研究为基础，结合经验进行判断，说明所考察的某种不确定因素有否可能发生临界点所表示的变化，并做出风险的粗略估计。

（3）归纳敏感性分析的结论，指出最敏感的一个或几个关键因素，粗略预测项目可能的风险。对于不系统进行风险分析的项目，应根据敏感性分析结果提出相应的减轻不确定因素影响的措施，提请项目业主、投资者和有关各方在决策和实施中注意，以尽可能降低风险，实现预期效益。

（三）敏感性分析的不足

敏感性分析虽然可以找出项目效益对之敏感的不确定因素，并估计其对项目效益的影响程度，但却并不能得知这些影响发生的可能性有多大，这是敏感性分析最大的不足之处。

对于项目风险估计而言，仅回答有无风险和风险大小的问题是远远不够的。因为投资项目要经历一个持久的过程，一旦实施很难改变。为避免实施后遭受失败，必须在决策前做好各方面的分析。决策者必须对项目可能面临的风险有足够的估计，对风险发生的可能性心中有数，以便及时采取必要的措施规避风险。只有回答了风险发生的可能性大小问题，决策者才能获得全面的信息，最终做出正确的决策。而要回答这个问题，必须进行风险分析。

二、盈亏平衡分析

（一）盈亏平衡分析的概念、作用与条件

1. 盈亏平衡分析的概念

盈亏平衡分析是在一定市场和经营管理条件下，根据达到设计生产能力时的成本费用与收入数据，通过求取盈亏平衡点，研究分析成本费用与收入平衡关系的一种方法。随着相关因素的变化，企业的盈利与亏损会有个转折点，称为盈亏平衡点（BEP）。在这一点上，销售收入（扣除税金及附加）等于总成本费用，刚好盈亏平衡。

盈亏平衡分析可以分为线性盈亏平衡分析和非线性盈亏平衡分析，投资项目决策分析与评价中一般仅进行线性盈亏平衡分析。

盈亏平衡点的表达形式有多种，可以用产量、产品售价、单位可变成本和年总固定成本等绝对量表示，也可以用某些相对值表示。投资项目决策分析与评价中最常用的是以产量和生产能力利用率表示的盈亏平衡点，也有采用产品售价表示的盈亏平衡点。

2. 盈亏平衡分析的作用

通过盈亏平衡分析可以找出盈亏平衡点，考察企业（或项目）对市场导致的产出（销售）量变化的适应能力和抗风险能力。用产量和生产能力利用率表示的盈亏平衡点越低，表明企业适应市场需求变化的能力越大，抗风险能力越强；用产品售价表示的盈亏平衡点越低，表明企业适应市场价格下降的能力越大，抗风险能力越强。

盈亏平衡分析只适宜在财务分析中应用。

3. 线性盈亏平衡分析的条件

进行线性盈亏平衡分析要符合以下四个条件：

(1) 产量等于销售量，即当年生产的产品（扣除自用量）当年完全销售。

(2) 产量变化，单位可变成本不变，即总成本费用是产量的线性函数。

(3) 产量变化，产品售价不变，即销售收入是销售量的线性函数。

(4) 只生产单一产品，或者生产多种产品，但可以换算为单一产品计算，也即不同产品负荷率的变化是一致的。

（二）盈亏平衡点的计算方法

盈亏平衡点可以采用公式计算法，也可以采用图解法求取。

1. 公式计算法

盈亏平衡点计算公式：

$$\text{BEP（生产能力利用率）} = \text{年总固定成本} / （\text{年销售收入} - \text{年总可变成本} - \text{年税金及附加}） \times 100\% \tag{10-2}$$

$$\begin{aligned}\text{BEP（产量）} &= \text{年总固定成本} / （\text{单位产品价格} - \text{单位产品可变成本} - \text{单位产品税金及附加}）\\ &= \text{BEP（生产能力利用率）} \times \text{设计生产能力} \tag{10-3}\end{aligned}$$

$$\text{BEP（产品售价）} = （\text{年总固定成本} / \text{设计生产能力}） + \text{单位产品可变成本} + \text{单位产品税金及附加} \tag{10-4}$$

注：以上计算公式中的收入和成本均为不含增值税销项税额和进项税额的价格（简称不含税价格）。如采用含税价格，式10-2分母中应再减去年增值税；式10-3分母中应再减去单位产品增值税；式10-4中应加上单位产品增值税。

2. 图解法

盈亏平衡点可以采用图解法求得，见图10-2。

图中销售收入线（如果销售收入和成本费用都是按含税价格计算的，销售收入中还应减去增值税）与总成本费用线的交点即为盈亏平衡点，这一点所对应的产量即为 BEP（产量），也可换算为 BEP（生产能力利用率）。

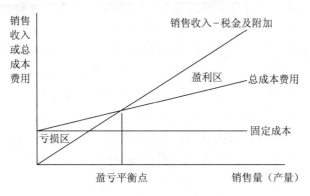

图 10－2　盈亏平衡分析图

（三）盈亏平衡分析注意要点

1. 盈亏平衡点应按项目达产年份的数据计算，不能按计算期内的平均值计算。由于盈亏平衡点表示的是相对于设计生产能力下，达到多少产量或负荷率多少才能盈亏平衡，或为保持盈亏平衡最低价格是多少，故必须按项目达产年份的销售收入和成本费用数据计算，如按计算期内的平均数据计算，就失去了意义。

2. 当计算期内各年数值不同时，最好按还款期间和还完借款以后的年份分别计算。即便在达产后的年份，由于固定成本中的利息各年不同，折旧费和摊销费也不是每年都相同，所以成本费用数值可能因年而异，具体按哪一年的数值计算盈亏平衡点，可以根据项目情况进行选择。一般而言，最好选择还款期间的第一个达产年和还完借款以后的年份分别计算，以便分别给出最高的盈亏平衡点和最低的盈亏平衡点。

【例 10－2】　盈亏平衡分析案例

假设某项目达产第一年的销售收入为 31389 万元，税金及附加为 392 万元，固定成本 10542 万元，可变成本 9450 万元，销售收入与成本费用均采用不含税价格表示，该项目设计生产能力为 100 万吨。

问题：（1）分别计算该项目以生产能力利用率、产量和产品售价表示的盈亏平衡点。

（2）计算该项目达到设计生产能力时的年利润。

（3）计算该项目年利润达到 5000 万元时的最低年产量。

［解答］

（1）BEP（生产能力利用率）＝［10542/（31389－9450－392）］×100％＝48.93％

BEP（产量）＝100×48.93％＝48.93（万吨）

或 BEP（产量）＝［10542/（31389/100－9450/100－392/100）］＝48.93（万吨）

BEP（产品售价）＝（10542/100）＋（9450/100）＋（392/100）＝204（元/吨）

因达产第一年时，一般项目利息负担较重，固定成本较高。该盈亏平衡点实为项目计算期内各年的较高值。计算结果表明，在生产负荷达到设计能力的48.93%时即可盈亏平衡，说明项目对市场的适应能力较强。而为了维持盈亏平衡，允许产品售价最低降至204元/吨。

(2) 该项目达到设计生产能力时的年利润＝31389－392－（10542＋9450）

$$=11005 万元$$

(3) 设该项目年利润达到5000万元时的最低年产量为Q

则：[（31389－392）/100]×Q－[10542＋（9450/100）×Q]＝5000

可得：Q＝72.13万吨，即该项目年利润达到5000万元的最低产量应为72.13万吨。

第三节　投资项目风险分析流程和方法

一、投资项目风险分析流程

投资项目风险分析是认识投资项目可能存在的潜在风险因素，估计这些因素发生的可能性及由此造成的影响，研究防止或减少不利影响而采取对策的一系列活动，它包括风险识别、风险估计、风险评价与风险对策研究四个基本阶段。其基本流程如图10-3所示。

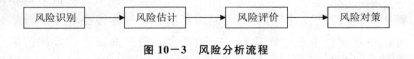

图10-3　风险分析流程

项目决策分析与评价中的风险分析应遵循以下程序：首先从认识风险特征入手去识别风险因素；其次根据需要和可能选择适当的方法估计风险发生的可能性及其影响；再次，按照某个标准，评价风险程度，包括单个风险因素风险程度估计和对项目整体风险程度估计；最后，提出针对性的风险对策，将项目风险进行归纳，提出风险分析结论。

二、风险识别

风险识别就是要识别和确定项目可能存在的风险因素，同时初步确定这些风险因素可能给项目带来的影响。风险识别需要在充分认识风险特征的基础上，识别项目潜在的风险和引起这些风险的具体风险因素，只有首先把项目主要的风险因素揭示出来，才能进一步通过风险评估确定损失程度和发生的可能性，进而找出关键风险因素，提出风险对策。风险识别的结果是建立项目的风险清单。

风险识别应注意借鉴历史经验，特别是后评价的经验。同时可运用"逆向思维"方法来审视项目，寻找可能导致项目"不可行"的因素，以充分揭示项目的风险来源。

（一）风险识别的目的

风险识别是风险分析的基础，作为风险分析的第一步，其目的在于：

1. 对项目产生重要影响的风险，按照风险来源和特征进行风险分类。项目风险有其自身的特征，要根据这些特征来识别风险因素。

2. 分析这些风险产生的原因或是发生的条件。每个风险都存在自己的原因，要仔细检查引起这些风险的具体因素。

3. 寻找风险事件，即风险的直接表现。检查风险事件的后果以及表现，决定应对策略，衡量风险处理的成本。

4. 明确风险征兆，即风险发生的间接表现。作为风险预警的重要信号，可以提前采取措施，防范风险或减轻风险的不利影响。

项目的风险识别是风险分析过程中比较耗费时间和费用的阶段。特别是对于重大公共投资项目，具有更多的特殊性，面临更多的新情况，存在技术、经济、社会、环境等各个方面的风险因素，从中筛选出主要风险因素更加困难。为此，需要规范风险识别工作：

1. 建立规范化的风险识别框架，明确风险识别的范围和流程，以提高效率，降低成本，节约时间。

2. 选择合理、恰当的风险识别方法，既要经济，又要可靠。随着风险管理的发展，出现了众多的风险识别方法，各自具有不同的特点和适用条件，满足不同类型项目的风险识别的需要。

3. 组建多专业的风险识别小组。识别内部和外部的风险需要分析者富有经验、创造性和系统观念，但由于个人知识、经验和视野的局限性，较好的方法是选择若干相关专业领域的专家，组成一个风险分析小组来进行风险识别。

（二）风险识别的主要方法

投资项目可行性研究阶段涉及的风险因素较多，各行业和项目又不尽相同。风险识别要根据行业和项目的特点，采用适当的方法进行。风险识别要采用分析和分解原则，把综合性的风险问题分解为多层次的风险因素。常用的方法包括解析法、风险结构分解法、专家调查法、故障树、事件树、问卷调查和情景分析法等。下面主要介绍解析法、风险结构分解法、专家调查法。

1. 解析法

解析法是将一个复杂系统分解为若干子系统进行分析的常用方法，通过对子系统的分析进而把握整个系统的特征。例如，市场风险可以细分为如下的子风险（见图10-4）：

——经济风险。如全球或区域性的经济萧条带来需求的低增长或负增长，导致购买力低下，从而影响项目产品或服务的消费需求。

——政策风险。如国家产业政策、技术政策、土地政策等调整，对部分投资过热行业的行政管制，银行相应控制信贷，导致一些正在建设的项目资金供应中断，面临资金短缺的风险。

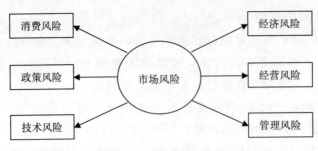

图 10—4   市场风险的分解

——技术风险。由于技术的不断创新，新产品的不断出现，致使原有产品生命周期缩短。

——管理风险。如项目组织管理不善、项目团队缺乏经验、主要管理者流失等问题，带来项目管理的风险。

——经营风险。如竞争者采用新的竞争策略，或是有新的竞争者加入同一目标市场，导致市场竞争格局发生重大变化，导致企业的市场份额下降等。

——消费风险。如消费态度、消费习惯和消费方式的变化，将影响产品销售。

以上因素将影响投资项目产出的数量或价格，并影响项目的销售收入，进而影响项目的盈利能力和正常运营。

解析方法有多种具体途径，基于影响图的解析方法为风险识别提供了更系统观察风险源对项目目标影响的逻辑过程。使风险分析专业人员能够更好地理解风险过程，全面识别项目风险。如图 10—5 描绘了收费桥梁项目的财务风险解析过程。从

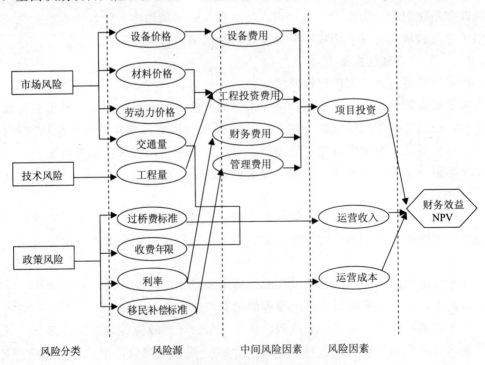

图 10—5   收费桥梁项目的财务风险影响图

风险源到中间风险因素到关键风险因素，再到财务效益目标。通过解析，可以发现构成项目财务风险的主要风险源包括设备价格、材料价格、劳动力价格、交通量、工程量、收费标准、收费年限、利率、移民搬迁补偿标准等。

2. 风险结构分解法

风险结构分解法是在解析法基础上发展出来的，是风险识别的主要方法之一。美国项目管理学的定义是："一种基于原因或来源对风险进行垂直分类的方法，它可以描述和组织项目的全部风险，每深入一个层次表示项目风险来源描述的进一步详细和明确。"它是将一个复杂系统分解为若干子系统进行分析的常用方法，它是一种风险来源的递阶层次分解结构，通过对子系统的分析进而把握整个系统的特征，可以帮助项目分析人员和决策者更好地了解和分析项目潜在的风险，并全面地把握项目的整体风险。

从规范风险识别的角度，美国项目管理学会又提出了一种通用的风险分解结构框架，如表10-3所示。它适用于任何组织的任何类型和任何性质的项目，如工业制造、公共设施和商业项目等。包括三个层次：第一层，分为管理风险、外部风险和技术风险三类；第二层，管理风险包括来自企业和客户或相关利益者的风险，外部风险包括自然环境风险、文化风险和经济风险，技术风险包括需求、性能、应用风险，共8种风险；第三层，包括31个具体的风险。

表 10-3　通用的项目风险分解结构

层次 0	层次一	层次二	层次三
项目风险	管理风险	企业	历史/经验/文化
			组织稳定性
			财务
			其他
		客户或利益相关者	历史/经验/文化
			合同
			需求稳定性
			其他
	外部风险	自然环境	物质环境
			项目地点
			当地服务
			其他
		文化	政治
			法律/行政管制
			兴趣群体
			其他
		经济	劳动力市场
			劳动条件
			金融市场
			其他

续表

层次0	层次一	层次二	层次三
项目风险	技术风险	需求	范围不确定
			使用条件
			复杂性
			其他
		性能	技术成熟性
			技术局限性
			其他
		应用	组织经验
			个人能力及组合
			物质资源
			其他

表10—3没有考虑具体投资项目的特点，在实际工作中，可以借鉴该表的分类方法结合投资项目的具体情况进行设计。

3. 专家调查法

专家调查法是基于专家的知识、经验和直觉，通过发函、开会或其它形式向专家进行调查，发现项目潜在风险的分析方法，对项目风险因素及其风险程度进行评定，将多位专家的经验集中起来形成分析结论的一种方法，它适用于风险分析的全过程。由于专家调查法比一般的经验识别法更具客观性，因此应用更为广泛。

专家调查法有很多，其中头脑风暴法、德尔菲法、风险识别调查表、风险对照检查表和风险评价表是最常用的几种方法。头脑风暴法和德尔菲法在第四册《现代咨询方法与实务》书中有详细介绍。这里只重点介绍后面三种方法。

（1）风险识别调查表，主要定性描述风险的来源与类型、风险特征、对项目目标的影响等，典型的风险识别调查表如表10—4。

表10—4 典型的风险识别调查表

编号：　　　　　　　　　　　　　　　　　　　　　　　　　　　　　时间：

项目名称	内容
风险类型	
风险描述	
风险对项目目标的影响（费用、质量、进度、环境等）	
风险的来源、特征	

（2）风险对照检查表，是一种规范化的定性风险分析工具，具有系统、全面、简单、快捷、高效等优点，容易集中专家的智慧和意见，不容易遗漏主要风险；对风险分析人员有启发思路、开拓思路的作用。当有丰富的经验和充分的专业技能

时，项目风险识别相对简单，并可以取得良好的效果。显然，对照检查表的设计和确定是建立在众多类似项目经验基础上的，需要大量类似项目的数据。而对于新的项目或完全不同环境下的项目，则难以适应。否则可能导致风险识别的偏差。因此，需要针对项目的类型和特点，制定专门的风险对照检查表，提高风险识别的工作效率。表 10－5 给出了投资项目风险对照检查表的一个示例。

表 10－5　风险对照检查表示例

风险因素	可能的原因	可能的影响	可能性		
			高	中	低
进度延误风险	资金不足 设计变更 施工能力不足 …	进度延误		* *	*
投资估算不准确风险	工程量估计不准 设备价格变化 材料价格变动 土地成本增加 …	投资超支	*	* *	*
项目组织风险	项目复杂程度高 业主缺乏经验 可行性研究深度不足 …	质量出现问题		*	* *

（3）风险评价表，通过专家凭借经验独立对各类风险因素的风险程度进行评价，最后将各位专家的意见归集起来。风险评价表通常的格式如表 10－6 所示，表中风险种类应随行业和项目特点而异，其层次可视情况细分，同时应说明对程度判定的理由，并尽可能明确最悲观值（或最悲观情况）及其发生的可能性。

表 10－6　风险评价表

风险因素名称	风险程度					说　明
	重大	较大	一般	较小	微小	
1. 市场风险						
市场需求量						
竞争能力						
价格						
2. 原材料供应风险						
可靠性						
价格						
质量						

续表

风险因素名称	风险程度					说 明
	重大	较大	一般	较小	微小	
3. 技术风险						
可靠性						
适用性						
经济性						
4. 工程风险						
地质条件						
施工能力						
水资源						
5. 投资与融资风险						
汇率						
利率						
投资						
工期						
6. 配套条件						
水、电、气配套条件						
交通运输配套条件						
其它配套工程						
7. 外部环境风险						
经济环境						
自然环境						
社会环境						
8. 其他						

（四）投资项目的主要风险

一般来说，投资项目的风险主要从以下几个方面进行识别：

1. 市场风险

市场风险是竞争性项目常遇到的重要风险。它的损失主要表现在项目产品销路不畅，产品价格低迷等以至产量和销售收入达不到预期的目标。细分起来市场方面涉及的风险因素较多，可分层次予以识别。市场风险一般来自四个方面：一是由于消费者的消费习惯、消费偏好发生变化，使得市场需求发生重大变化，导致项目的市场出现问题，市场供需总量的实际情况与预测值发生偏离。二是由于市场预测方法或数据错误，导致市场需求分析出现重大偏差。三是市场竞争格局发生重大变化，竞争者采取了进攻策略，或者是出现了新的竞争对手，对项目的销售产生重大影响。四是由于市场条件的变化，项目产品和主要原材料的供应条件和价格发生较大变化，对项目的效益产生了重大影响。

2. 技术与工程风险

在可行性研究中，虽然对投资项目采用技术的先进性、可靠性和适用性进行了必要的论证分析，选定了认为合适的技术。但是，由于各种主观和客观原因，仍然可能会发生预想不到的问题，使投资项目遭受风险损失。可行性研究阶段应考虑的技术方面的风险因素主要有：对技术的适用性和可靠性认识不足，运营后达不到生产能力、质量不过关或消耗指标偏高，特别是高新技术开发项目这方面的风险更大。对于引进国外二手设备的项目，设备的性能能否如愿是应认真分析的风险因素。另外，工艺技术与原料的匹配问题也是应考察的风险因素。

对于矿山、铁路、港口、水库以及部分加工业项目，工程地质情况十分重要。但限于技术水平有可能勘探不清，致使在项目的生产运营甚至施工中就出现问题，造成经济损失。因此在地质情况复杂的地区，应慎重对待工程地质风险因素。

3. 组织管理风险

管理风险是指由于项目管理模式不合理，项目内部组织不当、管理混乱或者主要管理者能力不足、人格缺陷等，导致工程质量出现问题、投资大量增加、项目不能按期建成投产造成损失的可能性。包括项目采取的管理模式、组织与团队合作以及主要管理者的道德水平等。因此，合理设计项目的管理模式、选择适当的管理者和加强团队建设是规避管理风险的主要措施。

组织风险是指由于项目存在众多参与方，各方的动机和目的不一致将导致项目合作的风险，影响项目的进展和项目目标的实现。还包括项目组织内部各部门对项目的理解、态度和行动的不一致而产生的风险。完善项目各参与方的合同，加强合同管理，可以降低项目的组织风险。

4. 政策风险

政策风险主要指国内外政治经济条件发生重大变化或者政策调整，项目原定目标难以实现的可能性。项目是在一个国家或地区的社会经济环境中存在的，由于国家或地方各种政策，包括经济政策、技术政策、产业政策等，涉及税收、金融、环保、投资、土地、产业等政策的调整变化，都会对项目带来各种影响。特别是对于海外投资项目，由于不熟悉当地政策，规避政策风险更是项目决策分析与评价阶段的重要内容。

如产业政策的调整，国家对某些过热的行业进行限制，并相应调整信贷政策，收紧银根，提高利率等，将导致企业融资的困难，可能带来项目的停工甚至破产；又如国家土地政策的调整，严格控制项目新占耕地，提高项目用地的利用率，对建设项目的生产布局带来重大影响。

5. 环境与社会风险

环境风险是由于对项目的环境生态影响分析深度不够，或者是环境保护措施不当，带来重大的环境影响，引发社会矛盾，从而影响项目的建设和运营。

社会风险是指由于对项目的社会影响估计不足，或者项目所处的社会环境发生变化，给项目建设和运营带来困难和损失的可能性。有的项目由于选址不当，或者因对利益受损者补偿不足，都可能导致当地单位和居民的不满和反对，从而影响项目的建设和运营。社会风险的影响面非常广泛，包括宗教信仰、社会治安、文化素质、公众态度等方面。

6. 其他风险

对于某些项目，还要考虑其特有的风险因素。例如，对于矿山、油气开采等资源开发项目，资源风险是很重要的风险因素。在可行性研究阶段，矿山和油气开采等项目的设计规模，一般是根据有关部门批准的地质储量设计的，对于地质结构比较复杂的地区，加上受勘探的技术、时间和资金的限制，实际储量可能会有较大的出入，致使矿山和油气开采等项目产量降低、开采成本过高或者寿命缩短，造成巨大的经济损失；对于投资巨大的项目，还存在融资风险，由于资金供应不足或者来源中断导致建设工期拖延甚至被迫终止建设；或者由于利率、汇率变化导致融资成本升高造成损失的可能性；大量消耗原材料和燃料的项目，还存在原材料和燃料供应量、价格和运输保障三个方面的风险；在水资源短缺地区建设项目，或者项目本身耗水量大，水资源风险因素应予重视；对于中外合资项目，要考虑合资对象的法人资格和资信问题，还有合作的协调性问题；对于农业投资项目，还要考虑因气候、土壤、水利、水资源分配等条件的变化对收成不利影响的风险因素。

上面只是列举出投资项目可能存在的一些风险因素，但并非能涵盖所有投资项目的全部风险因素，也并非每个投资项目都同时存在这么多风险因素，而可能只是其中的几种，要根据项目具体情况予以识别。

三、风险估计

(一) 风险估计

风险估计是在风险识别后对风险事件发生可能性、风险事件影响范围、风险事件发生的时间和风险后果对项目严重程度所进行的估计。投资项目涉及的风险因素有些是可以量化的，可以通过定量分析的方法对它们进行分析；同时客观上也存在着许多不可量化的风险因素，它们有可能给项目带来更大的风险，有必要对不可量化的风险因素进行定性描述。因此，风险估计应采取定性描述与定量分析相结合的方法，从而对项目面临的风险做出全面的估计。应该注意到定性与定量不是绝对的，在深入研究和分解之后，有些定性因素可以转化为定量因素。

风险估计的方法包括风险概率估计方法和风险影响估计方法两类，前者分为主观估计和客观估计，后者有概率树分析、蒙特卡洛模拟、决策矩阵等方法。

(二) 风险估计的主要方法

1. 风险概率估计

风险概率估计，包括客观概率估计和主观概率估计。在项目评价中，风险概率估计中较常用的是正态分布、三角形分布、贝塔分布等概率分布形式，由项目评价人员或专家进行估计。

（1）客观概率估计

客观概率是实际发生的概率，它并不取决于人的主观意志，可以根据历史统计数据或是大量的试验来推定。有两种方法：一是将一个事件分解为若干子事件，通过计算子事件的概率来获得主要事件的概率；二是通过足够量的试验，统计出事件的概率。由于客观概率是基于同样事件历史观测数据的，它只能用于完全可重复事件，因而并不适用于大部分现实事件。应用客观概率对项目风险进行的估计称为客观估计，它利用同一事件的历史数据，或是类似事件的数据资料，计算出客观概率。该法的最大缺点是需要足够的信息，但通常是不可得的。

当项目的某些风险因素可以找到比较多的历史数据时，就可以基于已有的数据资料，进行统计分析，从而得出这些风险因素出现的概率。

如某风险因素有 Q_1、Q_2、Q_3、……、Q_m 等 m 个状态，对应的出现次数分别是 n_1、n_2、n_3、……、n_m，则第 i 种状态出现的概率是：

$$p（x=Q_i）=n_i/n, \quad i=1, 2, 3, \cdots, m \qquad (10-5)$$

其中：$n=n_1+n_2+n_3+\cdots\cdots+n_m$

（2）主观概率估计

主观概率是基于个人经验、预感或直觉而估算出来的概率，是一种个人的主观判断，反映了人们对风险现象的一种测度。当有效统计数据不足或是不可能进行试验时，主观概率是唯一选择，基于经验、知识或类似事件比较的专家推断概率便是主观估计。在实践中，许多项目风险是不可预见、并且不能精确计算的。主观概率估计的具体步骤有：

①根据需要调查问题的性质组成专家组。专家组成员由熟悉该风险因素的现状和发展趋势的专家、有经验的工作人员组成。

②估计某一变量可能出现的状态数或状态范围、各种状态出现的概率或变量发生在状态范围内的概率，由每个专家独立使用书面形式反映出来。

③整理专家组成员的意见，计算专家意见的期望值和意见分歧情况，反馈给专家组。

④专家组讨论并分析意见分歧的原因，再由专家组成员重新背靠背地独立填写变量可能出现的状态或状态范围、各种状态出现的概率或变量发生在状态范围内的概率，如此重复进行，直至专家意见分歧程度满足要求值为止。这个过程最多经历三个循环，超过三个循环将会引起厌烦，不利于获得专家们的真实意见。

（3）风险概率分布

①离散型概率分布。当输入变量可能值是有限个数，称这种随机变量为离散型随机变量。如产品市场销售量可能出现低销售量、中等销售量、高销售量三种状态，即认为销售量是离散型随机变量。各种状态的概率取值之和等于1，它适用于变量取值个数不多的输入变量。

②连续型概率分布，当输入变量的取值充满一个区间，无法按一定次序一一列举出来时，这种随机变量称连续型随机变量。如市场需求量在某一数量范围内，无法按一定次序一一列举，列出区间内 a，b 两个数，则总还有无限多个数 x，b＞x＞a，这时的产品销售量就是一个连续型随机变量，它的概率分布用概率密度和分布函数表示，常用的连续型概率分布有：

a. 正态分布。其特点是密度函数以均值为中心对称分布，如图 10－6，这是一种最常用的概率分布，其均值为 $\bar{x}$，方差为 σ_2，用 $N(\bar{x}，\sigma)$ 表示。当 $\bar{x}=0$，$\sigma=1$ 时称这种分布为标准正态分布，用 $N(0，1)$ 表示，适用于描述一般经济变量的概率分布，如销售量、售价、产品成本等。

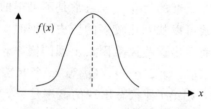

图 10－6　正态分布概率密度图

b. 三角型分布。其特点是密度数是由最悲观值、最可能值和最乐观值构成的对称的或不对称的三角型（见图 10－7）。适用描述工期、投资等不对称分布的输入变量，也可用于描述产量、成本等对称分布的输入变量。

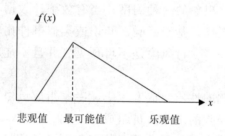

图 10－7　三角形分布概率密度图

c. β分布。其特点是密度函数为在最大值两边不对称分布（见图 10－8），适用于描述工期等不对称分布的输入变量。

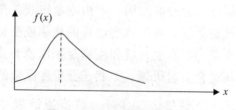

图 10－8　β 分布概率密度图

d. 经验分布。其密度函数并不适合于某些标准的概率函数，可根据统计资料及主观经验估计的非标准概率分布，它适合于项目评价中的所有各种输入变量。

（4）风险概率分析指标

描述风险概率分布的指标主要有期望值、方差、标准差、离散系数等。

①期望值

期望值是风险变量的加权平均值。对于离散型风险变量，期望值为

$$\bar{x} = \sum_{i=1}^{n} x_i p_i \qquad (10-6)$$

其中：n——风险变量的状态数；

x_i——风险变量的第 i 种状态下变量的值；

p_i——风险变量的第 i 种状态出现的概率。

对于等概率的离散随机变量，其期望值为

$$\bar{x} = \frac{1}{2} \sum_{i=1}^{n} x_i \qquad (10-7)$$

②方差和标准差

方差和标准差都是描述风险变量偏离期望值程度的绝对指标。对于离散型变量，方差 S^2 为：

$$S^2 = \sum_{i=1}^{n} (x_i - \bar{x})^2 p_i \qquad (10-8)$$

方差的平方根为标准差，计为 S。

对于等概率的离散随机变量，方差为

$$S^2 = \frac{1}{n-1} \sum_{i=1}^{n} (x_i - \bar{x})^2 \qquad (10-9)$$

当 n 足够大（通常 n 大于 30）时，可以近似为

$$S^2 = \frac{1}{n} \sum_{i=1}^{n} (x_i - \bar{x})^2 \qquad (10-10)$$

③离散系数

离散系数是描述风险变量偏离期望值的离散程度的相对指标，计为 β：

$$\beta = \frac{S}{x} \qquad (10-11)$$

【例 10-3】　某投资项目决策分析与评价中采用的市场销售量为 100 吨。为分析销售量的风险情况，请了 15 位专家对该种产品销售量可能出现的状态及其概率进行预测，专家意见整理如表 10-7。请依据该表计算销售量的概率分布指标。

表 10－7　专家调查意见汇总表

专家	概率（％）　销量 80	90	100	110	120
1	10	15	50	15	10
2	15	25	40	15	5
3	10	15	60	10	5
4	5	12.5	65	12.5	5
5	10	15	55	15	5
6	10	15	50	15	10
7	5	15	55	15	10
8	5	10	60	15	10
9	5	15	50	20	10
10	0	15	70	15	0
11	10	15	75	0	0
12	10	25	60	5	0
13	10	20	60	10	0
14	0	10	60	20	10
15	5	20	60	15	0

【解答】

（1）首先分别计算专家估计值的平均概率，$p_i = \dfrac{1}{n}\sum_{j=1}^{n} p_{ij}$，其中 n 为专家人数，n＝15

专家估计销售量为 80 吨的平均概率为＝（10＋15＋10＋5＋10＋10＋5＋5＋5＋0＋10＋10＋10＋0＋5）/15＝7.33，同样可以计算出销售量为 90、100、110 和 120 吨的概率。结果见表 10－8。

表 10－8　专家预测销售量的概率分布

销售量（吨）	80	90	100	110	120
概率（％）	7.33	16.17	58.00	13.17	5.33

（2）计算出专家估计销售量的期望值

$$\bar{x} = \sum_{i=1}^{n} x_i p_i = 80 \times 7.3\% + 90 \times 16.17\% + 100 \times 58.00\% + 110 \times 13.17\% + 120 \times 5.33\% = 99.30 \ (吨)$$

（3）计算销售量的方差、标准差和离散系数

$$方差\ S^2 = \sum_{i=1}^{n} (x_i - \bar{x})^2 p_i = (80 - 99.30)^2 \times 7.33\% + (90 - 99.30)^2 \times 16.17\%$$
$$+ (100 - 99.30)^2 \times 58.00\% + (110 - 99.30)^2 \times 13.17\%$$
$$+ (120 - 99.30)^2 \times 5.33\% = 79.49$$

标准差 $S = 8.92$，离散系数 $\beta = 0.09$。

从表 $10-9$ 可以看出，专家意见比较集中。若专家意见分歧程度在 0.1 以上，需进行第二轮甚至第三轮讨论，消除因误解而产生的分歧。以最终调查的结果作为被调查变量的概率分布。

【例 $10-4$】　某项目产品售价服从正态分布，请了 10 位专家对价格的范围及在该范围内的概率进行估计，调查结果如表 $10-9$。请计算专家估计值的期望值和标准差。

表 $10-9$　专家调查结果表

专家	期望值	范围	范围内概率（%）
1	100	80～120	90
2	100	80～120	95
3	100	80～120	85
4	95	75～115	90
5	95	75～115	95
6	95	75～115	85
7	105	85～125	90
8	105	85～125	95
9	105	85～125	88
10	100	80～120	80

【解答】

（1）首先计算专家估计值的期望值和期望值的方差、标准差和离散系数。

$$期望值 = \frac{1}{n} \sum x_i = \frac{1}{10}(100 + 100 + 100 + 95 + 95 + 95 + 105 + 105 + 105 + 100) = 100$$

$$方差\ S^2 = \frac{1}{n-1} \sum (x_i - \bar{x})^2 = \frac{1}{10-1} \big[(100 - 100)^2 + (100 - 100)^2$$
$$+ (100 - 100)^2 + (95 - 100)^2 + (95 - 100)^2 + (95 - 100)^2$$
$$+ (105 - 100)^2 + (105 - 100)^2 + (105 - 100)^2 + (100 - 100)^2 \big]$$
$$= 16.7$$

$$标准差\ S = \sqrt{16.7} = 4.08$$

离散系数 $= \dfrac{S}{x} = \dfrac{4.08}{100} = 0.04$

计算结果汇总得出表10－10。

表 10－10 专家估计值汇总

期望值	100
方差	16.7
标准差	4.08
离散系数	0.04

（2）其次，计算各专家估计的正态分布的标准差σ。

第1位专家认为价格在80～120范围内的概率为90％，即在80～120范围外的概率为10％。即价格小于80元的概率为5％，大于120元的概率为5％。换言之，价格大于80元的累计概率为0.95。见图10－9。

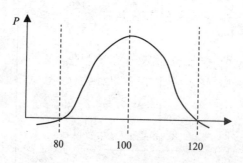

图 10－9 正态分布概率估计图

根据标准正态分布的分布函数表，对应0.95概率的x值在1.65与1.64之间，取中间值1.645。因此，低于80元，即比期望值100元少20元的概率为5％，相当于－1.645σ，

$$\sigma = 20/1.645 = 12.2 \text{ 元}$$

同样，2号专家认为比期望值减少20元的概率为2.5％，相当于－1.96σ，

$$\sigma = 20/1.96 = 10.2$$

3号专家认为比期望值减少20元的概率为7.5％，相当于－1.44σ，

$$\sigma = 20/1.44 = 13.9$$

依此类推，可计算10位专家对产品价格的期望值与标准差的估计值，见表10－11。

表 10－11 专家估计分析表

专家	期望值	范围	范围内概率	标准差 σ
1	100	80～120	90	12.2
2	100	80～120	95	10.2
3	100	80～120	85	13.9
4	95	75～115	90	12.2
5	95	75～115	95	10.2
6	95	75～115	85	13.9
7	105	85～125	90	12.2
8	105	85～125	95	10.2
9	105	85～125	88	12.8
10	100	80～120	80	15.6

从上表可计算各专家估计的正态分布的标准差的平均值为 12.34。

（3）因此，产品价格的概率分布服从期望值为 100、标准差为 12.34 的正态分布。

【例 10－5】 某项目建设投资服从三角形分布，请 10 位专家对建设投资进行预测。专家意见一致性要求的条件是离散系数小于 0.1，如果达不到要求，则需要进行第二论调查。调查结果如表 10－12。

表 10－12 专家估计值

专家	乐观值	最可能值	悲观值
1	950	1000	1150
2	950	1000	1160
3	1000	1050	1180
4	1000	1050	1200
5	1050	1100	1230
6	1050	1100	1230
7	1100	1150	1250
8	1100	1150	1250
9	950	1000	1180
10	950	1000	1180
合计	10100	10600	12010

【问题】

（1）请计算投资额的乐观值、最可能值、悲观值；

（2）计算专家意见的离散系数，判断专家意见的分歧程度，决定是否需要进行第二轮调查。

【解答】

（1）根据表 10—12，计算专家估计的平均值，并分别计算各估计值的平均值、方差、标准差和离散系数。

乐观值的平均值：$\bar{x} = \dfrac{1}{n}\sum\limits_{i=1}^{n} x_i = 1010$

乐观值的方差：$S^2 = \dfrac{1}{n-1}\sum\limits_{i=1}^{n}(x_i - \bar{x})^2 = 3778$

乐观值的标准差 $= \sqrt{3778} = 61.46$，

乐观值的离散系数 $= 61.46/1010 = 0.061$

同样计算，最可能值和悲观值的平均值、标准差和离散系数，计算结果汇总见表 10—13。

表 10—13　专家估计值汇总表

	乐观值	最可能值	悲观值
平均值	1010	1060	1201
方差	3778	3778	1343
标准差	61.46	61.46	36.65
离散系数	0.061	0.058	0.031

（2）可以看出，乐观值、最可能值和悲观值的离散系数都小于 0.1，都满足专家调查一致性要求，不再进行第二轮调查。

因此，根据调查，建设投资服从最乐观估计为 1010 万元，最可能值是 1060 万元，最悲观值为 1201 万元的三角形分布。

2. 概率树分析

概率分析是借助现代计算技术，运用概率论和数理统计原理进行概率分析，求得风险因素取值的概率分布，并计算期望值、方差或标准差和离散系数，表明项目的风险程度。

（1）概率分析的理论计算法

由于项目评价中效益指标与输入变量（或风险因素）间的数量关系比较复杂，概率分析的理论计算法一般只使用于服从离散分布的输入与输出变量。

a. 假定输入变量之间是相互独立的，可以通过对每个输入变量各种状态取值的不同组合计算项目的内部收益率或净现值等指标。根据每个输入变量状态的组合计算得到的内部收益率或净现值的概率为每个输入变量所处状态的联合概率，即各输入变量所处状态发生概率的乘积。

若输入变量有 A，B，C，…，N；

每个输入变量有状态　　A_1，A_2，$\cdots$，A_{n_1}；

B_1，B_2，$\cdots$，B_{n_2}；

$\cdots$；

N_1，N_2，$\cdots$，N_{n_n}。

各种状态发生的概率

$$\sum_{i=1}^{n_1} P\{A_i\} = P\{A_1\} + P\{A_2\} + \cdots\cdots + P\{A_{n_1}\} = 1 \qquad (10-12)$$

$$\sum_{i=1}^{n_2} P\{B_i\} = 1 \qquad (10-13)$$

$$\sum_{i=1}^{n_n} P\{N_i\} = 1 \qquad (10-14)$$

则各种状态组合的联合概率为 P（A1）P（B_1）$\cdots$ P（N_1）；P（A_2）P（B_2）$\cdots$ P（N_2）；$\cdots$，P（A_{n_1}）P（B_{n_1}）$\cdots$ P（N_{n_n}），共有这种状态组合和相应的联合概率 $N_1 \times N_2 \times \cdots \times N_n$个。

b. 评价指标（净现值或内部收益率）由小到大进行顺序排列，列出相应的联合概率和从小到大的累计概率，并绘制评价指标为横轴，累计概率为纵轴的累计概率曲线。计算评价指标的期望值、方差、标准差和离散系数（$\sigma/\bar{x}$）

c. 根据评价指标 NPV＝0，IRR＝i_c或（i_s），由累计概率表计算 P［NPV（i_c）＜0］或 P（IRR＜i_c）的累计概率，同时也可获得：

$$P[NPV(i_c) \geqslant 0] = 1 - P[NPV(i_c) < 0] \qquad (10-15)$$
$$P[IRR \geqslant i_c] = 1 - P(IRR < i_c) \qquad (10-16)$$

当各输入变量之间存在相互关联关系时，这种方法不适用。

（2）概率树分析案例

【例 10—6】　某项目的主要风险变量有三个，建设投资、产品价格和主要原材料价格。经调查，每个风险变量有三种状态，其概率分布见表 10—14。

【问题】

（1）以给出各种组合条件下的 NPV 为基础，计算净现值的期望值（折现率 10%）。

（2）计算期望盈利概率（即净现值≥0 的累计概率）及风险概率。

表 10—14　主要风险因素及概率

概　率　　变化率 风险因素	＋20%	计算值	－20%
建设投资	0.6	0.3	0.1
产品价格	0.5	0.4	0.1
主要原材料价格	0.5	0.4	0.1

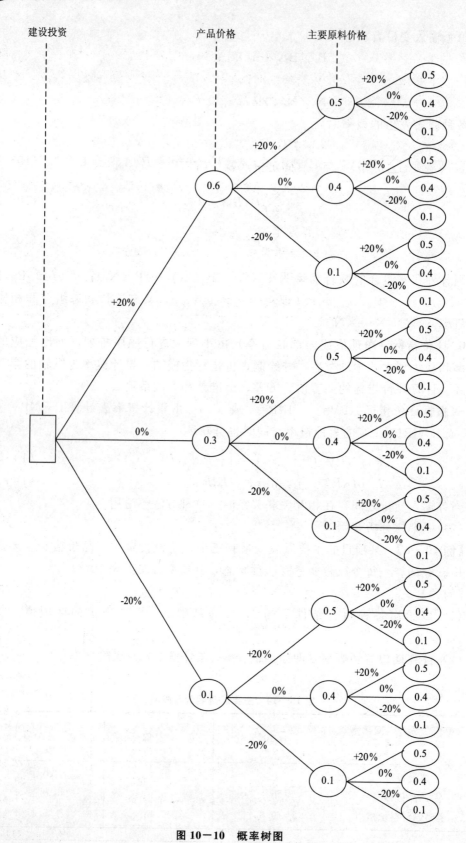

图 10—10　概率树图

【解答】

因每个变量有三种状态，共组成 27 个组合，见图 10－10 中 27 个分支、圆圈内的数字表示输出变量各种状态发生的概率，如第一个分支表示建设投资、产品价格、主要原材料价格同时增加 20％的情况，以下称为第一事件。

（1）计算净现值的期望值

1）分别计算各种可能发生事件发生的概率（以第一事件为例）

第一事件发生的概率＝P$_1$（固定资产投资增加 20％）

$\times$ P$_2$（产品价格增加 20％）$\times$ P$_3$（经营成本增加 20％）

＝0.6 $\times$0.5 $\times$0.5＝0.15

式中：P——各不确定因素发生变化的概率。

依此类推，计算出其它 26 个事件可能发生的概率，如表 10－15 中"发生的可能性"一行数字所示。该行数字的合计数应等于 1。

表 10－15 可能的事件及其对应的财务净现值

事件	发生的可能性	财务净现值（万元）	加权财务净现值（万元）
1	0.6×0.5×0.5＝0.15	32489	4873.35
2	0.6×0.5×0.4＝0.12	41133	4935.96
3	0.6×0.5×0.1＝0.03	49778	1493.34
4	0.6×0.4×0.5＝0.12	−4025	−483.00
5	0.6×0.4×0.4＝0.096	4620	443.52
6	0.6×0.4×0.1＝0.024	13265	318.36
7	0.6×0.1×0.5＝0.03	−40537	−1216.11
8	0.6×0.1×0.4＝0.024	−31893	−765.43
9	0.6×0.1×0.1＝0.006	−23248	−139.49
10	0.3×0.5×0.5＝0.075	49920	3744.00
11	0.3×0.5×0.4＝0.06	58565	3513.90
12	0.3×0.5×0.1＝0.015	67209	1008.14
13	0.3×0.4×0.5＝0.06	13407	804.42
14	0.3×0.4×0.4＝0.048	22051	1058.45
15	0.3×0.4×0.1＝0.012	30696	365.35
16	0.3×0.1×0.5＝0.015	−23106	−346.59
17	0.3×0.1×0.4＝0.012	−14462	−173.54
18	0.3×0.1×0.1＝0.003	−5817	−17.45
19	0.1×0.5×0.5＝0.025	67351	1683.78
20	0.1×0.5×0.4＝0.02	75996	1519.92
21	0.1×0.5×0.1＝0.005	84641	423.21
22	0.1×0.4×0.5＝0.02	30838	616.76
23	0.1×0.4×0.4＝0.016	39483	631.73
24	0.1×0.4×0.1＝0.004	48127	192.51
25	0.1×0.1×0.5＝0.005	−5675	−28.38
26	0.1×0.1×0.4＝0.004	2969	11.88
27	0.1×0.1×0.1＝0.001	11614	11.61
合计 1.000			期望值 24483

2）分别计算各可能发生事件的净现值

将产品价格、建设投资、主要原料价格各年数值分别调增20％，通过计算机程序重新计算财务净现值，得出第一事件下的经济净现值为32489万元，依此类推，计算出其它26个可能发生事件的净现值。也可将计算结果列于表10－15。这里省去26个事件下财务净现值的计算过程。

3）将各事件发生的可能性与其净现值分别相乘，得出加权净现值，如图10－10中最后一列数字所示。然后将各个加权净现值相加，求得财务净现值的期望值。

在上述设定的条件下，该项目的期望值为24483万元。

（2）净现值大于或等于零的概率

对单个项目的概率分析应求出净现值大于或等于零的概率，由该概率值的大小可以估计项目承受风险的程度，该概率值越接近1，说明项目的风险越小，反之，项目的风险越大。可以列表求得净现值大于或等于零的概率。

具体步骤为：将上边计算出的各可能发生事件的经济净现值按数值从小到大的顺序排列起来，到出现第一个正值为止，并将各可能发生事件发生的概率按同样的顺序累加起来，求得累计概率，一并列入表10－16。

表 10－16 累计概率计算表

净现值（万元）	概率	累计概率
－40537	0.030	0.030
－31893	0.024	0.054
－23248	0.006	0.060
－23106	0.015	0.075
－14462	0.012	0.087
－5817	0.003	0.090
－5675	0.005	0.095
－4025	0.120	0.215
2969	0.004	0.219

根据表10－16，可以得出净现值小于零的概率为：

P［NPV（10％）＜0］＝0.215，即项目的风险概率为21.5％。计算得出净现值大于等于零的可能性为78.5％，超过投资者所要求的70％。因此，项目期望盈利概率为78.5％

3. 蒙特卡洛模拟法

当项目评价中输入的随机变量个数较多，每个输入变量可能出现多个以上甚至无限多种状态时（如连续随机变量），可考虑采用蒙特卡洛模拟技术。这种方法的原理是用随机抽样的方法抽取一组输入变量的数值，并根据这组输入变量的数值计算项目评价指标，如内部收益率、净现值等，用这样的办法抽样计算足够多的次数可获得评价指标的概率分布及累计概率分布、期望值、方差、标准差，计算项目由可行转变为不可行的概率，从而估计项目投资所承担的风险。

（1）蒙特卡洛模拟的程序

a. 确定风险分析所采用的评价指标，如净现值、内部收益率等。

b. 确定对项目评价指标有重要影响的输入变量。

c. 确定输入变量的概率分布。

d. 为各输入变量独立抽取随机数。

e. 由抽得的随机数转化为各输入变量的抽样值。

f. 根据抽得的各输入随机变量的抽样值组成一组项目评价基础数据。

g. 根据抽样值所组成的基础数据计算出评价指标值。

h. 重复第四步到第七步，直至预定模拟次数。

i. 整理模拟结果所得评价指标的期望值、方差、标准差和期望值的概率分布，绘制累计概率图。

j. 计算项目由可行转变为不可行的概率。

（2）应用蒙特卡洛模拟法时应注意的问题

a. 应用蒙特卡洛模拟法时，需假设输入变量之间是相互独立的。在风险分析中会遇到输入变量的分解程度问题，一般而言，变量分解得越细，输入变量个数也就越多，模拟结果的可靠性也就越高；变量分解程度低，变量个数少，模拟可靠性降低，但能较快获得模拟结果。对一个具体项目，在确定输入变量分解程度时，往往与输入变量之间的相关性有关。变量分解过细往往造成变量之间有相关性，例如产品销售收入与产品结构方案中各种产品数量和价格有关，而产品销售往往与售价存在负相关的关系，各种产品的价格之间同样存在或正或负的相关关系。如果输入变量本来是相关的，模拟中视为独立的进行抽样，就可能导致错误的结论。为避免此问题，可采用以下办法处理：

（a）限制输入变量的分解程度，例如不同产品虽有不同价格，如果产品结构不变，可采用平均价格，又如销量与售价之间存在相关性，则可合并销量与价格作为一个变量，但是如果销量与售价之间没有明显的相关关系，还是把它们分为两个变量为好。

（b）限制不确定变量个数，模拟中只选取对评价指标有重大影响的关键变量，除关键变量外，其他变量认为保持在期望值上。

（c）进一步搜集有关信息，确定变量之间的相关性，建立函数关系。

b. 蒙特卡洛法的模拟次数。从理论上讲，模拟次数越多，随机数的分布就越均匀，变量组合的覆盖面也越广，结果的可靠性也越高。实务中应根据不确定变量的个数和变量的分解程度确定模拟次数，不确定变量的个数越多，变量分解得越细，需要模拟的次数就越多。

四、风险评价

（一）风险评价

风险评价是在项目风险识别和风险估计的基础上，通过相应的指标体系和评价标准，对风险程度进行划分，以揭示影响项目成败的关键风险因素，以便针对关键风险因素，采取防范对策。工程项目风险评价的依据主要有工程项目类型、风险管理计划、风险识别的成果、工程项目进展状况、数据的准确性和可靠性、概率和影响程度等。

风险评价包括单因素风险评价和整体风险评价。

单因素风险评价，即评价单个风险因素对项目的影响程度，以找出影响项目的关键风险因素。评价方法主要有风险概率矩阵、专家评价法等。

项目整体风险评价，即综合评价若干主要风险因素对项目整体的影响程度。对于重大投资项目或估计风险很大的项目，应进行投资项目整体风险分析。

风险评价可以按照以下三个步骤进行：

（1）确定风险评价基准。风险评价基准是项目主体针对每一种风险后果确定的可接受水平。单个风险和整体风险都要确定评价基准，可分别称为单个评价基准和整体评价基准。风险的可接受水平可以是绝对的，也可以是相对的。

（2）确定项目的风险水平。工程项目整体风险水平是综合所有个别风险之后而确定的。一般工程项目的风险水平取决于工程中存在风险的多少和风险对工程目标的影响程度，一般来说，工程项目中存在的风险越多或风险事件对工程影响越大，则说明工程项目的风险等级越高。

（3）确定项目风险等级。将项目风险水平与评价基准对比，判断项目风险是否在可接受的范围之内，确定不同风险对工程项目目标的重要性，按照重要的程度排序，为项目决策提供依据。

（二）风险等级评定

1. 风险量函数

风险的大小可以用风险量表示。风险量的大小取决于事件发生的可能性和事件发生后对项目目标的影响程度，这里所述的影响特指对项目目标的负面影响。因此，风险量可以用一个二元函数描述：

$$Q = f(p, I) \tag{10-17}$$

其中：Q 为风险量

　　　　p 为风险事件发生的概率；

　　　　I 为风险事件对项目目标的影响。

风险事件发生的概率越大，风险量越大；对项目目标的影响程度越大，风险量越大。

2. 风险影响

按照风险发生后对项目的影响大小，可以划分为五个影响等级。其说明如下：

严重影响：一旦发生风险，将导致整个项目的目标失败，可用字母 S 表示；

较大影响：一旦发生风险，将导致整个项目的标值严重下降，用 H 表示；

中等影响：一旦风险发生，对项目的目标造成中度影响，但仍然能够部分达到，用 M 表示；

较小影响：一旦风险发生，对于项目对应部分的目标受到影响，但不影响整体目标，用 L 表示；

可忽略影响：一旦风险发生，对于项目对应部分目标的影响可忽略，且不影响整体目标，用 N 表示。

3. 风险概率

按照风险因素发生的可能性，可以将风险概率划分为五个档次：

很高：风险发生的概率在 81%－100%，意即风险很有可能发生，用 S 表示。

较高：风险发生的概率在 61%－80%，意味发生的可能性较大，用 H 表示；

中等：风险发生的概率在 41%－60%，意味可能在项目中预期发生，用 M 表示；

较低：风险发生的概率在 21%－40%，意味不可能发生，用 L 表示；

很低：风险发生的概率在 0－20%，意味非常不可能发生，用字母 N 表示。

4. 风险评价矩阵

风险量的大小可以用风险评价矩阵，也称概率－影响矩阵来表示，它以风险因素发生的概率为横坐标，以风险因素发生后对项目的影响为纵坐标，发生概率大且对项目影响大的风险因素位于矩阵的右上角，发生概率小且对项目影响小的风险因素位于矩阵的左下角。如图 10－11。

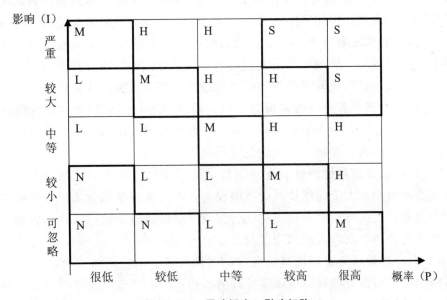

图 10－11　风险概率－影响矩阵

5. 风险等级

根据风险因素对投资项目影响程度的大小，采用风险评价矩阵方法，可将风险程度分为微小风险、较小风险、一般风险、较大风险和重大风险五个等级：

1）微小风险：风险发生的可能性很小，且发生后造成的损失较小，对项目的影响很小。对应图 10－11 的 N 区域。

2）较小风险。风险发生的可能性较小，或者发生后造成的损失较小，不影响项目的可行性。对应图 10-11 的 L 区域。

3）一般风险。风险发生的可能性不大，或者发生后造成的损失不大，一般不影响项目的可行性，但应采取一定的防范措施。对应图 10-11 的 M 区域。

4）较大风险。风险发生的可能性较大，或者发生后造成的损失较大，但造成的损失是项目可以承受的，必须采取一定的防范措施。对应图 10-11 的 H 区域。

5）重大风险。风险发生的可能性大，风险造成的损失大，将使项目由可行转变为不可行，需要采取积极有效的防范措施。对应图 10-11 的 S 区域。

第四节　投资项目风险对策

一、风险对策的基本要求

可行性研究阶段的风险对策研究是整个项目风险管理的重要组成部分，对策研究的基本要求包括：

（一）风险对策研究应贯穿于可行性研究的全过程。 可行性研究是一项复杂的系统工程，而风险因素又可能存在于技术、市场、工程、经济等各个方面。在正确识别出投资项目各方面的风险因素之后，应从方案设计上就采取规避防范风险的措施，才能防患于未然。因此风险对策研究应贯穿于可行性研究的全过程。

（二）风险对策应具针对性。 投资项目可能涉及各种各样的风险因素，且各个投资项目又不尽相同。风险对策研究应有很强的针对性，应结合行业特点，针对特定项目主要的或关键的风险因素提出必要的措施，将其影响降低到最小程度。

（三）风险对策应具可行性。 可行性研究阶段所进行的风险对策研究应立足于现实客观的基础之上，提出的风险对策应是切实可行的。所谓可行，不仅指技术上可行，且从财力、人力和物力方面也是可行的。

（四）风险对策应具经济性。 规避防范风险是要付出代价的，如果提出的风险对策所花费的费用远大于可能造成的风险损失，该对策将毫无意义。在风险对策研究中应将规避防范风险措施所付出的代价与该风险可能造成的损失进行权衡，旨在寻求以最少的费用获取最大的风险效益。

（五）风险对策研究是项目有关各方的共同任务。 风险对策研究不仅有助于避免决策失误而且是投资项目以后风险管理的基础，因此它应是投资项目有关各方的共同任务。项目发起人和投资者应积极参与和协助进行风险对策研究，并真正重视风险对策研究的结果。

在风险对策研究中，可以采用风险控制矩阵，针对不同的风险程度和控制能力，采取不同的策略。如表 10-17。对于风险程度高、控制能力差的风险因素，应再进行深入的研究。对于风险程度中等、控制能力一般的风险因素，要密切关注。对于控制能力好、风险程度中低的风险因素，则可以不必更多地关注。

表 10—17　风险控制矩阵

风险控制能力	风险程度		
	高	中	低
差	深入分析	密切跟踪	关注
一般	密切跟踪	密切跟踪	不必过多关注
强	关注	不必过多关注	不必过多关注

二、投资项目主要风险对策

由于风险具有威胁和机会并存的特征，所以应对风险的对策可以归纳为消极风险或威胁的应对策略及积极风险或机会的应对策略。前者的具体对策一般包括风险回避、风险减轻、风险转移和风险接受，针对的是可能对项目目标带来消极影响的风险；后者针对的是可以给项目带来机会的某些风险，采取的策略总是着眼于对机会的把握和充分利用。由于大多数投资项目决策过程中更为关注的是可能给项目带来威胁的风险，因此下面陈述的主要风险对策仅涉及为消极风险或威胁的应对策略。

（一）风险回避

风险回避是彻底规避风险的一种做法，即断绝风险的来源。对投资项目可行性研究而言就意味着提出推迟或否决项目的建议或者放弃采纳某一具体方案。在可行性研究过程中，通过信息反馈彻底改变原方案的做法也属风险回避方式。如风险分析显示产品市场方面存在严重风险，若采取回避风险的对策，就会做出缓建（待市场变化后再予以考虑）或放弃项目的决策。这样固然避免了可能遭受损失的风险，同时也放弃了投资获利的可能，因此风险回避对策的采用一般都是很慎重的，只有在对风险的存在与发生，对风险损失的严重性有把握的情况下才有积极意义。所以风险回避一般适用于以下两种情况，其一是某种风险可能造成相当大的损失，且发生的频率较高；其二是应用其它的风险对策防范风险代价昂贵，得不偿失。

（二）风险减轻

风险减轻是指把不利风险事件发生的可能性和（或）影响降低到可以接受的临界值范围内，也是绝大部分项目应用的主要风险对策。提前采取措施以降低风险发生的可能性和（或）可能给项目造成的影响，比风险发生后再设法补救要有效得多。可行性研究报告的风险对策研究应十分重视风险控制措施的研究，应就识别出的关键风险因素逐一提出技术上可行，经济上合理的预防措施，以尽可能低的风险成本来降低风险发生的可能性并将风险损失控制在最小程度。在可行性研究过程中所做风险对策研究提出的风险控制措施运用于方案的再设计；在可行性研究完成之时的风险对策研究可针对决策、设计和实施阶段提出不同的风险控制措施，以防患于未然。典型的风险减轻措施包括通过降低技术方案复杂性的方式降低风险事件发生的概率，通过增加那些可能出现的风险的技术方案的安全冗余度以降低日后一旦风险发生可能带来的负面效果。

风险减轻必须针对项目具体情况提出防范、化解风险的措施预案（如表 10—18），既可以是项目内部采取的技术措施、工程措施和管理措施等，也可以采取向外分散的方式来减少项目承担的风险。例如银行为了减少自己的风险，只贷给投资项目所需资金的一部分，让其他银行和投资者共担风险。在资本筹集中采用多方出资的方式也是风险分散的一种方法。

表 10—18　风险防范与化解措施

序号	风险发生阶段	风险因素	主要措施	责任主体
1				
2				
3				
...				

（三）风险转移

风险转移是试图将项目业主可能面临的风险转移给他人承担，以避免风险损失的一种方法。转移风险是把风险管理的责任简单地推给他人，而并非消除风险。实行这种策略要遵循两个原则，第一，必须让承担风险者得到相应的报酬；第二，对于具体风险，谁最有能力管理就让谁分担。

转移风险有两种方式，一是将风险源转移出去，二是只把部分或全部风险损失转移出去。就投资项目而言，第一种风险转移方式是风险回避的一种特殊形式。例如将已做完前期工作的项目转给他人投资，或将其中风险大的部分转给他人承包建设或经营。

第二种风险转移方式又可细分为保险转移方式和非保险转移方式两种。保险转移方式是在工程项目实施阶段常见的风险对策之一。

工程保险是针对工程项目在建设过程中可能出现的因自然灾害和意外事故而造成的物质损失依法应对第三者的人身伤亡或财产损失承担的经济赔偿责任提供保障的险种。工程项目实施中的保险险种详见表 10—19。一般情况下，建筑工程一切险、安装工程一切险和第三者责任险都属于强制性保险。

非保险转移方式是项目前期工作涉及较多的风险对策，如采用新技术可能面临较大的风险，可行性研究中可以提出在技术合同谈判中注意加上保证性条款，如达不到设计能力或设计消耗指标时的赔偿条款等，以将风险损失全部或部分转移给技术转让方，在设备采购和施工合同中也可以采用转嫁部分风险的条款，如采用总价合同形式将风险转移给卖方。

非保险转移主要有三种方式：出售、发包、免责合同。

表 10-19 工程项目实施中的保险

保险标的	保险类别	险种	可附加险种
财产保险	工程保险	建筑工程一切险	第三者责任保险
		安装工程一切险	
	企业财产保险	财产保险综合险	
		房屋抵押贷款保险	
		房屋利益保险	
	运输工具保险	汽车保险	第三者责任保险
		机动车辆保险	
	货物运输保险	水路、陆路、航空货物运输保险	
责任保险	第三者责任保险	建筑工程第三者责任保险	
		安装工程第三者责任保险	
	公众责任保险	电梯责任保险	
		旅馆责任保险	
	职业责任保险	建筑设计责任保险	
		勘察设计责任保险	
		会计师责任保险	
	雇主责任保险	雇主责任保险	第三者责任保险
	产品责任保险	锅炉、压力容器险	第三者责任保险
		水泥质量信誉险	
信用保证保险	合同保证保险	投标保证保险	
		履约保证保险	
		预付款保证保险	
		质量维修保证保险	
	信用保险	投资保险	
人身保险	人寿保险	死亡保险	意外医疗险
		生存（年金）保险	
	人身意外伤害保险	人身意外伤害险	
		经理人身意外伤害保险	
	健康保险	疾病医疗保险	
		疾病死亡保险	

1）出售。通过买卖契约将风险转移给其他单位。例如，项目可以通过发行股票或债券筹集资金。股票或债券的认购者在取得项目的一部分所有权时，也同时承担了一部分风险。

2）发包。发包就是通过从项目执行组织外部获得货物、工程或服务而把风险转移出去。发包时又可以在多种合同形式中选择。例如建设项目的施工合同按计价形式划分，有总价合同、单价合同和成本加酬金合同。

3）免责合同。在合同中列入免责条款，在某些风险事故发生时，项目班子本身不应承担责任。

无论采用何种风险转移方式，风险的接收方应具有更强的风险承受能力或更有利的处理能力。

（四）风险接受

风险接受就是将可能的风险损失留给项目业主自己承担。风险接受分为两种情况。

一种可能是主动的。已知项目有风险，但若采取某种风险措施，其费用支出会大于自担风险的损失时，常常主动接受风险，最常见的主动接受策略是建立应急储备，安排一定的时间、资金或资源来应对风险。

另一种可能是被动的。已知项目有风险，风险事件不影响项目实施，但由于可能获得高额利润而需要冒险，而且此时无法采用其他的合理应对策略，必须被动地保留和承担这种风险。例如，资源开发项目和其他风险投资项目。可能获利而需要冒险时，必须保留和承担该风险。

为了应对风险接受，可以采取事先制订好后备措施。一旦项目实际进展情况与计划不同，就需动用后备措施。主要有费用、进度和技术三种后备措施。

1. 预备费，是一笔事先准备好的资金，用于补偿差错、疏漏及其他不确定性对项目费用估计精确性的影响。预备费在项目预算中要单独列出，不能分散到具体费用项目之下，否则，项目班子就会失去对支出的控制。

预备费一般分为基本预备费和价差预备费两类。基本预备费用于补偿估价和实施过程中的不确定性；价差预备费用于对付通货膨胀和价格波动。

2. 进度后备措施。对于项目进度方面的不确定性因素，项目各方一般不希望以延长时间的方式来解决。因此，就要设法制订出一个较紧凑的进度计划，争取项目在各方要求完成的日期前完成。从网络计划的观点来看，进度后备措施就是在关键路线上设置一段时差或浮动时间。项目工序不确定程度越高，任务越含糊，关键路线上的时差或浮动时间也应该越长。

3. 技术后备措施。技术后备措施专门用于应付项目的技术风险，它可以是一段时间或是一笔资金。当预想的情况未出现、并需要采取补救行动时才动用这笔资金或这段时间。

预算和进度后备措施很可能用上，而技术后备措施很可能用不上。只有当不大可能发生的事件发生、需要采取补救行动时，才动用技术后备措施。

以上所述的风险对策不是互斥的，实践中常常组合使用。比如在采取措施降低风险的同时并不排斥其他的风险对策，例如向保险公司投保、引入合作伙伴等。可行性研究中应结合项目的实际情况，研究并选用相应的风险对策。

三、不同风险决策准则下的项目决策

由于不同的投资者对于项目风险的态度和承受能力是不同的，因而对于风险下建设项目的决策出现差异。按照不同人群对风险的不同态度，可以划分为三类：风险热爱型、风险中性和风险厌恶型，如图 10－12 所示。有的投资者敢于冒大的风险，以争取获得高的收益，属于风险热爱型；有的投资者害怕风险，不愿意冒风险，而放弃项目，这类投资者属于风险厌恶型；也有的投资者即不喜好风险，也不厌恶风险，属于风险中性。

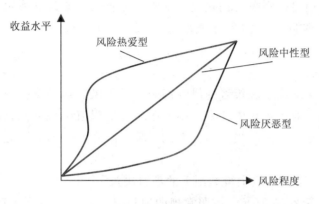

图 10－12　风险偏好与收益

（一）风险决策准则

风险决策准则是风险下投资项目的决策依据，因为存在风险导致项目决策的指标不再具有单一确定的结果，而是存在多种可能性，使得决策变得复杂。包括最大盈利决策、期望值决策、最小损失决策、满意度决策、最小方差决策等，采取何种决策准则，取决于决策者的风险偏好。

最大盈利决策是指在不同的项目中选择可能获得最大收益的项目，或者是按照项目的最大获利能力来对照目标值，如果大于目标值，则项目可行。

期望值决策指在不同的项目中选择可能获得收益期望值最大的项目，或者是按照项目的期望值来对照目标值，如果大于目标值，则项目可行；反之，则项目不可行。

最小损失决策指在不同的项目中选择可能损失最小的项目，或者是按照项目的损失值来对照目标值，如果小于目标值，则项目可行；反之，则项目不可行。

满意度决策既可以是决策人想要达到的收益水平，也可以是决策人想要避免的损失水平，因此它对风险厌恶和风险偏爱决策人都适用。当选择最优方案花费过高或在没有得到其他方案的有关资料之前就必须决策的情况下应采用满意度准则决策。

最小方差决策指方案指标值的方差越大则方案的风险就越大。所以，风险厌恶型的决策人有时倾向于用这一原则选择风险较小的方案。这是一种避免最大损失而不是追求最大收益的准则。

（二）政府决策

对于政府投资项目而言，由于政府投资资金主要投资于公共项目，政府对风险的态度通常应该是风险中性，即不追逐风险以获得高收益，也不因为存在项目风险而放弃公共利益建设。同时，由于政府投资建设大量的项目，存在所谓风险库效应，即建设项目的分散使得风险得以分散。因此，政府投资决策主要采用期望值决策准则。

但是，对于重大投资项目、关系弱势群体等特殊群体利益的项目、或是处于决策指标临界点的项目，则需要调整决策准则。可以采用累计概率水平准则，即项目收益水平大于基准目标值的累计概率大于某个数值，如 60% 或 70% 等，项目才可行。

（三）企业决策

企业投资决策取决于决策者的风险偏好。对于风险热爱型投资者，一般采取最大盈利决策准则；对于风险中性者，则一般选择期望值决策准则；而对于风险厌恶型投资者，一般则选择风险损失的概率低于某一限度如 30%，或是采用最小损失决策准则。

【例 10－7】 不同风险决策准则下的项目决策

某一项目投资 2300 万元，按照常规的项目财务分析，得到了项目净现值 NPV 的最可能情况是 4200 万元，由于存在市场风险、政策风险和技术风险，采用蒙特卡洛模拟进行项目风险分析，NPV 的期望值为 1600 万元，NPV 的分布如图 10－13。请问对于不同的决策者，如何进行决策？

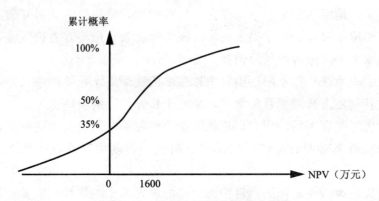

图 10－13　某项目 NPV 的概率分布图

对于风险热爱型的投资者，因为项目 NPV 的最可能值是 4200 万元，大于 0。因此，项目在财务上是可行的。

对于风险中性的投资者，因为 NPV 的期望值为 1600 万元，大于 0。因此，项目在财务上也是可行的。

对于风险厌恶型的投资者，由于存在 35% 的可能性 NPV 小于 0。因此，项目在财务上是不可行的。

第十一章　项目后评价

项目后评价是项目管理的一项重要内容，也是出资人对投资活动进行监管的重要手段。通过项目后评价反馈的信息，可以发现项目决策与实施过程中的问题与不足，吸取经验教训，提高项目决策与建设管理水平。本章主要介绍后评价的概念、基本理论和实际操作方法，便于广大从业人员开展工作。

第一节　概　　述

项目后评价是投资项目周期的一个重要阶段，作为项目管理周期的最后一环，与项目周期的各个阶段都有密不可分的关系。目前，我国投资项目后评价制度性文件基本形成，按照国资委的要求，项目后评价工作已在央企中全面开展；以国家、各省市政府投资为主的项目后评价工作，也正在规范有序地进行。非国有企业投资行为可以参照政府和国有企业已经形成的规范性运作机制开展工作。

一、项目后评价的含义和基本特征

（一）项目后评价含义

目前，对后评价还没有一个统一、规范的定义。根据项目后评价启动时点的不同，可以分为狭义的项目后评价和广义的项目后评价。

狭义的项目后评价是指项目投资完成之后所进行的评价。它通过对项目实施过程、结果及其影响进行调查研究和全面系统回顾，与项目决策时确定的目标以及技术、经济、环境、社会指标进行对比，找出差别和变化，分析原因，总结经验，汲取教训，得到启示，提出对策建议，通过信息反馈，改善和指导新一轮投资管理和决策，达到提高投资效益的目的。

广义的项目后评价还包括项目中间评价，或称中间跟踪评价、中期评价，是指从项目开工到竣工验收前所进行的阶段性评价，即在项目实施过程中的某一时点，对建设项目实际状况进行的评价。一般在规模较大、情况较复杂、施工期较长的项目，以及主客观条件发生较大变化的情况下采用。中间评价除了总结经验教训以指导下阶段工作外，还应以项目实施过程中出现重大变化因素为着眼点，并以变化因素对项目实施和项目预期目标的影响进行重点评价。

（二）项目后评价的基本特性

根据项目后评价在项目周期中的地位和作用，呈现以下基本特性：

1. 全面性

项目后评价，既要总结、分析和评价投资决策和实施过程，又要总结、分析经营过程；不仅要总结、分析和评价项目的经济效益、社会效益，而且还要总结、分析和评价经营管理状况；不仅分析和评价过去，还要展望未来，得出持续性分析。因此，项目后评价具有数据采集范围广泛、评价内容全面的特点。

2. 动态性

项目后评价主要是对投产一至两年后的项目进行全面评价，涉及到项目从决策到实施、运营各个阶段不同的工作方面，具有明显的动态性和跨越性。项目后评价也包括项目建设过程中的事中评价或中间跟踪评价，阶段性评价，有利于及时了解、改正项目建设过程中出现的问题，减少项目建设后期的偏差。项目后评价成果并不是一成不变的，不同阶段的后评价应根据采集到的项目进展最新数据，对前期后评价成果进行修正。

3. 方法的对比性

对比是项目后评价的基本方法之一，是将实际结果与原定目标进行同口径对比，将实施完成的或某阶段性的结果，与建设项目前期决策设定的各项预期指标进行详细对比，找出差异，分析原因，总结经验和教训。有无对比方法也常用于项目的后评价。

4. 依据的现实性

项目后评价是对项目已经完成的现实结果进行分析研究，依据的数据资料是建设项目实际发生的真实数据和真实情况；对将来的预测也是以评价时点的现实情况为基础。因此，后评价依据的有关资料，数据的采集、提供、取舍都要坚持实事求是、客观评价，避免因偏颇使用而形成错误结论。

5. 结论的反馈性

项目后评价的目的之一是为改进和完善项目管理提供建议，为投资决策或其他相关利益部门提供参考和借鉴。为此，就必须将后评价的成果和结论进行有效反馈，通过反馈机制使后评价总结出来的经验得到推广、教训得以吸取，防止错误重演，最终使后评价成果变为社会财富，产生社会效益，实现评价的目的。

二、项目后评价的目的和作用

(一) 项目后评价的目的

项目后评价的主要目的是服务于投资决策，是出资人对投资活动进行监管的重要手段之一。它也可以为改善企业的经营管理，完善在建投资项目，提高投资效益提供帮助。特别是公共资金投入，需要有效的监督，其核心的目的仍然是为出资人保证资金合理使用和提高投资效益服务。通过项目后评价，可以及时反馈信息，调整相关政策、计划、进度，改进或完善在建项目；可以增强项目实施的社会透明度和管理部门的责任心，提高投资管理水平；可以通过经验教训的反馈，修定和完善投资政策和发展规划，提高决策水平，改进未来的投资计划和项目的管理，提高投资效益。

（二）项目后评价的作用

1. 对提高项目前期工作质量起促进作用

开展项目后评价，回顾项目前期决策成功的经验及失误的原因，评价前期工作的质量及决策的正确合理性，能够促使和激励参与项目可行性研究、评估和决策的人员增强责任感，提高项目前期工作质量和水平；通过项目后评价反馈的信息，及时发现和暴露决策过程中存在的问题，吸取经验教训，提高项目决策水平。

2. 对政府制定和调整有关经济政策起参谋作用

集合多个项目后评价总结的经验教训和对策建议，作为政府进行宏观经济管理的借鉴，有关部门可参考这些建议，合理确定和调整投资规模与投资流向，修正某些不适合经济发展要求的宏观经济政策、产业政策，以及过时的指标参数和技术标准等。

3. 对银行防范风险起提示作用

银行系统的项目贷款后评价（信贷后评价），通过对贷款条件评审、贷款决策、贷款合同的签订、贷款发放与本息回收等运作程序的回顾，分析风险防范措施及效果，可以发现项目信贷资金使用与回收过程中存在的问题，明确主要责任环节；还可了解资本金和其他配套资金到位与项目总投资控制情况，及时掌握项目产品市场需求变化与企业经营管理状况，完善银行信贷管理制度和风险控制措施。

4. 对项目业主提高管理水平起借鉴作用

项目后评价对项目业主在项目实施过程中的管理工作、管理效果进行分析，剖析项目业主履行职责的情况，总结管理经验教训。这些经验教训既是对被评价项目业主管理工作的检验总结，也可通过行业系统组织后评价经验交流，为其他项目业主提供借鉴，为提高工程项目建设管理水平发挥作用。

5. 对企业优化生产管理起推动作用

项目后评价涉及评价时点以前的生产运营管理情况，从生产组织、企业管理、财务效益等方面分析产生偏差的原因，提出可持续发展的建议与措施，对企业优化生产运营管理，提高经济效益和社会效益起到推动作用。

6. 对出资人加强投资监管起支持作用

项目后评价涉及分析评价资金使用情况、企业生产经营状态，分析成功或失败的原因和主要责任环节，可以为出资人监管投资活动和测评投资效果提供支撑，为建立和完善政府投资监管体系和责任追究制度服务。

三、项目后评价的类型

随着社会经济活动中投资方式多样化，后评价也产生了多种类型。

（一）按评价时点划分

项目后评价根据发起的时点不同，可以分为在项目实施中进行的中间评价和在项目完工进入运行阶段后的后评价。

1. 中间评价

中间评价是指投资人或项目管理部门对正在建设尚未完工的项目所进行的评价。中间评价的作用是通过对项目投资建设活动中的检查评价，可以及时发现项目建设中的问题，分析产生的原因，重新评价项目的目标是否可能达到，项目的效益指标是否可以实现，并有针对性地提出解决问题的对策和措施，以便决策者及时作出调整方案，使项目按照决策目标继续发展。对没有继续建设条件的项目可以及时中止，防止造成更大浪费。项目中间评价又根据启动时点不同，包括项目实施过程中从立项到项目完成前很多种类，即项目的开工评价、跟踪评价、调概评价、阶段评价、完工评价等。

项目中间评价是项目监督管理的重要组成部分，以项目业主日常的监测资料和项目绩效管理数据库的信息为基础，以调查研究的结果为依据进行分析评价，通常应由独立的咨询机构来完成。

2. 中间评价与后评价的区别与联系

项目中间评价和项目后评价都是项目全过程管理的重要组成部分，既相对独立又紧密联系。一方面，由于两者实施的时间不同，评价深度和相应的一些指标也不同；它们服务的作用和功能也有所不同。另一方面，中间评价和后评价也有许多共同点，如项目的目标评价、效益评价等是一致的，可以把后评价看成是中间评价的后延伸，中间评价也可以被看成是后评价的一个依据和基础。因此，中间评价和后评价都是项目评价不可缺少的重要一节。

(二) 按评价范围划分

根据评价范围，可以分为全面后评价和专项后评价。

中间评价可以是全面后评价，也可以根据决策需要，选取单一专题进行专项评价。这种评价范围的调整也适用于狭义的后评价。根据不同的评价范围和评价重点，可以分为项目影响评价、规划评价、地区或行业评价、宏观投资政策研究等类型。

(三) 按项目类别划分

目前比较常见的后评价类型包括工程项目后评价、并购项目后评价、贷款项目后评价等、规划后评价等。

如在某支线机场后评价工作中，根据政府委托项目的特点，后评价更为关注项目对社会经济发展和民生的影响，咨询机构在提出项目对策建议时不能仅仅从项目业主视角去考虑，而是针对政府所关心的层面提出自己的意见和建议。

又如某银行委托的贷款后评价。虽然从项目本身来看，仅是一个常规的固定资产投资项目，但委托方是为项目提供融资服务的金融机构，与项目业主及其母公司相比，金融机构在资金的"三性"中最为关注安全性，因此应针对项目的还贷能力进行重点评价。咨询机构应跳出对项目本身财务能力的调研分析，将目光延伸到项目母公司等其他可能影响项目还贷能力的利益相关方。

四、项目后评价的依据

(一) 理论依据

项目后评价是用现代系统工程与反馈控制的管理理论，对项目决策、实施和运营结果作出科学的分析和判定。

投资项目是一个十分复杂的系统工程，是由多个可区别但又相关的要素组成的有机整体。项目系统的整体功能就是要实现确定的项目目标。项目系统通过与外部环境进行信息交换及资源和技术的输入，通过实施完成，最后向外界输出其产品。项目系统的各项状态参数随时间变化而产生动态变化。反馈控制是指将系统的输出信息返送到输入端，与输入信息进行比较，并修正二者的偏差进行控制的过程。反馈控制其实是用过去的情况来指导现在和将来。在控制系统的反馈控制中，需要克服环境变化的干扰，减少或消除系统偏差，提高系统工作效果。

投资决策者根据经济环境分析，通过决策评价确定项目目标，以目标制定实施方案，通过对方案的可行性分析和论证，把分析结果反馈给投资决策者，这种局部反馈能使投资决策者在项目决策阶段中及时纠正偏差，改进完善目标方案，作出正确的决策并付诸实施。在项目实施阶段，执行者将实施信息及时反馈决策管理者，并通过项目中间评价提出分析意见和建议，使决策者掌握项目实施全过程的动态，及时调整方案和执行计划，使项目顺利实施并投入运营。当项目运营一段时间后，通过项目后评价将建设项目的经营效益、社会效益与决策阶段的目标相比较，对建设和运营的全过程作出科学、客观的评价，反馈给投资决策者，从而对今后的项目目标作出正确的决策，以提高投资效益。

(二) 政策制度依据

根据国家投融资体制改革的不断完善和深入，经过几十年的实践探索，我国已初步形成政府部门制订后评价的制度性或规定性文件，相关行业主管部门制订后评价实施细则，企业制订后评价操作性文件的制度体系。开展项目后评价工作的制度依据已经确立。

(三) 信息数据依据

后评价的资料主要包括项目决策及实施过程中的重要节点文件、项目实施过程的记录文件、项目生产运营数据和相关财务报表、与项目有关的审计、竣工验收报告、稽查报告等。为保证资料的完整和衔接，项目单位应建立完善的档案管理制度。

通常工程项目后评价依据的主要文件清单如下：

1. 项目决策阶段的主要文件

包括项目可行性研究报告及必要的政府各投资主管部门、环境管理部门和企业投资决策机构的审批文件。如土地预审报告、环境影响评价报告、安全预评价报告、节能评估报告、重大项目社会稳定风险评估报告、洪水影响评价报告、水资源论证报告、水土保持报告，以及相关批复文件。

由于不同行业、不同规模、不同类型的项目有着不尽相同的决策程序，这一阶段的资料也可能是董事会决议、项目资金申请报告和核准文件或备案文件。

一般情况下，在此阶段还应有项目评估报告。

2. 项目实施阶段的主要文件

包括工程设计文件及概（预）算、招标文件及合同、开工报告及开工的各项批准文件、主要合同文本、年度投资计划、施工图设计会审及变更资料、监理资料、竣工验收报告及其相关的验收文件等。

部分工程由于实施过程中发生条件的重大变化或执行偏差，还会有概算调整报告、稽查报告等重要的过程资料。

3. 项目生产运营阶段的主要文件

包括项目生产和经营数据、设备运行指标及维护记录、企业财务报表、项目运营管理的主要规章制度等，往往还包括项目投入运行以后的技术改造情况。有些项目还会涉及到安全生产许可证、经营许可证等许可类证件。

五、项目后评价的方法

项目后评价的常用方法有逻辑框架法、对比法、层次分析法、因果分析法等。各评价方法之间不是排他和相抵触的，可以在同一个项目后评价工作中综合选择应用。具体方法见教材第四册《现代咨询方法与实务》。

六、项目后评价的评价指标

不同类型项目的后评价应选用不同的评价指标。主要指标有：

1. 工程技术评价指标：如设计能力；技术或工艺的合理性、可靠性、先进性、适用性；设备性能；工期、进度、质量等。

2. 财务和经济评价指标：

（1）项目投资指标：项目总投资、建设投资、预备费、财务费用、资本金比例等。

（2）运营期财务指标：单位产出成本与价格、财务内部收益率、借款偿还期、资产负债率等。

（3）项目经济评价指标：内部收益率、经济净现值等。

3. 项目生态与环境评价主要指标：物种、植被、水土保持等生态指标；环境容量、环境控制、环境治理与环保投资以及资源合理利用和节能减排指标等。

4. 项目社会效益评价主要指标：利益相关群体、移民和拆迁、项目区贫困人口、最低生活保障线等。

5. 管理效能评价指标：前期工作相关程序、采购招标、施工组织与管理、合同管理、组织机构与规章制度等。

6. 项目目标和可持续性评价指标：

（1）项目目标评价指标：项目投入、项目产出、项目直接目的、项目宏观影响等。

（2）项目可持续性评价指标：财务可持续性指标、环境保护可持续性指标、项目技术可持续性指标、管理可持续性指标、需要的外部政策支持环境和条件等。

七、项目后评价成果反馈

（一）反馈的目的

后评价的最大特点是信息的反馈。也就是说，后评价的最终目标是将评价结果反馈到决策部门，作为新项目立项和评估的基础，作为调整投资规划和政策的依据。因此，评价的反馈机制便成了评价成败的关键环节之一。这点更适用于对使用财政资金的项目的公众监督。

后评价成果反馈的目的，是将后评价总结的经验教训以及提出的对策建议，反馈到投资决策和主管部门、项目出资人以及项目执行单位，为项目投资决策，规划编制与调整，以及相关政策制定提供依据；使经验得到推广，教训得以吸取，错误不再重复；使项目更加完善，提高项目可持续发展能力以及市场竞争力。

作为建设项目投资决策部门，也应敢于正视工作中的失误和教训，将后评价的成果和结论反馈到起作用的部门和领导。

（二）反馈的形式

项目后评价成果的反馈形式主要包括书面文件（评价报告或出版物）、后评价信息管理系统、成果反馈讨论会、内部培训和研讨等。

第二节　项目后评价报告的主要内容

项目后评价的内容，包括项目建设全过程回顾与评价、效果效益和影响评价、项目目标和可持续性评价等，并在此基础上总结经验教训，提出对策和建议。本节所论述的后评价的内容以工程项目后评价类为主。

本章以下所述"项目后评价"，如无特别说明，指的是狭义的项目后评价。

一、项目建设全过程回顾与评价

项目建设全过程的回顾和评价，一般分四个阶段：项目前期决策、项目建设准备、项目建设实施、项目投产运营等。

（一）项目决策阶段

回顾与评价的重点是项目决策的正确性；评价项目建设的必要性、可行性、合理性；分析项目目标实现的程度、产生差异或失败的原因。合理性和效率是本阶段评价衡量的重要标尺。

对于可行性研究报告，主要分析评价项目可研阶段的目标是否明确、合理，内容与深度是否符合规定要求，项目风险分析是否充分；对于项目评估，主要分析评估工作深度是否满足决策要求，项目投资估算、主要效益指标的评估意见是否客观，项目风险评估是否到位，对决策的建议是否合理、结论是否可靠等；对于决策，主要分析评价项目决策程序是否合规，决策方法是否科学，决策内容是否完整，决策手续是否齐全。

（二）项目建设准备阶段

回顾与评价的重点是各项准备工作是否充分，开工前的各项报批手续是否齐全。效率是本阶段评价衡量的重要标尺。

1. **勘察设计。** 分析勘察结论的可靠性，设计方案的科学性及设计文件完备性。

2. **融资方案。** 分析评价项目的资金来源是否按预想方案实现，资金结构、融资方式、融资成本是否合理，风险分析是否到位；融资担保手续是否齐全等。

3. **采购招标。** 评价招标方式、招标组织形式、招标范围、标段划分的合理性，招标报批手续和招标评标过程以及监督机制等招投标工作的合法与合规性，招标竞争力度以及招标效果。

4. **合同签订。** 评价合同签订的依据和程序是否合规，合同谈判、签订过程中的监督机制是否健全，合同条款的合理性和合法性以及合同文本的完善程度。

5. **开工准备。** 分析评价项目开工建设的物资准备、技术准备、组织准备、人员准备，以及许可开工的相关手续等情况。

（三）项目建设实施阶段

回顾与评价的重点是工程建设实施活动的合理性和成功度，项目业主的组织能力与管理水平。此阶段项目执行的效率和效益是评价衡量的重要标尺。

1. **合同执行与管理。** 分析评价各类合同（含咨询服务、勘察设计、设备材料采购、工程施工、工程监理等）执行情况，违约原因及责任，评价项目业主采取的合同管理措施及各阶段合同管理办法及效果。

2. **重大设计变更。** 从技术上分析评价重大设计变更的原因及合理性，从管理上分析评价设计变更报批手续的严谨性、合规性，从经济上分析评价设计变更引起的投资、工期等方面的变化及其对项目预期经济效益的影响。

3. **"四大管理"。** 评价项目业主在"四大管理"（质量、进度、投资和安全；随着社会进步，"安全"现已更全面地表现为 HSE）方面采取的措施与效果，分析产生差异的原因及对预期目标的影响，总结四大管理目标的实现程度以及主要的成功经验和失败的教训。

4. **资金使用与管理。** 评价基建财务管理机构和制度健全与否，分析资金实际来源、成本与预测、计划产生差异的原因，评价资金到位情况与供应的匹配程度、资金支付管理程序与制度严谨性、项目所需流动资金的供应及运用状况等。

5. **实施过程的监督管理。** 分析评价工程监理与工程质量监督在项目实施过程中所起的作用，评价项目业主委托工程监理的规范性和合法性、管理方式的适应性，评价项目接受内外部审计的情况等。

6. **建设期的组织与管理。** 以项目建设管理的实际效率和效果为着眼点，分析评价管理体制的先进性、管理模式的适应性、管理机构的健全性和有效性、管理机制的灵活性、管理规章制度的完善状况和管理工作运作程序的规范性等情况。

（四）项目投产运营阶段

回顾与评价的重点是项目由建设实施到交付生产运营转换的稳定、顺畅。项目效益和可持续性是评价衡量的重要标尺。

1. **生产准备。** 评价各项生产准备内容、试车调试、生产试运行与试生产考核等情况，评价生产准备工作的充分性。

2. **项目竣工验收。** 评价工程项目全面竣工验收工作的合规性与程序的完善性；遗留尾工处理的合理性。

3. **资料档案管理。** 评价工程资料档案的完整性、准确性和系统性，管理制度的完善性等。

4. **生产运营。** 分析评价工艺路线畅通状态、设备能力匹配度、生产线运行稳定性，评价设计生产能力实现程度，评价原材料、能源动力消耗指标与设计要求的差异等。

5. **产品营销与开发。** 评价产品质量、营销策略及效果、产品市场竞争能力和占有率，分析市场开发与新产品研发能力。

6. **生产运营的组织与管理。** 分析评价管理体制、管理机制、管理机构、管理规章制度等。

7. **后续预测。** 对评价时点以后的产品市场需求和竞争能力进行预测，对项目全生命周期财务效益和经济效益预测，对项目运营外部条件预测、分析。

二、项目效果效益评价

项目效果效益评价是对项目实施的最终效果和效益进行分析评价，即将项目的工程技术效果、经济（财务）效益、环境效益、社会效益和管理效果等，与项目可行性研究和评估决策时所确定的主要指标，进行全面对照、分析与评价，找出变化和差异，分析原因。

（一）技术效果评价

项目技术效果评价是针对项目实际运行状况，对工程项目采用的工艺流程、装备水平进行再分析，主要关注技术的先进性、适用性、经济性、安全性。

1. **工艺流程评价。** 分析评价工艺流程的可靠性、合理性，采用的工艺技术对产品质量的保证程度、工艺技术对原材料的适应性等。

2. **装备水平评价。** 分析评价各主要设备是否与设计文件一致，设备的主要性能参数是否满足工艺要求，自动化程度是否达到要求，设备寿命是否经济合理，评价设备选型的标准和水平等。

3. **技术水平评价。** 将项目规模、能力、功能等技术指标的实现程度与项目立项时的预期水平进行对比，从设计规范、工程标准、工艺路线、装备水平、工程质量等方面分析项目所采用的技术达到的水平，分析评价所采用技术的合理性、可靠性、先进性、适用性等。

4. 国产化水平。分析评价设备国产化程度以及自主知识产权拥有水平等。

（二）财务和经济效益评价

1. 财务效益评价

财务效益后评价与前期评估时的分析内容和方法基本相同，都应进行项目的盈利能力分析、清偿能力分析、财务生存能力和风险分析。评价时要同时使用已实际发生数据和根据变化了的内、外部因素更新后的预测数据，并注意保持数据口径的一致性，使对比结论科学可靠。

2. 经济效益评价

根据项目实际运营指标，根据变化了的内、外部因素更新后的预测数据，全面识别和调整费用和效益，编制项目投资经济费用效益流量表，从资源合理配置的角度，分析项目投资的经济效率和对社会福利所做的贡献，评价项目的经济合理性，判别目标效益的实现程度。

（三）管理效果评价

项目管理评价是对项目建设期和运营期的组织管理机构的合理性、有效性，项目执行者的组织能力与管理水平进行综合分析与评价。通常，项目业主应对项目组织机构所具备的能力进行适时监测和评价，以分析项目组织机构选择的合理性，并及时进行调整。

管理评价的主要内容包括：

1. 管理体制与监督机制的评价；

2. 组织结构与协调能力的评价；

3. 激励机制与工作效率的评价；

4. 规章制度与工作程序的评价；

5. 人员结构与工作能力的评价；

6. 管理者水平与创新意识的评价等。

三、项目影响评价

项目工程技术效果、经济（财务）效益和管理效果又被称为项目直接效益。项目环境效益与社会效益又被称为项目间接效益，一般单独成章，列为项目影响评价。

（一）环境影响评价

随着我国经济发展进入转型阶段，环境影响评价越来越受到重视。环境影响后评价是指对照项目前期评估时批准的《环境影响报告书》或《环境影响备案表》，依据环境评验收文件和运行期间的环境监测数据，重新审查项目环境影响的实际结果。环境影响评价应采集以下基本数据：

1. 项目产生的主要污染物及其排放量，允许排放指标；

2. 项目污染治理设施建设内容和环保投入；

3. 项目环境管理能力和监测制度；

4. 项目对所在地区的生态保护与环境影响情况；

5. 项目对自然资源的保护与利用等。

在了解上述情况基础上，评价项目对所在地环境带来的影响以及影响的程度、当地环境对企业后续发展的许可容量。

实施环境影响评价应遵照国家环保法的规定，根据国家和地方环境质量标准和污染物排放标准以及相关产业部门的环保规定。在审核已实施的环评报告和评价环境影响现状的同时，要对未来进行预测。对有可能产生突发性事故的项目，要有环境影响的风险分析。如果项目生产或使用对人类和生态有极大危害的剧毒物品，或项目位于环境高度敏感的地区，或项目已发生严重的污染事件，那么还需要提出一份单独的项目环境影响后评价报告。

环境影响后评价一般包括项目的污染控制、区域的环境质量、自然资源的利用、区域的生态平衡和环境管理能力。

（二）社会影响评价

社会效益评价主要是指项目建设对当地经济和社会发展以及技术进步的影响，一般可包含如下几个方面。

1. 征地拆迁补偿和移民安置情况；

2. 对当地增加就业机会的影响程度；

3. 对当地税收与收入分配的影响；

4. 对居民生活条件和生活质量的影响；

5. 对区域经济和社会发展的带动作用；

6. 推动产业技术进步的作用；

7. 对妇女、民族和宗教信仰的影响等。

社会影响评价首先应确定受影响人群的范围，有针对性地反映其受影响程度及对影响的反作用。社会影响评价的方法是定性和定量相结合，以定性为主，在诸要素评价分析的基础上，做综合评价。恰当的社会影响评价调查提纲和正确的分析方法是社会影响评价成功的先决条件，应慎重选择。

四、项目目标评价与可持续性评价

在对项目建设全过程进行回顾、对项目效果、效益，环境与社会影响等方面进行细致分析评价的基础上，进一步分析项目立项决策预定目标的实现程度及其合理性，以及项目持续发展能力与存在的问题，对项目的成功度做出综合性评价，得出项目后评价结论。

（一）项目目标评价

项目目标评价的任务在于评价项目实施中或实施后，是否达到在项目前期评估中预定的目标、达到预定目标的程度，分析与预定的目标产生偏离的主观和客观原因；提出在项目以后的实施或运行中应采取的措施和对策，以保证达到或接近达到预定的目标和目的；必要时，还要对有些项目预定的目标和目的进行分析和评价，确定其合理性、明确性和可操作性，提出调整或修改目标和目的的意见和建议。

1. 目标实现程度评价

建设项目目标实现程度评价，一般按照项目的投入产出关系，分析层次目标的合理性和实现可能性以及实现程度，以定性和定量相结合的方法，用量化指标进行表述。

表 11-1 项目预定目标和目的达到程度分析表

目标或目的内容名称	预定值	项目建成可能达到值	目标目的实现程度%	偏离的原因分析	拟采取的对策和措施

项目目标实现、达到预定目标，即项目建成。一个项目建成的标志是多方面的，一般总结为"四个建成"。"四个建成"的完成度，即目标实现程度。

（1）工程（实物）建成，即项目按设计的建设内容完整建成，项目土建完工，设备安装调试完成，装置和设施经过试运行，符合工程设计的质量要求，并已通过竣工验收；

（2）项目技术（能力）建成，即装置、设备和设施运行正常，各项工艺参数达到设计技术指标，生产能力和产品质量达到设计要求；

（3）项目经济（效益）建成，即项目的财务和经济目标实现，达到预期指标，包括有市场竞争力，经济上有效益，具备偿还贷款的能力等；

（4）项目影响建成，即项目对国民经济、社会发展、生态环境产生预定的影响效果。

2. 目标合理性评价

项目目标的合理性是指项目原定目标是否符合全局和宏观利益，是否得到政府政策的支持，是否符合项目的性质，是否符合项目当地的条件等。合理的目标是项目目标和目的得以顺利实现的基础。对目标合理性的评价也是对决策效果的分析与判断。

在项目后评价中，项目目标和目的评价的主要的任务是对照项目可研和评估中关于项目目标的论述，找出变化，分析项目目标的实现程度以及成败的原因，但同时也应讨论项目目标的确定是否正确合理，是否符合发展的要求。

目标评价的常用分析方法包括目标树法、层次分析法等。国际上通常采用逻辑框架法（见表11-2），通过项目的投入产出目标进行分析。

项目投入包括资金、物质、人力、资源、时间、技术等投入；

项目产出即项目建设内容，是投入的产出物；

项目目的即项目建成后的直接效果和作用；

项目宏观目标主要指经济、社会和环境的影响。

表 11－2　项目后评价的逻辑框架

目标层次	验证对比指标			原因分析		可持续性（风险）
	项目原定指标	实际实现指标	差别或变化	主要内部原因	主要外部条件	
宏观目标（影响）						
项目目的（作用）						
项目产出（实施结果）						
项目投入（建设条件）						

（二）项目的可持续性评价

项目的可持续性是指在项目的建设资金投入完成之后，项目可以按既定目标继续执行和发展，项目投资人和项目业主愿意并可能依靠自己的力量继续去实现既定目标。可持续性评价即实现上述能力的可能性评价。可持续性也是项目目标评价的重要内容之一。

项目可持续性要素受市场、资源、财务、技术、环保、管理、政策等多方面影响，一般可分为内部要素和外部条件。

1. 影响可持续性项目的内部因素，包括项目规模的经济性、技术的成熟性和竞争力、企业财务状况、污染防治措施满足环保要求的程度、企业管理体制与激励机制等，核心是产品竞争力及对市场的应变能力等；

2. 项目外部条件支持能力，包括资源供给、物流条件、自然环境与生态要求、社会环境、政策环境、市场变化及其趋势等。

根据项目持续能力分析要求，列出制约建设项目可持续的主要因素，分析原因。在要素分析的基础上，分析建设项目可持续发展的主要条件，评价项目可持续性，提出合理的建议和要求（见表 11－3）。

表 11－3　项目可持续发展条件分析框架

	制约因素名称	内部原因分析	外部条件分析	解决方案
1				
2				
...				

（三）项目的成功度评价

项目成功度评价是在前述章节对项目效益、效果和影响的评价的基础上，在项目目标评价层次之上，对项目进行的更为综合的评价判断，综合得出项目总体成功与否的评价结论。

1. 测评等级

项目成功度评价一般以表格调查形式表示（见表 11－4），由参加评价活动的专家对工程项目的不同内容及其相关重要性进行综合分析，按规定等级判断项目成功的程度。一般分为五个等级：

（1）完全成功（A）：原定目标全面实现或超过预期，项目功能、效益和影响充分发挥。

（2）基本成功（B）：原定目标大部分实现，项目功能、效益和影响基本达到预期要求。

（3）部分成功（C）：原定目标部分实现，项目功能有缺陷，效益和影响只有部分实现。

（4）不成功（D）：原定目标实现非常少，项目功能有问题，效益和影响很差。

（5）失败（E）：原定目标无法实现，项目不得不终止。

表 11—4　项目成功度评价表

测评指标	相关重要性	测评等级	备注
1. 宏观目标（或产业政策）			
2. 项目规模			
3. 产品市场			
4. 工程设计（或技术装备）			
5. 资源条件（或建设条件）			
6. 资金来源			
7. 项目进度管理			
8. 项目质量管理			
9. HSE 管理			
10. 项目投资控制			
11. 项目经营管理			
12. 项目财务效益			
13. 项目经济效益和影响			
14. 环境影响			
15. 项目可持续性			
16.……			
项目总评			

2. 测评指标

测评指标是指与该项目成功与否相关的主要因素（包含项目外部条件和内部因素），如工业项目的测评指标一般主要包括宏观目标、项目布局、项目规模、项目目标、产品市场、工程设计、技术装备水平、资源条件、建设条件、资金来源、工程进度管理、工程质量管理、HSE 管理、项目投资控制、项目经营管理、财务效益、经济效益、社会影响、环境影响、可持续性、项目总评等。

3. 相关重要性

相关重要性是指某项测评指标（因素）在决定该项目成功与否的各因素中所占的权重，这一权重可以是定性的，也可以是定量的。定性的，一般可分为"重要"、"次重要"和"不重要"三类；定量的，可以根据各因素的重要程度，在总数"1"以内设定数值。

4. 成功度评价结论

根据项目成功度评价表进行的测定结果就是项目成功程度的总评价结论。

（四）后评价结论

后评价工作通过对资料收集、处理，在全面回顾项目过程后，通过目标评价、可持续性评价和项目成功度评价，已可以对项目的决策和执行状况及前景有一个完全判断，得出综合性结论。该结论既是一个综合判断，也应根据项目特点或委托方要求有所侧重。

五、主要经验与教训、对策与建议

通过项目全过程回顾与评价，归纳出对项目具有决定性影响、对全局具有参考作用的经验与教训，提出对策与建议。

（一）主要经验与教训

经验与教训应从项目、企业、行业和宏观四个层面分别进行分析。这样做，一是有利于改进项目的设计、施工管理水平；二是有利于企业改善经营管理；三是有利于行业的进步与发展；四是有利于今后提高项目的决策水平；五是有利于国家进一步调整经济结构和宏观经济政策。

总结经验、教训应客观不偏颇，特别是不应讳言教训。教训是经验的另一种形式，有利于避免在未来项目筹划中重蹈覆辙。

总结经验、教训还应注重可复制性。对于在今后项目筹划和管理中有借鉴意义，可复制、可推广的经验、教训应重点总结，增强后评价成果对未来工作的参考和指导作用，提高后评价工作的实用性。

（二）对策与建议

对策与建议同样可从项目、企业、行业和宏观四个方面分层次提出，对执行中的项目提出改善对策与建议，对企业投资和运营管理提出完善对策与建议，对国家和行业政策制定层提出改进对策与建议。

第三节 中央政府投资项目后评价报告编制大纲

第一部分 项目概况

一、项目基本情况。对项目建设地点、项目业主、项目性质、特点（或功能定位）、项目开工和竣工、投入运营（行）时间进行概要描述。

二、项目决策理由与目标。概述项目决策的依据、背景、理由和预期目标（宏观目标和实施目标）。

三、项目建设内容及规模。项目经批准的建设内容、建设规模（或生产能力），实际建成的建设规模（或生产能力）；项目主要实施过程，并简要说明变化内容及原因；项目经批准的建设周期和实际建设周期。

四、项目投资情况。项目经批准的投资估算、初步设计概算及调整概算、竣工决算。

五、项目资金到位情况。项目经批准的资金来源，资金到位情况，竣工决算资金来源及不同来源资金所占比重。

六、项目运营（行）及效益现状。项目运营（行）现状，生产能力（或系统功能）实现现状，项目财务及经济效益现状，社会效益现状。

七、项目自我总结评价报告情况及主要结论。

八、项目后评价依据、主要内容和基础资料。

第二部分　项目全过程总结与评价

第一章　项目前期决策总结与评价

一、项目建议书主要内容及批复意见

二、可行性研究报告主要内容及批复意见

（一）可行性研究报告主要内容。主要包括项目建设必要性、建设条件、建设规模、主要技术标准和技术方案、建设工期、总投资及资金筹措，以及环境影响评价、经济评价、社会稳定风险评估等专项评价主要结论等内容。

（二）可行性研究报告批复意见。包括项目建设必要性、建设规模及主要建设内容、建设工期、总投资及资金筹措等内容。

（三）可行性研究报告和项目建议书主要变化。对可行性研究报告和项目建议书主要内容进行对比，并对主要变化原因进行简要分析。

三、项目初步设计（含概算）主要内容及批复意见（大型项目应在初步设计前增加总体设计阶段）。主要包括：工程特点、工程规模、主要技术标准、主要技术方案、初步设计批复意见。

四、项目前期决策评价。主要包括项目审批依据是否充分，是否依法履行了审批程序，是否依法附具了土地、环评、规划等相关手续。

第二章　项目建设准备、实施总结与评价

一、项目实施准备

（一）项目实施准备组织管理及其评价。组织形式及机构设置，管理制度的建立，勘察设计、咨询、强审等建设参与方的引入方式及程序，各参与方资质及工作职责情况。

（二）项目施工图设计情况。施工图设计的主要内容，以及施工图设计审查意见执行情况。

（三）各阶段与可行性研究报告相比主要变化及原因分析。根据项目设计完成情况，可以选取包括初步设计（大型项目应在初步设计前增加总体设计阶段）、施工图设计等各设计阶段与可行性研究报告相比的主要变化，并进行主要原因分析。

对比的内容主要包括：工程规模、主要技术标准、主要技术方案及运营管理方案、工程投资、建设工期。

（四）项目勘察设计工作评价。主要包括：勘察设计单位及工作内容，勘察设计单位的资质等级是否符合国家有关规定的评价，勘察设计工作成果内容、深度全面性及合理性评价，以及相关审批程序符合国家及地方有关规定的评价。

（五）征地拆迁工作情况及评价。

（六）项目招投标工作情况及评价。

（七）项目资金落实情况及其评价。

（八）项目开工程序执行情况。主要包括开工手续落实情况，实际开工时间，存在问题及其评价。

二、　项目实施组织与管理

（一）项目管理组织机构（项目法人、指挥部）。

（二）项目的管理模式（法人直管、总承包、代建、BOT 等）。

（三）参与单位的名称及组织机构（设计、施工、监理、其它）。

（四）管理制度的制定及运行情况（管理制度的细目、重要的管理活动、管理活动的绩效）。

（五）对项目组织与管理的评价（针对项目的特点分别对管理主体及组织机构的适宜性、管理有效性、管理模式合理性、管理制度的完备性以及管理效率进行评价）。

三、　合同执行与管理

（一）项目合同清单（包括正式合同及其附件并进行合同的分类、分级）。

（二）主要合同的执行情况。

（三）合同重大变更、违约情况及原因。

（四）合同管理的评价。

四、　信息管理

（一）信息管理的机制。

（二）信息管理的制度。

（三）信息管理系统的运行情况。

（四）信息管理的评价。

五、　控制管理

（一）进度控制管理。

（二）质量控制管理。

（三）投资控制管理。

（四）安全、卫生、环保管理。

六、 重大变更设计情况

七、 资金使用管理

八、 工程监理情况

九、 新技术、新工艺、新材料、新设备的运用情况

十、 竣工验收情况

十一、 项目试运营（行）情况

（一）生产准备情况。

（二）试运营（行）情况。

十二、 工程档案管理情况

第三章　项目运营（行）总结与评价

一、 项目运营（行）概况

（一）运营（行）期限。项目运营（行）考核期的时间跨度和起始时刻的界定。

（二）运营（行）效果。项目投产（或运营）后，产品的产量、种类和质量（或服务的规模和服务水平）情况及其增长规律。

（三）运营（行）水平。项目投产（或运营）后，各分项目、子系统的运转是否达到预期的设计标准；各子系统、分项目、生产（或服务）各环节间的合作、配合是否和谐、正常。

（四）技术及管理水平。项目在运营（行）期间的表现，反映出项目主体处于什么技术水平和管理水平（世界、国内、行业内）。

（五）产品营销及占有市场情况。描述产品投产后，销售现状、市场认可度及占有市场份额情况。

（六）运营（行）中存在的问题。

1. 生产项目的总平面布置、工艺流程及主要生产设施（服务类项目的总体规模、主要子系统的选择、设计和建设）是否存在问题，属什么性质的问题。

2. 项目的配套工程及辅助设施的建设是否必要和适宜。配套工程及辅助设施的建设有无延误，原因是什么，产生什么负作用。

二、 项目运营（行）状况评价

（一）项目能力评价。项目是否具备预期功能，达到预定的产量、质量（服务规模、服务水平），若未达到，差距多大。

（二）运营（行）现状评价。项目投产（或运营）后，产品的产量、种类和质量（或服务的规模和服务水平）与预期存在的差异，产生上述差异的原因分析。

（三）达到预期目标可能性分析。项目投产（或运营）后，产品的产量、种类和质量（或服务的规模和服务水平）增长规律总结，项目可达到预期目标的可能性分析。

第三部分　项目效果和效益评价

第一章　项目技术水平评价

一、 项目技术效果评价。主要内容包括：

（一）技术水平。项目的技术前瞻性，是否达到了国内（国际）先进水平。

（二）产业政策。是否符合国家产业政策。

（三）节能环保。节能环保措施是否落实，相关指标是否达标，是否达到国内（国际）先进水平。

（四）设计能力。是否达到了设计能力，运营（行）后是否达到了预期效果。

（五）设备、工艺、功能及辅助配套水平。是否满足运营（行）、生产需要。

（六）设计方案、设备选择是否符合我国国情（包括技术发展方向、技术水平和管理水平）。

二、项目技术标准评价。主要内容包括：

（一）采用的技术标准是否满足国家或行业标准的要求。

（二）采用的技术标准是否与可研批复的标准吻合。

（三）工艺技术、设备参数是否先进、合理、适用，符合国情。

（四）对采用的新技术、新工艺、新材料的先进性、经济性、安全性和可靠性进行评价。

（五）工艺流程、运营（行）管理模式等是否满足实际要求。

（六）项目采取的技术措施在本工程的适应性。

三、项目技术方案评价。主要内容包括：

（一）设计指导思想是否先进，是否进行多方案比选后选择了最优方案。

（二）是否符合各阶段批复意见。

（三）技术方案是否经济合理、可操作性强。

（四）设备配备、工艺、功能布局等是否满足运营、生产需求。

（五）辅助配套设施是否齐全。

（六）运营（行）主要技术指标对比。

四、技术创新评价。主要内容包括：

（一）项目的科研、获奖情况。

（二）本项目的技术创新产生的社会经济效益评价。

（三）技术创新在国内、国际的领先水平评价。

（四）分析技术创新的适应性及对工程质量、投资、进度等产生的影响等。

（五）对新技术是否在同行业等相关领域具有可推广性进行评价。

（六）新技术、新工艺、新材料、新设备的使用效果，以及对技术进步的影响。

（七）项目取得的知识产权情况。

（八）项目团队建设及人才培养情况。

五、设备国产化评价（主要适用于轨道交通等国家特定要求项目）。主要内容包括：

（一）所选用的设备国产化率评价，进口设备是否可采用国产设备。

（二）设备采购对工程带来的利弊评价。

（三）国产化设备与国外同类产品的技术经济对比分析。

（四）国产设备对运营、维修保养的影响评价。

第二章　项目财务及经济效益评价

一、竣工决算与可研报告的投资对比分析评价。主要包括：分年度工程建设投资，建设期贷款利息等其他投资。

二、资金筹措与可研报告对比分析评价。主要包括：资本金比例，资本金筹措，贷款资金筹措等。

三、运营（行）收入与可研报告对比分析评价。主要包括：分年度实际收入，以后年度预测收入。

四、项目成本与可研报告对比分析评价。主要包括：分年度运营（行）支出，以后年度预测成本。

五、财务评价与可研报告对比分析评价。主要包括：财务评价参数，评价指标。

六、国民经济评价与可研报告对比分析评价。主要包括：国民经济评价参数，评价指标。

七、其它财务、效益相关分析评价。比如，项目单位财务状况分析与评价。

第三章　项目经营管理评价

一、经营管理机构设置与可研报告对比分析评价。

二、人员配备与可研报告对比分析评价。

三、经营管理目标。

四、运营（行）管理评价。

第四章　项目资源环境效益评价

一、项目环境保护合规性。

二、环保设施设置情况。项目环境保护设施落实环境影响报告书及前期设计情况、差异原因。

三、项目环境保护效果、影响及评价。

四、公众参与调查与评价。

五、项目环境保护措施建议。

六、环境影响评价结论。

七、节能效果评价。项目落实节能评估报告及能评批复意见情况，差异原因，以及项目实际能源利用效率。

第五章　项目社会效益评价

一、利益相关者分析

（一）识别利益相关者。可以分为直接利益相关者和间接利益相关者。

（二）分析利益相关者利益构成。

（三）分析利益相关者的影响力。

（四）项目实际利益相关者与可行性研究对比的差异。

二、社会影响分析

（一）项目对所在地居民收入的影响。

（二）项目对所在地区居民生活水平的生活质量的影响。

（三）项目对所在地区居民就业的影响。

（四）项目对所在地区不同利益相关者的影响。

（五）项目对所在地区弱势群体利益的影响。

（六）项目对所在地区文化、教育、卫生的影响。

（七）项目对当地基础设施、社会服务容量和城市化进程的影响。

（八）项目对所在地区少数民族风俗习惯和宗教的影响。

（九）社会影响后评价结论。

对上述第（一）至（八）部分，分别分析影响范围、影响程度、已经出现的后果与可行性研究对比的差异等。

三、　互适应性分析

（一）不同利益相关者的态度。

（二）当地社会组织的态度。

（三）当地社会环境条件。

（四）互适应性后评价结论。

对上述第（一）至（三）部分，分别分析其与项目的适应程度、出现的问题、可行性研究中提出的措施是否发挥作用等。

四、　社会稳定风险分析

（一）移民安置问题。

（二）民族矛盾、宗教问题。

（三）弱势群体支持问题。

（四）受损补偿问题。

（五）社会风险后评价结论。

对上述第（一）至（四）部分，分别分析风险的持续时间、已经出现的后果、可行性研究中提出的措施是否发挥作用等。

第四部分　项目目标和可持续性评价

第一章　项目目标评价

一、项目的工程建设目标

二、总体及分系统技术目标

三、总体功能及分系统功能目标

四、投资控制目标

五、经济目标。对经济分析及财务分析主要指标、运营成本、投资效益等是否达到决策目标的评价。

六、项目影响目标。项目实现的社会经济影响、项目对自然资源综合利用和生态环境的影响以及对相关利益群体的影响等是否达到决策目标。

第二章　项目可持续性评价

一、项目的经济效益。主要包括：项目全生命周期的经济效益，项目的间接经

济效益

二、项目资源利用情况。

（一）项目建设期资源利用情况

（二）项目运营（行）期资源利用情况。主要包括：项目运营（行）所需资源，项目运营（行）产生的废弃物处理和利用情况，项目报废后资源的再利用情况。

三、项目的可改造性。主要包括：改造的经济可能性和技术可能性。

四、项目环境影响。主要包括：对自然环境的影响，对社会环境的影响，对生态环境的影响。

五、项目科技进步性。主要包括：项目设计的先进性，技术的先进性。

六、项目的可维护性。

第五部分 项目后评价结论和主要经验教训

一、后评价主要内容和结论

（一）过程总结与评价。根据对项目决策、实施、运营阶段的回顾分析，归纳总结评价结论。

（二）效果、目标总结与评价。根据对项目经济效益、外部影响、持续性的回顾分析，归纳总结评价结论。

（三）综合评价。

二、主要经验和教训

按照决策和管理部门所关心问题的重要程度，主要从决策和前期工作评价、建设目标评价、建设实施评价、征地拆迁评价、经济评价、环境影响评价、社会评价、可持续性评价等方面进行评述。

（一）主要经验。

（二）主要教训。

第六部分 对策建议

一、宏观建议。对国家、行业及地方政府的建议。

二、微观建议。对企业及项目的建议。

附　录

[1]《政府核准和备案投资项目管理条例》（国务院令第 673 号，2016 年 11 月 30 日发布，2017 年 2 月 1 日实施）

[2]《政府核准投资项目管理办法》（国家发展和改革委员会令第 11 号，2014 年）

[3]《企业投资项目核准和备案管理办法》（国家发展和改革委员会令第 2 号，2017 年 3 月 8 日发布，2017 年 4 月 8 日实施）

[4]《外商投资项目核准和备案管理办法》（国家发展和改革委员会令第 12 号，2014 年）

[5]《企业境外投资管理办法》（国家发展和改革委员会令第 11 号，2017 年 12 月 26 日发布，2018 年 3 月 1 日施行）

[6]《外商投资准入特别管理措施（负面清单）（2018 年）》（国家发展和改革委员会 商务部令第 18 号，2018 年 6 月 28 日发布，2018 年 7 月 28 日施行）

[7]《自由贸易试验区外商投资准入特别管理措施（负面清单）（2018 年）》（国家发展和改革委员会 商务部令第 19 号，2018 年 6 月 30 日发布，2018 年 7 月 30 日施行）

[8]《政府核准的投资项目目录（2016 年本）》（国发〔2016〕72 号）

[9]《外商投资产业指导目录（2017 年修订）》（国家发展和改革委员会令第 4 号，2017 年 6 月 28 日发布，2017 年 7 月 28 日实施）

[10]《国家发展改革委关于发布项目申请报告通用文本的通知》（发改投资〔2017〕684 号），2017 年

[11]《关于改进规范投资项目核准行为 加强协同监管的通知》（发改投资〔2013〕2662 号），2013 年

[12]《国务院办公厅关于印发精简审批事项规范中介服务 实行企业投资项目网上并联核准制度工作方案的通知》（国办发〔2014〕59 号）

[13]《国家发展改革委 中央编办关于一律不得将企业经营自主权事项作为企业投资项目核准前置条件的通知》（发改投资〔2014〕2999 号）

[14]《中央预算内直接投资项目管理办法》（国家发展和改革委员会令 2014 年第 7 号）

[15]《中央预算内投资补助和贴息项目管理暂行办法》（国家发展和改革委员会令 2005 年第 31 号）

[16]《国家高技术产业发展项目管理暂行办法》（国家发展和改革委员会令 2006 年第 43 号）

[17]《国际金融组织和外国政府贷款投资项目管理暂行办法》，（国家发展和改革委员会令 2005 年第 28 号）

[18]《国际金融组织贷款项目资金申请报告编制大纲》（发改办外资〔2008〕1770号附件一）

参考文献

［1］全国注册咨询工程师（投资）资格考试参考教材编写委员会. 项目决策分析与评价. 北京：中国计划出版社，2011

［2］全国注册咨询工程师（投资）资格考试参考教材编写委员会. 项目决策分析与评价. 北京：中国计划出版社，2016

［3］李开孟主编. 工程项目风险分析评价理论方法及应用. 北京：中国电力出版社，2017

［4］中华人民共和国住房和城乡建设部. 市政公用设施建设项目社会评价导则. 北京：中国计划出版社，2011

［5］住房和城乡建设部标准定额研究所. 市政公用设施建设项目社会评价指南—社会评价示范案例. 北京：中国计划出版社，2014

［6］全国注册造价工程师考试参考教材编写委员会. 建设工程造价管理. 北京：中国计划出版社，2012

［7］全国投资建设项目管理师职业水平考试参考教材编写委员会. 投资建设项目决策. 北京：中国计划出版社，2011

［8］中国工程咨询协会编写. 工程项目管理指南，天津：天津大学出版社，2013

［9］刘玉明主编. 工程经济，北京：北京交通大学出版社，2014

［10］中国工程咨询协会. 《中国工程咨询业质量管理导则》. 北京：中国计划出版社，2001